I0876651

TEXTES DE LA RENAISSANCE
sous la direction de Jean-Charles Monferran et Mireille Huchon
247

Agrippa d'Aubigné

Œuvres

Tome II

Agrippa d'Aubigné

Œuvres

sous la direction de Jean-Raymond Fanlo, Marie-Madeleine Fragonard et Gilbert Schrenck

Tome II

La Responce de Michau l'aveugle, *La Replique de Michau l'aveugle*, avec les pièces catholiques de la controverse

Édition critique par Jean-Raymond Fanlo

PARIS
CLASSIQUES GARNIER
2022

Jean-Raymond Fanlo est professeur émérite à Aix-Marseille Université. Il a publié de nombreux essais sur Aubigné et de nombreuses éditions critiques de ses œuvres, dont *Les Tragiques* (Paris, 2020), les *Écrits politiques* (Paris, 2020), et, en collaboration, les *Avantures du baron de Faeneste* (Paris, 2020) et les *Poésies politiques, satiriques…* (Paris, 2022).

© 2022. Classiques Garnier, Paris.
Reproduction et traduction, même partielles, interdites.
Tous droits réservés pour tous les pays.

ISBN 978-2-406-13825-9 (livre broché)
ISBN 978-2-406-13826-6 (livre relié)
ISSN 1262-2842

AVERTISSEMENT

ABRÉVIATIONS DES ŒUVRES D'AGRIPPA D'AUBIGNÉ

Fæneste	*Les Avantures du Baron de Fæneste*, édit. J.-R. Fanlo, M.-M. Fragonard, M.-H. Prat, G. Schrenck, Paris, Classiques Garnier, 2020.
Corr.	Correspondance, édit. M.-M. Fragonard, Paris, Classiques Garnier, 2016.
ÉP	*Écrits Politiques*, édit. J.-R. Fanlo, Paris, Classiques Garnier, 2020.
HU	*Histoire universelle*, édit. A. Thierry, I-XI, Genève, Droz, 1981-2000.
Printemps	*Le Printemps*. Nous citerons les manuscrits 159 et 157.
POM	*Petites Œuvres meslees*, édit. V. Ferrer, Paris, Garnier, 2021.
PP	*Poésies politiques, satiriques, Poemata, poésies de Constant d'Aubigné*, éd. B. Charlet-Mesdjian, J.-L. Charlet, J.-R. Fanlo, Paris, Garnier, 2022.
Replique	*Replique de Michau l'aveugle…* Niort, Thomas Portau, 1596. Nous utilisons l'exemplaire de la Bibliothèque de l'Arsenal, cote 8-H-23530, numérisé sur Gallica : NUMM-1503903.
Responce	*La Responce de Michau l'Aveugle*, 1595. Nous utilisons l'exemplaire de la BNF, cote D2 9400, numérisé : NUMM-1504388.
RV	*Recueil des vers de Monsieur d'Aire*, in *POM*.
Sancy	*Confession catholicque du sieur de Sancy*. L'édition la moins ancienne est l'éd. H. Weber et al. des *Œuvres* dans la Bibliothèque de la Pléiade, Paris, Gallimard, 1969. Nous citons le manuscrit 154.

Sa vie	*Sa vie à ses enfants*, édit. G. Schrenck, Paris, STFM, 1986.
Tragiques	*Les Tragiques*, édit. J.-R. Fanlo, Paris, Classiques Garnier, 2020.
Traitté des douceurs	*Traitté des douceurs de l'affliction, à Madame*, édit. G. Schrenck, Paris, Classiques Garnier, 2014.

ABRÉVIATIONS D'AUTRES ŒUVRES FRÉQUEMMENT CITÉES

Bellarmin	Robert BELLARMIN, *De Controversiis Christianae fidei adversus hujus temporis haereticos*, Lyon, Jean Pillehotte, 1610.
DFE	Louis de LA BLACHIÈRE, *Dispute faite par escrit…* Niort, Thomas Portau, 1595. Nous utilisons l'exemplaire de la British Library, cote General Reference Collection 3901.b.21, disponible sur Google Books.
RDM	Matthieu GOUIN, *Responce de Matthieu Gouyn…* Poitiers, Jean Blanchet 1595. Nous utilisons l'exemplaire de la Bibliothèque de l'Arsenal, cote 8° T 4239, numérisé sur Gallica.
LLT	Base numérique The Library of Latin Texts des éditions Brepols. Sauf indication, toutes les références aux auteurs latins renvoient à cette base.
Lubbert	Sibrand LUBBERT, *De Papa Romano libri decem*, In Academia Franekerae, Radaeus, 1594.
RAC	Jules-Cesar BOULENGER, *Reponce aux calomnies et Faussetez de Louys de la Blachiere…* Poitiers, Jean Blanchet, 1595. Nous utilisons l'exemplaire de la Médiathèque de Poitiers, cote DP 152, en ligne.
RAA	*Responce aux arguments cornus du secretaire de Michau l'aveugle*, Poitiers, Aymé Mesnier, 1595. Nous utilisons l'exemplaire de la Médiathèque de Poitiers, cote DP 945.
SDF	Louis de LA BLACHIERE, *Seconde dispute faite par escrit…*, Niort, Thomas Portau, 1596. Nous utilisons l'exemplaire de la Médiathèque d'Aix-en-Provence, cote In 8 07584.

CETTE ÉDITION

En 1996, nous avons déjà édité *La Responce de Michau l'aveugle* suivie de *La Replique de Michau l'aveugle, deux pamphlets théologiques anonymes publiés avec les pièces catholiques de la controverse*, chez Champion. Cette édition était épuisée. Au lieu d'un retirage, nous proposons une édition entièrement nouvelle, qui tient compte de nos recherches récentes et examine de manière plus systématique les pièces de la controverse ainsi que ses sources.

INTRODUCTION

ATTRIBUTION

Agrippa d'Aubigné a légué ses œuvres au pasteur Théodore Tronchin. Lorsque celui-ci en prend possession en 1633, il donne quittance des manuscrits et note sur un papier les imprimés qu'il emporte :

> M. d'Aubigné m'ayant par son Testament baillé tous ses livres imprimes et a imprimer J'ai trouve deux exemplaires des histoires [...].
> Plus j'ai eu un exemplaire de 2 recueil de ses petites œuvres
> plus un ex. de la lettre exhortatoire du Pape
> de plus, plus ay eu un ex. de la douceur des afflictions à Madame
> plus un ex. de la r[epon]ce de Michau l'aveugle à Boulenger
> plus un ex. de replique de Michau l'aveugle à Boulenger[1].

La note permet de corriger une erreur des catalogues à propos de deux petits livres de polémique théologique :

> La // Responce // de Michau l'A // veugle au premier // livre de Monseigneur Ju- // les Cæsar Boulanger haran // gueur de saincte Pezene // lez Nyort // avec une lettre Macaronique de Monsei- // gneur Chargé audict S. Jules Cœsar // Imprimé nouvellement / M.D.XCV. s.l.

> Replique // de Michau l'aveugle à M. Jules Cæsar Bou // langer, à Gouyn son valet, // et à M. son escholier. // à Niort // Par Tomas Portau // 1596.

Une controverse a opposé le jésuite Jules-César Boulenger au pasteur de Niort, Louis de La Blachière. Ces deux livres y prenant part, ils ont été attribués au pasteur, à tort. Il a bien publié à cette occasion :

---

1 T 151, f° 16 r °.

> Dispute // faite par escrit en // laquelle Loys D. L. Bla- // chiere, Ministre de la parole de // Dieu en l'Eglise reformee de // Niort, maintient que la // messe n'est point de l'institution de Je // sus Christ // contre Jules Cœsar Bulenger, // predicant selon la doctrine des Jesuites, qui // soustient la messe estre une sacrifice expia- // toire pour la remission des pechez, Niort, Portau, 1595.

> Seconde // dispute faite // par escrit en laquelle // Loys D. L. Blachiere, Ministre de la parole de Dieu en l'Eglise reformee de // Niort, soustient qu'il n'a prononcé aucunes ca- // lomnies ny fausserez contre la Messe : ains tou- // tes veritez, comme ennemie du sacrifice de Je- // sus Christ, qui ne l'a iamais instituee. Contre // Iules Cæsar Bulenger, qui // soustient la messe estre une sacrifice, le desadvouant // à present pour expiatoire, Niort, Portau, 1596.

Mais en 1595 et 1596 le pasteur signe ses deux livres. Il n'en a pas publié, au même moment, deux de plus sous pseudonyme, sur le même sujet. La *Seconde dispute*, par exemple, répond à Boulenger sur l'Antéchrist, comme le fait la *Replique de Michau* : mais ce sont deux textes différents, il y a deux auteurs différents. Par ailleurs, le pasteur écrit lourd, « Nous disons que… », il avance méthodiquement, implacablement : « Venons à son cinquiesme juge… », « Escoutons son sixiesme juge… » Tandis que la *Responce de Michau* et la *Replique* sont percutantes, méchantes et drôles. Les allusions, les fréquents jeux de mots, les clins d'œil à Rabelais, les références humanistes, l'intérêt pour l'histoire, pour la politique, pour l'actualité, rares dans la controverse religieuse, portent la marque d'Agrippa Aubigné, le véritable auteur, comme son ami Tronchin le savait.

Il est aisément repérable. Le personnage de Michau se présente comme le porteparole d'un gouverneur aux lourdes responsabilités militaires. Dans la *Replique*, il dit que son maître est au siège de la Fère[2] : Aubigné y était. Boulenger savait à qui il avait affaire. Il s'en prend, avec quelque raison, à lui pour émettre de sérieuses réserves sur sa noblesse : « Mais il a peut estre oublié à bouffoner depuis qu'il est en grade. Il en laisse le mestier à ses parans qui en tiennent boutique[3]. » Loudunais d'origine, il se montre cruellement précis :

> Messieurs les Secretaires je vous ay traicté doucement en ma responce pour trois raisons, l'une en faveur du bon pays de Loudunois, duquel l'un de vous est sorti d'illustre race, qui porte pour armes la soye, le rivet et l'aleine en champ de Sable. L'autre pour l'honneur d'Ambroise et Colin d'Aubignez d'heureuse

2 p. 215.
3 p. 169.

> mémoire oncles du respondant, maistres cordonniers en leur vivant demeurant pres du minage, l'un en la triperie, l'autre près du logis de madamoislle la Benacifiere, qui ont servi fidelement de bons souliers la maison de monsieur Bulenger mon maistre dont il se tient pour content et satisfaict[4].

Nous savons grâce à Gilbert Schrenck que les parents de Jean d'Aubigné, père de l'écrivain, étaient « tanneurs-cordonniers à Loudun[5]. » Plus de cinquante ans après l'ascension sociale du père qui accède au statut de « noble homme », qui n'est pas encore celui de gentilhomme, et alors qu'Agrippa est gouverneur de place et conseiller du roi, les origines roturières ne sont pas oubliées... L'intéressé répond dans les termes les plus vifs à la fin de la *Replique* : ses indications correspondent à sa famille telle qu'il la présente.

Cette controverse porte sa marque. Telle défense des « libertez de la langue Françoise[6] » annonce le début des *Tragiques* ; la *Responce* se termine par un poème, comme le *Debvoir mutuel des roys et des subjects*[7]. Le pseudonyme est une autre caractéristique. Il inaugure une longue liste : « Le larron Promethee », « Père A. de la vraye compagnie de Jésus » (*Explication familiere...*), *Le Docteur d'Heidelberg*, tel personnage de confesseur de Ravaillac qui justifie le meurtre du roi[8]... Ici, il est méprisant. Le seigneur d'Aubigné, gouverneur de Maillezais, conseiller de sa Majesté, s'affuble du pseudonyme de *Michau*, qui est, comme l'avait remarqué Marie-Dominique Legrand, le nom d'un jeu[9]. On frappait avec une serviette roulée sur un naïf à qui on avait bandé les yeux. C'est un des mauvais tours qu'on inflige au baron de Faeneste[10]. Aubigné fait le nigaud pour ne pas se mettre au niveau de son adversaire en polémiquant en nom propre avec lui : il se déguise pour ridiculiser un jésuite d'un rang indigne, avec d'autant plus de plaisir que celui-ci est irascible : « qu'il me soit permis de rire comme Michau, quand vous vous courroucerez comme un Caesar[11]. »

---

4 *RDM* p. 169-170.

5 G. Schrenck : « Les origines d'Agrippa d'Aubigné », *Bulletin de la Société de l'Histoire du Protestantisme Français*, 1983, n° 129, p. 489-518.

6 P. 159.

7 *ÉP* p. 452.

8 Pour ces trois références, voir les *ÉP*.

9 « *Histoire universelle* », dans *Autour de l'*Histoire universelle *d'Agrippa d'Aubigné*, G. Schrenck édit., Genève, Droz, 2006, p. 251.

10 *Op. cit.* p. 188.

11 *Responce* p. 96.

Cette controverse se retrouve dans son œuvre. Dans la *Confession catholicque du sieur de Sancy*, l'*Examen de quelques livres de ce temps* s'étend longuement à son sujet[12]. Aubigné lui consacre un de ses *epigrammata.* Enfin, le poème macaronique qui termine plaisamment la *Responce de Michau* est repris et amplifié dans sa vieillesse et constitue le premier des trois *Jambonika*[13]. Il y est précisé que le protestant qui a vaincu Boulenger dans la dispute, était un capitaine huguenot : l'attribution est indubitable.

A-t-il travaillé seul ? Michau dit prendre conseil d'un « jeune escollier qui arrivoit tout de nouveau du païs d'Aristote[14] ». Un appui technique, dans un duel à coups de syllogismes. Un ou plusieurs théologiens ont pu aussi prêter assistance. Un passage en latin le laisse penser :

> Il y a plus, car ce fin logicien confond l'Eglise universelle avec l'Eglise militante, et par là confond aussi l'estat de la question selon qu'il la pose luimesme au frontispice de son livre, et dit que tous les membres de l'Eglise universelle sont visibles, ce qui est faux, car les saints bien-heureux ne sont pas visibles, qui neantmoins sont membres de l'Eglise universelle, *De hac quaestione, an Ecclesia habeat rationem generis vel totius, et quomodo sit universale quid, consulenda est prolixa disputatio Sadeelis adversus Turrianum, in responsione ad repetita sophismata, et in summa totius disputationis.*

La phrase en latin n'est pas une citation de Boulenger ou d'un autre auteur. Sur la question de la définition logique de l'Église, elle recommande de se reporter à une polémique d'Antoine de Chandieu (*Sadeel*). Elle a vraisemblablement été rédigée par un pasteur (et en effet cette controverse est utilisée dans la *Replique*) pour orienter Aubigné, qui l'a intégrée par erreur au texte, parce que de toute évidence, il a travaillé vite, et qu'il ne se relit guère, comme le dit le Larron Prométhée au début des *Tragiques*.

Deux lettres plus tardives révèlent que le polémiste pouvait solliciter des renforts et se soumettre à révision : l'une remercie Simon Goulart de lui avoir fait parvenir, pour une controverse avec Du Perron, certains ouvrages de théologie[15] ; l'autre, sans suscription, soumet un écrit à la révision de « Messieurs Hart et Tomson » et les invite à tailler dans le

---

12 *Sancy*, II, 6.

13 Voir *PP* p. 203 *sq.* et 345 *sq.*

14 P. 95.

15 Corr. p. 382. Voir « Les controverses parisiennes d'Agrippa d'Aubigné. Ses récits, et ce qu'on peut en croire », http://www.agrippadaubigne.org/controverses.html, consulté le 1/11/2021.

texte, à brûler et retrancher, *urere et secare*[16]. *Un passage de la Responce* fait entendre l'accent comique de l'« Escossois de chez nous », celui du pasteur George Thomson, auteur de plusieurs livres de controverse, précepteur de Constant d'Aubigné. Il était présent lors de la dispute, il a pu prêter son concours. William Hart, lui, habitait à La Rochelle. Des pasteurs ont donc pu prêter main forte, notamment pour la collecte, l'analyse et la vérification des citations, même si elles étaient déjà disponibles dans certains ouvrages. Mais c'est Agrippa qui écrit. D'un bout à l'autre des deux livres, la rigueur de l'agencement, les *topoi* favoris, les citations, la verve, un peu de brusquerie soldatesque, sont sa signature.

En dehors de pièces isolées dans des livres d'autres auteurs, le seul volume qu'il ait publié avant cette polémique est l'opuscule des *Vers funebres* pour Jodelle publié chez Lucas Breyer en 1574. Les deux *Michau* inaugurent dans l'œuvre une série d'écrits de controverse : des lettres de dispute théologique, l'admirable *Traitté de la douceur des afflictions* publié pour conforter la sœur du roi dans sa résistance aux « convertisseurs » catholiques, la *Declaration du sieur de Bonnivet*, un discours apologétique de conversion, et bien sûr la *Confession catholicque du sieur de Sancy*, un autre écrit, parodique celui-ci, de conversion. Dans cet ensemble remarquablement éclectique, ce sont les *Michau* qui se conforment le plus au modèle des controverses théologiques, avec citations scripturaires et patristiques, syllogismes en forme. Mais l'éclectisme s'y retrouve car les discussions techniques sur l'*Organon* et les chicanes sur les Pères voisinent avec la satire et la farce. Nous verrons que le modèle est bien transformé.

LE CONTEXTE

1595 : la guerre civile continue mais Henri IV est en train de s'imposer. Le 25 juillet 1593, il se convertit au catholicisme, le 27 février 1594 il est sacré roi de France à Chartres, le 22 mars, il fait son entrée en libérateur dans Paris que la garnison espagnole évacue. Il va bientôt se rallier divers chefs ligueurs (Mayenne, en janvier 1596), jusqu'à la soumission de Mercœur début 1598, un mois avant l'édit de Nantes. Les

16 Corr. p. 654.

tensions restent fortes, cependant : le 27 décembre 1594, Chastel tente de l'assassiner, l'acte est imputé aux jésuites ; le 7 janvier 1595, un arrêt du parlement de Paris les chasse du royaume et ordonne l'érection d'une pyramide commémorative qui les dénonce en termes très durs, sur l'île de la Cité, en face de la maison du père du régicide. Cette expulsion est saluée par les gallicans et les protestants, mais ces derniers sont amers : ils se sentent négligés par le roi au profit de catholiques ralliés de fraîche date, ils formulent déjà les griefs de la retentissante *Apologie pour le roy Henry IV* de Madame de Rohan, qui sera diffusée en 1596. Ils sont surtout inquiets, car le roi catholique négocie avec la Ligue et se rapproche de Rome. L'absolution pontificale se prépare. Elle se fera publiquement le 17 septembre 1595. À la fin de la *Responce de Michau*, Aubigné l'évoque sans y croire, ou en se refusant à y croire. Les protestants exigent donc une paix en forme, les places de sûreté, les structures politiques… Si on en croit l'*Histoire universelle*, Aubigné joue un rôle décisif dans ces revendications. En 1593, à Saint-Maixent, avec un pasteur, il aurait convaincu le synode de mobiliser les autres provinces de France pour demander au roi « l'ordre qu'il lui plairoit estre observé parmi eux en leur façon de vivre[17]… » L'initiative aurait débouché sur l'assemblée de Mantes, puis sur celle de Sainte-Foy (18-31 juillet 1594) qui rédige un règlement[18]. Elle prévoit une nouvelle réunion, celle de Saumur (24 février-20 mars 1595), qui irrite Henri IV, furieux qu'elle ait été convoquée sans son consentement[19]. Les députés font valoir beaucoup de ressentiment[20], demandent un nouvel édit. Et pour le justifier, ils formulent encore le souhait d'une histoire qui prouve les tromperies dont ils ont été victimes au nom de la paix. C'est un des motifs qui poussent Aubigné à écrire l'*Histoire universelle*, c'est la thèse qu'il y défend :

---

17 IX p. 78. Aubigné était bien présent à ce synode en qualité « d'ancien » de l'église de Maillezais (Archives départementales des Deux-Sèvres, cité par Henri Gelan, « Le synode provincial du Haut et bas Poitou tenu à Saint-Maixent le 28 avril 1593 », *Bulletin de la Société de l'Histoire du Protestantisme Français*, 1911, p. 57). Un synode est pourtant une réunion religieuse et non politique.

18 *HU* IX p. 82-91.

19 Charlotte Duplessis-Mornay, *Les Mémoires de Madame de Mornay*, édition critique par Nadine Kuperty-Tsur, Paris, Champion (« TLR » 2), 2010, p. 275-277.

20 Voir Hugues Daussy, « Au cœur des négociations pour l'édit de Nantes : Le rôle de Philippe Duplessis-Mornay », *Bulletin de La Société de l'Histoire Du Protestantisme Français (1903-2015)*, vol. 144, Librairie Droz, 1998, p. 215 (http://www.jstor.org/stable/43498922, consulté le 18/03/2022).

> Le 4e dudit mois [avril 1595] a esté resolu qu'il seroit redigé par escript un bref discours en forme d'histoire à commencer au Massacre de Paris afin de representer à ung chacun la juste innocence de ceux de la religion reformee et monstrer avec combien d'artifices leurs ennemis ont taché à les decevoir et circonvenir mesmement en tous les traictés et accords qu'ils ont faicts afin qu'on recognoisse la grande patience dont ils ont usé jusques à present et soit informé bien amplement de l'estat des affaires desdits de la Religion[21].

Aubigné n'était probablement pas à Saumur, mais son ami Odet de La Noue y présidait. Nul doute qu'il s'est tenu très précisément informé des travaux de l'Assemblée.

Même si la guerre n'est pas finie, le roi prend le dessus mais le parti protestant est en train de se couper de lui et va s'opposer à lui.

Dans le bas Poitou, la situation est stable. Les huguenots tiennent Niort, qu'ils ont pris en décembre 1588. Aubigné a participé aux combats[22]. Le lieutenant de la ville, le catholique Jacques Laurens, est mort de ses blessures alors qu'il allait être pendu. Le culte calviniste a été restauré : le pasteur Louis de La Blachière, réfugié à La Rochelle, a repris son ministère et le clergé catholique a été chassé. Mais le catholicisme se maintient en périphérie. L'église Sainte-Pezenne, aujourd'hui dans la ville, est à l'époque *extra muros*. Elle fait office d'église paroissiale pour les catholiques niortais.

À cette époque, lorsqu'une ville calviniste a le catholicisme à sa porte, la rivalité entre ministres protestants et prêtres ou prêcheurs catholiques donne souvent lieu à des controverses. C'est ce qui se passe à Niort. Jules-César Boulenger prêche à Sainte-Pezenne. Né en 1558, il est entré au noviciat chez les jésuites en 1582. Pour l'heure, il n'a publié qu'un petit volume de *Joci* (Jeux, plaisanteries) latins[23]. Fin 1594, il provoque La Blachière par écrit. C'est apparemment son coup d'essai dans le genre de la controverse. En 1598, il visera plus haut en attaquant le traité de l'eucharistie de Mornay. Mais c'est surtout par des travaux sur l'antiquité et sur l'histoire romaines qu'il se fera connaître.

---

21 Ms. BNF Collection de Brienne, 220-226, « Assemblées générales politiques de ceux de la Religion prétendue réformée » tenues en France (1572-1625). 220 I. Années 1572-1597. Fr 7191, f° 203 v°.

22 Voir Éric Surget, « La prise de Niort par Agrippa d'Aubigné : 27-28 décembre 1588 », *Albineana*, 1990, 2, p. 35-54.

23 Paris, 1581. Il y publie même une épigramme « *Ad Epigramma Bezae de Didone* » (Paris, 1581, p. 15), qui prouve que l'humanisme sait aussi ignorer le clivage confessionnel.

On dispute depuis longtemps, et le colloque de Poissy (1561) a par exemple été un grand moment de débat. Émile Kappler observe cependant que c'est entre 1593 et 1630 que les débats font rage, principalement dans le sud-ouest, et qu'ils sont le plus souvent lancés par des catholiques, jésuites ou capucins[24]. La dispute entre La Blachière et Boulenger est de ce point de vue exemplaire.

Au bout de quelques mois, Agrippa d'Aubigné y intervient, avec force, mais en jouant sur le comique et sur le ridicule. Pourtant il vient de perdre son épouse, Suzanne de Lezai[25], et ce deuil le déchire. Il le dira dans ses mémoires. Les textes émus qu'il y consacre, une méditation en prose (*POM*), divers poèmes en français et en latin[26], en attestent. De jour, pourtant, il polémique et tourne en dérision Jules-César Boulenger. De nuit, il pleure[27].

LE DÉROULEMENT DE LA CONTROVERSE NIORTAISE

PREMIERS ÉCRITS

Tout commence par un échange d'écrits. La Blachière raconte que le gouverneur de Niort, Parabère, lui apporte en décembre 1594 un écrit de Boulenger qui légitime la messe en tant que « sacrifice en la Loy Chrestienne institué par Jesus Christ selon l'ordre de Melchisedec. » Il demande une réponse, « comme desirant d'estre enseigné[28]. » C'est un défi. La Blachière le relève et répond. Boulenger réplique. Parabère aurait jugé cette réplique « indigne de responce. » Le pasteur, qui a soixante-cinq ans et souffre de la goutte, tarde à réagir. Boulenger crie victoire : il aurait laissé son opposant sans voix. La Blachière doit répliquer, et ce serait à ce moment-là seulement qu'il aurait découvert l'identité de son adversaire : il publie Sa *Dispute faite par escrit…* chez

24 *Les conférences théologiques entre catholiques et protestants en France au* XVII*e siècle*, Paris, Honoré Champion, 2011.

25 La date du décès, indéterminée, se situe dans les trois premiers mois de 1595.

26 Voir *PP* p. 299, 322, 326, ms. Tronchin 159, f° 4 r°-v°.

27 *Sa vie*, p. 157.

28 *DFE* p. 3-4.

Thomas Portau[29]. C'est semble-t-il la première publication imprimée. La dédicace à Parabère est datée du 1er mars 1595. Le livre rassemble commodément les quatre écrits rédigés des deux côtés en moins de trois mois :

> « Le Predicant commence la dispute » (p. 11-16). Premier écrit de Boulenger. Le titre n'est pas de lui.
> « Responce à l'escrit du Predicant par Loys D. L. Blachiere » (p. 17-34).
> « Replique pour la messe par Jule Cæsar contre L.D.L. Blachiere » (p. 35-51).
> « Responce à la replique du Predicant, par L.D.L. Blachiere » (p. 52-313).

Suivent quelques pièces d'éloge et un errata.

La compilation est partiale. Deux fois, l'écrit catholique imprimé en petits caractères est suivi de la réponse calviniste qui, en caractères plus gros, est présentée comme une réfutation : *post tenebras lux*, après les fausses allégations, la vérité. La *Responce à la replique…* cite exhaustivement et linéairement la *Replique pour la messe* par extraits tous introduits par « Le predicant », et tous réfutés ensuite par une « Responce » parfois très longue. La disposition, qui n'est pas originale[30], cherche à donner le sentiment d'une *dispute* mais *par escrit*, comme si Boulanger parlait et que La Blachière lui répondait, sans que les disputeurs interagissent ou qu'ils s'adressent la parole.

UN BANQUET, DEUX DISPUTES

Le deuxième moment de la controverse voit de nouveaux protagonistes intervenir au cours d'un festin, qui réunit des calvinistes et des catholiques. Boulenger a « une petite dispute » « en une certaine maison de Niort, contre monsieur Constant gouverneur de Maran, et monsieur d'Aubigny, Gouverneur de Maillezais[31] », deux gouverneurs

29 Portau vient de s'installer à Niort pour cinq ans. Puis il déménagera à Saumur sous les auspices de Mornay.

30 La *Responsio* de William Whitaker aux démonstrations sur l'Antéchrist de Nicolas Sanders fait déjà alterner les citations en italiques de Sanders et leur réfutation en romains (Londres, 1583).

31 *SDF* non pag. signet Aiiijr°.

protestants, deux amis, deux poètes. L'hôte est apparemment un seigneur catholique, *Calitope*[32], peut-être Philippe Laurens, sieur de Beaulieu, en grec *Calitope*, le fils du gouverneur mort lors de la prise de Niort quelques années auparavant. Il n'avait que dix-huit ans… Parmi les assistants, côté catholique il y a l'inconnu qui se fait appeler l'*Escolier*, et qui prendra bientôt la plume. Il parle du « depart du premier de vos disputans contre ledit sieur Bulenger[33]. » Aubigné lui aussi distingue deux disputes, une première « finie pource que les chevaux et l'escorte de celui à qui il [Boulenger] en avoit l'attendoient à la porte », une seconde lorsque « Jules Cæsar […] s'attaqua à un autre, où il mena son batteau des Syrtes en Charybde[34]. » La première a impliqué Constans, la seconde Aubigné. Côté calviniste, le pasteur Thomson est aussi présent, la *Responce de Michau* s'amuse de son accent écossais[35]. Les deux disputes se seraient mal passées pour Boulenger. D'après La Blachière…

> … ceux de son party qui y estoient presens rougissoient de honte de le voir confus, sans pouvoir respondre ny dresser un seul argument en vraye forme qui eust force et vigueur de pouvoir conclurre pour prouver son dire, quoi qu'il suast à grosses gouttes, et qu'on luy donnast le loisir de prendre halaine pour dresser quelque bon argument, ce qui lui fit perdre beaucoup de sa reputation, mesme parmy les siens[36].

Michau est plus amusant :

> En un festin qui se fit chez nous, il fit la plus belle deguaynee du monde. Mais vos huguenots me l'allerent brider de syllogeme, de mode et de figure, et je ne sçay quel barragoüin où il y avoit du rubarbara. Ils lui nouërent l'esguillette à la langue, si bien que le pauvre homme ne faisoit plus que suer et toussir[37].

Le poème macaronique qui conclut la *Responce de Michau* fait état d'un syllogisme qui a laissé Boulenger pantois. Bien sûr, Aubigné et La Blachière sont des témoins plus que partiaux, mais comme nous le verrons ils ne semblent pas s'être consultés, leurs écrits sont indépendants, ce qui rend possible l'hypothèse d'un Boulenger pris de court par ses adversaires. Quoi

32 *Responce* p. 94.
33 *RAA* p. 180.
34 *Responce* p. 102.
35 *Ibid.* p. 93.
36 *SDF* non pag. signets Aiiij r°-v°.
37 *Responce* p. 93.

qu'il en soit, cette dispute introduit deux éléments nouveaux. D'abord elle porte sur la donation à saint Pierre, autrement dit sur la légitimité du pape. Par rapport aux controverses sur la messe rassemblées dans la *Dispute faite par escrit* de La Blachière, elle ouvre un nouveau chapitre, même si la question de la monarchie du pape était déjà implicite. Ensuite cette dispute utilise la logique, que Boulenger ne maîtriserait pas. « Vous ne sachit il poén le lochiq ? Parthi fous fut il pin unn petith pethh[38], » dit l'Écossais.

BOULENGER PUBLIE DEUX LIVRES

Troisième moment : Boulenger publie deux fois. Michau parle de « ces brouilleries qu'a fait imprimer vostre prescheur », et son interlocuteur annonce une suite : « Monsieur de Poictiers [l'évêque] l'a mandé [Boulenger] pour rapetasser les affaires et faire une responce par le conseil de tout le clergé : et n'y aura mot qui ne soit grabelé et trepelé comme il faut[39]. » Deux publications donc, l'une parue, l'autre en préparation. Sur la première, nous n'avons que quelques informations. La Blachière :

> Doncques ce vaillant champion de l'Eglise Romaine se voyant blessé si avant par la parolle de Dieu, et repoussé par ses propres armes, jusques là que la pluspart des siens rougissoient de honte à cause de lui, et plusieurs le monstroient au doigt de le voir si bien battu : il delibera (tout enflambé de cholere et de menasse) pour avoir quelque rafraichissement en son despit, d'envoyer imprimer à Poictiers, par François le Page imprimeur, un petit livre de la grosseur d'un Almanac, dedié à l'Evesque de Poictiers[40].

Aubigné confirme dans l'*Examen des disputes logicalles de l'escholier* qui fait suite à la *Replique de Michau* :

> Voyez lecteur comment cette piece est couchee dans le premier livre de Boulanger adressé à l'Evesque de Poictiers, imprimé par François le Page[41].

38 *Ibid.*

39 Voir p. 92.

40 *SDF* signet Aiiijr°.

41 Voir p. 254. D'après le catalogue de L. Desgraves, la carrière de François le Page s'arrête en 1592, mais La Bouralière écrit : « Nous ne connaissons pas d'impression de Le Page après 1592 ; il n'en a pas moins dû diriger son atelier pendant plusieurs années encore, comme le prouve cette autre mention des registres capitulaires de Sainte-Radegonde, à la date du 7 juillet 1595 : "On proposera au sieur Page, m^e^ imprimeur, de mettre les leçons et répons de la fête de Sainte-Radegonde, du mois d'août, dans les bréviaires qu'il est en train d'imprimer" » (*L'imprimerie et la librairie à Poitiers pendant le* XVIe *siècle*, Poitiers, E. Marche, 1900, p. 216).

Cette épître portait sur le pape : « en la lettre qu'il escrit à l'evesque de Poictiers, en laquelle pour prouver qu'il faut un monarque en l'Eglise, il argumente comme s'ensuit… » Plus haut Aubigné critique le « premier escrit de Jules Caesar en ce qui touche la primaulté du pape[42] » et il évoque même le frontispice du livre[43]. Il a été explicitement visé : « Je sçay bien qu'il vous faschera, après avoir conté vos batailles contre des gouverneurs, que Michau parle quand ils se taisent[44]. » C'est sans doute une des raisons qui l'ont poussé à prendre la plume.

Ce premier livre s'est perdu. C'était un opuscule « de la grosseur d'un almanach », dit La Blachière. Mais Boulenger n'en reste pas là. Il serait allé chercher du renfort à Poitiers :

> Mais lui […] prend lui-mesme son chemin diligemment vers Poictiers, pour mendier du secours et de l'aide, faire provision de nouvelles armes, mieux fourbies, mieux disposees, et en plus grand nombre, pour dresser une nouvelle et plus forte batterie, pour renverser la verité de l'Evangile que je maintiens[45].

Et il serait revenu à Niort avec un nouveau livre :

> [Il] est revenu de Poictiers tout joyeux, bien armé et muni de toutes pieces, mieux fourbies et plus coulantes que les premiers, qui estoient fort rouillees, fort rudes, et mal agreables, ce qui est fort aisé à juger par le stile fort contraire à l'escrit de j'ay de luy. A son arrivee ou peu de jours apres, il a fait ses monstres, et desployé ses belles armes parmy ceste ville[46].

Aubigné parle lui aussi d'une publication jugée insuffisante et du secours cherché à « la Sorbonne de Poictiers » pour écrire un livre « par le conseil de tout le clergé[47] ». Ce second opus est la *Reponce aux calomnies et Faussetez de Louys de la Blachiere ministre de Niort, contre la messe, par Jule Caesar Bulenger, Docteur en Theologie*, A Monseigneur le Reverendissime Evesque de Poictiers. A Poictiers, De l'imprimerie de Jean Blanchet, demeurant pres le gros horloge, 1595[48].

42 *Ibid.* p. 122.
43 *Ibid.* p. 256.
44 *Ibid.* p. 123.
45 *SDF* signet Aiiijv°.
46 *Ibid.* signet A[5].
47 *Responce* p. 92.
48 Le seul exemplaire localisé est à la Médiathèque François Mitterrand de Poitiers. Il est accessible en ligne sur le site de la bibliothèque.

Boulenger a travaillé très vite. La *Dispute par escrit* de La Blachière date de début mars 1595. Or le 12 juillet de la même année, Boulenger écrit au pasteur à propos de la réponse que celui-ci prépare à sa *Reponce aux calomnies*[49]. Il a donc déjà publié le petit livre perdu et cette *Reponce*, entre mars et juin. Comme La Blachière l'a fait dans sa dernière publication, il propose une réfutation linéaire, point par point, de cette dernière publication, mais lui ne cite pas son adversaire, de sorte qu'il faut pour le lire se reporter au livre qu'il combat. La réfutation point par point entraîne une totale discontinuité du discours : « En la premiere page, il use d'imposture… », « En la page 20 et 21, il dit que j'ai falsifié… », « En après il… », « en troisieme lieu il… »… et ainsi de suite jusqu'à la p. 275, ce qui le rend impossible à résumer.

Le livre compte 286 pages. C'est un peu moins que la *Dispute faite par escrit*. Mais La Blachière y compilait quatre écrits. Boulenger produit donc le texte le plus long et le plus riche en citations. À Poitiers, une petite équipe a travaillé intensément. Son adversaire tiendra à reprendre l'avantage avec la *Seconde dispute*, plus de mille pages… La polémique fait boule de neige.

La *Responce aux calomnies* est précédée d'un *imprimatur* de l'évêque de Poitiers, Geoffroi de Saint-Belin, également seigneur de Sainte-Pezenne[50], et suivie de pièces d'escorte de Gilbert de Blanchereau, de Pierre de Brilhac, qui sera lieutenant criminel à Poitiers en 1598 et maire en 1614, et de Stéphane Donat. Les catholiques poitevins ont voulu réagir fortement[51]. Et c'est pourquoi Aubigné intervient très fortement.

---

49 *SDF* non pag. [p. 992].

50 Un acte de la Chambre des requêtes du Parlement de Paris oppose à un serviteur de la seigneurie de Sainte-Pezenne « Mre Geoffroy de Saint-Belin evesque de Poictiers, seigneur de ladite seigneurye de Sainte-Pezenne » (Archives nationales, Chambre des Requêtes, année 1602, cote X/3b, 74, n° 39).

51 Poitiers, qui appartenait au duc d'Elbeuf, reste largement ligueuse. Le 18 octobre 1594, Henri IV écrit à Elbeuf et lui signale que « plusieurs gentilshommes qui estoient des plus affectionnez au party de la Ligue […] n'ont point fait le serment de fidelité. » Il demande au duc de faire le nécessaire (Jules Berger de Xivrey, *Recueil des lettres missives d'Henri IV. Tome* 4, 1593-1598, Paris, Imprimerie nationale, 1848, p. 233).

DERNIÈRE PUBLICATION DE LA BLACHIÈRE, MICHAU L'AVEUGLE

Nous sommes donc au milieu de l'année 1595. C'est alors que la controverse niortaise bifurque. D'un côté, Louis de la Blachière prépare sa contre-attaque, la *Seconde dispute*, qui reste centrée sur la question de la messe et de la communion. De l'autre, arrivent *La responce de Michau* et la *Replique de Michau* d'Agrippa d'Aubigné qui provoquent des contre-attaques catholiques. On débat maintenant du pape, avec les deux questions de la monarchie dans l'Église et de l'Antéchrist.

La *Seconde dispute faite par escrit en laquelle Loys D. L. Blachiere, Ministre de la parole de Dieu en l'Eglise reformee de Niort, soustient qu'il n'a prononcé aucunes calomnies ny fausserez contre la Messe : ains toutes veritez* [...] paraît à Niort, chez Portau, en1596. Le pasteur a voulu clore les débats par un énorme livre de 991 pages (+ 23 pages non numérotées). Comme il l'a déjà fait dans la *Dispute faite par escrit*, il cite intégralement l'écrit de son adversaire par tronçons qu'il entrelarde de ses propres réfutations. C'est donc une nouvelle fois un texte décousu. Les arguments n'ont pas bougé, il les défend pied à pied, il les développe, les étaie. Les interprétations de la Bible sont les mêmes. Le pasteur, avec une irritation accrue, s'acharne à dénoncer les malhonnêtetés intellectuelles de son adversaire, son ignorance, son incompétence.

Au même moment, Agrippa d'Aubigné intervient avec *La Responce de Michau l'Aveugle au premier livre de Monseigneur Jules Cæsar Boulanger harangueur de saincte Pezene lez Nyort avec une lettre Macaronique de Monseigneur Chargé audict S. Jules Caesar*, Imprimé nouvellement, M.D.XCV. s.l.[52] Ce livre est postérieur à la *Responce aux calomnies* de Boulenger, puisqu'il la cite[53]. Mais il n'est pas impossible qu'il ait été entrepris avant cette publication : pour l'essentiel, il revient sur la dispute orale avec Boulenger et réfute sa première publication à Poitiers, qui s'est perdue. C'est seulement au dernier chapitre qu'il en vient au « dernier livre escrit contre Monsieur

52 70 pages numérotées à partir de la page de titre. Cinq exemplaires localisés dans les bibliothèques publiques à Berne, Paris (BNF), Poitiers (2 ex.), et Rouen.

53 « Il faut maintenant distraire du dernier livre escrit contre Monsieur de la Blachiere... » (*Responce* p. 122).

de la Blachiere » et annonce une suite sur l'Antéchrist, la *Replique de Michau.* Avant ce second livre, cependant, deux contre-attaques du clan Boulenger paraissent.

D'abord la *Responce de Matthieu Gouyn, serviteur de M. Jule Caesar Bulenger À l'escrit de Michaut l'aveugle contre la souveraineté du Pape de Rome*, A Poictiers, par Jean Blanchet demeurant pres le gros horloge, 1595[54]. Matthieu Gouin n'est pas un pseudonyme. Un chanoine de l'église Saint-Léger de Loudun qui répond à ce nom est partie en 1621 dans un procès de son chapitre avec un commandeur de l'ordre de Saint-Jean de Jérusalem pour une question de droits sur des terres à Loudun[55]. C'est très vraisemblablement notre auteur. Boulenger est loudunais. Toutefois, celui-ci a participé à l'ouvrage. Il en est peut-être même l'auteur principal, à en juger par les savoirs érudits sur l'antiquité, les citations d'épigrammes grecques, telle comparaison avec les jeux du cirque[56] : il publiera son *De circo romano* en 1598. Et la graphie *Bulenger*, choisie dès le titre, est celle qu'il préférait, la jugeant plus élégante. Pour Aubigné, en tout cas, c'est l'auteur principal : le livre est « de sa façon et au nom d'un autre[57]. » Bizarrement, la *Responce de Matthieu Gouyn* a forcément été écrite après la *Responce de Michau*, qu'elle veut réfuter, mais dès son premier opus Michau s'y dit déjà prêt à le combattre[58], en jouant déjà sur la proximité entre ce nom et « maistre Gonnin », personnage proverbial de prestidigitateur. Dans ce tout petit monde poitevin, tout se savait.

Seconde contre-attaque : la *Responce aux arguments cornus du secretaire de Michau l'aveugle*, Poitiers, Aymé Mesnier, Imprimeur de l'Université, 1595[59]. Ce livre est solidaire du précédent, qu'il complète. Gouin parle théologie et patristique. La *Responce* choisit la logique, un angle d'attaque que La Blachière et surtout Aubigné ont privilégié. L'auteur n'est pas Boulenger. Le style, la manière diffèrent de ses livres comme de celui signé par Gouin. L'inconnu, peut-être un enseignant de l'université de Poitiers, fait parade de ses compétences de logicien. Il s'accorde très

---

54 113 pages numérotées depuis la page de titre + 1 page.

55 *Arrestz notables des conseils du Roy et des cours souveraines de France en faveur de l'ordre Sainct Jean de Hierusalem*, Paris, Remy Soubnet, 1641, p. 44.

56 *RDM* p. 86.

57 *Replique* p. 243.

58 « Mais donnez moy vostre valet hardiment à partie, pourveu qu'il parle en maistre » (*Responce* p. 123).

59 127 pages numérotées à partir de la page de titre.

volontiers le triomphe et il se fourvoie parfois très sottement. Boulenger est moins lourd et plus subtil. Il n'a pas pu ignorer ce livre, il lui a donné son aval, mais il n'en est pas l'auteur. La *Responce de Matthieu Gouyn* et la *Responce aux arguments cornus* ont été conçues en même temps, et se sont partagé l'offensive sur deux lignes de front : les Pères d'un côté, les syllogismes de l'autre. La symétrie est nette : Gouin et l'auteur du second livre se disent respectivement *serviteur* et *escolier* de Boulenger. Qui adopte donc la tactique d'Aubigné : ne pas parler en nom propre, adopter un personnage de condition infime, aveugle ignorant, valet ou grimaud, pour humilier. *L'escolier* déclare :

> Or si moy qui ne suis que l'escolier et qui ay apris du sieur Bulenger ce que je sçay, puis monstrer tant de lourdes fautes qu'avez commises là vous meslant de redarguer, je vous laisse à considerer ce qu'eust peu faire le maistre s'il eust daigné prendre la peine d'examiner vostre responce pour ce regard. Il ne l'a pas voulu faire, non pour autre cause que par mespris, d'autant qu'une aigle ne se doit pas amuser à combatre les mousches.

Enfin arrive la seconde publication d'Aubigné, la *Replique de Michau l'aveugle à M. Jules Caesar Boulanger, à Gouyn son valet, et à M. son escholie*r, suivi de *Examen des disputes logicalles de l'Eschollier*, Niort, Tomas Portau, 1596[60]. La polémique s'achève avec cette *Replique*. Elle attaque les deux livres précédents et surtout *Boulanger* qu'elle associe dès le titre au *valet* et à l'*escolier*, pour le ravaler à leur rang. Elle n'a pas eu un grand retentissement, comme le montre le petit nombre d'exemplaires conservés dans les bibliothèques publiques.

Les publications d'Aubigné et le dernier livre de La Blachière se sont préparés indépendamment. Certes, dans le landerneau, on est informé. Le pasteur sait que la *Replique* est en préparation. Il termine ses pages sur l'Antéchrist par la remarque suivante :

> Je confesse bien que je n'ai pas escrit tout ce qui s'en pouvoit dire, non pas le disme [dixième] pour prouver que le Pape est l'Antechrist. Car il s'en escriroit un bien gros volume ; comme j'ai dit au commancement de ces marques. Joint qu'un personnage d'honneur et qui a bien merité des bonnes lettres, en a escrit un traité exprès, digne d'estre leu : auquel M. Jule respondra s'il peut[61].

60 59 pages numérotées depuis la page de titre, + 28 pages pour la seconde partie. Exemplaires localisés : Munich, Paris BNF, Paris Bibliothèque de l'Histoire du protestantisme français.

61 *SDF* p. 623.

C'est une claire allusion au second livre d'Aubigné. Qui lui-même a probablement donné un poème pour la publication de la *Seconde dispute.* Parmi les pièces d'éloge qui la terminent, on trouve en effet une page composée de deux poèmes. En bas, un sonnet en faveur du pasteur, signé « P.L.S.D.C. » Nous lisons : « Par le sieur de Constans. » En haut, une épigramme latine. Si elle est d'Aubigné, la page rassemble les deux gouverneurs poètes qui ont disputé avec Boulenger.

In Bullam Julii Caesaris Bulligeruli
ad Candidissimum et Eruditissimum D. L. de la Blachiere
Theologiae Professorem,
Epigramma

Bulla quid est aliud tumidae quam circulus undae
Quae levis, ut nata est, non reditura, cadit ?
Bulla quid in Sanctum nisi vana Superbia Christum ?
Venderet hic Bullas, Bulliger iste, suas,
Qui Bullas vendit Bullas fortassis emendas
Cogitur, et pretio Bulla parata patet.
Vende alio Bullas, vel Bullas Bulliger aufer,
Bulligeri en nata est Bulla subinde perit.

Laurus prodest[62]

Contre la bulle de Jules-César Bulligérule,

Au très probe et très savant seigneur L. de La Blachière, professeur de théologie
Épigramme

La bulle, qu'est-ce donc qu'un globe d'onde enflé,
Léger, qui sitôt né sans retour disparaît ?
Qu'un orgueil boursouflé contre le Christ divin ?
Ce vil bulligérant, qu'il les vende, ses bulles !
Bulles vendues, bulles à payer peut-être...
C'est forcé : il paiera, la bulle est toute prête.
Va gérer loin tes bulles, Bulliger, emporte-les...
La bulle née de Bullinger vite est crevée.

Le Laurier est salutaire...

Et elle est très probablement d'Agrippa d'Aubigné. L'inédit *Bulligerulis*, sur le nom de Boulenger, se retrouve dans le poème macaronique de la fin

62 Non paginé, signet SSs ij.

de *La Responce de Michau*[63]. Si, contrairement à l'usage des pièces d'escorte, le poème n'est pas signé, c'est qu'il conserve la stratégie méprisante du pseudonyme de la *Responce* et la *Replique* : ne pas intervenir en nom propre, s'abstenir d'une relation directe avec un adversaire infâme. Quant au mystérieux « *Laurus prodest* » qui tient lieu de signature, il annonce peut-être aux initiés la prochaine intervention d'un poète, autrement dit la parution de la *Responce*. Tout cela est dans la manière de l'écrivain. Enfin, si les constants jeux de mots appartiennent à la poétique de l'épigramme latine, ils se vérifient massivement dans les siennes, y compris à cette période[64].

Le poème joue sur le nom de l'adversaire. Il exploite la paronomase entre les *bulles* du pape et la bulle de savon, symbole d'inanité. En élargissant le sens de *bulla* à tous objets, tous produits en vente dans « la boutique du pape », il assimile l'auteur catholique à un « porteur de rogatons », un vendeur d'indulgences ou d'agnus bénits. Le protestantisme a déjà joué sur ce registre à propos des condamnations papales d'Elizabeth d'Angleterre. En 1572, trois épigrammes ouvrent la *Confutation of the Popes Bull which was published more then two yeres agoe against Elizabeth the most gracious Queene of England* d'Heinrich Bullinger : « *De Sereniss. Angliae, Franciae, et Hiberniae Regina Elizabetha etc. Et Bulla impii Pii Pontificis Romani in illam edita* », « *In Bullas Pontificum* », « *In Bullas et Venias Papisticas*[65] ». On y retrouve les jeux de mots sur l'inanité et sur le caractère mercantile du catholicisme : « *Stultus, qui bullas pondus habere putat…* » ; « *Si quis emis bullas, bulla tu vanior omni es* » ; « *Nugis fictitiis, et Bullis Roma superbit, / Nugas et Bullas vendere Roma solet…* »

La Blachière connaît l'existence du livre d'Aubigné (« un personnage d'honneur […] en a escrit un traité expres ») ; Aubigné écrit une épigramme latine pour celui de La Blachière : il n'en est que plus frappant de constater que les deux auteurs n'ont pas collaboré. Leurs livres ont été écrits en parallèle, sans s'influencer réciproquement. On y retrouve sans doute les mêmes arguments, les mêmes citations, comme dans tous les livres de même farine. Tous deux traitent de manière assez développée la question de l'Antéchrist à partir des thèses de Boulenger. Dans cet exercice à figures obligées, il n'est pas étonnant de relever des similitudes, mais rien de plus. Par exemple sur la treizième *marque* de l'Antéchrist

63 Voir p. 124.

64 Voir par exemple la *Responsio* écrite pour Constant, *PP* p. 523.

65 Londres, John Day, 1572, non pag.

que Boulenger a examinée, les corps des deux Témoins gisant sur les places de Sodome, La Blachière ne fait aucune allusion à Hus et Jérôme. Les deux Témoins désignent seulement pour lui l'ensemble des victimes des persécutions du pape.

Ici aussi, on est allé très vite. La Blachière publie sa *Seconde dispute* en 1596. Nous savons qu'il y travaille en juillet 1595. La *Responce* et la *Replique* de Michau, respectivement millésimées 1595 et 1596, ont été conçues ensemble puisque la seconde est annoncée dans la première[66]. Elles l'ont été après les publications de Boulenger, dont La Blachière dispose début juillet 1595. Aubigné a écrit entre l'été et l'automne. Il n'est pas encore au courant de l'absolution pontificale accordée à Henri IV le 17 septembre, et publiée à Paris dès le lendemain d'après le *Journal* de L'Estoile[67]. Il est sans doute au siège de La Fère à partir de novembre. Il écrit dans ses mémoires qu'il « arriva pour le siege de la Fere à Chauny », où Henri IV se trouvait le 6 novembre. Il est probable qu'il quitte Maillezais au début de l'hiver[68].

Chronologie de la controverse

1594	
Décembre	Premier écrit de Boulenger.
1595	La Blachière, « Responce à l'escrit du Predicant. »
	Boulenger, « Replique pour la messe »
Avril	La Blachière, « Responce à la replique du Predicant. » (*Dispute faite par escrit*).
?	Banquet à Niort : dispute de Boulenger avec Constans et Aubigné.

66 Voir p. 122. Dans la *Responce*, l'absolution pontificale d'Henri IV (17 septembre 1595) n'a pas encore eu lieu.

67 *Journal du règne de Henri IV*, éd. Marie Houllemare, III, Genève, Droz, 2016, p. 38.

68 *Sa vie* p. 156. Voir la note de G. Schrenck : Henri IV était à Chauny le 6 novembre 1595. Le *Sancy* (II, VIII) place l'entrevue avec le roi à Senlis. La Fère capitule le 16 mai. Aubigné est ensuite à l'Assemblée de Loudun, qui s'ouvre le 1er avril. Il est mentionné dans la liste des gouverneurs présents en date du 28 juin (ms. BNF. Collection de Brienne. 220-226. Assemblées générales politiques de ceux de la Religion prétendue réformée tenues en France. (1572-1625). 221, II. Années 1596-1599, f° 26 v°). Plus loin, avec Jacques de Constant et d'autres gouverneurs, il se plaint du non paiement des garnisons (24 septembre, *ibid.* f° 147).

?	Petit livre de Boulenger paru à Poitiers.
	Séjour de Boulenger à Poitiers.
début de l'été	Boulenger, *Reponce aux calomnies et faussetez…*
	Aubigné, *Responce de Michau l'aveugle.*
	Gouin, *Responce de Matthieu Gouyn…*
	Anonyme, *Responce aux arguments cornus de Michau l'aveugle*
1596	
	Aubigné, *Replique de Michau l'aveugle*
	La Blachière, *Seconde dispute faite par escrit.*

LA POLÉMIQUE SUR LA MESSE

LES ARGUMENTS DES DEUX CAMPS

Il est nécessaire de survoler la polémique entre Boulenger et La Blachière sur la messe. Les écrits d'Aubigné la prolongent, elle permet de comprendre le contexte théologique où il se situe.

Le catholique entreprend de défendre la messe en tant que sacrifice eucharistique. Comme il sait que les calvinistes fondent la foi et le culte seulement sur la Bible, c'est sur elle qu'il s'appuie. Il allègue la figure de Melchisédec, un mystérieux roi-prêtre du livre de la Genèse. Lorsque Abraham revient victorieux d'une expédition armée, une cérémonie a lieu. Genèse 14, 18 :

> *At vero Melchisedech rex Salem, proferens panem et vinum, erat enim sacerdos Dei altissimi* (Vulgate).
> Melchisedec aussi roy de Salem apporta pain et vin, et iceluy estoit sacrificateur du Dieu souverain (Bible de Genève, 1567 et 1588).
> C'est Melkisédeq, roi de Salem, qui fournit du pain et du vin. Il était prêtre de Dieu, le Très-Haut… (traduction œcuménique, Paris, Cerf, 2012).

Boulenger interprète ainsi ce verset :

> Melchisedec Roy de Salem presenta à Dieu du pain et du vin à cause qu'il estoit Sacrificateur du haut Dieu, car ce mot de *offerre, proferre, prospherein* en grec, signifie « sacrifier[69] ».

Melchisédec réapparaît dans le Psaume 109 (110 pour les calvinistes) verset 5 :

> *Tu es sacerdos in aeternum secundum ordinem Melchisedech* (Vulgate).
> Tu es Sacrificateur à perpetuité, à la forme de Melchisedech. (Bible de Genève, 1567).
> Tu es Sacrificateur à tousjours, à la façon de Melchisedec (Bible de Genève, 1588).
> Tu es prêtre pour toujours, à la manière de Melkisédeq (traduction œcuménique).

Ce verset est appliqué au Christ par l'Épître aux Hébreux (5, 10). Pour Boulenger, la superposition des trois versets de la Genèse, du psaume et de l'épître de Paul, établit que le Christ est « sacrificateur eternel selon l'ordre de Melchisedec » ; et puisque « l'ordre de Melchisedec est de sacrifier avec du pain et du vin », « Jesus Christ doncques sacrifie perpetuellement et à tousjours soubs l'espece de pain et du vin[70]. » De Melchisédec au Christ, la Bible décrit la création du sacrifice eucharistique. Mais il y a plus, car l'insistance du psaume sur la perpétuité (*in aeternum*) exclut que le sacrifice se résume à celui du Christ sur la croix, qui « n'a esté offert qu'une fois et n'a duré qu'environ l'espace de trois heures ou six tout au plus. » Si le sacrifice est « offert tous les jours selon l'ordre de Melchisedec[71], » c'est qu'il s'agit de la messe comme réitération du sacrifice du Christ sous les espèces du pain et du vin. Le raisonnement reprend en l'élargissant la lecture typologique de l'Ancien Testament. Une figure de la Genèse devient le verset d'un psaume que l'épître aux Hébreux, 5, 10, applique au Christ : l'Ancien Testament préfigure le Nouveau où il s'accomplit et plus encore, ce mouvement aboutit à l'institution de la messe catholique. La démonstration s'appuie sur ce qu'on appelait des « autorités » : des citations des Pères et des anciens docteurs qui confirment et valident l'analyse.

---

69 *Ibid.* p. 12.
70 *Ibid.* p. 12.
71 *Ibid.*, p. 14.

Dans la « Responce à l'escrit du Predicant », La Blachière réfute. Tout d'abord, le sacrifice de la croix n'a pas à être reproduit, il est « seul, unique, perpetuel et très suffisant pour nostre salut[72]. » La cène protestante est communion avec le Christ, la messe catholique est un faux sacrifice expiatoire. Il accuse aussi le catholique de « falcification » et recourt à l'hébreu :

> Car voicy comme Moyse parle : « *umalki tsedek melech schalem hotsi lechem vajajin* », *id est* « *et Melchisedec rex Salam produxit panem et vinum.* » L'impression d'Anvers aux despens du Roy Philippes[73] a traduit le terme *hotsi* « *eduxit* ». Le paraphraste Caldee ainsi expose le texte de Moyse : « *Et Melchisedec Rex Jerusalem adduxit panem et vinum et ipse erat minister coram deo excelso.* » Les 70[74] ont traduit le verbe *hotsi*, « *exenegken auto artous kai oinon* », *id est* « *protulit ipsi panes et vinum.* » La translation vulgaire a traduit « proferens ». Aussi entre les Hebrieux *jatsa*, signifie « *Exire, egredi, procedere, educere, producere*". Et ne signifie nullement *offerre sacrificium*[75] ».

La Blachière suit Martin Chemnitz :

> *Vetus quidem translatio habet : « Melchisedec obtulit panem et vinum, erat enim sacerdos altissimi », sed Moyses ita non scripsit. Utitum enim non verbo sacrificatorio, sed inquit* הוציא *quod simpliciter significat « depromere, producere*[76] ».

Après trois exemples d'emplois du mot dans ce sens dans l'Ancien Testament, Chemnitz ajoute :

> *Accedit, quod nec Chaldaeus paraphrastes, nec Graeci interpretes sententiam illam reddiderunt per verbum sacrificandi, sed per simplex verbum educere, seu proferre*[77].

Puis il fait valoir que les apôtres n'ont jamais parlé du sacrifice de la messe. Ainsi, pour La Blachière, en Genèse 14, Melchisédec a apporté

72 *Ibid.* p. 17.
73 La fameuse Bible polyglotte dirigée par Arias Montano, 1568-1572.
74 Les Septante, les traducteurs de la Bible hébraïque en grec.
75 *DFE* p. 20-21.
76 *Examen concilium Tridentini* (1565-1573), Berolini, Sumptibus Gust. Schlawitz, 1861, p. 391. « La vieille traduction donne : Melchisedec offrit du pain et du vin, car il était prêtre du Très-haut. Mais Moïse n'a pas écrit cela. Car il n'emploie pas de verbe relatif au sacrifice, il dit הוציא, qui signifie simplement faire apporter, présenter. »
77 *Ibid.* « À quoi s'ajoute le fait que ni le paraphraste chaldéen [Jonathan-ben-Uziel], ni les traducteurs grecs [les Septante] n'ont rendu la phrase avec un verbe signifiant "sacrifier", mais simplement par le verbe apporter, présenter. »

du pain et du vin mais sans faire sacrifice : il a offert un repas[78] ; quant au verset de l'Épître aux Hébreux, il ne parle pas de pain et de vin : Melchisédec est une figure du Christ, mais la messe n'a pour autant aucun fondement scripturaire. C'est une invention humaine. Toute cette argumentation figure déjà dans l'*Institution de la religion chrestienne.* Calvin explique que Melchisedec « a donné du pain et du vin à Abraham et à sa compagnie, pource qu'ils avoient besoin d'estre repeus comme gens lassez qui retournoient de la bataille ». Il conteste qu'il eût « en qualité de Sacrificateur de Dieu » béni Abraham[79], et qu'il faille réitérer le sacrifice du Christ, car s'il « s'est offert soy-mesme en la croix en sacrifice, afin qu'il nous sanctifiast à perpétuité, et nous acquist éternelle rédemption (Hébr. 9, 12), sans doute l'effect et efficace de ce sacrifice dure sans fin[80]. » Quant aux Pères que Boulenger allègue, ils n'ont qu'une autorité relative. Il faut, dit La Blachière, « examiner leurs escrits et les recevoir en tant qu'ils seront conformes aux escrits des Prophetes et Apostres, et les rejetter s'ils y sont contraires[81]. » C'est la position de tous les réformés, celle d'Agrippa d'Aubigné[82].

Dans la « Replique pour la messe », Boulenger recourt aux Pères. Puisqu'il y a débat sur l'interprétation de la Bible, dit-il, « il faut prendre quelque Juge » : « Rapportons nous à l'antiquité de tous les anciens docteurs de l'Eglise, et les prenons pour juges[83]. » Il produit donc une théorie d'auteurs anciens qui abondent dans son sens. Ce sera une constante dans la dispute avec Aubigné : alors que celui-ci se prévaut de la rigueur efficace du syllogisme, Boulenger accumule les *autorités.* Il affirme que le mot *messe* est plusieurs fois employé par les Pères, ce qui rend invraisemblable la position adverse : peut-on penser qu'une révélation faite il y a un millénaire et demi soit restée incomprise jusqu'à Calvin ?

La Blachière reprend alors la plume. Sa « Responce à la replique du Predicant » se veut réfutation définitive. Nettement plus longue que les écrits précédents, elle montre un effort conséquent de documentation et d'argumentation. Elle attaque d'abord *ad hominem*, en accusant

78 *DFE.* p. 21.
79 *Institution*, IV, XVIII, 2, éd. Benoit, Paris, Vrin, 1961, p. 450.
80 *Ibid.* p. 451.
81 *Ibid.* p. 30, répété p. 70.
82 Voir p. 108-109.
83 *DFE* p. 36.

Boulenger d'appartenir à la Compagnie de Jésus. C'est de circonstance, après l'attentat de Chastel, alors que gallicans et calvinistes travaillent à la légende noire de la Compagnie comme milice secrète du pape œuvrant par tous les moyens à asseoir son pouvoir, théologie *ad hoc*, assassinat, manipulation psychologique par la pédagogie ou par la direction de conscience…, tout ce que mettra en forme en 1602 *Le Catechisme des jesuites* de Pasquier[84]. La Blachière repousse ensuite l'accusation d'hérésie que son adversaire, dit-il, n'a même pas définie. L'opposition est caractéristique. Pour lui, est hérétique qui s'oppose à la parole de Dieu. Pour Boulenger, est hérétique qui s'oppose à l'Église. Retour ensuite au « sacrifice perpétuel ». Pour le pasteur, Jésus est seul sacrificateur, et tout ce que disent les docteurs sur les « sacrifices des chrestiens » doit s'entendre au sens spirituel. Il argumente à nouveau sur le fait que Melchisédec est figure du Christ sacrificateur éternel. Il épluche les citations des Pères et récuse l'argument de la tradition, selon lequel il serait invraisemblable que tous les anciens se soient mépris. Comme d'habitude, le contre argument est que seule la Bible fait autorité. Il l'accompagne de diverses explications sur la tradition. Si la vérité est restée si longtemps inaperçue, c'est que le monde est longtemps resté dans « les profondes tenebres damnables d'ignorance », c'est que la révélation a été réservée à un tout petit peuple[85].

Dans la *Reponce aux calomnies* de Boulenger, l'argumentation porte pour l'essentiel sur l'analyse des citations bibliques, à grand renfort de philologie hébraïque ou grecque, et sur la patristique. Pour les premières, voici un extrait emprunté aux premières pages. Il est un peu long, mais donne une idée assez juste de la manière de procéder.

> En la page 20 et 21, il dit que j'ai falsifié le texte du 14e ch. de la Genese où il est dit : « Melchisedec roi de Salem offrit du pain et vin, car il êtoit Prêtre du tres-haut. » Et pour l'intelligence de ce passage a recours au texte hebreu qui porte le mot *hotsi*[86], c'est-à-dire *eduxit*, « Melchisedec tira et mit hors du pain et vin ». Je repon que le mot hebreu *hotsi* au ch. 6 des Juges signifie « amener l'Hostie pour étre immolée », et qu'il doit étre pris en

---

84 Voir *Les antijésuites : Discours, figures et lieux de l'antijésuitisme à l'époque moderne*, Pierre-Antoine Fabre et Catherine Marie édit., Rennes, Presses universitaires de Rennes, 2010. Disponible sur Internet : http://books.openedition.org/pur/110420, consulté le 15 février 2022. Et Pasquier, *Catéchisme des Jésuites*, éd. Claude Sutto, Sherbrooke (Québec), 1982.

85 *DFE* p. 289.

86 En hébreu הוֹצִיא, aujourd'hui translittéré en « hō·w·ṣî ».

ceste signification au 14e de la Genèse, à quoi s'accorde S. Hierôme, le plus docte [p. 7] en hebreu de tous les Peres anciens qui tourne ce mot[87] *proferens*, c'est-à-dire « offrant en sacrifice ».

En après il nous oppose le texte chaldaique[88] qui porte « Melchisedec Roi de Hierusalem amena le pain et le vin, et il étoit ministre », ou comme porte l'hebreu « et il étoit sacrificateur du tres-haut. » Cette objection est aussi frivole que la premiere, attendu que la particule Hebraique, *ve, va*, signifie souvent « car » ou « pource que ». Ainsi se prend elle en la Genese ch. 20 selon la traduction de S. Hierôme : « Tu pourras pour la femme que tu as prise, car elle a un mari, *Vehi beulath baal.* » En Isaie ch. 64 : « Tu es courroucé, car nous avons peché », la particle *ve* signifie « car » ou « pource que[89] ».

En troisieme lieu il oppose les 70 qui ont tourné le mot [p. 8] *hotsi* « ἐξήνεγκεν », c'est-à-dire *extulit* : Melchisedec mit hors le pain et le vin. Ce subterfuge n'a plus de force que le second, ἐξήνεγκεν doit étre entendu par ce qui s'ensuit, où il est dit en parolles expresses : « Merchisedech apporta des pains et du vin, pource qu'il étoit sacrificateur du tres-haut. » Lesquelles parolles signifient clairement qu'il presenta du pain et vin en sacrifice.

En quatrieme lieu, il renverse l'ordre de la periode hebraique, et fait une faute evidante en la grammaire disant que l'accent royal *atnac* qui est sous le mot *vajain* acheve la periode, et monstre que le sens est parfait jusques là[90], veu que tous les rabbins enseignent que la distinction grande dite *atnac* signife et distingue la continuation de la periode qui n'est pas encor accomplie, et n'a guere plus de force que la virgule ou incision[91] latine. Qui plus est au texte hebreu après ces parolles « et il étoit sacrificateur du Dieu tres-haut », se trouve l'accent *soph pasuch* qui termine et finit la periode[92]. La

87 *Tourne ce mot* : traduit ce mot par…

88 La version de Jonathan-ben-Uziel.

89 La Blachière a seulement rendu la fin du verset 18 par « Et iceluy estoit Sacrificateur du Dieu tres-haut[…]. Moyse demonstre que Melchisedec non seullement estoit Roy : mais aussi Sacrificateur. » Boulenger veut un rapport de causalité entre le début du verset et la fin, pour rapporter le pain et le vin à la condition de prêtre de Melchisedec. Il suit la réponse de Bellarmin à Chemnitz. Celui-ci a expliqué qu'il y a une coordination, non une conjonction de causalité : « *Neque hoc habet Moyses : Erat enim sacerdos, ideo obtulit panem et vinum : sed bis repetit copulam : Et erat Sacerdos, et benedixit.* » (*Examen*, *op. cit.* p. 391) : « [Le texte de] Moïse ne contient pas : "En effet, c'était un prêtre, et c'est pourquoi il présenta le pain et le vin" ». Au contraire, il répète deux fois la coordination : « Et il était prêtre, et il bénit. » Bellarmin explique que la particule hébraïque, que Boulenger transcrit par « *ve, va* » peut avoir valeur causale, et donne la référence à Esaïe 64, 5 et à Genèse, 20, 3.

90 La Blachière : « Il faut aussi remarquer en la langue de Moyse que soubs le mot *vajajin*, Il y a un accent ou distinction grande que les Hebrieux appellent *atnac* qi constitue et faict autant que entre les latins un periode, et monstre que le sens est parfaict jusques là, et qu'il se faut là arrester » (*DFE* p. 21). La discussion porte sur l'accent sous le mot יין, *yayin*, le vin.

91 *Incision* : césure.

92 Le *sof pasuq*, comme un deux-points.

méme distinction se treuve au texte chaldaee, grec et latin, et pour tant c'est renverser l'ordre de l'Ecriture vouloir lire 'et il etoit sacrificateur du Dieu tres-haut, et il benit', sans faire autre distinction que d'une virgule, pour dire que Melchisedech en tant que sacrificateur benit Abraham sans avoir offert sacrifice de pain et vin (p. 6-8).

En cinquieme lieu il dit que les mots de pain et vin en la Genese 18 signifient toute sorte de viande. Ainsi conclut-il que [par] ces parolles [p. 10] Melchisedech offrit du pain et vin, signifie qu'il apprêta toute sorte de viande pour traiter Abraham et son armée. Cet echapatoire est aussi goffe[93] que les autres, attendu que c'est une chose impertinente de vouloir tirer une conclusion generale d'une chose particuliere. À sçavoir mon[94] si l'argument est necessaire, au ch. 18 de la Genese, le pain et vin signifient toute viande, doncques par tout l'Écriture le pain et vin signifient toute viande ? À sçavoir mon si en S. Mathieu 26 les mots de pain et vin signifient toute sorte de viande, quand nôtre Seigneur prit du pain et le rompit, prit du vin et le benit ?

En sixieme lieu il dit que les 70 tournent « ἐξήνεγκεν αὐτῷ[95] ἄρτους καὶ οἶνον », c'est-à-dire : « Melchisedech luy offrit des pains et du vin », [p. 11] et ne considere pas que cette version s'ecarte de la verité hebraique si elle est prise crüemant. D'avantage j'accorde que Melchisedech pouvoit aussi bien offrir en sacrifice plusieurs pains qu'un seul, et ne doute point que les pains offerts en sacrifice furent puis apres distribués à Abraham et aux siens pour en manger, afin qu'il fut participant du sacrifice et pour étre une plus expresse figure de l'Eucharistie que nous mangeons. Enfin il dit en page 24 que saint Paul aux Heb. c. 7. ne compare pas le sacrifice de Melchisedech avec le sacrifice de Jesus Christ, mais seulemant la personne de l'un avec la personne de l'autre[96], en quoi j'accorde que le ministre dit vray, et que saint Paul monstre l'excellance de la personne de Jesus Christ par la comparaison de la personne [p. 12] de Melchisedech, sans faire mention expresse du sacrifice dudit Melchisedech en pain et vin, duquel mystere les Hebrieux n'estoient pas capables à ce que dit le méme saint Paul au c. 5 [de] l'epistre aux Hebreux[97] : et saint Hierosme en l'espistre à Evagrius[98]. Mais la consequance n'est pas bonne, de dire : « Saint Paul ne fait point mention du sacrifice de Melchisedech en pain et vin, doncques Melchisedech n'a point sacrifié en pain et vin, » attendu qu'il y en a d'autres qui ont font mention. Puis un argument negatif n'a point de force, tiré de simple authorité. Or pour éclaircir d'avantage au lecteur la verité de ce sacrifice, je luy veux deduire au long cette histoire comme elle

---

93 *Goffe* : grossière.

94 *À sçavoir mon* : ainsi donc, par conséquent.

95 αὐτῷ ne figure pas dans l'édition moderne de la traduction des Septante.

96 « Or l'Apostre compare la personne de l'un et de l'autre, et non pas le sacrifice » (*Dispute*, p. 24).

97 Hébreux 5, 11-14 : Paul compare les hébreux à des bébés qui ont besoin de lait et non de nourriture solide.

98 *Epistulae* (CPL 0620) – LLT epist. 78, vol. 55, par. 1, pag. 50.

> est dechifrée au 14 de la Genese, où il est dit qu'Abraham suivi de 318 [p. 13] serviteurs de sa main ayant mis en route le Roy Kedorlaomer et ceux qui luy faisoient escorte, recourut[99] son frere Loth prisonnier et tous ses biens. Le Roi de Sodome adverti du retour d'Abraham fut au devant de luy pour le recevoir en la vallée pleine, dite vallée du Roi. Et Melchisedech Roi de Salem offrit pain et vin pour ce qu'il étoit Sacrificateur du Dieu tres-haut, et luy donna la benediction à raison de quoy Abraham luy feit present des depouilles des ennemis. Auquel lieu il est dit expressemant que le Roi de Sodome alla au devant d'Abraham pour le recevoir et gratifier de sa victoire, premier que Melchisedech. D'où nous pouvons conjecturer qu'il ne s'oublia pas de faire bonne chere à son armée, pour [p. 14] l'esperance qu'il avoit de recouvrer ce que le Roi Kedorlaomer luy avoit ravi à la prise de Sodome. Quant est de Melchisedech, il n'offrit pas du pain et vin pour faire bonne chere à Abraham qui avoit eté bien receu par le Roi de Sodome, ains pour offrir à Dieu un sacrifice eucharistic en action de grace de la victoire qu'Abraham avoit emportée. Pour tant Abraham luy donna les dimes de son butin pour reconnoissance du sacrifice en pain et vin qu'il avoit offert à Dieu, selon qu'il fut depuis[100] commandé au Nom. ch. 18[101] que les dimes se donnassent aux Levites, pour reconnoistre et salarier leur ministere. Et qui plus est, la benediction estoit compagne ordinaire du sacrifice, comme nous voyons en Exod. 39[102], Levit. [p. 15] 9 où est dit « *et extendens manum ad populum, benedixit ei, sic que completis hostis descendit*[103], c'est-à-dire, « et il donna la benediction au peuple estendant la main, et descendit ayant accomply les hosties. »

La démonstration utilise l'hébreu, l'araméen, le grec des Septante et le latin de Jérôme, pour faire apparaître la portée liturgique des mots du verset de la Genèse. L'hébreu הוֹצִיא, *hotsí* signifie offrir, sacrifier, et non simplement apporter, présenter des aliments, au contraire de ce que dit La Blachière. De même, לֶחֶם, *lechem*, désigne seulement le pain, et non « aussi toutes sortes de viandes, et une table bien garnie[104]. » Boulenger n'admet pas l'élargissement sémantique défendu par le pasteur : « À sçavoir mon si l'argument est necessaire, au ch. 18 de la Genese, le pain et vin signifient toute viande, doncques par tout l'écriture le pain et vin signifient toute viande ? » C'est contexte contre contexte : le calviniste

---

99 *Sic.* On attend « secourut ».

100 *Depuis* : par la suite.

101 Nombres, 18, 21.

102 Exode 39, 42.

103 Lévitique 9, 22. Le verset complet est : « *Et extendens manus ad populum, benedixit ei. Sicque completis hostiis pro peccato, et holocaustis, et pacificis, descendit.* » Trad. Lemaistre de Sacy : « Il étendit ensuite ses mains vers le peuple, et le bénit. Ayant ainsi achevé les *oblations des* hosties pour le péché, des holocaustes, et des victimes pacifiques, il descendit de l'autel. »

104 *DFE* p. 22.

fait valoir qu'en Genèse 14, il s'agit d'un repas ; en lisant le mot à partir du Nouveau Testament, le catholique retrouve le pain et le vin de la communion eucharistique. Mais le débat porte aussi sur la syntaxe et la scansion, sur la valeur d'une coordination ou d'une ponctuation. La Blachière dissocie la seconde partie du verset de la première : « aussi roy de Salem apporta pain et vin, *et* iceluy estoit Sacrificateur du Dieu souverain », ainsi que traduit la Bible de Genève. Pour Boulenger, le *et* équivaut à un *car.* Il voit dans la première partie du verset la première attestation du sacrifice, qu'il explique par la dignité sacerdotale de Melchisédec mentionnée dans la seconde partie. Le rapport de causalité fait apparaître un prêtre administrant le sacrifice eucharistique, la messe.

Boulenger étoffe les arguments de ses écrits précédents, réfute ceux de La Blachière, apporte de nouvelles preuves tirées de la Bible, des Pères et d'une documentation plus large. Il allègue ainsi 1 Corinthiens (10, 16 *sq.*) pour prouver la vénération du « calice de benediction », et « la communion du sang du Seigneur » devant un autel qui est lieu de sacrifice (p. 173 *sq.*), ou, ailleurs, car le désordre est grand et les répétitions innombrables, une liste de passages bibliques en faveur du « sacrifice de la Messe » (p. 231). Il utilise les premiers Pères comme un répertoire d'informations sur les croyances et les cultes dans l'histoire. S'ils ont, comme certains conciles, condamné d'anciens hérétiques qui refusaient la messe, cela fait de ceux-ci les prédécesseurs des calvinistes, et surtout cela prouve l'existence de la messe dès le premier christianisme. Il repère même l'emploi du mot *missa* « il y a plus de 12 cens ans » (p. 266). Mais il considère surtout les Pères comme des « autorités » : « tout ainsi que la verité force le ministre d'avoüer et reconnoistre que les Peres anciens prennent le sacrifice de Melchisedec pour une vraye figure du sacrifice de Jesus-Christ sous l'espece de pain et vin, en la saincte Cene : aussi la même verité le force d'avouer et reconnoître que les Peres anciens ont usé du mot de sacrifice en parlant de la saincte Cene » (p. 62-63).

LES THÉOLOGIES EN CONFLIT

Arguments et citations sont caractéristique des deux camps[105]. Le catholique se place dans une temporalité continue : la tradition, Pères,

105 Voir, pour la période à peine postérieure, Louis Desgraves, *Répertoire des ouvrages de controverse entre catholiques et protestants en France (1598-1685)*, Genève, Droz, Paris, Champion, 1984-1985.

docteurs, conciles, relie sa doctrine et sa pratique cultuelle aux temps bibliques. La Genèse, les Psaumes annoncent le sacrifice du Christ que la messe répète quotidiennement. Au XXe siècle, le rite a souvent été interprété comme la réactualisation bénéfique d'un acte fondateur. C'est exactement cette conception de la messe comme reproduction du sacrifice de la croix : le Christ, mort une fois, meurt, ressuscite et rachète les pécheurs à chaque célébration eucharistique.

Le calviniste, lui, se situe dans une temporalité discontinue : l'erreur, l'oubli, l'invention humaine ont perverti la vérité initiale et l'ont dérobée au plus grand nombre ; au temps de la Révélation a succédé celui des abus et des faux cultes. Aujourd'hui la lumière revient après ces ténèbres. L'humanisme, pareillement, pense que la prestigieuse culture gréco-latine s'est perdue avec les « goths », l'obscurantisme associé au Moyen Âge, et il veut une *renovatio*, ou *Renaissance.* La réforme est le versant religieux de cette conception ternaire du temps comme avènement, perte, et restauration.

Pour le protestantisme, il n'est pas d'autre autorité que l'Écriture sainte. Elle contient la vérité quand l'Esprit conduit la lecture, guide la compréhension, assure la vive présence du rédempteur dans le texte, *spiritus in verbo operans*. Il faut donc revenir au texte, en se débarrassant de fausses croyances inventées ultérieurement.

Pour le catholicisme, la temporalité continue est sacrée. En 1546, le concile de Trente affirme l'autorité divine d'une tradition apostolique différente de la Bible. Comme l'écrit Charles Wackenheim,

> [...] La théologie tridentine de l'Écriture et de la Tradition implique une ecclésiologie qui ne coïncide pas avec celle des réformateurs. L'Église ne tient pas son autorité de l'Écriture. L'une et l'autre tiennent leur autorité de Dieu lui-même : l'Écriture par inspiration divine, l'Église par institution divine. En affirmant l'apostolicité des Écritures *et* des traditions, le concile de Trente définit, en réalité, le fondement divin de l'institution chrétienne elle-même[106].

Car la tradition a sa source chez les apôtres : « Les anciens Chrestiens [...] ont puisé leur doctrine en la bouche des Apôtres comme en une vive fonteine[107] » et c'est une vérité « qui nous esté laissee de main en

106 « Écriture et Tradition depuis le concile de Trente : histoire d'un faux problème », *Revue des Sciences Religieuses*, tome 55, fascicule 4, 1981, p. 241 (https://www.persee.fr/doc/rscir_0035-2217_1981_num_55_4_2926, consulté le 6/01/2022).

107 *RAC* p. 23.

main par les successeurs des Apotres[108]. » Elle se situe à même hauteur que l'Écriture et elle la complète. Boulenger cite Épiphane et Basile :

> Saint Epiphane pag. 33 et pag. 333, *Contre les heresies*, disant : [...] « Il faut user de tradition parce que qu'on ne peut tirer de l'Ecriture sainte toutes choses. Pour tant les Apostres nous ont laissé quelques points par escrit, les autres par tradition. » Saint Basile au livre *Du Saint Esprit*, page 275 : [...] « Des points qui sont preschés et gardés en l'Eglise [p. 17] Catholique, nous en avons les uns couchez en l'écriture, les autres laissez par tradition des Apostres, qui ont autant de force et creance que sont qui sont redigés par écrit[109]. »

La Blachière n'admet pas qu'une tradition humaine soit mise à même hauteur que le texte saint :

> Mais accordons luy par concession que les disciples des apostres, et tous les Anciens Peres ont autrement interpreté le passage de Melchisedec que n'a fait le Sainct Esprit par l'Apostre aux Hebreux, et qu'ils ont escrit Melchisedec avoir offert à Dieu sacrifice de pain et de vin, et que là dessus ils ont fondé un sacrifice *incruent* [non sanglant] et expiatoire pour la remission des pechez des vivans et des morts. Luy ayant accordé cela par manière de concession, ce que nous ne pouvons en verité car cela est faux qu'ils ayent ainsi escrit, demandons luy maintenant en suyvant sa maniere de parler : Est il vraysemblable que les [94] disciples sont plus que les Apostres leurs docteurs ? Car Jesus Christ dit que le disciple n'est point par-dessus le maistre. Est il vray semblable que nous devons plus adjouster foy aux disciples des Apostres, qu'aux Apostres leurs docteurs ? [...] Est il vray semblable que nous devons laisser de boire en la source et fontaine d'eau vive, pour aller boire aux cisternes crevassées qui ne peuvent contenir les eaux ou en des ruisseaux troubles et fangeux ? [...] Quant à nous nous ne voulons point boire de telles eaux si mal nettes, si corrompues, et si mal saines qui ne desalterent point, nous nous contentons de nous desalterer et rafreschir és eaux vives de la parole de Dieu contenu és escritures Sainctes divinement inspirées[110].

Il ne reconnaît pas d'autre autorité que l'Écriture. Si les Pères divergent, ils se trompent. L'images de « ruisseaux fangeux » associe la tradition humaine à la pollution, l'infection, seul le texte saint est pur. Aubigné avance un autre argument (classique, lui aussi) pour refuser l'autorité inconditionnelle des Pères. Ils ont parfois erré, ils se sont contredits :

---

108 *Ibid.* p. 27.
109 *Ibid.* p. 16.
110 *DFE* p. 93-95.

> Leurs contrarietés [contradictions] et les flestrissures que la plus part des plus doctes et plus anciens ont receues au fait mesme de la religion, nous sont marques très apparentes que ce n'est pas de ces bons personnages que nous devons dire « ἀυτος ἔφα », mais des livres seulement qui ont esté dictés par l'Esprit de Dieu[111].

Cet argument dont il prétend qu'il aurait déstabilisé Du Perron en 1600 et inspiré le traité (perdu, si tant est qu'il ait existé) *De dissidiis patrum*, est déjà dans son esprit.

Boulenger avance d'autres raisons en faveur de la tradition. Sur quoi se fonde précisément la divinité de l'Écriture ? Comment a-t-elle été authentifiée, comment s'est constitué le canon ? Par l'Église, c'est elle qui autorise la Bible :

> Il dit que l'Ecriture est celle qui doit vuider tous nos differens, et que nous ne devons recevoir les anciens Peres sinon en tant qu'ils s'accordent à l'Ecriture. Je le prieroi volontiers qu'il me fit entendre commant il est assuré que les Écritures que nous tenons aujourd'huy pour sainctes et canoniques sont celles mêmes qui ont êté couchees par ecrit de la main des apôtres, si ce n'est par le consentement de l'Eglise, et l'authorité des anciens Peres. Ils me disent que sainct Jean a ecrit l'Evangile, je le croi : s'ils ne me l'avoient appris, je n'aurois moien de le sçavoir, ne fut à l'avanture par quelque revelation. Or tout ainsi que le consentement de l'Eglise primitive et celle de nótre temps m'enseigne que l'Ecriture est canonique, aussi le consentement de l'Eglise par tous siecles et contrees, m'enseigne quelle est la vraye intelligence de l'Ecriture[112].

De même, toute la foi ne procède pas de l'Écriture. « Les adversaires mesmes ont des traditions qui ne sont comprinses és Escritures sainctes, et toutesfois ils les tiennent pour poincts de leur creance. » C'est que « la tradition des apostres[113] » a aussi inspiré la foi. C'est déjà le sujet du fameux *De l'insuffisance de l'Escriture*, titre donné à un manuscrit de Du Perron publié par Tilenus. Et surtout l'interprétation de l'Écriture doit être soumise à une autorité. La Blachière subordonne la tradition à l'Écriture : il faut « examiner leurs escrits [des anciens docteurs] et les recevoir en tant qu'ils seront conformes aux escrits des Prophetes et Apostres, et les rejetter s'ils y sont contraires[114]. » Au contraire, Boulenger déduit du désaccord

---

111 *Responce* p. 109-110.
112 *RAC* p. 29-31.
113 *RDM* p. 132.
114 *DFE* p. 30. *Cf.* p. 70.

sur l'Écriture la nécessité de l'autorité supérieure de l'Église et en dernière instance, du pape. Puisque nous nous contredisons sur Genèse 14, écrit-il, « il faut prendre quelque juge [...]. Rapportons nous à l'antiquité de tous les Anciens Docteurs de l'Eglise, et les prenons pour juges[115]. » La déduction, justifiée par la divinisation de la tradition, se renforce du constat de la division. L'Écriture est d'interprétation difficile, la raison humaine faillible : comment prétendre à une droite et pleine intelligence ? Et de rappeler que ces mêmes protestants qui s'en prévalent ne cessent de se déchirer sur son interprétation, luthériens, calvinistes, zwingliens... :

> Je voy que ces nouveaux Docteurs ne s'accordent pas en l'intelligence de ces paroles, « Ceci est mon corps. » Luther dit que le corps de Christ est reellemant avec la substance de pain, Beze dit qu'il y est reellemant par la foy. Zvingle soustient qu'il y est spirituellemant par la foy, quelques Calvinistes disent que ce n'est que la figure de Jesus-Christ qui n'y est present, parce qu'on ne faict commemoration des choses presentes. Pourquoy est-ce que je croirai plustost ces nouveaus docteurs qui se battent les uns les autres, que toute l'Eglise, et les anciens Docteurs qui s'accordent d'un commun consantement[116] ?

Popkin[117] a montré que le scepticisme et le pyrrhonisme ont servi d'argument d'autorité. Il fallait humilier la raison humaine pour l'agenouiller devant le maître autel. C'est le propos explicite de l'*Apologie de Raymond Sebond.* Alors que la Réforme fait de la Bible la *regula fidei* qu'il faut retrouver après des siècles d'ignorance et d'erreur et qui conditionne la recevabilité des opinions des théologiens, le catholicisme juge que la faiblesse de l'homme requiert l'autorité des Pères, des conciles et de la tradition apostologique sous l'autorité du pape[118], qui est à la fois prêtre

115 *Ibid.* p. 36.

116 *RAC* p. 61-62.

117 *Histoire du scepticisme. De la fin du Moyen Âge à l'aube du XIXe siècle*, Marseille, Agone, 2019.

118 Voir Franco Motta, *Roberto Bellarmino, Teologia e potere nella Controriforma*, Milan, Gruppo24Ore, 2014, p. 111. Bellarmin écrit : « *Nos enim existimamus, hunc Spiritum, etsi tamen certo inveniri in Ecclesia, id est, in Concilio Episcoporum confirmato a summo Ecclesiae totius Pastore, sive in summo Pastore cum Concilio aliorum Pastorum[...]. Dicimus, iudicem, veri sensus Scripturae et omnium controversiarum, esse Ecclesiam, id est, Pontificem cum Concilio, in quo omnes Catholici conveniunt ; et habetur expressè Tridentino sess.* 4 », cité par Christian D. Washburn, « St. Robert Bellarmine on the Authoritative Interpretation of Sacred Scripture », *Gregorianum*, 94, No. 1 (2013), p. 66-67. « Car nous pensons que même si ce Saint Esprit a souvent été donné à de nombreuses personnes particulières, il se trouve certainement dans l'Église, c'est-à-dire dans le Concile des évêques confirmé par le souverain pasteur de toute l'Église, ou dans le souverain Pasteur avec le Concile des autres pasteurs. [...] Nous disons en général que le juge du véritable sens de l'Écriture comme

et juge suprême pour éclairer la Bible et pour unir l'Église. C'est pour ne pas laisser l'homme et ses faibles moyens seuls devant la majesté impénétrable du texte saint, que Dieu a institué l'Église.

Un autre argument en faveur de l'autorité de l'Église se tire de la discontinuité temporelle que suppose la réforme. Près de 1 500 ans après le Christ elle prétend mettre fin à plus d'un millénaire d'erreur pour opérer un salutaire recours à la vérité biblique. C'est invraisemblable, pour Boulenger :

> Il n'est pas croiable qu'en tout temps toute l'Eglise ait erré es points principaux de la foy chretienne. Or si elle a erré au sacrifice de la messe, elle a failly au point le plus important de toute notre religion. Il n'y a doncques point d'apparance que toute l'Eglise ait erré au sacrifice de la messe avant que Luther et Calvin soient venus au monde[119].

Il reprend l'argument en fin de volume :

> Si ce qu'il dit est vrai que l'Eglise de Dieu a esté idolatre il y a plus de 12 cens ans, recevant les autels et la messe, et dépuis ce temps qu'elle ait demeuré en cette idolâtrie jusques à ce que Calvin et La Blachiere l'en aient tirée, ce n'est pas Eglise de Dieu, mais synaguogue du diable. Pour neant estoit venu Jesus Christ au monde avant que Calvin fût éclos de terre, qui seul a entendu sa parolle. Sa réponce a été bien courte de dire que tous les Docteurs anciens que je luy mets en face se sont écartez de la vérité, qu'il ne faut s'aheurter qu'aux Écritures sainctes. Il devoit ajouter « bien entendues ». Le ministre ose il bien se vanter d'estre plus assisté de l'esprit de Dieu en l'intelligence de l'Escriture saincte que toute l'Eglise primitive ? Est-il vrai que les disciples des apostres ont falcifié la doctrine qu'ils avoient recueë de leurs maistres, qu'ils ont conduict le peuple à une manifeste idolâtrie, qu'en tout temps, en tous lieux, en toutes sortes d'hommes toute l'Eglise a erré avant que Calvin eut embrazé par l'Europe les torches ardantes de ses frenetiques heresies[120] ?

La question du sacrifice est donc argumentée par la Bible, mais c'est en définitive la question de l'autorité de l'Église qui est décisive dans cette controverse. C'est l'Église qui décide de la légitimité de la Bible et de son interprétation. Sans l'Église, cette interprétation est vouée à l'errance et à la dissension. L'Église assure la continuité vivante dans la

---

de toutes les controverses, c'est l'Église, c'est-à-dire le pape et le concile, que suivent tous les catholiques, et c'est la doctrine qu'énonce explicitement le Concile de Trente. »

119 *RAC* p. 30.

120 *Ibid.* p. 178.

transmission du salut – corps doctrinal, administration des sacrements, direction des âmes – et garantit par là-même l'unité des chrétiens, alors que la réforme désunit.

Or l'Église est une institution hiérarchisée. Si elle arbitre, rassemble, c'est sous l'autorité du pape. Elle est une monarchie. Ce point pourtant fondamental n'est pas débattu dans la polémique entre La Blachière et Boulenger. Il reste implicite, mais il émerge dans la polémique avec Aubigné. Le débat sur la communion est nécessairement débat sur le pape, chef de l'Église. Les deux concentrent d'ailleurs de mêmes oppositions concernant l'institution et la visibilité. La communion catholique est d'abord l'œuvre d'un prêtre investi d'un pouvoir par sa hiérarchie couronnée par le pape, et elle est matérialisée par l'hostie exhibée dans l'ostensoir. La communion calviniste au Christ s'opère par l'opération du Saint Esprit dans le secret de l'individu. La papauté catholique est une monarchie, le pape trône au sommet de l'Église. L'Église protestante est une communauté horizontale unie par la présence invisible du Christ. Visibilité et institution vont de pair pour le catholique.

Tous ces débats, sujets, raisonnements, citations, ne sont pas neufs. Non seulement aucune place n'est laissée à l'originalité puisque les doctrines sont rigidement définies côté catholique depuis le Concile de Trente comme côté calviniste depuis la troisième version de l'*Institution de la religion chrestienne* et la Confession de foi des Églises de France, mais entre les deux camps la polémique est déjà ancienne. Elle a connu depuis peu de nouveaux développements, de nouvelles formalisations. À partir de 1586, Robert Bellarmin a publié ses *Disputationes de controversiis fidei christianae adververus haereticos hujus temporis*. Elles défendent de manière argumentée le dogme fixé par le concile de Trente, point par point, systématiquement. Ainsi le traité sur le souverain pontife (*De romano pontifice*) qui va beaucoup nous occuper, commence en demandant quel est le meilleur régime de gouvernement. Ayant répondu que c'est le régime monarchique, il demande si l'Église doit avoir ce régime. Après une longue discussion qui répond par l'affirmative, il pose la troisième question, essentielle : Pierre a-t-il reçu de Christ le gouvernement monarchique de l'Église, aux termes de l'évangile de Jean, chapitre 16 ? À chaque étape, les thèses protestantes sont exposées avec précision avant d'être abondamment réfutées. L'organisation est rigoureuse, l'argumentation syllogistique, la masse des citations impressionnante : la Bible, la patristique ont été soigneusement examinées, analysées et mises en fiches. Le travail n'a certainement pas été solitaire. Aubigné parlera de « 30 associés qui pour le pontife de Rome avaient loué leurs travaux pendant 25 ans[121]. » Les 25 ans sont imaginaires, le chiffre de 30 associés très excessif, mais le travail d'équipe est probable.

La somme de Bellarmin a un grand retentissement : les rééditions s'accumulent[122], on publie des index, les contre-attaques protestantes sont immédiates et nombreuses. Le 26 mars 1595 (ancien style), de Genève, le pasteur Goulart écrit au pasteur néerlandais Lubbert pour le remercier de l'envoi d'un de ces ouvrages et l'en féliciter :

> *Ego constitui, Deo juvante, tractatum edere gallicum de Pontifice Romano, quem tuis argumentis ceu telis validissimis adoriar, non sine tui nominis honorifica mentione. Audio D. Junium et D. Witakerum Anglum idem conari : quod utinam praestent. Utile est, inquit Augustinus, de iisdem quaestionibus plures a pluribus fieri libros, diverso stylo, non diversa fide : et tanto fortius convincuntur haeretici quanto plures exitus patent ad eorum laqueos evitandos*[123].

Car côté protestant, on fait tir groupé :

> William Whitaker, *Disputatio de sacra scriptura contra huius temporis Papistas*, inprimis Rob. Bellarminum et Thomam Stapletonum (1588) ;
> Christoph Pelargus et Andreas Eichorn, *De augustunae confessionis autoritate Disputatio, Qua praecipuè, Roberti Bellarmini Iesuitae [...] Mendacia [...] refelluntur (1591) ;*
> Matthaeus Dresser, *Confutatio commenticiae opinionis Roberti Bellarmini e Soc. Jesu de translatione imperii Romani* (1592) ;
> Sibrand Lubbert, *De Papa Romano libri decem, scholastice et theologice collati cum disputationibus Roberti Bellarmini ad illustres ordines Frisiae* (1594) ;
> Johannès Piscator, *Analysis logica evangelii secundum Matthæum, Una cum scholiis et observationibus locorum doctrinæ. Inserta est etiam passim refutatio sophismatum Roberti Bellarmini Iesuitæ... (1594) ;*

121 « *Ex xxx sociorum qui P. Ro. operas suas xxv ann. locaverant imm ensis laboribus coegerat* », épitaphe de Daniel Chamier, *PP* p. 467-468.

122 Voir Franco Motta, *Roberto Bellarmino*, *op. cit.*, p. 124-125.

123 Édit. G. Banderier, « Documents sur Simon Goulart (II) », *Humanistica Lovaniensia*, 2003, Vol. 52, p. 167-168 (https://www.jstor.org/stable/23974206, consulté le 4/01/2022). Traduction : « J'ai décidé de publier en français avec l'aide de Dieu le traité sur le pontife romain, que je vais combattre avec tes arguments et tes traits imparables, non sans mentionner ton nom pour te rendre honneur. J'apprends que les ministres Du Jon et Whitaker, Anglais, ont le même projet. Puissent-ils le mener à bien. Augustin dit qu'il est utile que sur les mêmes questions plusieurs auteurs fassent plusieurs livres, avec des approches différentes mais toujours la même religion : les hérétiques seront d'autant plus puissamment confondus qu'on montrera plusieurs manières de déjouer leurs pièges. »

> Du même, *De justificatione hominis coram Deo, Libri duo : oppositi Sophismatis Roberti Bellarmini (1595)*[124]...

De même que le *De verbo dei*, première partie du premier tome des *Disputationes* de Bellarmin, est très souvent en arrière-plan des écrits de Boulenger sur la messe, le *De romani pontificis ecclesiastica monarchia*, troisième partie du même tome, est en arrière-plan de ses écrits sur le pape. Ses adversaires soulignent d'ailleurs ses dettes. Aubigné : « Boulenger a choisi dans Bellarmin et entre les quarante demonstrations de Sanderus... » ; « Je l'excuse, il avoit perdu la conduitte de Bellarmin[125]... » La Blachière : « Car il a desrobé des rapsodies de Bellarmin la plus part de son livre[126]. » Boulenger lui a écrit une lettre : « Je fay venir de Paris tous les docteurs ancien, grecs et latins, pour Monseigneur de Surgeres, par le moien desquels j'ai deliberé de citer la page et le verset des anciens peres que j'allegueray, et mettre les passages tout au long, afin qu'on voie que je ne suis point falsificateur de l'antiquité[127]. » La Blachière répond qu'il aurait dû attendre de les avoir « et non pas s'amuser aux rapsodies qu'il a, ou lieux communs de son Bellarmin, ou de quelqu'autre de semblable farine. » Et il en déduit que jusqu'à présent, son adversaire a cité de seconde main. Ce qui est vrai, mais vaut aussi largement pour lui, et pour Aubigné.

Car pareillement, le *De Papa romano* du néerlandais Sibrand Lubbert, est en arrière-plan des écrits d'Aubigné. Mais lui le dit sans détour : « c'est là où j'ai pris la pluspart de mes preuves[128]. »

La controverse niortaise utilise donc les armes les plus récentes. Il est remarquable que côté calviniste, elle évite les références à Calvin ou à Bèze, que citait fréquemment quelques années auparavant un Lambert Daneau[129] : on ne veut pas paraître inféodé à un auteur ou à un maître. On prétend se fonder sur la Bible, qu'on aborde avec les polémiques les plus récentes.

---

124 D'autres publications les années suivantes, voir Sommervogel, *Bibliothèque de la Compagnie de Jésus*, Louvain, Editions de la Bibliothèque S.J, 1960, p. 1166-1167.

125 *Replique* p. 245.

126 *SDF*, non pag., signet Aiijv°.

127 *Ibid.* p. 993.

128 *Replique* p. 255.

129 Voir Olivier Fatio, *Méthode et théologie, Lambert Daneau et les débuts de la scolastique réformée*, Genève, Droz, 1976, p. 50.

MICHAU

DE SAINT PIERRE À L'ANTÉCHRIST

> *Tu es Petrus, et super hanc petram aedificabo Ecclesiam meam, et portae inferi non praevalebunt adversus eam. Et tibi dabo claves Regni coelorum. Quodcumque ligaveris super terram, erit ligatum et in coelis. Et quodcumque solveris super terram erit solutum et in coelis.* (Matthieu, 16, 18-19)

Par ces mots, le Christ confère-t-il à Pierre la suprématie sur les autres apôtres, en fait-il le premier monarque de l'Église chrétienne ? Ou lui pardonne-t-il simplement de l'avoir renié, en lui reconnaissant les mêmes privilèges et devoirs qu'à ses compagnons parce qu'il n'est que l'un d'entre eux ? Michau résume :

> Les papistes veulent tirer de ce passage un tiltre de la monarchie romaine, et s'en servent comme si sainct Pierre avoit là presté serment de sa charge. Au contraire les docteurs de l'ancienne Eglise veulent que là il ait fait amende de sa faute devant son maistre[130].

Le débat engage en effet la légitimité du pape. Si le Christ a donné l'Église à Pierre, si celui-ci a transmis la donation à un successeur, si la *successio personarum* l'a transmise au cours des temps, alors le pape tient du Christ son autorité sur les chrétiens. La discussion sur l'Évangile porte aussi sur les Pères de l'Église, ainsi que sur d'autres passages bibliques. Saint Pierre est-il devenu infaillible par cette donation, et par voie de conséquence son autorité est-elle infaillible en matière de dogme ? Dans l'épisode d'Antioche (Galates 2, 11 *sq.*), Paul paraît le critiquer…

Tel est le sujet de la *Responce de Michau.* Il débouche logiquement sur celui de la *Replique*, l'identification du pape avec l'Antéchrist. On sait que le mot ἀντίχριστος figure seulement dans les épîtres de Jean[131]. Mais pour identifier cet *adversaire du Christ*, on l'a rapproché de divers agents du mal décrits dans les prophéties du Livre de Daniel, dans la partie eschatologique de l'évangile selon Matthieu, dans la deuxième épître aux Thessaloniciens où il est question du « mystère d'iniquité », de

130 *Responce* p. 111.

131 1 Jean 2, 18 ; 2, 22 ; 4, 3 ; 2 Jean 1, 7.

« l'homme de péché », de « l'homme de perdition », et dans l'Apocalypse, où la Bête persécute les fidèles jusqu'à ce que les sept sceaux soient ouverts et que Christ vienne régner pour mille ans, avant le grand combat d'Armageddon. Les spéculations sur ce livre comme sur celui de Daniel ont fréquemment débouché sur des chronologies historique et eschatologique. Chez les Pères de l'Église, elles se sont aussi nourries des oracles sibyllins. Augustin s'est orienté vers une lecture spirituelle et non historique et millénariste[132], mais l'Antéchrist, à partir notamment de la diffusion du traité d'Adso (xe siècle), a été très utilisé au Moyen Âge. Dans les conflits internes à la papauté ou dans ses querelles avec les pouvoirs séculiers, l'empire germanique ou le pouvoir royal français, on l'a identifié avec l'adversaire du moment. Il a été encore identifié avec le pape par des joachimites, plus tard par des réformateurs (Wycliff, Hus…). Luther, dès les Articles de Smalkalde (1537), fixe l'identification et les calvinistes lui emboîtent le pas. Les livres sur le sujet se multiplient. Le catholicisme publie diverses réfutations et contre-accusations. Les spéculations eschatologiques exploitent les chiffres plus ou moins obscurs donnés dans les livres de Daniel ou de l'Apocalypse. John Napier mettra les logarithmes au service de ces calculs. Sa *Plaine discoverie of the whole Revelation of Saint John* parue en 1595, propose une chronologie précise jusqu'à la fin des temps. La traduction française (La Rochelle, 1602) est l'œuvre de George Thomson, « l'Escossois de chez nous » dit Aubigné, le précepteur de Constant.

Cette controverse sur l'Antéchrist occupera une place importante dans les *Tragiques* : la célébration de Jean Hus et de Jérôme de Prague comme modèles de tous les martyrs modernes et figures des deux Témoins d'Apocalypse 11, 8, placera tout le livre des *Feux* dans une perspective apocalyptique ; les charges contre le pape Antéchrist, par compilation de textes de droit canonique[133] et citation d'une gravure que Paolo Sarpi a transmise à Mornay qui l'a publiée dans son *Mystere d'iniquité* en 1611[134], s'inscriront dans la même polémique. Car peu d'années après notre dispute niortaise, l'Antéchrist prend une place prépondérante dans la polémique calviniste après la fameuse déclaration du synode de

132 Je m'appuie sur la bonne synthèse de Jean-Robert Armogathe, « Petite histoire de l'Antéchrit en occident », *Commentaire*, 2005/2, 110, p. 313-324 (https://www.cairn.info/revue-commentaire-2005-2-page-313.htm, consulté le 1/03/2022).

133 *Miseres*, v. 1235-1244.

134 *Jugement*, v. 811-842, voir p. 859-866.

Gap (1603) : *Description de l'Antechrist, et de son royaume* de Pacard (Niort, 1604), *L'Antechrist romain. Opposé à l'Antechrist iuif du Cardinal Bellarmin, du Sieur de Remond & autres* (s.l., 1604), *Theatre de l'Antechrist* de Vignier (s.l., 1610), *La chasse de la beste romaine* de Thomson (La Rochelle, 1611), et bien sûr *Le mystere d'iniquité* de Mornay (Saumur, 1611).

On l'a déjà dit, sur la donation à saint Pierre comme sur l'Antéchrist, la controverse s'appuie sur les sommes apologétiques et polémiques parues dans chaque camp. Les doctrines sont figées, les corpus balisés, les argumentaires rodés. Aubigné fait pourtant preuve d'une originalité certaine, de trois façons contradictoires : par le recours à la logique, par le comique, et par la dimension politique donnée à la controverse.

« DISPUTE SCHOLASTIQUE »

On associe la logique à l'université médiévale. Il est vrai qu'à la froide objectivité du syllogisme, l'humanisme veut substituer la rhétorique qui parle et à la raison et au cœur, et anime la foi avant que d'éclairer l'intellect. Il est vrai que le protestantisme croit en la simple évidence du texte saint. Pour Aubigné, « les passages de l'Escriture [...] confirment par arrest du Ciel, illustrent par exemples, et recreent les esprits qui aiment Dieu par ravissantes lumieres et parfaites beautez[135] ». Les échafaudages intellectuels de la scolastique sont dès lors inutiles. Pourtant, dans les collèges de plein exercice du XVIe siècle, c'est par la logique que commence l'enseignement de la philosophie, et des intellectuels de premier plan travaillent toujours l'*Organon*, un jésuite comme Pedro da Fonseca, ou le Padouan Jacopo Zabarella. Et puis la controverse théologique confère une nécessité nouvelle à la logique et inspire un nouvel intérêt pour elle y compris chez des protestants comme Hyperius ou Daneau. Dans le livre qu'il consacre à ce dernier, Olivier Fatio éclaire le rôle qu'il lui assigne. C'est un outil, comme pour Bèze, pour qui elle ne « fournit pas la matière [de la pensée], mais contribue à la mettre en forme[136]. » Elle a un rôle instrumental, voire tactique. Elle n'édifie pas la foi, qui procède de l'Écriture, elle permet de réfuter les fausses démonstrations[137]. Le titre des *Elenchi haereticorum* (1573) de Daneau est à cet égard exemplaire.

135 *POM* p. 126.

136 *Méthode et théologie :* Lambert Daneau *et les débuts de la scolastique réformée*, Genève, Droz, 1976, p. 41.

137 *Ibid.*, p. 35, 43...

Telle est son utilité pour Aubigné, comme le disent ses lettres sur l'éducation et les récits de ses propres controverses, comme il le dit dans la *Responce de Michau* : Boulenger, selon lui…

> […] avoit besoin de redonner quelques mois à la logique, non pas que cela fut le principal, mais seulement l'instrument par lequel l'autorité de l'Escriture nous faisoit cognoistre des interpretations que lui donnent les anciens et modernes, lesquelles sont appuyees de veritez et de raisons[138].

L'Écriture est l'« autorité » et fournit les « veritez ». La logique est l'*organon*, l'instrument qui permet de construire les syllogismes (« raisons ») afin de juger, de discriminer les « interpretations » des hommes. Elle ne conduit pas à la vérité du texte saint, elle permet de ne pas s'abuser et de savoir réfuter l'erreur. C'est ce qu'explique la lettre « À M. Tompson precepteur de mes enfans. » Elle est sans doute tardive[139] : comme de très nombreuses lettres du recueil 152 des Archives Tronchin, tout a été sinon écrit au moins retouché, remanié dans la grande vieillesse de l'écrivain. Mais elle est révélatrice du statut de la logique. Il y approuve la formation dispensée à l'Académie de Saumur, mais il voudrait « qu'on adjouste à nos bergers outre la houlette pour les brebis, une fonde contre les loups. ». La logique est cette fronde nécessaire pour « demesler et perser » les faux raisonnements « tant en la malice des vocables et omonimies qu'en celle des constructions ». Elle ajoute « à la simplicité de la colombe » « la prudence du serpent », comme le veut l'évangile de

138 *Responce* p. 103.

139 Le pasteur Thomson est certainement ce précepteur qu'Aubigné a pu « arracher des plus grandes maisons *hamis auctis* », grâce à des hameçons plus gros que d'ordinaire, c'est-à-dire à grands frais (Corr., p. 409). Arrivé en 1592 en Poitou, il est d'abord précepteur dans une grande maison, celle de Philippe Eschallard de La Boulaye à Fontenay-le-Comte (Paul Gambier, « Un pasteur de l'église réformée de La Châtaigneraye, George Thomson, Écossais », *Revue du Bas-Poitou*, 1950, 3e livraison, p. 173). Il devient ministre de la Châtaigneraie en 1603. Mais la lettre parle de l'Académie de Saumur. Or le projet de Mornay dans cette ville a été lent à prendre forme. C'est seulement en 1606 que Mornay parle d'une Académie. Voir Jean-Paul Pitton, http://archives.ville-saumur.fr/_depot_amsaumur/_depot_arko/articles/795/chapitre-1-une-place-forte-intellectuelle-1601-1621_doc.pdf. En 1606, Thomson n'est plus précepteur de Constant depuis trois ans, et pour cause, puisque Constant est parti à l'Académie de Sedan : le 4 avril 1603, Aubigné donne procuration à Antoine de la Voyette pour les frais de son fils à Sedan (Merle, *L'étrange beau-père de Louis XIV, Constant d'Aubigné, père de Madame de Maintenon*, Paris, Beauchesne, Fontenay-le-Comte, Lussaud, 1971, p. 11). Les dates ne coïncident donc pas. Aubigné n'a pas pu écrire à Thomson précepteur de ses enfants à propos de l'Académie de Saumur.

Matthieu, pour que « nostre jeunesse soit intruitte à se deffendre plus qu'à enseigner les autres en un siecle, où nos Adversaires ne pechent point faulte de cognoissances : mais deffendent leur gloire et leur[s] richesses par l'acier de la suptilité[140]. » La logique détruit l'erreur. Face à la confusion, aux tours captieux ou subtils, elle est méthodique, rigoureuse, implacable, toutes qualités qui transposent dans le cadre de la controverse religieuse les traits « soldatesques », l'odeur de « mesche et [de] souffre », qu'Aubigné aime se donner dans ses récits autobiographiques, ses lettres ou sa poésie amoureuse.

Il attaque Boulenger sur ces critères. Chez celui-ci, La Blachière avait déjà stigmatisé l'« ignorance [...] en la manière de bien argumenter et conclurre[141] », l'absence de méthode qui lui faisait porter une accusation d'hérésie « confusement, sans aucun ordre et temerairement, sans donner aucune definition du terme[142] », l'incapacité à « respondre bien à propos et par ordre sans confusion[143] », à construire « un argument qui eust force en sa figure et forme » – et de lui démontrer en conséquence « comment il devoit dresser [cet] argument[144] ». Boulenger ne s'était pas toujours défendu de la façon la plus habile :

> Il [...] dit que je ne sçay pas la forme de disputer, par ce que je répon sur la fin de ma replique à la premiere proposition qu'il avoit faite à l'entree de son livre. Je luy respon que nostre dispute estoit sur le sacrifice de Mechisedech, duquel je ne me suis voulu escarter à l'entree de ma responce, et que je m'êtois proposé de vuider ce different auparavant que venir au mot de messe, laquelle il dit estre contre les Escritures sainctes. Au reste nostre dispute n'est pas de logique, mais de theologie[145].

Il est de fait plus théologien que logicien. S'il aligne des syllogismes en batterie dans la *Réponce aux calomnies*, c'est qu'il a été attaqué sur ce point, et en réponse à La Blachière. Il préfère les citations des Pères, et c'est l'*escolier* qui se charge d'une contre-attaque logicienne contre Aubigné.

Car Aubigné est méprisant. Boulenger serait incapable de « traitter les parties avec ordre », c'est un « adversaire confus[146] » : « il rem-

140 Corr. p. 546-547.
141 *DFE* p. 236.
142 *Ibid.* p. 65.
143 *Ibid.* p. 255.
144 *Ibid.* p. 208.
145 *RAC* p. 180-181.
146 *Responce* p. 99.

plit ses sermons de paroles sesquipedales [abondantes], de fables et d'allegories agreables. Mais il se trouve court quand il faut parler le poing fermé[147]. » Zénon a opposé la main ouverte de la rhétorique, qui développe la pensée, à la main fermée de la dialectique, qui la resserre et la concentre[148]. Une série d'oppositions se profilent derrière le *topos* : la rhétorique verbeuse, la séduction fallacieuse, les mensonges imputés au catholicisme d'un côté ; de l'autre la rigueur, l'austérité sans concession du calvinisme – et Aubigné trouve aussi dans le *poing fermé* une image de son agressivité. Les attaques touchent tous les aspects de l'art du syllogisme : critique d'une majeure toute « d'enonciations indefinies, qui ne concluent rien de necessaire ou d'universel[149] », d'une confusion entre un syllogisme dialectique (*argument*) et un véritable syllogisme (*demonstration*)[150], d'un embrouillamini entre les différents modes et figures avec lesquels Michau se plaît à jongler pour encore mieux embrouiller Boulenger[151]... Chaque chapitre de la *Responce* et de la *Replique de Michau* est construit sur un certain nombre de syllogismes et de contre-syllogismes.

Tout cela n'est pas sans quelque contradiction. Il faut donc être logique pour déjouer la subtilité de l'adversaire, maîtriser la construction de l'argument et voir que l'homme argu... ment[152] (comme Rabelais qu'il admire, Aubigné ne recule jamais devant un calembour). Face à l'argutie, Michau dit ne connaître « point d'autres arguments que ceux qui sont au devant des chapitres de la Bible et des Pseaumes » : il n'entend rien en syllogisme (sens du mot *argument* ici), il connaît seulement les *arguments*, les synthèses pédagogiques qui guident le lecteur dans la Bible et le psautier calvinistes. Sa foi est simple, comme le dit encore son pseudonyme de *Michau l'aveugle*, qui renvoie à un jeu, on l'a dit, mais aussi à une personne de Niort. La Blachière dénonce les « faussetez et corruptions » de Boulenger, et menace : « s'il recommence derechef, je ne daignerois lui respondre, ains lui ferai respondre par une des plus petites brebis de mon troupeau, assavoir, Michel Perret, aveugle-né : lequel est plus clair voiant en la cause du salut eternel, que n'est Jule

147 *Ibid.* p. 100.
148 Cicéron, *De finibus*, VI, 7.
149 *Responce* p. 101.
150 *Ibid.* p. 104.
151 *Ibid.* p. 106.
152 *Ibid.* p. 93.

Caesar, qui a des yeux et ne voit point[153]. » Une des fidèles ouailles du pasteur niortais, une des plus modestes, était aveugle. Aubigné l'oppose à Boulenger comme la simplicité évangélique s'oppose à l'artificialité scolastique. Et pourtant c'est bien Michau qui hérisse son propos de termes techniques, de références à Aristote, Boèce, Francisco de Toledo, Jacopo Zaberella, qui se moque d'un Boulenger qu'il trouve dépassé et même un peu simplet. Pas si simplet que ça, d'ailleurs, celui-ci a beau jeu de lui reprocher, non sans fondement, « d'ergotizer à la paedantésque[154] ». Par un effet de retournement caractéristique de la polémique, les (mauvais) rôles s'échangent, et c'est Michau qui fait le *magister magistrorum in logicis*, comme le dit l'*escolier.*

Et puisque le jeu consiste à renvoyer les accusations, dans la *Responce aux arguments cornus*, l'*escolier* inflige une sévère correction de copie au nouveau *magister* : « Ignorant en logique », coupable d'en « ignorer mesme les premiers, plus faciles et plus communs principes[155] ». On ne dit pas « tirer une consequence » ni « concéder une conséquence[156] », on distingue « particulier » et « singulier[157] », « syllogisme » et « argument[158] »... Michau confondrait les différents types d'universels en refusant de déduire du fait que « les membres de l'Eglise sont qualitez visibles », la visibilité de l'Eglise universelle – ce qui conduirait de fait à exclure de l'Église son corps mystique, les saints en paradis, le Christ[159].... L'*escolier* fait parade des « predicables » de Porphyre, rappelle des règles pourtant élémentaires : « Aprenez qu'on ne peut jamais nier la conclusion quand le syllogisme est en forme et en mode, et les premisses concedées[160]. » Ici aussi la leçon surprend à propos d'un syllogisme qui de la majeure « La monarchie est le meilleur gouvernement », conclut : « Donc en l'Eglise il y a une monarchie[161] » . Michau a peut-être raison. L'*escolier* est tout de même un lourdaud. Dans la majeure « *Nulle monarchie hierarchique instituee sans la parole de Dieu n'est legitime* », il relève une grave faute : « il y a deux negations, *nulle, n'est*, qui valent une affirmation selon les

153 *SDF* signet Aiijv°.
154 *RDM* p. 167.
155 *RAA* p. 172.
156 *Ibid.* p. 174.
157 *Ibid.* p. 177-178.
158 *Ibid.* p. 177.
159 *Ibid.* p. 175.
160 *Ibid.*.
161 *Responce* p. 100.

principes de logique. » Il insiste lourdement sur ce qu'il croit être une lourde erreur d'Aubigné[162], y revient plusieurs fois… Et il a tort. Il plastronne et reçoit un retour de bâton bien mérité :

> Il a dit avec trois pages d'exclamations que deux negatives valent une affirmation : cette cause demanderait son renvoi à une 3e classe du college de Gelassis. Certes quand j'ai veu cette misere, j'ai eu grand regret d'avoir respondu jusques là. En quel austere Montaigu a vescu ce pauvre garçon qui ne sçait pas parler françois et ignore que de toutes les langues que nous oions, la seule latine affirme par deux negatives. Les autres comme la grecque, l'espagnole, l'italienne et la françoise, *magis negant*. L'Escriture parle ainsi en françois : s. Luc chap. 10. v. 22 : « Nul ne sçait qui est le Fils. » S. Jean cha. 5. v. 19 : « Le Fils ne peut rien faire de soi-mesme. » Chap. 6. ver. 44 : « Nul ne peut venir à moy, si *etc.* »

La logique a sa rigueur, et parfois, comme ici, son vertige. Son usage polémique en fait une technique de contradiction qui devient art du retournement, ou de la pirouette. La Blachière propose des syllogismes :

> Argumentons [formons des syllogismes] ainsi : quiconque est ennemy et adversaire de Christ, cestui là est l'Antechrist. Or le Pape est ennemy et adversaire de Christ. Le Pape donc est l'Antechrist.
>
> […] Argumentons […] suyvant les paroles de l'apostre sainct Paul en ceste sorte : iceluy adversaire de Christ qui s'oppose et s'esleve contre tout ce qui est nommé Dieu, ou qu'on adore, jusqu'à estre assis comme Dieu au temple de Dieu, se portant comme s'il estoit Dieu, cestuy-là est l'Antechrist. Or le Pape Romain est cest adversaire de Christ qui s'oppose et s'esleve contre tout ce qui est nommé Dieu, ou qu'on adore jusqu'à estre assis comme Dieu au temple de Dieu, se portant comme s'il estoit Christ. Donques le Pape Romain est l'Antechrist[163].

Comme la dispute est mimétique, qu'on se calque sur l'adversaire pour le contrer, Boulenger répond sur le même mode pour dire le contraire :

> Quiconque par ses faicts nie Christ, icelui est Antichrist. La Blachiere par ses faicts nie Christ. Doncques La Blachiere est l'Antichrist. Celui qui est contraire à Jesus Christ est l'Antichrist. La Blachiere est contraire à Jesus Christ. Doncques La Blachiere est l'Antichrist. L'Antichrist ostera le sacrifice continuel. La Blachiere oste le sacrifice continuel tant qu'il peut. Doncques La Blachiere est l'Antichrist. […] Ces argumans sont d'aussi bonne suite que les siens[164].

162 *RAA* p. 205.
163 Voir p. 75.
164 Voir p. 88-89.

Aubigné pratique assidument ce genre de smash au rebond. Boulenger a examiné quinze *marques* de l'Antéchrist pour réfuter son identification avec le pape. Michau met en syllogismes ses raisonnements et conclut quinze fois par un syllogisme opposé qui prouve que le pape est l'Antéchrist. La logique n'est plus un art de la démonstration, c'est une mécanique de la contradiction.

C'est de fait Aubigné qui a emberlificoté la controverse pour en faire une jonglerie, ailleurs un art du contre. Il a choisi ce terrain parce que c'est un point faible de l'adversaire. Et surtout parce qu'elle lui permet de couper sec, face aux accumulations de citations des Pères que Boulenger prodigue. Celui-ci pense comme Bellarmin que la pluralité et la convergence des témoignages ont force probatoire[165], il reste un auteur humaniste amateur de compilation, de copieuse abondance et de diversité. Aubigné syllogise parce qu'il veut moins convaincre que démolir la thèse adverse. La rhétorique et ses valeurs de conciliation ne l'intéressent pas. Significativement, il emploie une seule fois le mot de rhétorique, mais il s'agit seulement de diatribe :

> Je vouloy aussi donner quelques heures à la rhetorique pour vous faire ouïr vos veritez et vous faire perdre, en les oyant, le goust et le plaisir que vous avez prins aux menteries[166].

La rhétorique agresse, la logique détruit : Aubigné ne veut ni convaincre ni persuader, mais continuer la guerre par d'autres moyens. Car en face, c'est l'Église de l'Antéchrist.

Il ne garde rien de l'idéal civique auquel ont pu aspirer des humanistes de générations antérieures. Certes en 1595 la guerre n'est pas terminée. Mais précisément, pour lui, l'édit de Nantes sera un piège délétère en vue de nouvelles Saint-Barthélemy. Son rapport au catholicisme est d'un pessimisme noir. Dans ses œuvres au moins, il ne changera pas jusqu'à sa mort[167].

165 Voir Motta, *Roberto Bellarmino*, *op. cit.*, p. 108.

166 *Responce* p. 96.

167 Il a cultivé de très bonnes relations avec des gallicans comme Nicolas Rapin ou Claude d'Expilly.

FARCE

Tout bon controversiste déclare vouloir argumenter, seulement argumenter : pas d'agressivité, pas « d'injures et medisances », pas de « piaffes de village », de « la modestie », du respect, tout au plus une fraternelle répréhension. Ces très chrétiennes intentions n'empêchent nullement de s'humilier, de s'insulter[168], voire de s'étriper à belles dents avec un entrain vigoureux. Symétriquement. Catholiques et calvinistes, sur ce point aussi, se comportent comme Jacob et Esaü, les jumeaux de *Miseres*, qui à force d'« aveugle fureur », se crèvent mutuellement les yeux, et qui représentent l'horreur de la guerre civile.

Mais même sur ce point, Aubigné parvient à faire encore plus fort. Même s'ils font leur miel d'un trait d'ironie bien rosse à l'occasion, les controversistes d'ordinaire se veulent sérieux. Tandis que la *Responce de Michau* commence comme une histoire comique : un aveugle furibond discute avec Jean Robin, nom de mouton, et le lecteur se sent plutôt chez Rabelais que chez Calvin : on « disput[e] en riant et ri[t] en disputant » comme Gargantua « Mordoyt en riant, rioyt en mordant », tant il est vrai que disputer et mordre, ici, ne se distinguent guère. Le jeu de Michau consiste à taper à coups de serviette roulée : avec un exemplaire de Bellarmin glissé dans la serviette catholique, un de Lubbert dans la serviette calviniste, le jeu est la juste image de cette polémique. Les plaisanteries, les calembours se multiplient au début du texte, pour annoncer la couleur : dialectique et diable étique, argument et argu ment… Boulenger est *boulanger*, un artisan, un « enfourneur » (tous les sous-entendus sont permis). Son illustre prénom de Jules-César, son teint qui s'empourpre vite, poussent à lui faire franchir le *rubicond*… Il est piégé par « je ne sais quel barragoüin où il y avoit du *rubarbara* » (création lexicale) : par un cocktail de *Barbara* (mode de syllogisme), avec du barbarisme puisqu'il ne comprend rien[169], et de la très niortaise rhubarbe, un laxatif, puisqu'il est bouché. Bien entendu, c'est à son adversaire qu'il reproche les « menteries, blasphemes et injures

168 Il « m'a appellé cornard […], maintenant m'appelle lourdaut et faussaire » se plaint La Blachière (*SDF*, p. 664), qui n'est pas en reste. Lui et Boulenger se renvoient mutuellement aux « tripieres du petit pont à Paris », pour la qualité des injures (*ibid.* p. 527-528).

169 Selon Rabelais, rhubarbe vient « du fleuve Barbare nommé Rha » (*Tiers Livre*, 50, p. 504) : cette barbarie résonne ici avec le *baragouin*, un langage que Boulanger n'entend pas, celui de la logique.

scurriles » et autres « mots de cabaret ». Il se prétend plus raffiné, il s'autorise seulement « quelques railleries supportables ». C'est un trait de mépris gentilhomme pour le *boulanger*, tout juste capable de bouffonner, puisque le clergé catholique est toujours avili par Aubigné, qui ici même souligne que le « monarque romain se tire souvent de la lie du peuple[170] ». Il est pourtant évident que c'est lui, le gentilhomme soi-disant civil, qui humilie et ridiculise pour dégrader, par exemple lorsqu'il noue « l'esguillette à la langue » de Boulenger : l'aiguillette, une cordelette, maintenait la partie du vêtement masculin qui tenait lieu de braguette ; les sorcières, en la « nouant », en paralysaient tout le contenu : le rougeaud qui bredouille a subi en vérité des coups très en dessous de la ceinture.

Cette polémique lardée de syllogismes est donc une *farce de théologastres*. Chaque page de la *Responce de Michau* a ses bons mots. Le pseudonyme de Michau annonce le mépris d'un adversaire qu'on se refuse à rencontrer de face parce qu'on n'est pas du même monde, et le jeu pour rire. Si les arguments se veulent efficaces, si les citations sont vérifiées, c'est seulement pour conforter le calviniste dans ses certitudes tout en écrasant le catholique, en le tournant en ridicule. La théologie parodique de la *Confession catholicque du sieur de Sancy*, qui détourne les déclarations apologétiques des « apostats » pour justifier leur passage au catholicisme, n'est pas loin. Cette *Confession* est entreprise peu de temps après la controverse avec Boulenger.

La fin de la *Responce de Michau* est dans le même esprit. Un poème latin y tient lieu de conclusion. Aubigné aime finir par un poème. Une admirable prière en vers achève l'*Histoire universelle.* Le *Debvoir mutuel des roys et des subjects* argumente par le droit, par l'histoire et par la Bible, s'élève ensuite à une méditation sacrificielle en grand style, et débouche inopinément sur une ode violente et mordante. Chaque fois, la poésie crée l'écart stylistique et change le point de vue. C'est le cas ici. La pièce est en latin macaronique. Les *Macaronicae* de Folengo (1517) ont fourni le grand modèle. Même si un catholique comme Belleau l'a utilisé contre les huguenots avec son *Dictamen metrificum de Bello Huguenotico*, les protestants français s'en sont fait une spécialité : *Arenga habita in monasterio cluniacensi* attribuée à Jacques Bienvenu (1566), pamphlets de François Hotman contre Antoine Matharel et Papire Masson (1575) et

170 *Responce* p. 102.

tout récemment de son fils Jean contre le ligueur Choppin (1592)... Mais c'est surtout du *Passavant* de Bèze qu'Aubigné s'inspire. Comme son titre l'indique, l'*Epistola Magistri Benedicti Passavantii* se présente comme une épître envoyée à Pierre Lizet, Premier Président au Parlement de Paris depuis 1529, un des responsables de la Chambre ardente, par son serviteur, Benoît Passavant. Ce *benêt pas savant* et semeur de fariboles[171] lui rapporte les opinions des réformés genevois à son sujet. Au passage il le ridiculise.

Agrippa d'Aubigné suit le modèle. Le poème aurait été composé par Honoré Chargé, bourgeois niortais, qui s'est chargé de vendre les livres de Boulenger, qui les vend mal, et qui lui écrit à ce sujet dans un latin de cuisine qui décalque un français familier. Coups de bâton, scatologie, caricatures, les ingrédients de la farce sont réunis, même si les persécutions catholiques, les menaces du moment ne sont pas oubliées. En arrière-plan, les qualités qui distingueraient les protestants – supériorité intellectuelle, énergie autoritaire, capacité à rire, certitude d'être sauvé –, de nigauds catholiques intellectuellement nuls, encombrés de règles, dépités et lâches, mais préférant un confort illusoire au salut.

Le poème sera repris et amplifié dans le recueil des *Jambonika*[172], qu'Aubigné voudra léguer à la postérité : dans les toutes dernières années de sa vie, il le fait copier à la suite de la *Confession catholicque du sieur de Sancy*, par le secrétaire qui copie la dernière version des *Tragiques*[173], avec deux autres pièces macaroniques, l'une sur le pèlerinage à Maillezais, l'autre contre le cardinal de Sourdis, deux nouvelles épîtres catholiques qui ridiculisent leur propre camp, de même que l'*Explication familiere et neantmoins mysterique* se présente comme un commentaire enthousiaste d'une lettre du pape, ou qu'un catholique fanatique défend le régicide dans l'*Instruction et advis*. Autant de variations sur le genre de l'éloge paradoxal apprécié de la littérature humaniste, même si Aubigné le pratique pour combattre plus que pour jouer à la frontière du vrai et du faux. Significativement, après qu'il a pris possession des manuscrits de l'écrivain, le pasteur Théodore Tronchin a fait très vite copier le *Sancy* mais non le latin macaronique, qu'il juge sans doute trop farcesque et trop scabreux.

---

171 Voir l'introduction de J.L.R. Ledegang-Keegstra à Théodore de Bèze, *Le Passavant, édition critique, introduction, traduction, commentaire*, Leyde, 2004, p. 26-27.

172 Voir *PP*, et l'introduction d'Isabelle Charlet-Mesdjian, p. 333 *sq.*

173 Bibliothèque de Genève, Archives Tronchin, volume 154.

Il n'est que plus saisissant de voir ce latin-là publié par Aubigné dans un volume de théologie polémique. Sa lecture a dû être une épreuve pour Boulenger : « Bouffonneries », fait-il dire à Matthieu Gouin[174].

Le ton est moins fantaisiste dans le second volume, la *Replique de Michau*, parce que l'écrivain s'occupe surtout de répondre à la contre-attaque de Matthieu Gouin et de l'*escolier*. Mais la démolition des syllogismes adverses et la production de syllogismes inverses sont encore un jeu. Les syllogismes de Michau sont moins donnés pour convaincre que pour démontrer l'inanité des arguments de Boulenger. Celui-ci a utilisé un passage de Malachie pour établir que l'Antéchrist doit venir après le retour d'Élie. Or Élie n'est pas encore revenu. Donc l'Antéchrist n'est pas encore là. Contre-syllogisme : Élie est Jean Baptiste. Il est revenu. Le Pape est donc l'Antéchrist… Peu convaincant. Aubigné le sait : « Si ce tesmoignage n'est vallable, il s'en faut prendre à Boulanger qui en a basti le mauvais fondement[175]. » Il joue sur l'absurde.

HISTOIRE ET POLITIQUE

Dernière originalité de la *Responce* et de la *Replique de Michau* : ce sont aussi des textes politiques. La controverse ne va pas souvent sur ce terrain. Les auteurs tiennent à la spécificité de la théologie, qu'ils ne veulent pas lier à un pouvoir séculier ou à un contexte historique. L'histoire politique est donc pratiquement absente, même lorsque les polémistes protestants récupèrent des arguments produits au Moyen Âge par les partisans de l'empereur ou du roi de France lors de la querelle des Investitures. Précisément, ils ne veulent pas qu'une mystique dégénère en politique. Lorsque La Blachière cite des déclarations de droit canonique par lesquelles le pape érige son pouvoir au-dessus de l'Empire, il le fait pour prouver que le pape est l'Antéchrist, mais sans situer ces déclarations, sans rappeler ces conflits, sans agiter la question du droit politique.

Avec Aubigné, les conflits historiques sont beaucoup plus présents. Dans son premier livre, La Blachière, par exemple, ne se prive pas de souligner l'appartenance de Boulenger à la Compagnie de Jésus, puisqu'elle vient d'être bannie du royaume. Mais il ne fait aucun rappel des crimes

174 *RDM* p. 130.
175 *Replique* p. 218.

qui lui sont imputés. Aubigné les souligne. Il oppose les jésuites à ceux qui « ont cerché la liberté en Christ », et en fait des « mercenaires » de la « tyrannie spirituelle » du pape. Ils sont…

> en mauvaise odeur à toute la chrestienté, et surtout très puants au nez des subjets naturels de ce royaume, duquel se voyans banis pour leurs crimes enormes, ont pourtant semé en divers lieux quelques uns de leurs officiers, desquels la plus part despouillent le nom de jesuites sans en depouiller les functions. Et en advient aux royaumes comme de la dissipation des bourdeaux, qui font en destail presques autant de mal comme ils faisoyent en gros.

Liberté côté réforme, tyrannie et servitude côté papauté. Identité nationale côté réforme, parti de l'étranger côté papauté. Loyauté côté réforme, assassinats côté jésuites, que la comparaison avec les bordels associe à la corruption des mœurs. Le débat sur la papauté révèle les enjeux des guerres de religion. Aubigné rappelle que « les chrestiens reformez de ce royaume ont esté […] liberaux de leur sang et de leurs vies pour maintenir premierement le regne et la monarchie de Christ, puis après la couronne et monarchie de France[176] » : la thèse que voudront démontrer l'*Histoire universelle* et les écrits politiques, selon laquelle Henri IV doit aux protestants d'avoir gagné son trône, est déjà là. Cela ne va pas sans quelques contradictions : il met le principe de la monarchie du pape du côté de la maxime « *sic volo, sic jubeo* », « la clause que les Roys prattiquent aux affaires du monde, sçavoir est : "car tel est nostre bon plaisir"[177]. » Il dénonce donc la tyrannie, le bon plaisir, et rappelle ainsi les théories dites « monarchomaques » qui soumettent le souverain à la loi et au respect des contrats, et qui ont été développées par Hotman, Bèze, par l'auteur du *Reveille-matin des François et de leurs voisins…*, celles qu'il reprendra dans ses propres écrits politiques au XVIIe siècle. Il pense en termes politiques le refus de l'autorité du pape. Déjà se profilent les contradictions de sa pensée : défense des droits du roi contre le catholicisme, lutte contre la monarchie absolue.

Dans la *Replique de Michau*, la polémique sur l'Antéchrist et les identifications historiques qu'elle implique permettent une série d'attaques. Lorsque l'*Escolier* distingue l'autorité du pape de celle des rois, Aubigné repond :

---

176 *Responce* p. 101.
177 *Ibid.* p. 98.

> Là dessus l'escolier dit que les rois commandent à leurs sujets comme à des serfs et esclaves, mais qu'il ne va pas ainsi de la hierarchie du pape. Respondent les bons François quelle differance ils ont senti au gouvernement de leur prince naturel ou à celui de ceux qui les avoient esmeus pour le pape.

La polémique toute théorique sur les pouvoirs est replacée dans l'histoire récente de la Ligue, avec encore une fois une légitimité nationale opposée au parti de l'étranger. Dans la dernière décennie du XVIe siècle, *Bons François* désigne les partisans d'Henri IV et est distingué de *catholiques* : « bons François et Catholiques[178] », « bons Catholiques et bons François tout ensemble[179] » : la coordination suppose la distinction. « Trop bons Chrestiens, et trop bons François » écrit Antoine Arnauld[180] tandis que contre lui Richeome se sent tenu de déclarer que les élèves des jésuites « sont tous bons François, et tous Catholiques[181]. » Le ligueur Jean Boucher, quant à lui, se méfie des « soy disans Bons François », de « ceux que l'on dit Bons François[182]. » Aubigné annexe à la réforme la conscience nationale et la légitimité politique face à un membre de la Compagnie de Jésus, qui vient d'être chassée du royaume. De même, Boulenger réfute l'identification de l'Antéchrist avec le pape à partir d'une des « marques » de l'Antéchrist, celle d'être « Juif » :

> L'onziesme marque est qu'il sera juif de nation, et comme s'accordent presque tous les anciens docteurs, issu de la lignée de Dan. En sainct Jehan chap. 5 : « Si un autre vient en son nom vous le recevrez. » Voyés sainct Augustin, question 22, sur Josué. Le pape n'est pas juif, mais italien, espagnol, françois ou aleman[183].

La réponse d'Aubigné sur la tribu de Dan est qu'on ne peut plus identifier les tribus d'Israël ; à propos de Jean, 5, 43, où en effet il n'est pas question des Juifs, il allègue 2 Thessaloniciens, 2, 1 pour identifier l'Antéchrist

178 *Plaidoyé des gens du Roy faict en Parlement en pleine audience*, Paris, Jehan Musar, 1593, p. 90, 127.

179 Gabriel de Lurbe, *Chronique bourdeloise*, Bordeaux, Simon Millanges, 1594, p. 59.

180 *Philippiques contre les bulles, et autres pratiques de la faction d'Espagne*, Tours, Jamet Mettayer, 1592, p. 110.

181 *La verité defendue pour la religion catholique en la cause des Jesuites*, Toulouse, pour la vefve de Jacques Colomiez, 1595, p. 159. Voir Myriam Yardeni. *La conscience nationale en France pendant les guerres de religion (1559-1598)*, Paris-Louvain, Nauwelaerts, 1971, p. 220.

182 *Sermons de la simulee conversion, et nullité de la pretendue absolution de Henry de Bourbon*, Paris, G. Chaudière, R. Nivelle et R. Thierry, 1594, p. 153, 372.

183 Voir p. 84.

avec le choix du mensonge, avec le catholicisme, donc. Et il conclut : « Et pour tant en cette marque il n'y a rien de vray, sinon ce qu'il dit que le pape est espagnol[184] ». Boulenger avait énuméré quatre nations. Aubigné ne veut retenir que l'Espagne, pour rappeler son alliance avec la Ligue, et faire de l'adversaire un *mauvais Français*, d'autant plus que l'ordre jésuite est d'origine espagnole : « les Jesuites sont tous Espagnols en leur ame et en leurs corps : ils ne recognoissent autre Roy pour leur Roy, que le Roy d'Espagne[185]… »

C'est tout le catholicisme romain qui est visé. À une majeure de syllogisme fondée sur Apocalypse 13, 13, « *L'Antechrist doit faire miracles et faire descendre le feu du ciel* », Boulenger rétorque que « *Le pape n'a pas fait ces choses.* » Sans répugner à ce que *valeant figurata*[186], à se fonder sur des sens figurés alors qu'il en condamne fermement l'usage dans le syllogisme, ici, Aubigné se fait un plaisir de répondre :

> Quant à faire tomber le feu du ciel, le pape, en menaçant les princes des effets de ses foudres, n'en a pas desguisé les noms[187].

C'est une claire allusion aux *fulminations* du pape et tout particulièrement aux dernières en date, la bulle de Sixte Quint (1585) qui excluait Navarre et Bourbon de la succession au trône, et surtout les deux bulles de Grégoire XIV de 1591, qui avaient suscité la réponse de François Hotman, le *Fulmen brutum* de 1586, réédité et enrichi, et celles de Toussaint Berchet et de Denys Godefroy[188]. Allusion encore plus récente avec la question de l'absolution pontificale de Henri IV. Elle est faite à propos des pouvoirs du roi et des évêques :

> Si tous les evesques sont egaux en la jurisdiction de remettre les pechez, pourquoi n'ont peu les evesques de France recevoir un roi penitent en la paix de leur Eglise[189] ?

184 Voir p. 235.

185 *SDF*, p. 292.

186 *Replique* p. 229.

187 *Ibid.*, p. 219. *Cf. Traitté des douceurs*, p. 106 : « ses foudres ne sont que des fusees. »

188 Sur ces débats, voir Benoît Schmitz, « Le pouvoir du pape sur les royaumes : la controverse imprimée entre catholiques romains et catholiques gallicans à propos des bulles de 1585, 1589 et 1591 », dans *Hétérodoxies croisées. Catholicismes pluriels entre France et Italie, XVIe-XVIIe siècles* [en ligne]. Rome : Publications de l'École française de Rome, 2015 (généré le 13 mars 2022). Disponible sur Internet : <http://books.openedition.org/efr/2841>.

189 *Replique* p. 263.

Lors de l'abjuration d'Henri IV en 1593, Renaud de Beaune, archevêque de Bourges, a donné l'absolution, qui n'a été reconnue ni par les Ligueurs ni par le pape. Celle du pape est négociée à Rome par Henri de Joyeuse et par Arnaud d'Ossat. Annoncée en août 1595, elle est accordée publiquement le 17 septembre. L'événement n'a pas encore eu lieu au moment où Aubigné écrit les deux *Michau*. Il est évoqué dans le poème macaronique mais il n'est pas encore sûr, Aubigné prend plaisir à entretenir des doutes sur la « simulée conversion » du roi, comme le font les Ligueurs, et pour des raisons diamétralement opposées. Il fait aussi état des menaces que cette absolution ferait planer sur les protestants[190]. Mais ici, la question de l'absolution lui permet de dénoncer le scandale d'un roi de France soumis à une *juridiction* étrangère, d'un refus de la *paix* par la papauté, et enfin d'une hybris qui prétend s'ériger au-dessus de tout pouvoir humain. La théologie est l'histoire.

Cette actualité s'inscrit dans une temporalité eschatologique lorsque l'argumentation sur l'Antéchrist énumère les crimes du pape Grégoire VII[191] ou que les deux Témoins d'Apocalypse 11, 8, sont identifiés avec Jean Hus et Jérôme de Prague[192], pour faire de la réforme, qui pour Aubigné commence avec les martyrs, un des prodromes de la fin des temps.

La controverse est donc située dans une histoire politique et dans de grandes perspectives théologiques, les deux étant solidaires. Le fameux *Silete theologi in munere alieno* de Gentili n'a aucun sens pour Aubigné. Il affirme sans doute que « *Non bene conueniunt coeli regimina terris*[193] », « Que ce sont choses differantes / Que l'estat de Dieu et des roys[194] », mais seulement pour refuser un machiavélisme qui met le religieux au service du politique, un compromis avec la raison d'État. Sa politique est religieuse, comme le montrent les *Tragiques*, des écrits comme le *Caducee* ou la petite tétralogie de 1621 qui s'ouvre avec le *Debvoir mutuel des roys et des subjects*, ou l'*Histoire universelle*, fausse histoire d'Henri IV, véritable histoire du parti protestant, c'est-à-dire, pour lui, de Sion, du peuple élu en France. Sa théologie est politique, puisqu'elle fonde la lutte de ce peuple contre « les legions de Rome ».

190 *Responce* p. 125.
191 *Replique* p. 230.
192 *Ibid.* p. 239.
193 *PP*, p. 242.
194 *Tragiques*, Préface v. 293-294.

PROTOCOLES D'ÉDITION

Nous reproduisons le texte des éditions de référence. Nous le retouchons cependant, en distinguant *n'y* et *ny*, *la* et *l'a*, *pour tant* (au sens de « c'est pourquoi ») et *pourtant*. Si pour les *Tragiques*, les *Écrits politiques* ou les *Poésies politiques*, nous avons voulu respecter la ponctuation en signalant les corrections indispensables, ici, pour des textes issus de différents imprimeurs aux pratiques différentes, nous avons modernisé la ponctuation, l'emploi des majuscules, régularisé l'emploi des italiques, et introduit des alinéas pour baliser de très longs développements. Soit cet exemple de la *Responce de Michau* :

> Qui eust voulu traiter dignement de ceste matiere, il la falloit esplucher par les degrés, qui s'ensuivent. Premierement, disputer si le gouvernement de l'Eglise doit estre Monarchique ou non. Secondement, si sainct Pierre, lequel ils tiennent avoir esté le fondateur de la monarchie d'icelle, a esté monarque veritablement. Pour le tiers estant concedé, que saint Pierre eust esté Monarque de l'Eglise, si ceste puissance est demeuree au Pape, et à la Papauté.

Le texte se lit mieux ainsi :

> Qui eust voulu traiter dignement de ceste matiere, il la falloit esplucher par les degrés qui s'ensuivent : premierement, disputer si le gouvernement de l'Eglise doit estre monarchique ou non ; secondement, si sainct Pierre, lequel ils tiennent avoir esté le fondateur de la monarchie d'icelle, a esté monarque veritablement ; pour le tiers, estant concedé que saint Pierre eust esté monarque de l'Eglise, si ceste puissance est demeuree au pape et à la Papauté.

De même, dans la catholique *Responce aux arguments...* :

> Mais un qui s'entendroit en Logique, et à démesler tels affaires en eust conclud doublement, qu'à Rome est la principauté. Et le Prince de toute l'Eglise disposant ainsi son faict.
>
> En l'Eglise où il faut necessairement que toutes Eglises...

Texte révisé :

> Mais un qui s'entendroit en logique et à démesler tels affaires, en eust conclud doublement qu'à Rome est la principauté et le prince de toute l'Eglise, disposant ainsi son faict :
> *En l'Eglise où il faut necessairement …*

Un dernier exemple emprunté au même texte :

> […] Un tel accord entre gens qui ne se sont point veuz esloignés, et de pays et de temps et qui ont escrit en diverses langues, est un tesmoignage de l'effect du S. Esprit.

> […] Un tel accord entre gens qui ne se sont point veuz, esloignés et de pays et de temps, et qui ont escrit en diverses langues, est un tesmoignage de l'effect du S. Esprit.

Ces retouches ont pour but de rendre lisibles ces textes parfois ardus.

LA CONTROVERSE SUR L'ANTÉCHRIST

Les textes préliminaires à la *Replique de Michau*

Les deux extraits suivants de Boulanger et de La Blachière intéressent la dernière partie de cette édition, la *Replique de Michau.* Nous les plaçons ici pour respecter la chronologie, puisque comme nous l'avons vu, cette *Replique* qui intervient dans la polémique sur l'Antéchrist que les deux polémistes ont ouverte, a été conçue en même temps que la *Responce de Michau*, et précédée, dans sa forme publiée, par les deux contre-attaques de Gouin et de l'*Escolier.*

Au cours de leur dispute sur la messe, La Blachière et Boulenger en viennent à examiner une vision de Daniel qui annonce l'abolition du « sacrifice perpétuel » par une puissance destructrice :

> *Et usque ad principem fortitudinis magnificatum est : et ab eo tulit sacrificium, et dejecit locum sanctificationis eju*s. (Daniel, 8, 11, Vulgate)
>
> Elle [la corne du bouc] s'éleva contre l'armée du ciel : elle lui ravit son sacrifice perpétuel, et déshonora le lieu de son sanctuaire. (traduction Lemaistre de Sacy)

Ce verset obscur était rapporté à l'Antéchrist. Selon Boulenger, il annonce « que l'Antechrist ostera le sacrifice perpetuel qui estoit en la vieille Loy[1] ». Et puisque ce sacrifice de « la vieille loy » ne peut concerner la loi de Moïse, que l'être maléfique ne peut être Titus (qui a détruit Jérusalem) ni Antiochus, le verset prouve bien que le « sacrifice perpétuel » désigne la messe que l'Antéchrist viendra combattre à la fin des temps. La messe est donc fondée sur la Bible, elle est fondée par la Bible.

Pour La Blachière, le pape est cet Antéchrist qui se révèle en abolissant le sacrifice perpétuel de Jésus pour y substituer la messe ; pour le catholique, c'est la cène protestante, cette abolition du vrai sacrifice de la messe, qui est la marque de l'Antéchrist… Dans la *Responce aux calomnies* de Boulenger, l'Antéchrist est un argument en faveur de la messe.

---

1 *DPE* p. 42.

Dans la *Dispute faite par escrit* de La Blachière, l'Antéchrist, c'est-à-dire la dénonciation du pape, devient le sujet principal.

La *Replique de Michau* attaque les arguments que Boulenger oppose à La Blachière.

LOUIS DE LA BLACHIÈRE, *DISPUTE FAITE PAR ESCRIT*, NIORT, 1595

La Blachière découpe les déclarations du « Predicant » (Boulenger) et les dispose linéairement dans sa *Responce à la replique du Predicant* (dernière partie de la *Dispute faite par escrit*), avant de leur adjoindre systématiquement une « Responce », la réfutation qu'il leur apporte.

[p. 167]

Le predicant

Je luy veux mettre en teste un autre [p. 168] passage pour la mesme preuve au chap. 8 de Daniel : il est dit que l'Antechrist ostera le sacrifice perpetuel qui estoit en la vieille loy, le matin deux aigneaux, et le soir deux, en Exode 29, qui a cessé depuis que la ville de Jerusalem fut prise par Titus[2], et pour tant le sacrifice de la loy mosaïque[3] qui fut osté par Titus, qui n'est pas l'Antechrist, comme confesse Calvin – mais le pape est l'Antechrist, à ce qu'il dict. Et moins peut-il estre entendu d'Antiochus Epiphanes, qui n'est l'Antechrist. Il faut donc que ceste prophetie soit de la loy evangelique, en laquelle l'Antechrist qui viendra sur la fin du monde ostera le sacrifice perpetuel qui n'est autre chose que la messe. Ainsi le prenent les docteurs de l'Eglise ancienne, et nommément sainct Hyppolite, cité par Eusebe, liv. 6 de son *Histoire ecclesiastique*, chap. 21 : « *Cai to timion soma cai aima tou christou en tais*

2 Exode 29, 38-39, mais le texte parle de deux agneaux par jour, l'un le matin, l'autre le soir. Ce sacrifice a cessé lorsque Titus a pris Jésuralem en 70.

3 Le sacrifice de la *vieille loi*, celle de Moïse, aurait pris fin lors de la prise de Jérusalem par Titus.

hemerais ekeinais ouc anaphanesetai cai leitourgia sbesthesetai[4]. » C'est-à-dire : « En ces jours là le precieux corps et sang de Jesus Christ n'apparoistra point en la liturgie. » C'est-à-dire : la messe sera esteincte. Les autres docteurs [p. 169] anciens de l'Eglise interpretent d'un commun accord ce passage de la messe.

Responce

Pour le contretester[5] nous luy mettrons en teste pour un passage trois passages du mesme Daniel, et avec le sien seront quatre, pour la preuve qu'il n'est point vray theologien, d'autant qu'il corrompt et falcifie les Escritures pour les faire servir à sa messe, qui[6] cependant servent pour la condamner et ruyner. Le premier passage est celuy qu'il allegue du 8e chap. de Daniel, le second du 9e, le troisiesme du 11e, le quatriesme du 12e, de tous lesquels passages il ne peut tirer aucune deffence pour maintenir son sacrifice incruant[7] de la messe, ny mesme le prouver par aucune espece apparente, quelque violance qu'il s'efforce de faire à l'Escriture pour maintenir son erreur messaliene[8]. En tous ces passages est faite mention du sacrifice continuel osté : au huictiesme chapitre, verset 11 et douziéme, il est dict : « Et fut osté par ceste corne là le sacrifice continuel, et le domicile[9] asseuré du sanctuaire fut jetté bas. Et certain temps luy fut donné contre le sacrifice [p. 170] continuel par desloyauté et jeta la verité par terre, et exploicta et prospera. » Puis Gabriel exposant la vision à Daniel luy dit que le bellyer qu'il a veu avoir deux cornes, « ce sont les roys et des Perses et Medes. Et le bouc vellu c'est le roy de Java, qui est Alexandre le grand, roy des Grecs, lequel est appellé la grande corne, laquelle rompue, quatre cornes sont survenues en lieu d'icelle : ce sont quatre royaumes, et en la fin de leur regne, dit Gabriel, quant le terme des desloyaux sera accomply, il se levera un roy felon de face et entendu en subtilitez, et sa force sera renforcee, non point toutesfois par sa force, et il gastera à merveilles et prosperera, et exploictera et destruira les puissans, et le peuple des saincts. Mesmes

4 Voir plus loin, p. 80 et 228.

5 *Contretester* : opposer d'autres témoins.

6 *Qui* : alors qu'elles…

7 *Incruant* : non sanglant (décalqué du latin).

8 *Messalien* : La Blachière et Boulenger se sont déjà disputés sur la condamnation des Massaliens (ou messaliens, euchites, adelphiens).

9 *Domicile* : le temple qui abrite le sanctuaire.

tout ainsi qu'il l'aura entendu et qu'il aura faict avancer la tromperie en sa main, et il se magnifiera en son cœur et en gastera plusieurs par prosperité : il resistera contre le Seigneur des seigneurs : mais il sera desbrisé sans main[10]. » Voilà l'interpretation laquelle Gabriel donne à Daniel touchant la vision en laquelle il est dit que par ceste corne là le [p. 171] sacrifice continuel fut osté. Or l'experiance a monstré, et l'histoire aussi, que ce fut Anthiochus Epiphanes.

Le second passage de Daniel est en son chap. 9, verset 27, en la prophetie de l'advenement et sacrifice du Messias : l'abolition universelle des ceremonies levitiques est descrite en ces paroles : « Et il fera cesser le sacrifice et l'oblation : puis après par le moyen des aisles abominables qui causeront la desolation, voire jusques à consomption mesmes determinee, la desolation se fondra sur le desolé[11]. » La vision signifie que Jesus Christ[12], après qu'il aura fait son sacrifice, qu'il sera ressuscité et aura respandu son sainct Esprit sur les apostres, puis après il rejettera les ceremonies levitiques, et qu'en leur temple y aura des idoles execrables, après lesquelles s'ensuyvra une desolation et ruine perpetuelle. Car combien que l'Ange parlant à Daniel entend tout le service externe devoir estre une idole execrable, après que les sacrificateurs eurent faict mourir Jesus Christ le Messias, toutes fois affin que l'ire de Dieu peust estre apperceuë, Dieu permit après la resurrection de [p. 172] Jesus Christ que le temple fut prophané par plusieurs scandales abominables comme les enseignes et banieres de l'empereur Tiberius, les meurtres qui furent faicts au temple lors que les Juifs s'efforcerent de jetter hors lesdites enseignes, et peut estre les statues de Caligula[13].

Le troisieme passage est au chapitre 11 de Daniel, verset 31 : « Et on souillera le sanctuaire qui est la forteresse, et on ostera le sacrifice continuel et y mettra on l'abomination qui causera la desolation. » La prophetie suyvie de ses effects et evenemens monstre que c'est Antiochus l'illustre qui osta le sacrifice continuel et prophana le temple de Hierusalem.

Le quatriéme passage est au 12e chap. dudict Daniel, ver. 11 : « Or depuis le temps que le sacrifice continuel aura esté osté, et qu'on aura

10 Daniel, 8, 20-25. C'est l'ange Gabriel qui explique la vision à Daniel.

11 Ce passage a été profondément remanié au moment de la révision de 1588, qui est ici suivie.

12 *Christ* figure dans la traduction du verset précédent, la traduction œcuménique moderne dit : « un oint ».

13 Caligula a voulu faire placer des statues à son image dans le temple de Jérusalem, mais est mort avant que l'ordre ait été exécuté (Flavius Josèphe, *Guerre des Juifs*, VI, 1).

mis l'abomination de desolation, il y aura mil deux cens et nonante jours. » En ceste vision la mesme chose y est repetee qu'ès precedentes, mais un certain nombre est adjouté, lequel combien que il peut avoir une signification secrette, toutesfois il convient tres-bien à l'histoire des [p. 173] Machabees. Le nombre de mil deux cens et nonante jours selon la lettre font trois ans-six mois et quinze jours, puis de rechef est adjousté : « Bien-heureux est celuy qui attendra et qui parviendra jusques à mil trois cens trente cinq jours. » C'est-à-dire trois ans et huict moys. Lesquels nombres recueillis ensemble font sept ans et environ trois moys. Car il comprend tout le temps de la guerre d'Antiochus contre les Juifs[14].

Voyons maintenant si nostre adversaire et tous les jesuites et autres sectuaires[15] romains accommodent droictement les passages de Daniel qui font mention du sacrifice continuel osté à leur sacrifice de messe. Nous disons que Daniel parle proprement et distinctement du sacrifice de la loy, soit qu'on entende ou en espece[16] le sacrifice continuel qui se faisoit tous les jours soir et matin, ou en general tout le service legal, lequel fut interrompu au temps d'Antiochus et puis après du tout osté[17], quand la ville de Jerusalem fut entierement destruicte, et le temple bruslé et ruyné jusques aux fondemens par Titus, empereur romain. Or quant à ce qui atouche [p. 174] à l'allegorie, il est tout notoire que plusieurs docteurs ont estendu la prophetie de Daniel touchant Antiochus au temps de l'Antechrist, la personne et tyrannie duquel ils recognoissent avoir esté figuree en la personne et tyrannie d'Antiochus, et appliquent leur interpretation à deux royaumes tres-puissans, c'est assavoir mahumetique et papistique : d'autant que l'un et l'autre ont pris leur origine et accroissement presque en mesme temps.

En ceste interpretation allegorique le sacrifice continuel ne peut estre nullement entendu du sacrifice non sanglant de la messe laquelle n'a jamais esté instituée de Dieu : mais beaucoup mieux et mieux à propos et en verité du vray et pur[18] service de Dieu, prescrit et ordonné par sa parole. Lors qu'il commanda à ses apostres : « Allez par tout le monde

14 160-164 avant J.-C.
15 Le mot est rare. Sectaires.
16 *En espece* : en particulier.
17 *Du tout* : totalement.
18 *Par.* Je corrige.

et preschez l'evangile à toute creature. Qui croira et sera baptizé il sera sauvé, mais qui ne croira point, il sera condamné[19]. » Soubs lesquelles paroles est contenu le vray et pur service de Dieu duquel nous venons de parler ensemble, la profession et forme [p. 175] exterieure de la vraye religion, laquelle a esté si horriblement prophanee soubs la domination tyrannique des pontifes romains qu'on n'y void rien de pur et entier, soit en la predication de la parole, soit en l'administration des sacremens et de la discipline qui en depend pour la correction de la vie et des mœurs. Tout y est prophané, tout y est corrompu, tout y est souillé, les vestiges et traces de l'Eglise chrestienne et apostol. n'y apparoissent point.

Ce sont doncques eux mesmes qui ont osté de l'Eglise de Dieu le sacrifice continuel, c'est-à-dire le pur service de Dieu institué par Jesus Christ, vray dieu et vray homme, et en son lieu et place ont introduit et fourré en l'Eglise les ceremonies en partie des Juifs, en partie des gentils, condamnees et reprouvees par les apostres, n'ayans que changé de nom tant seulement[20], et lesquels pontifes et leurs creatures, retenans le nom de Christ pour couverture, ont effacé des cœurs et consciences des hommes la vraye cognoissance de Christ, voire Christ luy-mesme, en tant que en eux est[21]. Et se vantans d'estre vicquaires de Christ en terre, et voulans estre saluez [p. 176] voire adorez comme tels, un chacun d'eux se montre estre ce vray a*ntikeimenos*[22] *et Antichristos*, Antechrist, qui s'oppose à Christ, duquel Antechrist a jadis parlé Daniel, et après luy les apostres, sainct Paul et s. Jean. Lesquels pontifes aussi, voulant estre nommez successeurs des apostres, combatent de toutes leurs forces et par toutes voyes d'hostilité la doctrine des apostres. Et se glorifians d'un titre tres-excellent d'Eglise chrestienne, meurtrissent cruellement et inhumainement la vraye eglise chrestienne apostolique et cathol. et les fideles qui en leur particulier embrassent la pureté de la parole de Dieu.

Par quoy toutes les paroles de la prophetie de Daniel touchant Antiochus Epiphanes et des apostres touchant l'Antechrist conviennent en tout et par tout au pape romain qui oste le sacrifice continuel qui est la pure predication de l'evangile par laquelle les hommes sont amenez devant Dieu, et offerts sous l'obeissance de foy laquelle purifie les consciences

19 Une manchette indique : « Marc 16 » (versets 15-16).
20 *Tant seulement* : en tout et pour tout. Seuls les noms des cérémonies ont été changés.
21 *Entend que* : nous corrigeons. Autant qu'il leur est possible.
22 2 Thessaloniciens, 2, 4 : « ὁ ἀντικείμενος » (qui s'oppose).

pour estre en sacrifice de bonne odeur devant luy ; le mesme pape ostant la predication pure, oste l'administration pure [p. 177] des sacremens. C'est luy qui s'esleve et jette la verité par terre et exploicte et prospere, c'est luy qui est felon de face et entendu en subtilitez, c'est luy qui gaste à merveilles et destruict les puissans et le peuple des saincts, il faict avancer la tromperie en sa main, il se magnifie en son cœur, il en gaste plusieurs par prosperité : il resiste contre le Seigneur des Seigneurs mais il sera desbrisé sans main[23], voilà la vision prophetique de Daniel, et le[24] convient de poinct en poinct au pape, comme jadis elle a fait à Antiochus Epiphanes.

Et selon la prophetie de l'apostre le pape est l'homme de peché, le fils de perdition qui s'oppose et s'esleve contre tout ce qui est nommé Dieu[25], ou qu'on adore jusqu'à estre assis comme Dieu au temple de Dieu, se portant[26] comme s'il estoit Dieu.

Or que la prophetie de l'apostre convienne au pape de Rome, l'experience le monstre. Car le pape ne fait jamais la reverence à aucun homme mortel. Comme l'autheur des *Ceremonies*[27] dit, liv. 3, section 1, au titre *Quod*[28] *papa romanus nemini reverentiam facit* : « Tous mortels de quelque dignité et preéminence qu'ils soient, tout incontinent qu'ils viennent en la presence du pape, par espaces distans ils doivent trois fois fléchir le genoil devant luy, et baiser ses pieds[29]. » L'auteur des *Ceremonies* liv. 3 sect. 7, titre *De reverentiis quae romano Papae exhibentur*[30] : « Caesar, tout incontinent qu'il void le pape, en descouvrant la teste le revere en touchant la terre du genoil, et de rechef, comme il approche aux degrez du siege, il fleschit le genoil et baise les pieds du pape[31]. » L'autheur

23 Sans la main de l'homme.

24 Manchette : « Dan. 8 v. 11 et 12. » « & le convient ». Coquille pour « elle convient »

25 Manchette : « 2 Thess. 2, v. 34. »

26 *Se portant* : se comportant.

27 *Liber Sacrarum Caeremoniarum*, le Cérémonial romain.

28 « Que le pape de Rome ne fait la révérence à personne. » Manchette : « L'Auth. des cerem. li 3 sect. 1 ».

29 « *Omnes mortales [...] cum primum in conspectu Pontificis adveniunt, distantibus spaciis ter ante illum debent genuflectere,* et in honorem Salvatoris nostri Jesu Christi, cuius vices in terris gerrit, *ejus pedes osculari* » (Cristoforo Marcello, *Sacrarum cerimoniarum [...] libri tres*, Romae, Typis Valerii Dorici, 1560, f° 113). Noter, dans la traduction de La Blachière, l'omission des mots que nous mettons en romains.

30 « Des révérences qu'on fait au pape de Rome. »

31 « *Et ut primum Pontificem videt, detecto capite illum genu terram tangens veneratur. Et iterum cum appropinquat ad gradus sedis, genu flectif, demum, cum ad Pontificis pedes pervenit, illius* in reverentiam Salvatoris *osculatur* » (*ibid.* f° 22 v°). Autre semblable omission.

des *Ceremonies* section 5, titulo *De urbis ingressu imperatoris* : « Le pape reçoit l'empereur au baiser de son pied[32]. » Au mesme passage : « Cesar tient l'estrieu jusqu'à ce que le pape soit monté à cheval : et ayant prins la bride du cheval il mene par quelques pas le cheval du pape[33]. » Le pape se vante qu'il tient la principauté de toute la terre habitable. Luy mesme maintient toute creature humaine luy estre subjecte *de necessitate salutis*. *Aventinus*, lib. 7[34] : « Celuy qui est serviteur des serviteurs, desire d'estre seigneur des seigneurs, comme s'il estoit Dieu. Il parle choses grandes comme s'il estoit Dieu, [p. 179] il change les loix, il ratifie les siennes, il pille, il despouille, il fraude, il tue, cest homme perdu qu'on nomme l'Antechrist, au front duquel est escrit le nom de blaspheme, "Je suis Dieu, je ne puis errer", il est assis au temple de Dieu et domine au long et au large[35]. »

Item l'université des choses enseigne que la volonté de Dieu est la reigle de toute justice[36] : mais le pape maintient que sa volonté sert pour raison. Item c'est le propre de Dieu de faire quelque chose de rien[37] :

32 Il y a « *Pontifex recipit* Imperatricem *ad osculum pedis* » (*ibid.*). Titre du chapitre : « De l'entrée de l'empereur dans la ville [de Rome]. »

33 « *Et descendente ex equo caesare praefectus stapham* [sic, pour *stapiam*] *tenet, deinde ante eum praecedit* » (*ibid.*).

34 Manchette : « *In sexto de statu regulorum cap. periculo. Extra. de majoritate. c. Una sanctam. Aventi. le. 7.* » Les trois derniers mots concernent la citation suivante. Le début de la manchette renvoie à la bulle *Unam Sanctam* de Boniface VIII, une des pièces de la polémique de ce pape avec le roi de France Philippe IV qu'exploitent gallicans et calvinistes. Elle est classée dans les *Extravagantes*, tit. « De majoratitate et obedientia ». 4 : « *Porro subesse Romano Pontifici omni humanae creaturae declaramus, dicimus, diffinimus omnino esse de necessitate salutis* – C'est pourquoi nous déclarons, disons, déterminons qu'il est absolument nécessaire au salut que toute créature humaine se soumette au pontife romain. »

35 « *Quis servus servorum est, dominus dominorum, perinde ac si Deus foret, esse cupit. [...] Ingentia loquitur, quasi vero Deus esset. Nova consilia sub pectore volutat, ut proprium sibi constituat imperium, leges commutat, suas sancit, contaminat, diripit, spoliat, fraudat, occidit, perditus homo ille (quem Antichristum vocare solent) in cujus fronte contumeliae nomen scriptum est, Deus sum, errare non possum, in templum Dei sedet, loge, latèque dominatur.* » (*Annalium Boiorum libri septem*, Excusum Ingolstadii per Alexandrum et Samuelem Weissenhornios fratres Germanos, 1554, p. 684). Johann Turmair (1477-1534), dit *Aventinus*, polygraphe, est surtout connu pour ses travaux sur l'histoire de l'Allemagne. Il cite aussi une condamnation du pape par un concile de Ratisbonne en 1240.

36 Calvin, *Institution*, III, XXIII, 2, p. 435 : « Car la volonté de Dieu est tellement la reigle et souveraine de justice... »

37 C'est chez les décrétalistes autour de 1200 que la formule « *De nihilo facit aliquid sicut Deus* » est apparue (elle est très exploitée par la polémique protestante). Voir Ernst Kantorowicz, « La souveraineté de l'artiste. Note sur quelques maximes juridiques et les théories de l'art à la Renaissance », *Mourir pour la patrie et autres textes*, Paris, PUF, 1984, p. 43.

mais le pape aussi se jacte pouvoir faire quelque chose de rien. Item le propre de Dieu est de transferer les royaumes. Daniel 2, verset 1. Mais aussi le pape se jacte pouvoir transferer les royaumes et pouvoir eslever celuy qu'il veut et abaisser celuy qu'il veut, en parlant des roys[38].

De toutes ses sentences et autres semblables, il est assez manifeste que le pape s'attribue les choses qui sont propres et appartiennent à Jesus Christ. Or quiconque fait cela, celuy-là est adversaire de Jesus Christ. Parquoy, veu que le pape porte envie à Jesus Christ, il luy est adversaire et contraire [p. 180] : il est tout manifeste que le pape est l'Antechrist.

Argumentons ainsi : quiconque est ennemy et adversaire de Christ, cestui là est l'Antechrist. Or le pape est ennemy et adversaire de Christ. Le pape donc est l'Antechrist.

Ceste preuve est assez evidente que le pape romain est l'Antechrist. Mais pource que nous avons affaire à un adversaire qui fait la sourde oreille à la verité cogneuë, ou pour le moins fait semblant de ne l'ouir point, crions plus haut pour le resveiller de son dormir lethargique. Et argumentons contre luy suyvant les paroles de l'apostre sainct Paul en ceste sorte : iceluy adversaire de Christ qui s'oppose et s'esleve contre tout ce qui est nommé Dieu, ou qu'on adore, jusqu'à estre assis comme Dieu au temple de Dieu, se portant comme s'il estoit Dieu, cestuy-là est l'Antechrist. Or le pape romain est cest adversaire de Christ qui s'oppose et s'esleve contre tout ce qui est nommé Dieu, ou qu'on adore jusqu'à estre assis comme Dieu au temple de Dieu, se portant comme s'il estoit Christ. Donques le pape romain est l'Antechrist. [p. 181]

La majeur de l'argument est si ferme que nostre partie adverse, veuille ou non, est contrainct de l'accorder. Venons à la mineur laquelle cy' devant nous avons assez prouvee, comme le pape s'esleve contre tout ce qui est nommé Dieu ou qu'on adore[39] : assavoir le pape tient la principauté de tout le monde habitable. Le pape romain a la monarchie de l'une et l'autre puissance temporelle et spirituelle. Il commande aux empereurs et roys comme un père à ses enfans[40]. Quant à la puissance spirituelle, il se porte non comme homme, mais comme Dieu. « Le pape en la nuict de la nativité du Seigneur (dit le *Livre des Ceremonies papales*)

38 Manchette : « *De const. c.licet in sexto. / De translatio. C quanto in. / De translat. c. quanto. Daniel c. 2. v. 21 / De marioritate e. 21. solitae.* Sur ces affirmations, voir *Replique* p. 249.

39 Manchette : « *2. The. 2. Glossa in cap. universo de statu regularium in o. c. de re iudicata.* »

40 Voir *Replique* p. 249.

benit une espee, laquelle puis après il donne à quelque prince en signe de la puissance infinie conferee au pontife, selon ce qui est escrit : "toute puissance m'est donnée au ciel et en terre. Item il dominera despuis une mer jusques à l'autre mer, et despuis le fleuve jusques au bout de la terre[41]" ». Voilà ce que le pape s'attribue. Blondus, li. 3 : « *Omnes principes orbis terrarum summum pontificem adorant*[42]. » C'est-à-dire : « Tous les [p. 182] princes de la terre habitable adorent le souverain pontife. »

Nous pourrions amplifier ceste matiere jusques à en faire un gros volume. Mais pour eviter prolixité, cela suffira pour preuve que le pape de Rome s'oppose et s'esleve contre Dieu.

Reste à toucher et prouver l'autre poinct de la mineur, assavoir que le pape est assis comme Dieu au temple de Dieu. Par le mot de temple, l'apostre entend non un bastiment de pierre et mortier faict par les hommes, mais l'Eglise de Dieu en laquelle et sur laquelle l'Antechrist exercera sa tyrannie. Car l'apostre dit qu'il sera assis au temple de Dieu, c'est-à-dire qu'il regnera au temple de Dieu. Car en ce passage estre assis signifie regner. Or l'Eglise est le temple de Dieu, l'Antechrist donc regnera tyranniquement et travaillera pour affliger les chrestiens. Le pape romain faict cela car il presse et oppresse tellement les chrestiens avec une si grande tyrannie qu'il contrainct les roys et monarques de luy baiser les pieds.

Or pour eviter toute prolixité nous concluons que le pape de Rome est l'Antechrist [p. 183] selon les propheties tant de Daniel que des apostres, et qu'il s'est tellement assis au temple de Dieu qu'il n'est plus temple de Dieu mais temple de l'Antechrist, temple des idoles, qu'il regne si tyranniquement en l'Eglise de Dieu qu'elle n'est plus la vraye Eglise de Dieu et de son Christ ; mais elle est l'Eglise de Satan, la Babylone en laquelle l'Antechrist faict ce qu'il veut et selon sa volonté, soubs la tyrannie duquel plusieurs fidelles appartenans à la vraye Eglise de Dieu gemissent et souspirent, attendans que Dieu les mette en liberté pour se retirer en la

41 Citation abrégée des *Sacrarum cerimoniarum [...] libri tres.* Le pape bénit une épée la nuit de Noël, la donne à une des personnes présentes, fait un discours. Puis : « *Figurat denique Pontificalis hic gladius potestatem summam temporalem a Christo Pontifici eius in terris vicario collatam, juxta illud, Data est mihi omnis potestas in coelio, et in terra, et alibi. Dominabatur a mari, usque ad mare, et a flumine, usque ad terminos orbis terrarum, quam et declarat cappa illa sericea, quam Pontifices gestare solent in nocte nativitatis Domini* » (*op. cit.* f° 35 v°-36 r°).

42 Citation approximative de Flavio Biondo, *De Roma instaurata libri tres*, Venetiis, 1510, f° 34 r° : « *Dictatorem nunc perpetuum non Caesaris sed piscatoris Petri successorem et imperatoris praedicti vicarium pontificem summum principes orbis adorant et colunt.* »

vraye Jerusalem celeste. À ceux là s'adresse la parole du Seigneur : « Sortez d'icelle, mon peuple, afin que ne soyez participans de ses pechez et que ne receviez de ses playes[43]. » C'est à bon droict qu'il est dit « sortez d'icelle, mon peuple », car ce n'est plus l'Eglise de Dieu, mais la grande Babylone, mere des paillardises spirituelles, laquelle cherra : elle qui estoit jadis le temple de Dieu, l'Eglise de Jesus Christ, est devenue paillarde et adultere, mere des fornications, « l'habitation des diables, le repaire de tout esprit immunde », *etc.* « Toutes nations ont beu du vin de l'ire de sa paillardise. Et les roys de la terre ont paillardé avec elle. Et les marchands de la terre sont devenus riches de l'abundance de ses delices[44]. »

À toutes lesquelles paroles nostre adversaire s'oppose jesuitiquement, disant que c'est seullement Calvin qui dit que le pape romain est l'Antechrist[45], lequel Antechrist il dit devoir venir sur la fin du monde pour oster le sacrifice perpetuel qui n'est autre chose, dit-il, que la messe : et que ainsi le prennent les docteurs anciens, et nomméement sainct Hippolite, *etc.*

Ce que nous avons dit cy dessus confute tout cela : mais pour ce que l'adversaire allegue pour soy les docteurs anciens, nous luy opposerons sainct Hierosme, docteur ancien, lequel appelle Rome Babylon, et paillarde vestue de pourpre[46].

Item en l'epistre *Ad Principiam*, appelle Rome « Cité maudite ou medisante, et la palme des vices[47]. » Item sur Esaye, il appele l'Antechrist organe du diable. Sainct Augustin li. 20. de *La cité de Dieu*, chap. 19, expose le [p. 185] passage de sainct Paul 2. Thessal. cha. 2 de l'Antechrist, disant : « Il n'y a point de doubte que l'apostre a dit ces paroles de l'Antechrist et du jour du Jugement[48]. » Et un peu après, il approuve la sentence de ceux là qui interpretent le texte grec de l'apostre, « *eis ton naon tou theou*[49] » non point par l'ablatif, *in templo*, mais par l'accusatif, *in templum Dei*,

43 Manchette : « Apo[calypse] 18, v. 4. »

44 Apocalypse 18, 2-3.

45 Calvin identifie bien le pape avec l'Antéchrist, *Institution*, IV, II, 12 et IV, VII, 24-25.

46 Apocalypse 17, 4. Manchette : « *Hier. in pref. in Didimum l. De spirito sancto.* »

47 Manchette : « Epist. ad. Princip. », *Ad Principiam Virginem De Vita Sanctae Marcellae* : Epistulae (CPL 0620) – LLT epist. 127, vol. 56, par. 3, p. 147. Le passage concerne bien la ville de Rome.

48 Manchette : « Lib. 1 Commenta. in Isai. c. 23 ». *Commentarii in Isaiam* (*Explanationum in Esaiam libri XVIII*) (CPL 0584) – LLT liber 5, sectio : 144 (ad Is. 23,18), vol. 27, p. 683.

49 « εἰς τὸν ναὸν τοῦ θεοῦ », 2 Thessaloniciens, 2, 4. L'homme de péché, le fils de perdition, s'assied « dans le temple de Dieu. »

comme l'apostre l'a prononcé au mesme cas. Comme si l'Antechrist estoit le temple de Dieu, qui est l'Eglise, comme nous disons « il est assis en amy », c'est-à-dire « comme amy[50] ». Voylà les mots de sainct Augustin.

Item : « Antechrist est dit cestui là qui est contraire à Jesus Christ[51], mais qui n'est point contraire à Jesus Christ, il demeure ferme au corps d'iceluy et est reputé membre[52]. » Item au mesme traicté : « Quiconque par ses faicts nie Christ, iceluy est Antechrist[53]. » Car l'Antechrist est contraire à Christ. Voilà saint Augustin, le dire duquel convient très bien au pape de Rome, qui par sa doctrine et sa vie, et par ses faicts et actions, nie Christ. Il est donc contraire à Christ. Et par ainsi le pape est l'Antechrist. [p. 186] Le mesme sainct Augustin a faict un traicté de l'Antechrist disant, voulans sçavoir de l'Antechrist : « Vous noterez premierement pourquoy il est ainsi appelé ; c'est assavoir pource que il sera en toutes choses contraire à Jesus Christ, et fera choses contraires à Christ. Christ est venu humble, iceluy viendra superbe. Christ est venu redresser les humbles, justifier les pecheurs : l'Antechrist au contraire dejettera les humbles, magnifiera les pecheurs, exaltera les meschans pleins d'impieté, et tousjours enseignera les vices qui sont contraires aux vertus. Il dissipera la loy evangelique, il renouvellera ou rappellera les services des diables. Cherchans vaine gloire, se nommera le Dieu tout puissant, *etc.*[54] » Ce docteur par telles paroles montre au doigt le pape romain : le pape donc est l'Antechrist.

Hillaire : « Quiconque nie Christ tel qu'il a esté presché par les apostres, cestuy là est Antechrist. La proprieté du nom de l'Antechrist est d'estre contraire à Christ[55]. » Voilà assez de docteurs anciens pour condamner comme vrais juges nostre partie adverse [p. 187] touchant

50 « [...] *Rectius que putant etiam latine dici, sicut in graeco est, non in templo dei, sed in templum dei sedeat, tamquam ipse sit templum dei, quod est ecclesia ; sicut dicimus : "sedet in amicum", id est uelut amicus* » (*ibid.*).

51 Manchette : « In Epist. Joan. tr. 3 »

52 « *Latine enim antichristus : contrarius est Christo. [...] qui enim non est Christo contrarius in corpore ipsius haeret et membrum conputatur* » (I*n Iohannis epistulam ad Parthos tractatus* (CPL 0279) – LLT tract. 3, col. PL 1999).

53 « *Quisquis factis negat christum antichristus est* » (*ibid.* col. PL 2002).

54 « *Antichristus dicitur, quia Christo in cunctis contrarius erit et Christo contraria faciet. Christus uenit humilis, ille superbus. Christus peccatores et humiles iustificabit, ille peccatores et impios exaltabit semper que uitia, que uirtutibus contraria sunt, docebit, legem euangelicam dissipabit, demonum curam in mundum reuocabit, gloriam uanam queret et omnipotentem Deum se nominabit* » (*Sermo de Antichristo* – LLT linea 2). Ce texte n'est plus attribué à Augustin, mais à Hraban Maur.

55 Manchette : « Hill. l. contra Auxentium. » « *Quisquis enim Christum, qualis ab Apostolis est praedicatus, negavit, antichristus est. Nominis antichristi proprietas est, Christo esse contrarium* »

son langage de l'Antechrist devoir venir sur la fin du monde, descouvrant en cela en plus qu'il ignore les Escritures, lesquelles nous enseignent que depuis la venue du Christ nous sommes en la derniere heure du monde, ou le dernier temps[56], et que deslors que les apostres vivoient au monde, il y avoit des-jà plusieurs Antechrists : Mais que l'Antechrist signalé, le fils de perdition, l'homme de peché, devoit être manifesté en la dissipation de l'empire romain. Nous avons respondu à tout le reste, passons oultre.

JULES-CÆSAR BOULENGER, *REPONSE AUX CALOMNIES ET FAUSSETEZ DE LOYS DE LA BLACHIERE MINISTRE DE NIORT, CONTRE LA MESSE*, POITIERS, JEAN BLANCHET, 1595.

[p. 132] En la pa. 169, il [La Blachière] tumbe sur le 8e de Daniel, où il est dit que l'Antichrist signifié par la corne du Belier ostera le sacrifice continuel, et dit que ce passage doit être entendu d'Antiochus l'illustre, qui osta le sacrifice continuel d'un aigneau le matin, et d'un aigneau le soir. Toutesfois en la page de son livre 174, il confesse que plusieurs des docteurs ont entendu la prophetie de Daniel touchant Antiochus au temps de l'Antichrist, duquel Antiochus estoit la figure. Puis en la page 176 de son livre, il dit que le pape est l'Antichrist duquel a jadis parlé Daniel, et après luy sainct Paul [p. 133] en la seconde aux Thessalon. ch. 2 et s. Jehan en son Apocalypse. Je suis bien aise de quoy il confesse qu'Antiochus duquel parle Daniel a esté la figure de l'Antichrist, et qu'il interprete cette prophetie de l'Antichrist, qu'il appelle le pape. Aussi ne peut-il nier que Daniel n'ait parlé de l'Antichrist sous la figure d'Antiochus, veu que nostre Seigneur Jesus Christ au 24 de S. Matt. l'entend de cette façon, disant, après avoir fait mention de Daniel, qu'aussi tost que cette grande tribulation sera passée, le soleil s'obscurcira, la lune perdra sa lumiere, et la fin du monde viendra[57]. Et sainct Paul en la seconde

(Hilaire de Poitiers, *Contra Arianos vel Auxentium Meliodalensemi*, I, 2, *Opera*, Veronae, apud Jacobum Vallarsium et Petrum Antonium Bernum, 1730, II, col. 594).

56 Manchette : « 1. Jean ca. 2, v. 10. »

57 Matthieu 24, 15-29…

aux Thessalo., ch. 2, parle de la fin du monde quand il dit que nostre Seigneur fera mourir l'Antichrist par l'illustration de sa [p. 134] venue au monde, et ostera le sacrifice continuel à sa venue[58]. Il faut doncques qu'il y ait encore à la fin du monde un sacrifice continuel qui sera osté par l'Antichrist. Or si le sacrifice de la messe n'estoit point sacrifice, comme il dit, l'Antichrist à la fin du monde ne pourroit oster le sacrifice continuel, car en la religion chrestienne il n'y a autre sacrifice continuel. Que s'il dit que le pape comme Antichrist oste la pureté de la parolle de Dieu, je répon que cela est faux, car il reçoit les saintes Escritures et tous les anciens docteurs de l'Eglise, il reconnoit tous les sacremans, adore le sacrifice de la croix, observe le sacrifice de l'eucharistie. De dire que le sacrifice continuel n'est autre chose que les bonnes œuvres, les aumosnes, [p. 136] la priere, qui doit estre ostée par l'Antichrist, il n'y a d'apparence, veu que Daniel parle d'un vrai sacrifice visible continuel qui se faisoit le matin d'un agneau, le soir d'un autre, au Nombres 28[59]. Il parle doncques du vrai sacrifice de la messe, qui doit estre osté sur la fin du monde par l'Antichrist duquel il est le precurseur, qui veut oster le sacrifice de la messe. Ainsi l'interprete sainct Hippolyte qui vivoit il y a plus de 14 cens ans, disant : « En ces jours là le precieux corps et sang de Jesus Christ, n'apparoistra point : et la liturgie, c'est-à-dire la messe sera esteinte. » Eusebe l. 6, *Eccl. Hist.*, ch. 21 : « καὶ τὸ τίμιον σῶμα καὶ αἷμα τοῦ χριστοῦ ἐν ταῖς ἡμέραις ἐκείναις οὐκ ἀναφανήσεται, λειτουργία σβεσθήσεται[60]. » Le ministre ne m'a fait responce à [p. 137] ce passage, mais il se contente de dire que le pape est l'Antichrist. Je le veux convaincre de fausseté manifeste, mettant en avant les marques de l'Antichrist comme elles sont tracées és Escritures saintes, pour luy faire toucher au doigt que le pape n'est point l'Antichrist, et qu'il est un malitieux calumniateur, et faussaire des saintes Escritures.

La premiere marque est qu'Elie, qui fut enlevé dans un chariot de feu au paradis terrestre, doit retourner au monde pour convertir les Juifs à

58 Paul relie en effet l'avènement du Christ (2 Thessaloniciens, 1) à la venue et à la défaite de l'Antéchrist.

59 Nombres 28, 3-4.

60 La Blachière (*supra*, p. 68) et ici Boulenger renvoient tous deux à Eusèbe, qui parle simplement au chap. 22 du livre VI de son *Histoire* des écrits d'Hippolyte. La citation figure dans les éditions modernes seulement dans le traité *De consummatione mundi* attribué à celui-ci (*Hippolyti Romani quae feruntur omnia graece*, éd. Paul Antoine de Lagarde, Lipsiae, Teubner, Londres, Williams et Norgate, 1858, p. 113). « Et le corps précieux et le sang du Christ ne se verront plus ces jours-là, et la liturgie disparaîtra. »

la foy de Jesus Christ. Malach., chap. 4 : « Je vous envoiray Elie le prophete avant que le grand jour du Seigneur vienne[61]. » En l'Ecclesiastic., cha. 48 : « Helie, toy qui as esté reçeu en un tourbillon de feu, en un tourbillon de chevaux de feu, qui as [p. 138] esté escrit és jugemans des temps pour adoucir l'ire du seigneur, reconcilier le cueur du pere au fils, et restablir les lignées de Jacob[62]. » Au ch. 44 : « Henoch fut agreable à Dieu, et fut transporté au paradis pour donner la pœnitence aux nations[63]. » Ces passages sont trop manifestes pour Elie et Enoch. [...] Ces deux tesmoins sont Enoch et Helie qui prescheront la parolle de Dieu aux Juifs, trois ans et huict ou neuf mois.

La seconde marque [p. 139] est couchée en l'Apocal. 13 : « *Et fecit prodigia magna in conspectu hominum*[64]. L'Antichrist a fait des prodiges et choses miraculeuses à la face de tous les hommes. » En la seconde aux Thessalon. ch. 2 : « L'Antichrist viendra selon l'operation de Satan, en signes et prodiges[65]. » Ces deux marques n'ont pas encore sorti leur effect. Car on ne voit point aujourd'huy d'Antichrist qui face tumber le feu du ciel, qui renverse de son souffle les chasteaux et forteresses, on n'a point veu encore Helie et Enoch annoncer Jesus Christ aux Juifs.

La troisiesme est que l'Antichrist se dira le Messie, s'eslevera par dessus Dieu mesme, tachant de faire croire qu'il est le Christ. En la seconde aux Thessalon. ch. 2 : « *Qui extollitur super omne quod dicitur* [p. 140] *DEUS*[66]. Il s'esleve par dessus tout ce qui est appellé Dieu. » Sainct Ambroise sur le ch. 21 de sainct Luc : « *Ex scripturis disputabit se esse Christum*[67]. Il disputera par les Escritures sainctes qu'il est le Messie. »

---

61 Malachie, 4, 4. La citation complète est « *dies Domini magnus et horribilis* » (le jour grand et horrible du Seigneur). Boulenger suit Bellarmin, III, VI, p. 887, qui donne aussi les deux citations de l'Eccclésiastique.

62 Ecclésiastique, 48, 9-10 : « *qui receptus es in turbine ignis in curru equorum igneorum / qui inscriptus es indiciis temporum et lenis iracundiam Domini conciliare cor patris ad filium et restituere tribus Iacob.* »

63 *Ibid.*, 44, 16.

64 Apocalypse 13, 13. Il s'agit de la vision de la Bête. Boulenger coupe dans le texte. Version moderne de la Vulgate : « *et fecit signa magna ut etiam ignem faceret de caelo descendere in terram in conspectu hominum.* »

65 2 Thessaloniciens, 2, 9 : « *Cujus est adventus secundum operationem Satanæ in omni virtute, et signis, et prodigiis mendacibus.* » Les citations de l'Apocalypse et de Paul sont chez Bellarmin, III, XV, p. 927.

66 *Ibid.* 2, 3.

67 *Expositio euangelii secundum Lucam* (CPL 0143) – LLT lib. 10 (qui donne *disputans* au lieu de *disputabit*). Boulenger suit Bellarmin, III, XIV, p. 923.

Le pape ne dit pas qu'il est le Messie, il ne s'esleve pas par dessus Dieu, mais il dit qu'il tient la place de sainct Pierre, et qu'il est le serviteur des serviteurs de Dieu.

La quatriéme est que l'Antichrist sera une seule personne, et non pas plusieurs qui se succedent les uns aux autres, et n'apparoistra qu'une fois. Dont appert que le pape n'est pas l'Antichrist, à cause qu'il y a eu depuis saint Pierre plus de 228 papes. Je demande qui est celuy d'un si grand nombre qui est l'Antichrist, veu qu'il doit estre une seule personne et n'affliger [p. 141] l'Eglise qu'au temps qu'il apparoistra. En la 2e aux Thessal., cha. deuxiesme : « *Nisi venerit discessio prima, et revelatus fuerit homo peccati filius perditionis*[68]. Jusques à ce que l'homme de peché soit revelé, le fils de perdition, alors sera revelé », le meschant « que nostre seigneur Jesus fera mourir du souffle de sa bouche[69] ».

La cinquiéme est qu'il doit venir non de la part de Dieu mais de soy méme, et estre reçeu des Juifs comme Messie, sainct Jean ch. 5 : « Je suis venu au nom de mon pere, et vous ne m'avez point reçeu. Si un autre vient en son propre nom vous le recevrez[70]. » Les Juifs ne reçoivent point le pape comme messie.

La sixiéme marque est que l'Antichrist ne regnera que trois ans et demi en Daniel chapit. 7, 12, et l'Apocal. [p. 140 (*sic*)] 12, comme l'interpretent tous les Peres anciens. Irenée lib. 5. « L'Antichrist regnera trois ans et six mois, et puis nostre Seigneur viendra juger les hommes[71]. *Regnabit annis tribus et mensibus sex et tunc veniet Dominus de coelis.* » Sainct August. lib. 20. de *La Cité*, ch. 23 : « *Tempus et tempora et dimidium temporis annum*

68 2 Thessaloniciens, 2, 3.

69 *Ibid.* 2, 8.

70 Jean 5, 43.

71 La Vulgate clémentine donne : « *et tempora vitæ constituta essent eis usque ad tempus et tempus* ». Irénée de Lyon : « *Et dabitur in manu eius usque ad tempus temporum et dimidium tempus, hoc est triennium et sex menses, in quibus veniens regnabit super terram* » (*Irenaeus Lugdunensis secundum translationem latinam – Aduersus haereses seu Detectio et euersio falso cognominatae Gnoseos* (CPL 1154 f (A)) – LLT SChr 153, lib. 5, cap. 25. Mais la citation est empruntée à Bellarmin : « *Irenaeus lib. V in fine : "Regnabit, inquit, annis tribus, et mensibus sex, et tunc veniet Dominus de coelis"* » (III, VIII, p. 895). Bellarmin explique la question des trois ans et demi : « *Antichristi regnum trium annorum cum dimidio futurum, colligitur ex Daniel, c. 7 et 12. Et Ex Apocalypsi 12. Ubi legitumus, duraturum Antichristi regnum per tempus, et tempora, et dimidium temporis. Nam per tempus, intelligimus unus annus, per tempora, duo anni, per dimidium temporis, medius annus. Sic enim explicat idem Joannes. Nam Apocal. 11 et 13 dicit : "Antichristum regnaturum mensibus 42 qui recté faciunt tres annos cum medio."* » (p. 893-894).

unum et duos et dimidium significat, quo tempore antichristus regnabit[72]. Par un temps, deux temps, et un demi temps Daniel ne signifie autre chose sinon que le regne de l'Antichrist durera deux ans et demi. » S. Cyrille dit le mesme en sa Catechese 25, et sainct Hierosme sur Daniel[73]. Or il y a plus de trois ans et demi que le pape de Rome est seant en son siege.

La septiesme marque est que l'Antichrist ostera le sacrifice perpetuel, en [p. 141 (*sic*)] Daniel 8, c'est-à-dire le sacrifice de la messe comme l'interprete sainct Hyppolyte qui vivoit il y a plus de 14 cens ans. Le pape n'abolit pas le sacrifice perpetuel.

La huictiéme marque est que le deluge et ravage que fera l'Antichrist, effacera la souvenance de toutes les afflictions generales qui ont esté depuis le commancement du monde, et cette tormante sera plus grande que toutes les autres. Les afflictions que nous avons aujourd'huy sont grandes, mais non pareilles à celles qui ont esté du temps des Gots, Vandales, Huns et Scythes, qui firent un deluge par toute l'Europe. Sainct Mat. 24 : « *Erit tribulatio magna quanta non fuit ullo tempore*[74]. »

La neufiesme marque est qu'apres que l'Antichrist aura jecté son feu, et que cette bourasque [p. 143, *sic*] sera passée, aussi tost nostre Seigneur viendra juger les vifs et les morts, et fera tumber par terre l'Antichrist à sa venue par le soufle de sa bouche[75]. En la 2e Thessal., cha. 2 : « Alors sera revelé ce meschant que nostre Seigneur occira par le soufle de sa bouche. » Sainct Matth., 24 : « Après cette affliction le soleil s'obscurcira, et la lune ne donnera point de lumiere[76]. » Nous n'avons point encore veu venir nostre Seigneur en sa majesté pour estouffer le pape du souffle de sa bouche.

La dixiesme marque est que ceux qui seront à sa suite seront contraints de porter le caractere de l'Antichrist, ou son nom, ou le nombre[77] de son nom en la main droite ou au front. Les paisans, marchans, gentilshommes

---

72 « *Tempus quippe et tempora et dimidium temporis unum annum esse et duo dimidium ac per hoc tres annos et semissem* » (*De ciuitate Dei* (CPL 0313) – LLT SL 48, lib. 20, cap. 23, linea : 50).

73 Bellarmin cite successivement Jérôme, Cyrille et Augustin, p. 895.

74 Matthieu, 24, 21 : « *Erit enim tunc tribulatio magna, qualis non fuit ab initio mundi usque modo, neque fiet.* »

75 C'est le sixième point de Bellarmin (III, IX) : l'Antéchrist viendra peu de temps avant la fin du monde. Bellarmin donne les deux citations suivantes de Matthieu 24 et de 2Thessaloniciens (p. 898).

76 Matthieu, 24, 29 : « *Statim autem post tribulationem dierum illorum sol obscurabitur, et luna non dabit lumen suum, et stellæ cadent de cælo, et virtutes cælorum commovebuntur.* »

77 *Nombre* au sens de chiffre, marque.

et autres catholiques, ne [p. 145] sont point contraints de porter le caractere du pape en la main droite ny au front. En l'Apocalypse 20[78].

L'onziesme marque est qu'il sera juif de nation, et comme s'accordent presque tous les anciens docteurs, issu de la lignée de Dan[79]. En sainct Jehan chap. 5 : « Si un autre vient en son nom vous le recevrez[80]. » Voyés sainct Augustin, question 22, sur Josué[81]. Le pape n'est pas juif, mais italien, espagnol, françois ou aleman.

La douziéme marque est que l'evangile de Jesus Christ doit estre presché par tous les quartiers de la terre avant la venue de l'Antichrist. Il n'a pas encore esté presché au Japon, en la Chine et aux terres neufves. S. Matth. 24 : « Cet evangile sera presché par toute la terre[82]. »

La treiziesme marque est que [p. 146] l'Antichrist fera mourir en Jerusalem Elie et Enoch, et laissera quelque temps leurs corps morts sur le pavé. Apocal. II : « *Corpora* (Eliae et Enoch) *jacebunt in plateis civitatis magnae quae vocatur spiritualiter Sodoma et AEgyptus, ubi et Dominus eorum crucifixus est*[83]. » Elie et Enoch n'ont pas encore esté tuez par l'Antichrist dans la ville de Jerusalem. Vo. Irenée, liv. 8.

La quatorziesme marque est que l'Antichrist mettra son siege en la ville de Jerusalem, et non en la ville de Rome. S. Matt. 24. « Quand vous voirez l'abomination de la desolation avoir mis son siege au lieu sainct[84]. » Il parle du temple de Hierusalem, et adresse la parole aux Juifs.

La quinziesme marque, est que l'Antichrist marchera avec une puissante armée [p. 147] pour assujetir à son obeyssance ceux qui luy feront

78 Apocalypse 20, 4 : vision des âmes de deux qui ont été décapités pour Christ et qui n'ont pas « adoré la Bête, ni son image, ni n'ont reçu sa marque au front ou sur la main » (« *qui non adoraverunt bestiam, neque imaginem ejus, nec acceperunt caracterem ejus in frontibus, aut in manibus suis* »). Bellarmin examine ce point, et fait valoir que la profession de foi catholique « n'est ni sur la main, ni au front, mais dans la bouche avec la confession, et au cœur avec la foi » (« *Professio Romanae fidei nec in manu nec in fronte : sed in ore per confessionem, in corde per fidem habetur* », III, XI, p. 905).

79 L'hypothèse selon laquelle l'Antéchrist appartiendrait à la tribu de Dan a été proposée par Irénée de Lyon. Elle a été généralisée au Moyen Âge.

80 Jean 5, 43.

81 *Quaestionum in heptateuchum libri septem* (CPL 0270) – LLT lib. 6, *Quaest. Iesu Naue*, quaestio 22, linea 616.

82 Matthieu 24, 14. La citation est donnée dans Bellarmin, III, IV, qui explique que l'Antéchrist n'est pas encore venu.

83 Apocalypse 2, 8. Bellarmin utilise cette citation pour prouver que l'Antéchrist viendra à Jérusalem, et n'est pas venu à Rome comme l'affirment les protestants (III, XIII, p. 914).

84 Matthieu 24, 15.

resistance, et fera mourir trois grands rois, et rendra tributaires sept autres rois, ce dit Daniel chap. 7, 11, 12, ce qui ne se peut entendre du pape.

Si le ministre digere bien ces marques, il trouvera qu'il est un faux calumniateur, qui ose dire qu'il n'y a point d'Antichrist autre que le pape. Ses objections sont si grossieres qu'elles ne meritent responce. Toutesfois afin qu'il voie que ses impostures sont foibles et malfondées, je veus en passant convaincre ses calumnies.

Il dit en la page 177. que le pape jamais ne fait la reverance à homme qui vive : je n'en sçai rien, et bien qu'il fut ainsi[85], je respon que c'est une impertinence de vouloir conclure que le pape est l'Antichrist [p. 148] pource qu'il ne fait la reverance à homme mortel. Qui n'a leu en Josephe qu'Alexandre le grand descendit de son cheval pour adorer Judas, souverain pontife des Hebrieux ? Que Nabuchodonosor adora Daniel ? S'il est ainsi que les plus grands rois de la terre ont adoré les pontifes et prophetes assistez de la grace de Dieu, doit on trouver estrange que les rois honorent le vicaire de Jesus Christ en terre, qui a le maniement de toute l'Eglise comme lieutenant de Dieu ? Ceux qui honorent le vicaire de Jesus Christ honorent Jesus Christ et non son vicaire, tout ainsi que ceux qui honorent le lieutenant du roy honorent le roy en la personne du lieutenant. Le pape ne fait la reverance à personne, pource qu'il tient [p. 149] la place de Jesus Christ, qui est plus que tous les hommes. Le lieutenant qui s'abaisse et avilit plus que sa dignité ne porte, fait plus de tort à la grandeur du prince dont il tient la place qu'à la sienne propre. Les rois de leur propre volonté se sont soûmis à porter honneur et reverance au pape non par tyrannie, mais par devotion. Nicephore[86], l. 5, ch. 25 de l'*Histoire ecclesiastique*, rapporte que Philippe, premier empereur chrestien qui vivoit il y a près de 14 cens ans, se jecta aux pieds du pape Fabien pour lui faire reverance. Photius dit que Constantin le grand mena par la bride le cheval sur lequel Sylvestre pape estoit monté. Ses parolles portent, au Ier du *Nomocanon* : « καὶ κρατοῦντες τὸν καλινὸν τοῦ ἵππου αὐτοῦ διὰ τὴν προσκύνησιν καὶ τὸν φόβον τοῦ ἁγίου Πέτρου, στράτωρος ὀφφίκιον ἐποιήσαμεν[87]. » C'est-à-dire : « Nous avons fait le devoir d'écuier au pape, tenant la bride de son cheval, pour la reverance

85 *Bien qu'il fut ainsi :* même si c'était le cas.

86 Nicéphore Calliste Xanthopoulos, historien byzantin, 1256 ?-1335 ?

87 *Nomokanon*, Athēnēsin, Chartophylakos, 1852, p. 147. Un νομοκάνων était à Byzance une compilation d'écrits canoniques concernant la vie religieuse. La plus connue est celle de Photius (IXe siècle). Cette citation figure dans la fameuse donation de Constantin

et la crainte de saint Pierre. » Nauclerus au l. 2, gener. 18[88], dit que l'an 535, Justinian adora Agapet, pape. Platine, en la vie du 90e Pape[89], dit que Justinian second, empereur de Constantinople, baisa les pieds du pape. Saint Anselme, au l. *Collectaneorum*, rapporte que Pepin, roy de France, baisa les pieds d'Estienne, pape. Cet honneur estoit fait le temps passé presque à tous les evesques. Saint Augustin, serm. 18 *De verbis Apostolis* : « *Ad ecclesiam curris, episcopum videre desideras, ad pedes illius volutaris*[90]. » « Les rois baisoient les mains des prestres, et se jettoient à leurs genoux[91] (Ambros. l. *De dignitate sacerd.* ch. 2 [p. 151]) : « *Reges colla submittunt genibus sacerdotum, et exosculatis eorum dexteris*[92]. Theodoret, l. 5 de son *Hist. eccl.* dit que Gaïnas, chef de l'armée des Goths et Scythes, recevant Chrystostome, evéque, mit sa main à ses yeux par reverance, et apporta ses enfans à ses genoux : « τὴν ἐκείνου δεξιὰν τοῖς ὀφθαλμοῖς περιτέθεικε, καὶ τοὺς παῖδας τοῖς ἱεροῖς αὐτοῦ προσεκόμισε γόνασιν[93]. »

Le ministre adjouste que le pape se vante qu'il tient la principauté de toute la terre habitable, qui est une imposture toute claire, veu que le pape n'est que lieutenant de Jesus Christ, lequel en tant qu'homme n'estoit pas seigneur temporel de tout le monde, ny méme du royaume de Judée, ains simplemant roi spirituel de son Eglise. C'est ce qu'il dit à Pilate : « Mon royaume n'est point [p. 152] de ce monde[94]. » La principauté du lieutenant n'est pas plus grande que celle du souverain maistre : ainsi se tiennent tous bons theologiens.

Le ministre dit que le pape s'attribue l'honneur et la puissance qui est reservée à Dieu seul. C'est une calumnie manifeste. Toute sa puissance n'est autre que de lieutenant general et vicaire de Jesus Christ. Est-ce

---

(Federica Congedo, « Il *Constitutum Constantini* e l'autografo di Antonio Galateo », *Novità e tradizione in Antonio Galateo.* édit. Paolo Viti, Lecce, Milella, 2017, p. 213).

88 La chronique (*Commentarii, Chronicon, Chronica….*) de Johannes Nauclerus (Johann Vergenhans) est construite chronologiquement par *Générations.*

89 Bartolomeo Sacchi, dit Platina, auteur des *Vitæ Pontificum*, 1479.

90 *Sermones ad populum* (CPL 0284) – LLT sermo 161, ed. SL 41Bb, pag. 127. Augustin parle du désir de voir l'évêque et de se jeter à ses pieds, mais ne parle pas des rois. « Tu cours à l'église, tu veux voir l'évêque, tu te roules à ses pieds. »

91 Cette phrase traduit la citation suivante.

92 La citation ne figure pas chez Ambroise. Elle vient du décret de Gratien (*Decretum magistri Gratiani* (*Concordia discordantium canonum*) – LLT pars 1, dist. 96, canon 10, textus, pag. 341. Le texte est différent : « [...] *quippe cum uideas regum colla et principum submitti genibus sacerdotum, et osculata eorum dextera, orationibus eorum credant se communicari.* »

93 *Histoire ecclésiastique*, V, XXXIII. Le texte donne : « περιτέθεικε, *καὶ μέντοι* καὶ τοὺς παῖδας. »

94 Jean 18, 36.

merveille si le souverain gouverneur de l'Eglise a beaucoup d'authorité sur les hommes qui sont de son troupeau, veu que le ministre qui est loup ravissant des ouailles de Dieu, se fait redouter et craindre des gentils-hommes et damoiselles qui ont peur qu'il ne reforme leurs cheveux crespelus et frisés, leurs perruques, frezes et robes trop mignonnement decoupées pour [153] venir en sa presence[95] ? Il va sur un mulet à la synagogue[96], et nostre Seigneur ne fit son entrée en Jerusalem que sur un asne.

Il fait trois ou quatre argumants cornus[97] contre le pape, que je veux representer par euthymenes[98] pour estre court. Le pape est envieux et adversaire de Jesus-Christ, doncques le pape est l'Antichrist. Le pape, la nuict de la nativité, benit une êpée qu'il met entre les mains de quelque prince, doncques le pape est l'Antichrist. Tous les princes de la terre adorent le pape, doncques le pape est l'Antichrist. Le pape comme Dieu est assis au temple de Dieu, doncques le pape est l'Antichrist. Ces argumants sont aussi cornus que sa teste, et portent leur réponce avec soy.

Mais, dit le ministre, la ville de Rome est [p. 154] appellée Babylone par sainct Hierosme[99]. Je répond qu'il l'appelle Babylone à cause que c'estoit une des plus grandes, belles, luxurieuses[100], riches ville du monde, où pour l'opulance et la multitude du peuple se commettoit plus de pechez. Il ne laisse pas pour cela de la reconnoistre pour étre la ville de Dieu, où le vicaire de Jesus Christ fait sa demeure, comme font les autres Peres. Prosper Aquitanicus, disciple de Saint Augustin, l. *De ingratis* :

> *Sedes Roma Petri, quae pastoralis honoris*
> *Facta caput mundo, quicquid non possidet armis*
> *Religione tenet*[101].

---

95 Pique contre l'austérité calviniste. Peut-être une allusion ironique au conflit entre Charlotte Arbaleste de Mornay et le pasteur Michel Bérault, qui refusait de l'admettre à la cène à Montauban en 1584.

96 C'est-à-dire le temple protestant.

97 *Argument cornu* est une expression lexicalisée : « *A fantasticall, frivolous, impretinent, ill-made argument* » (Cotgrave).

98 *Sic.* Coquille pour *enthymèmes*, syllogismes à deux termes.

99 *DFE*, p. 184.

100 *Luxurieuses* : luxueuses.

101 Vers du *Peri akharistôn*, *Carmen de ingratis* de Prosper d'Aquitaine, cités par Bellarmin (I, XXV, p. 719). « Rome, siège de Pierre, placée à la tête du monde par sa dignité pastole, détient par la religion ce qu'elle ne possède pas par les armes. »

Gregoire de Nazianze, au poëme de sa vie : « *Vetus Roma ab antiquis temporibus habet rectam fidem, et semper eam* [p. 155] *retinet, sicut decet urbem, quae toto orbi praesidet, semper de Deo integram fidem habere*[102]. » Cyprian, l. 1, ep. 3 : « *Navigare audent ad Petri cathedram, et Ecclesiam principalem*[103]. » Hierôme, l. 2 *Contre Jovinian* : « *Ad te loquar quae scriptam in fronte blasphemiam Christi confessione delesti*[104]. » Il parle de la ville de Rome. Le mesme, ep. 65 à Pammachius : « *Quisquis es assertor novorum dogmatum, quaeso te ut parcas Romanis auribus, parcas fidei, quae Apostolica voce laudata est*[105]. »

Le ministre s'arreste sur le passage de l'ep. 2 aux Thessal., ch. 2, où il est dit que l'Antechrist se siera au temple de Dieu[106], et ne considere pas qu'il parle du temple de la ville de Jerusalem, où [p. 156] l'Antichrist doit mettre son siege comme dit nostre Seigneur en sainct Matth. 24 et saint Irenaee l. 5 : « *Cum Antichristus sederit in templo Hierosolymis, tunc veniet Dominus*. » Hippolyte martyr, au traité *De la fin du monde* : « *Antichristus templum construet Hierosolymis.* » Saint Cyrille, *Catech*es. 15 : « *Quale templum dicit Apostolus. In templo quod reliquum est Judaeorum.* » Saint Hilaire, Canon 25, sur S. Matt. : « *Antichristus a Judaeis susceptus, locum sanctificationis subsistet*[107]. » Le ministre tire un argumant de saint Augustin que je tourne contre luy[108]. Quiconque par ses faicts nie Christ, icelui est Antichrist. La Blachiere par ses faicts nie Christ. Doncques La Blachiere est l'Antichrist. Celui qui est contraire à Jesus Christ est l'Antichrist. La Blachiere est contraire à [p. 157] Jesus Christ. Doncques La Blachiere est l'Antichrist. L'Antichrist ostera le sacrifice continuel.

---

102 « Rome, depuis les anciens temps, a la droite foi et elle la conserve toujours, car il convient à la ville qui gouverne le monde d'avoir toujours une entière foi en Dieu ».

103 « Ils osent naviguer jusqu'à la chaire de Pierre, et à l'église principale. » Les deux citations sont empruntées à Bellarmin, IV, IV, p. 994.

104 Cité par Bellarmin, III, XIII, p. 918. « je vais m'adresser à toi, toi qui en confessant le Christ, as fait disparaître le blasphème écrit sur ton front. »

105 *Epistulae* (CPL 0620) – LLT epist. 84, vol. 55, par. 9, pag. 131. Le texte de cette édition donne « *apostoli voce* ». « Bien que tu défendes les dogmes nouveaux, je te demande de ménager les oreilles romaines, de ménager la foi que la parole apostolique a louée ».

106 *DFE* p. 185.

107 Les quatre citations viennent de Bellarmin, III, XIII, p. 917. Irénée : « Lorsque l'Antéchrist s'assiéra dans le temple de Jérusalem, lors le Seigneur viendra. » Hippolyte : « L'Antéchrist construira le temple de Jérusalem. » Cyrille : « L'apôtre dit de ce temple : "Dans le temple qui reste aux juifs." Hilaire : « L'Antéchrist reconnu par les juifs demeure dans le lieu de la sanctification. »

108 Voir plus haut, p. 78.

La Blachiere oste le sacrifice continuel tant qu'il peut. Doncques La Blachiere est l'Antichrist. Je monstre le même par la bouche de saint Hilaire. Quiconque nie Christ tel qu'il a esté presché par les apostres, est l'Antichrist. La Blachiere nie Christ tel qu'il a esté presché par les apostres. Doncques La Blachiere est l'Antichrist. Quiconque renverse la parolle de Christ, est l'Antichrist. Mais la Blachiere niant le corps de Christ en l'eucharistie, renverse la parolle de Christ. Doncques La Blachiere est l'Antichrist. Ces argumans sont d'aussi bonne suite que les siens.

Les passages de sainct Hierôme, sainct Augustin, Hilaire, qu'il met en avant, ne parlent [p. 158] point du pape de Rome, par où il monstre que bien il est un lourdaut de citer ce qui ne fait pour luy, ou bien un faussaire de citer à faux. Et bien que sainct Augustin l. 20 de la *Cité*, ch. 19, interprete ces parolles de sainct Paul, « εἰς τὸν ναὸν, l'Antichrist siera au temple de Dieu comme s'il étoit luy mesme avec ses gens le temple de Dieu », si est ce qu'il ne dit pas que l'Antichrist sera en l'Eglise de Rome, ou que le pape soit l'Antichrist.

[Agrippa d'Aubigné]

LA RESPONCE
DE MICHAU L'AVEUGLE

au premier livre de Monseigneur Jules Cæsar Boulanger
harangueur de saincte Pezene lez Nyort
avec une lettre Macaronique de Monseigneur Chargé
audict S. Jules Caesar[1]

1 Imprimé nouvellement | M.D.XCV.

MICHAU L'AVEUGLE À Mr JULES CÆSAR BOULANGER, PREDICATEUR DE SAINCTE PEZENE LEZ NYORT, NOUVELLEMENT DEJESUITÉ[2], SALUT.

Mon Seigneur Jules Caesar, il y a près de deux mois que vous eussiez sceu de mes nouvelles et veu ce que vous pourrez voir maintenant, sans l'heureuse rencontre de mon voisin Jean Robin[3], lequel vous devez cognoistre pour vous avoir fait bonne chere chez monsieur son maistre. Cest honneste homme me trouva un matin que j'alloy à grands pas et [p. 4] sans taster du baston. Il cognut à ma demarche que j'estoy pressé de collere.

« Tout beau, Michau, dit-il : où allez vous si furieusement ?

– Je vay, di-je, voir un plus homme de bien que vous ni moy, c'est Monsieur de la Blachiere. Je le veux prier qu'il ne prenne point la peine de respondre à ces brouilleries qu'a fait imprimer vostre prescheur. Je veux estre fouetté si je ne le fay *victus*[4]. Ne savez vous point quelque gentil garçon pour escrire sous moy ?

– Regardez bien ce que vous ferez, dit Jean Robin. Il n'escrit plus sans conseil, depuis que Frere Jean Bon-Homme le cuida desvisager[5] pour avoir si mal escrimé en ceste ville. Monsieur de Poictiers l'a mandé pour rapetasser les affaires[6] et faire une responce par le conseil de tout le clergé : et n'y aura mot qui ne soit grabelé et trepelé[7] comme il faut.

---

2 Le prestigieux *Monseigneur* est parodique. Boulenger dit qu'il n'est pas jésuite, qu'il a été seulement « nourry huict ou neuf ans avec eux, et y [a] faict [ses] estudes comme escolier (*DPE* p. 51), à quoi La Blachière rétorque qu'il a enseigné dans une institution de la Compagnie.

3 Ce catholique a un nom de mouton.

4 Si je ne le bats dans la dispute. *Cf. Fæneste* IV, 14, p. 358.

5 Faillit lui casser la figure. *Jean Bonhomme* connote la sottise, mais correspond aussi à une personne. Le *Sancy* parle d'un « passionné frere Jean bon homme qui peta sensiblement de colere en la chaire » (II, II, 154, f° 63 r°), une lettre prête à un « cordelier frere Jean Bonhomme preschant ce caresme à Saint-Maixent » de belles sottises (Corr. p. 688). Il s'agit vraisemblablement d'un dominicain (et non d'un cordelier) originaire de Reims et curé de Saint-Maixent à partir de 1588. Sa signature figure encore sur les registres de baptême de la paroisse de Saint-Saturnin en 1597-1598 (Louis Lévesque, *Anciennes églises de Saint-Maixent : paroisses, abbayes, couvents et monastères, chapelles, fondations pieuses et charitables, écoles*, Saint-Maixent, imprimerie C. Reversé, 1895, p. 36).

6 *Monsieur de Poictiers* : l'évêque. *Rapetasser* : raccommoder, remettre en forme.

7 *Grabeler*, verbe rabelaisien (*Gargantua*, 20, p. 55, *Quart livre*, 18, p. 581) : passer au crible. *Trepeler* n'est pas attesté dans ce sens (*trepelu* : gueux).

Michau, Michau, ce n'est pas à un povre aveugle comme vous, mesme ne sachant ne latin ne grec, de respondre à tous nos gens, qui disputent bien mieux qu'au temps-passé. Et puis ce n'est pas tout : [p. 5] sçavez vous faire des arguments ?

– Moi, di-je, je ne cognoy point d'autres arguments que ceux qui sont au devant des chapitres de la Bible et des Pseaumes[8].

– O ! de par Dieu, dit-il, c'est bien autre marchandise ! Cela se trouve en la dialectique. Monsieur Boulanger est allé à Poictiers la r'apprendre[9]. Et ay bien peur qu'après ceste dialectique, il reviendra maigre comm'un diable ectique[10]. En un festin qui se fit chez nous, il fit la plus belle deguaynee[11] du monde. Mais vos huguenots me l'allerent brider de syllogeme, de mode et de figure, et je ne sçay quel barragoüin où il y avoit du rubarbara[12]. Ils lui nouërent l'esguillette à la langue[13], si bien que le pauvre homme ne faisoit plus que suer et toussir. L'Escossois de chez nous estoit tout estonné de quoi ce docteur s'estoit embarqué sans biscuit[14] et disoit en son patois : « Vous ne sachit il poén le lochiq ? Parthi fous fut il pin unn petith pethh[15]. » Ô Michau mon amy, il faut savoir ces arguementeries, pour cognoistre les argues[16] menteries. Et qui ne sait bien faire un [p. 6] argument, ne sait quand un homme argu ment. Vos gens en firent faire un six ou sept fois à nostre docteur. Mais jamais le bon homme ne le sceut mettre au giste[17]. Nostre Escossois l'y mit pour luy mais cela ne servist de rien, non pas que Monsieur le

8 Joue sur *argument* au sens de syllogisme en forme, et au sens de résumé, présentation synthétique. Dans les bibles et le psautier calvinistes, chaque chapitre ou chaque psaume sont précédés de leur argument. Voir p. 52.

9 L'Université de Poitiers est célèbre.

10 Jeu de mot. *Ectique* et *Hectique* ne sont pas distingués : maigre.

11 Le substantif, repris dans *Replique de Michau* (p. 267) est rare. *Fæneste* l'emploie au sens de « parole de défi » (IV, 10, p. 339).

12 *Mode, figure* : le *mode* est la façon dont « les quatre sortes de propositions (l'affirmative, la négative, l'universelle et la particulière) se combinent trois à trois pour former un syllogisme » (Littré). La *figure* classe le syllogisme selon l'usage du terme moyen. Sur *Rubarbara*, voir p. 56.

13 Le nouage de l'aiguillette, un mauvais sort contre la virilité de l'homme, visait plus bas que la langue…

14 Le *biscuit*, pain cuit deux fois, se conserve longtemps et sert de provision pour les voyages en mer.

15 Sur George Thomson, voir plus haut p. 50.

16 *Argues* : arguës.

17 Le premier *Jambonikum* se gausse de Boulenger qui aurait parlé de « *mettre ses arguments au giste et en forme*, comme on dict des lievres » (*PP*, p. 355).

docteur ne soit bien habile homme et sçavant jusques aux dents, mais, voyez-vous, il est collere comme un Caesar[18]. Et je vous diray que vos gens ont une mauvaise grace d'une chose, c'est qu'ils disputent en riant et rient en disputant[19]. Mon maistre, qui a sceu autresfois un petit morceau de dialectique, print la dispute contr'eux quand l'autre fut deffaict : mais ils ne rioient pas tant de ses raisons que de celles de l'autre.

– Ouy, mais, ce di-je, de qui avez vous appris que c'estoit faute de dialectique ?

– D'un conseiller de la court, dit Jean Robin, qui estoit là, et qui disoit que par faute de cela l'autre perdoit bataille, artillerie, et bagage. Et puis nostre docteur voulut une fois dire qu'il ne disputoit pas de dialectique mais de theologie[20]. On lui riva bien [p. 7] son clou. Car ils lui dirent qu'il faisoit comme un poltron soldat qui, interessé de son honneur[21], et convié à mettre la main à l'espee, respondroit que la question est de l'honneur et non pas de l'espee. Le seigneur Calitope là dessus appella son valet Guoguo[22] : « Avalons, dit-il, la collere. Par le corbleu, Monsieur le doctor in Israel, vous avez bien conchié le pretoire[23]. Allez estudier de par tous les diables en Sorbonne, et ne revenez que vous ne soyez mieux catechisé. » Ô Michau mon ami, ne te joue pas d'entrer en dispute que tu ne sçaches toutes ces brouilleries. D'une autre chose je t'advise : de disner bien, premier que de commancer. Ce pauvre disputant ne fust pas si tost assis au haut bout de la table, qu'il se mist à faire la levee de boucliers[24]. Un huguenot d'auprès de lui lui

18 Dès le XVIe siècle, on dit « vaillant comme un Cesar » (*La Puce de Madame Des-Roches*, Paris, Pour Abel l'Angelier, 1583, f° 91). L'expression est burlesquement détournée.

19 Gargantua « Mordoyt en riant. Rioyt en mordant » (Rabelais, *op. cit.*, p. 34).

20 *Cf.* Boulenger, *RAC*, p. 180-181 : « Il [La Blachiere] entre en un autre propos en page 225 et dit que je ne sçay pas la forme de disputer, par ce que je répon sur la fin de ma replique, à la premiere proposition qu'il avoit faite à l'entree de son livre. [...] Au reste nostre dispute n'est pas de Logique, mais de Theologie. »

21 *Interessé de son honneur* : mis en cause sur son honneur.

22 *Calitope* peut signifier « Beaulieu ». Le poème macaronique qui termine le livre (voir p. 124 *sq.*) contient dans sa dernière version une attaque contre la famille catholique des Laurens de Niort (*PP*, p. 348-350), mais si Jacques Laurens II dit le Jeune, s^r^ de Beaulieu, est mort à la prise de Niort en décembre 1588, son fils, Philippe, lui aussi s^r^ de Beaulieu, n'a que 18 ans en 1595. *Guoguo* (sur *gogues ?*) est obscur.

23 Jean 3, 10 : « *Tu es doctor in Israel et haec ignoras ?* » L'expression *conchier le pretoire* se retrouve dans Verville, *Le Moyen de parvenir*, éd. M. Renaud, Paris, Gallimard, 2006, p. 251.

24 Cotgrave donne pour *faire une levee de boucliers* « *A great stirre about a small matter* ». Même sens chez Furetière.

disoit : « Trefve, monsieur, jusques au fruict. » Vos freres se mirent à briffer et parloient comme Frere Fredon[25], nostre homme babilla sans cesse. Sur la chastaigne, son voisin le prit par la main, disant : « Et bien, monsieur, [p. 8] parlons à bon escient. » Estoit-ce pas supercherie de faire combatre un estomach bien repeu contre un où il n'y avoit que du vent ? Pour moi, je fis mon devoir. Je charge, je recharge, comme dit nostre homme. Ce pauvre prestre ne mangeoit point. Et de là vinst son mal de cœur.

– Mais, di-je, il ne conte pas l'histoire comme cela, en ce qu'il a fait imprimer.

– O ! dit Jean Robin, c'est de l'invention de son hoste, qui lui conseilla de gaigner les devants, et aiant r'accommodé les affaires, faire imprimer quelque chose. Le malheur est, qu'il falloit aller voir la Sorbonne de Poictiers auparavant. Je pense qu'il n'y eust que lui et l'advocat Remonderie à faire ses escritures. Tant y a que son escrit est aussi pitoyable que sa dispute. Nous en sommes tous bien estonnez. Car il presche en diantre et a une belle loquence d'homme[26]. Michau, mon amy, fais toy sage à ses despens[27]. Bon jour, je m'en vai commander un pasté chez feu Sabot.

– Comment, di-je, le docteur disne-il chez vous ?

– Nenny, dit Jean Robin : mon [p. 9] maistre l'a cassé depuis la bataille perdue[28]. »

Jean Robin s'en va et me laisse tout pensif. Je me conseille à un jeune escollier qui arrivoit tout de nouveau du païs d'Aristote, lequel m'ayant promis de me faire sçavoir dans six sepmaines assez de latin, de grec et de logique pour deffendre une bonne cause, j'employe le temps le mieux qu'il m'est possible. Et maintenant, Monsieur Jules Cæsar, je viens à vous pour faire mon coup d'essay. Je vouloy aussi donner quelques

25 *Briffer* : Manger comme un glouton. Les frères *fredons* sont une satire des franciscains dans le *Cinquiesme livre* attribué à Rabelais. Le frère ne répond à Panurge que par monosyllabes (*op. cit.* p. 792 *sq.*) Ici le sens semble être que les convives protestants coupent la discussion et répondent par monosyllabes pour pouvoir manger.

26 Aubigné emploie *Prêcher en diable* pour le père Ange (Henri de Joyeuse) et le cardinal de Sourdis (*PP* p. 376, *Fæneste* p. 325). Il applique aussi l'expression à Boulenger dans le *Sancy* (« Bolanger, qui escrit en diable, promptement, et sans y songer », II, 6, 158 f° 76 r°). *Loquence* est attesté en moyen français (*DFM*), *belle loquence* est récurrent au XVIe siècle dans la poésie, les sentences.

27 L'expression usuelle est « sage à ses [propres] dépens ».

28 *Cassé* : renvoyé.

heures à la rhetorique pour vous faire ouïr vos veritez et vous faire perdre, en les oyant, le goust et le plaisir que vous avez prins aux menteries, blasphemes et injures scurriles que vous avez couchees en vostre livre contre Monsieur de la Blachiere. Et cela contre la coustume des doctes et le serment de sobriété que vous avez presté au commencement de vos escrits[29]. Il est vrai que le Concile de Constance vous dispense d'estre fidele[30]. Or le bon serviteur de Dieu que vous avez tant offensé m'a deffendu de faire à coups de pieds [p. 10] contre un asne[31], et m'a pour tant permis, au lieu de vos injures et mots de cabaret, indignes de Cæsar, de mesler quelques railleries supportables en ma dispute scholastique. Je ne vous demande, et au lecteur, (car chacun sçait que Michau est un peu raillard) sinon[32] qu'il me soit permis de rire comme Michau, quand vous vous courroucerez comme un Caesar. [p. 11]

29 Alors que le syllogisme prouve une vérité objective, la rhétorique s'attache aux émotions, ici sous la forme agressive de la satire ou de la diatribe. L'opposition entre deux formes de plaisanterie, la moquerie ou l'injure « scurriles » (bouffonnes) et la raillerie plus civile, se retrouvera dans *Les Tragiques* dans un passage inspiré par Martin de Braga (II, v. 1389-1392), et dans les « contes esloignez du scurrile » du dernier *Fæneste* (p. 117). Voir ici même l'opposition entre l'aristocratique *raillerie* et l'*injure* de bas étage (p. 124).

30 Sur l'idée (fausse) d'un article du Concile de Constance (1414-1418) qui dispenserait du respect de la parole donnée aux hérétiques, voir *ÉP* p. 64-65.

31 *Faire à coups de pieds* se rencontre, Camus parle des « asnes sauuages qui font à coups de pied contre celle qui les allaite », (*Homelies panegyriques de s. Ignace de Loyola*, Lyon, Jacques Gaudion, 1623, non pag. signet a4).

32 *Je ne vous demande.... sinon* : je vous demande seulement...

AU LECTEUR

Sire Lecteur, ne lis pas ce premier coup d'essay mien comme si c'estoit un ouvrage qui eust esté reclus, leché et poly neuf ans durant, comme je sçay bien que c'est l'opinion et l'advertissement d'un certain Horace dont j'ay ouï parler[33], mais te souvenant de l'humeur de Michau, et comme telle est la verité, persuade toy qu'à grand peine ay-je donné neuf jours à le parfaire. Je ne veux pas dire qu'il en vaille mieux pour tout cela ; mais je te diray bien que je ne lairray pas de vaincre Jules Caesar et le faire rougir (quoi qu'il ait passé le Rubicon[34]) pour ceste hastiveté : ensemble aussi t'apprester à rire, si quelque sinistre prejugé ne t'a faict depouiller l'humanité[35]. Reçoy donc le premier echantillon de mon apprentissage comme la gourme d'un jeune poulin, ou comme les essais d'Homere, qui fut aveugle comme moy. Si tu fais cas de ceste Batrachomyomachie[36], tu verras tantost naistre une *Iliade.* [p. 12]

Chapitre premier.

Ceux qui se revoltent de la raison vont ordinairement cacher leur honte sous la robe de l'authorité. Et sur toutes les authoritez, les plus faciles à corrompre sont les plus propres à cacher les corruptions. C'est la cause pourquoi les papistes ont establi sur eux et deffendent si courageusement la monarchie papale, ostans par elle toute cognoissance à ceux qui ont charge en l'Eglise : si bien que lors que Dieu a suscité des esprits ennemis d'erreur et amoureux de la verité, qui ont premierement combatu le mensonge par le glaive de la parole de Dieu, par raisons chrestiennes, puis après par l'explication des Peres et finalement [p. 13] par le martyre, lors, di-je, que plusieurs milliers d'hommes ont triomphé

33 Horace, *Art poétique* v. 388, *cf. Printemps*, préface, v. 47.

34 Boulenger, prénom *Jules-César*, est rougeaud. Il passe le *rubicond* (sur son teint, voir p. 128) comme Jules César a franchi le rouge Rubicon, « *puniceus Rubicon* » (*Pharsale*, I, v. 214, *cf. Tragiques*, I, v. 4 *sq.*).

35 Puisque « rire est le propre de l'homme », Rabelais, *Gargantua*, *op. cit.* p. 3.

36 *Le Combat des rats et des grenouilles*, épopée burlesque longtemps attribuée à Homère. L'annonce d'une *Iliade* (*Les Tragiques* ?) fait de l'auteur un Homère chrétien.

sans reproche et foulé dans la clarté des feux le regne des tenebres à leurs pieds victorieux[37], ceux-ci, voyans l'idolatrie mal asseuree par un tel chemin, ont eu recours a ceste voix[a] tyrannique, *sic volo, sic jubeo*, et ont voulu mettre en usage au faict des consciences la clause que les roys prattiquent aux affaires du monde, sçavoir est : « car tel est nostre bon plaisir[38]. » Les valets de la tyrannie spirituelle ont suivi ce joug par la jouissance ou esperance des biens qui en despendent, et defendent avec plus d'ardeur que jamais cest estat hierarchique sous le fais duquel sont aujourd'hui ployez tous ceux qui plus estiment la vie que la verité[39]. De là s'eschaufe aujourd'hui la dispute de la souveraineté du pape, detestee et niee par ceux qui ont cerché la liberté en Christ, approuvee et deffenduë par les estafiers de l'Antechrist[40], surtout par les jesuistes, qui sont aujourd'hui mignons de ce cabinet, mais Dieu merci en [p. 14] mauvaise odeur à toute la chrestienté, et surtout très puants au nez des subjets naturels de ce royaume, duquel se voyans banis pour leurs crimes enormes, ont pourtant semé en divers lieux quelques uns de leurs officiers, desquels la plus part despouillent le nom de jesuites sans en depouiller les functions. Et en advient aux royaumes comme de la dissipation des bourdeaux, qui font en destail presques autant de mal comme ils faisoyent en gros[41].

---

37 Distingue plusieurs moments dans la défense de la vérité. D'abord la Bible, *le glaive de la parole de Dieu* (Éphésiens, 6, 17) qui détruit les hérésies (*Reponse pour le Traité de l'Eglise escrit par Philippe de Mornay*, s.l., Gabriel Cartier, 1595, p. 29). Ensuite les syllogismes fondés sur la Bible (*raisons chrestiennes*). Puis l'examen subsidiaire des Pères de l'Église. Enfin le martyre : le *martyr* (en grec, le « témoin ») fait par son sacrifice éclater sa foi de manière irrécusable (*sans reproche :* sens juridique, *cf. Tragiques* III, v. 673). La « clarté » de son bûcher réalise ainsi la devise calviniste *Post tenebras lux.*

38 La formule de Juvénal « *Hoc volo, sic jubeo, sit pro ratione voluntas* » (Satire 6, v. 223), citée comme tyrannique dans le cadre de la dénonciation du « bon plaisir » (*Tragiques* V, v. 985-988, et *ÉP* p. 30-31, 523) et du rejet de la monarchie absolue, est reliée à la dénonciation de la souveraineté papale, comme dans la *Lettre au doge* : « de tous les pointz controversés il n'y en avoit aucun tant esloigné encore que celuy de la primauté du pape. Pour ce, disoient ilz, que tout ce que nous aurions pu gagner par vives raisons nous le reperdrions par authorité si tel jouc estoit restably sur noz testes » (*ÉP*, p. 167). *Cf. Sancy*, II, 2 : des traîtres prévoient lors d'une conférence théologique de « quitter force poincts theologaux, pourveu que l'authorité de l'Eglise et du pape demeurassent entiers. La raison en est prompte, que eux s'estant sousmis à l'authorité, eussent facilement aprés perdu les raisons par elle » (154, f° 59 *sq.*). Voir aussi *HU* X, p. 39-40.

39 L'idée de l'intéressement à la hiérarchie tyrannique vient du *Discours de la servitude volontaire* de La Boétie.

40 *Estafier*, valet de pied, a souvent une connotation méprisante (Richelet).

41 *Cf.* Montaigne, *Essais*, II, 12, p. 584 : « De là disent aucuns, que d'ôter les bordels publics, c'est [..,] épandre partout la paillardise qui était assignée à ce lieu-là » (éd. Naya, Paris,

Ces mercenaires disputent de toutes les matieres qui sont aujourd'huy debatues entre les chrestiens comme par acquit. Mais de la monarchie du pape, là ils s'attachent et en traittent *ex professo et vitae instituto*[42]. C'est ce qui allume la dispute dont est maintenant question, et de laquelle je voudroy traitter les parties avec ordre, n'estoit que j'ay affaire avec un adversaire confus, et qui m'a, pour luy respondre, engagé à quelque loy de sa confusion[43]. Qui eust voulu traiter dignement de ceste matiere, il la falloit esplucher par les [p. 15] degrés qui s'ensuivent : premierement, disputer si le gouvernement de l'Eglise doit estre monarchique ou non ; secondement, si sainct Pierre, lequel ils tiennent avoir esté le fondateur de la monarchie d'icelle, a esté monarque veritablement ; pour le tiers, estant concedé que saint Pierre eust esté monarque de l'Eglise, si ceste puissance est demeuree au pape et à la papauté[44]. Le livret de mon adversaire est malade de telles confusions par la contagion du cerveau de son pere, que je n'entreprendray pas de guerir. Je me contenterai d'y apporter la lumiere qu'il pourra recevoir pour ceste heure.

L'estat de nostre question est donc tel : le papiste dit ainsi :

Le pape est monarque de l'Eglise catholique.

Le chrestien orthodoxe[45] lui oppose diametralement ceste negative :

Le pape n'est point monarque de l'Eglise catholique.

Je suis contraint à regret de courir après ses frivoles discours avant que presser la matiere. [p. 16]

Gallimard, Folio, 2009, II, p. 370).

42 À fond, et comme un sujet essentiel.

43 La Blachière insiste sur la confusion de son adversaire, par exemple *DFE* p. 225 : « Il se montre estre ignorant en la methode de bien disputer et respondre bien à propos et par ordre sans confusion. »

44 Une discussion théorique d'abord : l'Église doit-elle avoir un chef ? Une discussion scripturaire ensuite : les paroles du Christ (Matthieu 16, 18) font-elles de Pierre le chef de l'Église ? Enfin une discussion historique : admise la donation de l'Église à Pierre, ce mandat a-t-il été conservé ?

45 *Orthodoxe* au sens de « qui cultive la vraie foi ». Le pasteur des La Trémoille, André Rivet, opposera pareillement le « catholique orthodoxe » au « catholique papiste » (*Le Catholique orthodoxe opposé au catholique papiste en IV traitez*, Saumur, Thomas Portau, 1616).

Chapitre second.

Un Ancien, parlant des declamateurs de son temps, dit que ces esprits, enflez de vanité, chantent merveilles quand ils preschent seuls. Mais quand on leur oppose un antagoniste, ils pensent estre en l'autre monde. Jules Cæsar est de ce troupeau : il remplit ses sermons de paroles sesquipedales[46], de fables et d'allegories agreables. Mais il se trouve court quand il faut parler le poing fermé[47]. Pour à quoi remedier, il plaide la cause de sa partie et la sienne. Et pour tant il descouvre assez ses prevarications en la lettre qu'il escrit à l'evesque de Poictiers, en laquelle pour prouver qu'il faut un monarque en l'Eglise, il argumente comme s'ensuit :

En toute bonne assemblee, il y doit avoir un gouvernement.
L'Eglise est une bonne assemblee. [p. 17]
Ergo il y doit avoir un gouvernement.

Après :

En la meilleure assemblee, il y doit avoir le meilleur gouvernement.
L'Eglise est la meilleure assemb.
Il y doit donc avoir le meilleur gouvernement.

Il ne falloit point argumenter pour tirer une consequence que nous concedons facilement.

Le troisiesme argument comme il l'escrit, et non comme il le prononça, est tel :

La monarchie est le meilleur gouvernement.
Mais en l'Eglise se trouve le meilleur gouvernement.
Donc en l'Eglise il y a une monarchie[48].

46 Latinisme : « d'une longueur démesurée ». Horace, *Art poétique*, v. 93.

47 Voir plus haut p. 52.

48 C'est très exactement le raisonnement de Bellarmin, *De Romano pontifice*, I, IX, p. 639 : *« Deinde, si Monarchia est optimum ac prœstantissimum regimen, ut supra docuimus, Et certum est Ecclesiam Dei a sapientissimo principe Christo institutam optime gubernari : quis inficiari potest, ejus regimen debere esse Monarchicum ? »* « Par conséquent, si la monarchie est le régime le meilleur et le plus efficace, comme nous l'avons montré plus haut – et il est sûr que l'Église de Dieu instituée par Christ, son très sage seigneur, est gouvernée de la meilleure des façons –, qui peut nier que son gouvernement doit être monarchique ? »

Les pharisiens ont apprins à Monsieur Boulangier à boulenger de mesme levain qu'eux en rendant Christ ennemi de Caesar. Quand ils demanderent à nostre Seigneur Jesus s'il estoit licite de payer tribut à Caesar[49], ils vouloyent emporter de deux choses l'une, ou une consequence contre le regne de Christ, ou l'esmotion des [p. 18] Romains contre luy. Cestui-ci nous demande si la monarchie est le meilleur gouvernement pour establir celle du pape si nous l'advoüons, pour nous faire irriter le roy en le niant[50]. Les Peres sont remplis d'authoritez[51] par lesquelles il paroist qu'ils ont maintenu le gouvernement de l'Eglise tant qu'ils ont peu en aristocratie[52] : c'est chose que j'offre à prouver quand on voudra, pourveu que ce soit comme une question indifferante[53]. Mais les chrestiens reformez de ce royaume ont esté si liberaux de leur sang et de leurs vies pour maintenir premierement le regne et la monarchie de Christ, puis après la couronne et monarchie de France[54], que je ne seroi pas de leurs successeurs si je ne recognoissoy librement sur la saincte Eglise universelle un chef sainct et universel[55]. C'est pourquoi je n'ay rien à dire sur l'argument par lequel il demande un monarque, et fort peu pour ruiner celui qui s'ensuit :

> *En une assemblee visible le gouvernement doit estre visible.* [p. 19]
> *L'Eglise est une assemblee visible.*
> *Donc le gouverneur* et *monarque doit estre visible.*

La majeur de cest argument est d'enonciations indefinies, qui ne concluent rien de necessaire ou universel[56]. Mais pource que cela nous meneroit trop loing, je me contenterai d'invalider la mineur comme defectueuse. L'estat de la question est de l'Eglise universelle. Quand on traittera des eglises particulieres, on respondra de chacune en particulier ;

49 Matthieu 22, 15-22.

50 En arrière-plan, l'accusation de républicanisme fréquemment adressée à la réforme. Voir *ÉP* p. 47-48.

51 *Authoritez* : citations.

52 Tout le chapitre II de l'ouvrage de Lubbert est consacré à cette démonstration, contre Bellarmin.

53 *Indifferante* : qui n'est pas déterminante pour la foi, puisque seule l'Écriture définit la vraie foi.

54 Comme Aubigné le fait dans toute son œuvre, il excipe du rôle joué par les protestants dans le combat contre la Ligue pour les poser en défenseurs de la monarchie française.

55 Mais pour le protestantisme, ce chef est le Christ et non le pape. *Cf.* Calvin, *Institution* IV, 6.

56 L'énonciation indéfinie rapporte à l'universel des propositions qui ne sont pas énoncées universellement (Aristote, *De L'interprétation*, 17b5). Ici « une assemble visible » est rapporté à « l'Eglise universelle ».

mais puis qu'il veut establir un chef universel, et que la question est de cela, je nie constamment la mineur de l'argument et offre de maintenir le contraire, qui est que l'Eglise universelle n'est point assemblee visible[57]. Et c'est pour ouvrir la carriere à une autre branche de cette dispute, quand la premiere sera espluchee. Au reste Jules Caesar n'a en son escrit traitté aucuns de ses arguments comme il les avoit prononcez. Aussi ne peut on respondre à ses escrits comme on fit à ses paroles. Et pour tant faut laisser à [p. 20] part tout ce qui fut dit sur la differance et conferance du chef aux membres. Car cela fut traitté sur une proposition[58] faite par luy, par laquelle il vouloit que le chef fust en tout pareil aux membres. Seulement veux-je rendre conte à quels propos il fut dit que toutes les qualitez des membres n'estoient pas necessaires au chef. Ce fut lors que Jules Caesar proposa cest argument, qu'il a teu en son escrit :

Il faut que le Chef ait mesme qualité que ses membres.
Les membres de l'Eglise sont qualitez visibles.
Ergo, etc.

La majeur lui fut niee, et par mesme moyen on lui monstra l'absurdité qu'il y avoit d'egaler le chef aux membres, lesquels quands ils ne differeroient d'autres qualitez different pour le moins de celle de chefs et de membres. C'estoit sa conscience qui lui faisoit faire ceste faute. Car comme son monarque romain se tire souvent de la lie du peuple[59], il le vouloit attacher aux qualitez [p. 21] de son origine, aussi mal à propos comme en la mineur de l'argument dernier[60] il fait tumber « visible » en la cathegorie de qualité. Sa confusion luy apporta le silence, qui est encor quelque marque de modestie. Ceste dispute ainsi finie pource que les chevaux et l'escorte de celui à qui il en avoit l'attendoient à la porte, ils furent separez. Jules Cæsar πάλιν μαχησόμενος[61] s'attaqua à un autre, où il mena son batteau des Syrtes en Charybde[62]. Et ce sera pour le chapitre qui suit.

57 Pour les calvinistes, l'Église universelle est l'assemblée des seuls prédestinés à salut, par définition invisible. L'Église visible est une institution humaine.

58 *Proposition* : majeure d'un syllogisme.

59 Critique fréquente des origine humbles voire sordides de certains papes. *Cf. Fæneste*, IV, 20, p. 394, et Lubbert, *op. cit.* p. 892-893.

60 *Dernier* : précédent.

61 « Pour combattre encore ». Après la première dispute (avec Jacques de Constans), une nouvelle dispute s'ouvre, avec Agrippa d'Aubigné.

62 Les Syrtes sont de dangereux bancs de sable mobiles sur la côte de l'Afrique. *Hecatombe*, 65, v. 14 : « J'ay fait naufrage aux rages d'une Scylle, / Fuyant Caribde et les Scyrthes

Chapitre troisiesme

La dispute commença par une longue deduction des fautes que Jules Caesar commettoit en la transposition de ses termes et sur le choix des argumens moyens[63], et fut remonstré à Jules Caesar combien il avoit besoin de redonner quelques mois à la [p. 22] logique, non pas que cela fust[b] le principal, mais seulement l'instrument par lequel l'autorité de l'Escriture nous faisoit cognoistre[64] des interpretations que lui donnent les anciens et modernes, lesquelles sont appuyees de veritez et de raisons[65]. Tellement que la voye de descouvrir les heresies estoit celle-ci : de prendre pour principe et pour enontiation necessaire le texte formel des livres canoniques, recevoir l'exposition[66] des anciens docteurs en tant qu'ils ont esté conformes au fondement. Ces propos donnerent occasion à Jules Caesar d'alleguer les autoritez qu'il cite en son livret. La premiere fut sur les paroles du dernier sainct Jean[67]. Et pource qu'elles sont debatuës ci après avec plus d'ordre, en vain perdroy-je le temps à les agiter ici, de crainte qu'il nyast, ce qui seroit à sa honte, et ayant laissé de quoi en recevoir par escrit[68], qu'il ne peut nyer. Est à remarquer seulement qu'il dit bien que là dessus on fit venir sainct Augustin, mais il ne dit pas ce qu'on y trouva. Ne [p. 23] blasmez pas de cela Jules Caesar. Il observe la loy de talion : sainct Augustin le fit taire, et il veut faire taire S. Augustin. Il n'est pas raisonnable, il dit trop bien, et voyci son dire quand on l'apporta : « *Non enim à Petro*, dit-il, *Petra, sed Petrus à*

---

mouvants » (157, f° 97 v°). *Cf. POM*, p. 327.

63 La *transposition* est le fait de rendre le sujet prédicat et le prédicat sujet dans la conversion des propositions (*Premiers analytiques*, I, 2). Le terme *moyen* est « le terme qui est lui-même contenu dans un autre terme et qui contient un autre terme en lui, et qui occupe ainsi une position intermédiaire » (*Premiers analytiques*, I, 4, *Organon*, trad. Tricot, p. 13).

64 *Cognoistre de* : arbitrer entre.

65 Voir plus haut p. 50.

66 L'*énonciation nécessaire*, dans la logique aristotélicienne, est une proposition considérée comme absolument vraie : « *Enunciatio necessaria est quae ita est vera ut falsa esse non possit, ut Homo est animal, Cygnys est candidus* » (Pedro da Fonseca, *Institutionum dialecticatum libri octo*, Coloniae, apud Maternum Cholinum, 1586, p. 94). Le nécessaire se distingue du possible, du contingent, et de l'impossible. Les livres *canoniques* de la Bible sont ceux qui, classés dans le canon, sont considérés comme sacrés, par distinction avec d'autres livres de l'Ancien Testament dits « deutérocanoniques », conservés par la tradition mais considérés comme apocryphes, et non reconnus comme sacrés par la réforme. *Exposition* : commentaire, interprétation.

67 Du dernier chapitre de l'évangile selon Jean.

68 Et alors qu'il a laissé par écrit de quoi se faire humilier.

Petra : sicut non Christus a Christiano, sed Christianus à Christo vocatur. Ideo quippe, ait Dominus, super hanc Petram aedificabo Ecclesiam meam ; quia dixerat Petrus : Tu es Christus filius Dei vivi. Super hanc ergo Petram, quam confessus es, aedificabo Ecclesiam meam. Petra enim erat Christus, super quod fundamentum etiam ipse aedificatus est Petrus[69]. » C'est à dire, si je tradui bien : « Car la pierre ne prend son nom de Pierre, mais Pierre de la pierre : comme aussi Christ ne prend son appellation de chrestien, mais chrestien de Christ. Et pour tant le Seigneur dit : "J'edifierai mon Eglise sur ceste pierre", pource que Pierre avoit dit : "Tu es le Christ, le Fils du Dieu vivant." Il dit donc, "J'edifierai mon Eglise sur ceste pierre que tu as confessee." Car la pierre estoit Christ, sur lequel [p. 24] fondement le mesme Pierre a aussi esté basty. » Ce texte ayant apporté un second silence au docteur, il fut fort picqué par ses partisans qui l'assistoient à[70] dire quelque chose. Mesme quelques uns qui ne font pas profession de lettres se mirent à le relever[71], de quoi esmeu il demanda à parler des bonnes œuvres[72]. Ce n'est que bien fait d'y avoir recours. Et je trouve qu'il fit sagement, mesmement lors qu'il se vit destitué de bonnes paroles. Ce fut lors qu'il chercha le texte du 25e sainct Matthieu, et quant et quant[73] quelque pauvre argument, encore pire que celui qu'il couche en son escrit, et duquel il veut paier pour une demonstration[74]. Cest argument commance ainsi : « Tout juge en sa sentence apporte la cause pour laquelle il condamne ou absout. » Je laisse à monstrer comment ceste proposition est faicte de non necessaires et de non convertibles[75] quand nous serons sur ce point, et lui faire souvenir pourquoi on luy

69 *In Iohannis euangelium tractatus*, LLT-A, 124, 5, p. 59.

70 *Picqué… à* : poussé à.

71 Sens militaire : à prendre sa relève.

72 Dans la théologie catholique, les bonnes œuvres (bonnes actions, actes de dévotion…) participent au salut. Pour le calvinisme, seule la foi sauve.

73 *Quant et quant* : en même temps (dict. de Godefroy).

74 Même idée au début de la *Replique* : « l'ignorant […] nomme impudemment demonstrations quelques arguments miserables. » Distinction aristotélicienne : la *démonstration*, qui conclut de prémisses vraies par opposition au syllogisme *dialectique* qui conclut de prémisses probables (*Topiques*, 1, 1, trad. Tricot, p. 2, *Premiers analytiques*, l, 1, *ibid.* p. 3-4), est un « syllogisme scientifique » (*Seconds analytiques*, I, 2, p. 8).

75 Sur le caractère nécessaire des prémisses, voir Aristote, *Seconds analytiques*, I, 6 : les attributs nécessaires (et non accidentels), sont ceux qui sont *per se*. Définition de Zabarella : « *Necessitas propositionis est nexus insolubilis prœdicati cum subjec*to » (Giacopo Zabarella, *Opera logica*, Venise, Ad Paulum Mejetum, 1586, signet c). Les termes *convertibles* sont les termes transposables.

demanda qu'il argumentast κατὰ παντός[76], ce qui ne fut pas là où il cotte, [p. 25] comme aussi il n'a gardé la verité en nul endroit de sa dispute verbale[77]. Il y a encor un argument de sa façon en ces termes :

Celuy est souverain gouverneur de l'Eglise à qui nostre Seigneur a donné le souverain gouvernement de l'Eglise.
Nostre Seigneur a donné le souverain gouvernement de l'Eglise à sainct Pierre.
Donc S. Pierre est le souverain gouverneur de l'Eglise.

Je diray en deux mots que la mineur est petition de principe, et pour abbreger faulse. Et la dispute va estre sur le contraire. Me pardonne le lecteur si je l'ay amusé en ces deux chapitres pour choses de si peu : s'il s'y est ennuyé, et moy aussi.

Chapitre quatriesme

Nous voici arrivez à quatre arguments que Jules Cæsar arbore comme pieces invincibles faites apres que sa [p. 26] colere eust dormi, et pour appeller au combat les soldats de la verité. Le premier est ainsi fait :

Sainct Pierre est pasteur des ouailles de nostre Seigneur.
Les apostres sont ouailles.
Donc sainct Pierre est pasteur des apostres.

Voilà mal enfourné pour un Boulenger, voulant prouver une puissance universelle et ne peuvant trouver que des enonciations particulieres. Si ceci est un argument, il faut qu'il y ait une nouvelle dialectique bien secrette en laquelle se trouvent trois I de suite[78]. Que s'il veut que sa mineur soit generale et avoir recours à *Disamis*, il est court, car *Disamis* est en la troisiesme figure. Et pource que « Pasteur des ouailles » est le terme moyen, lequel en cest argument precede en la majeur et suit en la mineur, cela ne s'accorde pas avec la tierce figure[79]. Je suis marri

76 « *De omni* » (énonciation universelle). Voir la définition d'Aristote, citée en grec, *Replique* p. 246.

77 Il n'a nulle part restitué fidèlement sa dispute orale.

78 En logique, I désigne une proposition particulière affirmative.

79 Syllogisme de la troisième figure de type : « (I) Quelque Σ est Π ; / (A) Tout Σ est P ; / (I) Quelque P est Π. » (Tricot, note aux *Premiers analytiques*, p. 33). Dans tous les syllogismes de la troisième figure, le terme moyen précède dans la majeure et dans la mineure.

que Jean Robin ne peut entendre tout ceci. Car il prononceroit contre Jules Caesar que son argument ne seroit pas au giste. Mais [p. 27] pour esclaircir à ceux qui n'en sçavent pas plus que luy la consequence d'un tel argument, je le ruinerai par un semblable, que je fay ainsi :

Sainct André est pasteur des ouailles de nostre Seigneur.
Sainct Pierre et les autres apostres sont ouailles.
Donc sainct André est pasteur de sainct Pierre et des autres apostres.

Voici la recharge :

Le pasteur est plus que les ouailles.
Sainct Pierre est pasteur des ouailles.
Sainct Pierre est donc plus que les ouailles.

Je baille le choix à Jules Cæsar de mettre son attribut d'*ouailles* en locution simple[80] ou figuree. Si elle est simple les bergers de Limosin le remercieront d'estre par luy exaltez sur les ouailles, mais sainct Pierre ne luy dira pas grand merci de ne l'eslever que sur les bestes. Si ses termes sont figurez, ils ne vallent aux preuves que pour locutions figurees. Mais à propos de figure, en quelle figure est cest argument ? Il faut qu'il [p. 28] ait pour mode *Darii* ou *Datisi* : le terme « plus que les ouailles » est le terme moyen, lequel n'est posterieur en la majeur et en la mineur sinon[81] en la seconde figure. *Darii* est de la premiere, et *Datisi* de la troisiesme[82]. Jugez, lecteurs, si on a tort de lui faire respondre un aveugle. Fuyons de ceste honte au troisiesme argument, qui est cestuy-ci :

Celuy qui a la grace de ne faillir point et de confirmer ses freres qui peuvent faillir, est plus que les autres.

Zabarella, *Tabulae logicae*, Patavii, Apud Paulum Meietum, 1583, p. 63 : « *Medius terminus [est] positus extra extrema, et subjectus utrique, quæ est tertia figura, in qua medium in utraque propositione subjicitur.* » C'est dans la première figure que le « *medium in propositione majore subjicitur, et in minore prædicatur.* »

80 En sens littéral.

81 *Sinon* : sauf.

82 Le moyen est « affirmé des deux sujets » dans les syllogismes de la seconde figure (Aristote, I, 5, p. 21), « *secunda figura, in qua medium in utraque propositione prædicatur* » (Zabarella, *ibid.*). Le syllogisme en Darr appartient à la troisième figure : (A)Tout B est A ; / (I) Quelque I' est B ; (I) Quelque r est A. (Tricot, note aux *Premiers analytiques*, p. 16). Le syllogisme en Datisi appartient à la troisième figure d : (A) Tout E est P ; / (I) Quelque E est R ; / (I) Quelque R est P. (*ibid.*, p. 34).

Sainct Pierre a la grace de ne faillir point et la charge de confirmer ses freres.
Il est donc plus que les autres.

Cest argument est à l'advantage de ceux qui ont la grace de ne pouvoir faillir et celle de confirmer les freres. Paul et Barnabas seront donc plus que les autres : car ils confirmoyent les ames des disciples (Act. 14, vers. 22) ; Judas et Sylas estoient plus que les autres freres : car ils les ont confirmez (Act. 15, vers. 32). Timothee mesme estoit plus que les autres : car il a confirmé (Act. [p. 29] 16, vers. 5)[83]. Voilà donques un pitoyable argument : car si tous ceux qui ont confirmé disputoyent de la primauté de l'Eglise, il y auroit une grande confusion[84]. Quant à l'autre membre, qui est de la grace de ne faillir point, sainct Pierre n'a point passé procuration à Jules Caesar de dire qu'il n'ait peu faillir. Tesmoin la reprehension qu'il receut de sainct Paul en Antioche, comme il paroit en l'Epistre aux Galates depuis l'onziesme vers jusques à la fin du chapitre 2[85]. Qui voudroit donc establir Judas, Sylas, Barnabas, Paul ou Timothee pour estre plus que les autres apostres, il feroit un syllogisme la majeur duquel seroit des termes exprès de Jules Caesar, la mineur des termes de l'Escriture. Et tout ainsi :

Celuy qui a la charge de confirmer les autres est plus que les autres.
Judas, ou Sylas, ou Paul, a eu la charge de confirmer les autres.
Donc, etc.

S'il faut qu'une des deux propositions tumbe par terre, il est plus [p. 30] raisonnable que ce soit celle de Jules Caesar que celle de l'Esprit de Dieu. Si ce n'est que pour eschapper, il voulut dire que ceux-là eussent confirmé sans charge[86]. Mais s'il dit cela, nous le ferons compagnon de frere Gillet, qui disoit que s. Paul se fut bien passé de dire beaucoup de choses qu'il a dites[87]. Le dernier argument est moitié en prose, moi-

83 Dans les trois versets indiqués, le verbe *confirmer* est employé au sens de « renforcer quelqu'un dans la foi ».

84 *Cf.* Lubbert, p. 169-171, et surtout 192, d'où viennent ces exemples bibliques.

85 Le passage oppose Paul à Kephas à propos du respect de la loi judaïque.

86 *Sans charge* : sans en avoir été chargés.

87 « Frere Gilles » dans *Sancy*, II, ii, 154, f° 61 r°. *Cf.* Mornay, *Traicté de l'Eglise*, La Rochelle, P. Haultin, 1581, p. 73 : « Mesmes un des plus grands maistres de ce temps, ne s'est peu tenir de dire, que sainct Paul se fust bien passé de tant embrouiller les matieres. » Dans certaines éditions, une manchette précise que l'allusion vise « Xainctes en son livre des Atheismes » (Genève, Jean le Preux, 1599, p. 118), c'est-à-dire Claude de Saintes, évêque

tié en rime, et se sent un peu des voix tyranniques des Caesars. Car pour nous menasser par une gaillarde inversion que le pape happe et frappe à force de clefs[88], quand son espee est esbrechee, il propose cest argument invincible.

Sainct Hirenne a dit qu'à cause des princes et de la principauté, l'Eglise s'assemble à Rome.
Rome le chef au monde, usurpe par religion ce qui est eschappé à ses armes[89].
Ergo gluc[90].

Il a raison, aussi le siege de Rome se defend mieux par armes que par arguments, pour le moins s'il ne s'en mesle personne que Jules Caesar, lequel conclud en asseurant l'evesque de [p. 31] Poictiers que les choses se sont passees comme il escrit. L'evesque l'a creu, s'en est courroucé, et a veu le livret et son maistre d'un très mauvais œil.

Chapitre cinquiesme

Mais afin que quelqu'un ne me remonstre[c] : « Michau, pour estre nouveau logicien, vous estes trop exact aux præceptes, figures, et modes. Tous les auditeurs de saincte Pezene ne pourront pas entendre tout cela. Ne sçauriez vous apporter quelques authoritez, et monstrer au jugement commun que les Peres anciens n'ont pas esté tous papistes ? » Ouy, je suis contant de quitter ces rigoureuses loix de logique : et pource que nos adversaires se fortifient tant des authoritez des Peres, je veux monstrer par les mesmes comment ils prononcent à nostre profit[91]. Car ce que[92] nous les refusons pour [p. 32] juges en la cause de la verité, c'est pour rendre aux livres canoniques l'honneur qui appartient à eux seuls. Quant aux docteurs anciens nous leur rendons ce qu'ils meritent, et ce qu'ils ont demandé : s'il n'estoit ennuieux au

d'Évreux, et sa *Declaration d'aucuns atheismes de Calvin et de Beze contre les premiers fondemens de la Chrestienté*, Paris, Claude Fremy, 1572. Nous ignorons pourquoi ce prélat est appelé *Gilles* ou *Gillet*, et n'avons pas retrouvé le jugement sur saint Paul.

88 Les clefs de Saint Pierre.

89 Bellarmin attribue la formule à Prosper d'Aquitaine. *Cf. RAC* p. 87, *RAA* p. 128.

90 Cette formule pseudo-scolastique vient de Rabelais, *Gargantua*, 19, *op. cit.* p. 52, repris dans le *Passavant* de Bèze, éd. trad. J. Ledegang-Keegstra, Brill, 2019, p. 237.

91 Nouvelle étape : après le débat par syllogisme, les *autorités* des Pères.

92 *Ce que* : Si.

lecteur, je citerois plusieurs authoritez pour monstrer comment ces bons personnages nous ont appris à user de leurs labeurs. Il suffira que nous sachions ce qu'en disent Chrysostome, Origene, Hierosme et sainct Augustin. Le premier sur le Pseaume 95 dit ainsi : « Si on dit quelque chose sans l'Escriture, la pensee des auditeurs cloche et bransle. »

Origene, sur sainct Matthieu, Hom. 25, ainsi : « Comme nul or n'est sanctifié hors le temple, nul sens hors l'Escriture n'est sainct. » Le mesme sur Hieremie : « Il est necessaire d'appeller les sainctes escritures en tesmoignage : nos sens et nos discours sans elles ne portent point creance. »

Hierosme, *Epist. ad Vine.* 48 : « Exceptez les apostres, tout ce qui sera dit après soit coupé et n'ait point d'authorité. »

Augustin, *De unitate Eccles.*, chap. 10 [p. 33[d]] : « N'amasse point de calomnies contre les tesmoignages divins des escrits des evesques, comme Hilaire, Cyprian, et autres : pour ce qu'il faut distinguer ces escrits de l'authorité du canon, car on ne les lit pas de façon qu'il ne soit bien permis de sentir contr'eux. » Le mesme, ailleurs : « J'ai apprins de porter ceste crainte et cest honneur à ces livres de l'Escriture seulement que nous appellons maintenant canoniques, que je croy fermement qu'aucun de leurs autheurs n'a failly en aucune chose en les escrivant. Je ly les autres de façon que quelque sainctеté de doctrine dont ils soyent estimables, que[93] je n'en pense rien vray pour avoir esté aussi pensé par eux, mais pource qu'ils me l'ont peu persuader par ces autheurs canoniques, ou par raisons prouvables qui ne soient point estranges de la verité[94]. » Nous avons du mesme escrivant à sainct Hierosme et des autres, plusieurs sentences pareilles. Outre ceste leçon, leurs contrarietés[95] et les flestrissures que la plus part des plus doctes et plus anciens ont receues [p. 34e] au fait mesme de la religion, nous sont marques très apparentes

93 Il y a un *que* de trop : Je lis les autres (les écrits non canoniques) de façon que même s'ils sont estimables par la sainteté de leur enseignement, je ne considère pas qu'ils soient vrais par leur propre autorité, mais parce qu'ils m'en ont convaincu par leur conformité avec les livres canoniques, ou par des arguments conformes à la vérité.

94 Les quatre citations de Chrysostome, Origène, Jérôme, Augustin, ont déjà été données, dans la même traduction mais dans un ordre différent, par La Blachière, *Response à la Replique du Predicant*, *DFE* p. 70-71.

95 *Contrariétés :* contradictions. Aubigné affirme avoir écrit un traité sur les contradictions des Pères (*De dissidiis patrum*), qui interdisent de les considérer comme des autorités. *Sa vie*, p. 164-165, *HU* IX, p. 278, Corr., p. 650-659.

que ce n'est pas de ces bons personnages que nous devons dire « ἀυτος ἔφα[96] », mais des livres seulement qui ont esté dictés par l'Esprit de Dieu.

Jules Cæsar et ses semblables, quand la raison leur eschappe, courent aux exclamations sur l'antiquité. Nous oyons d'eux à tous propos ces paroles : « Luther, Calvin, Beze et les autres sont ils plus saincts et plus doctes que ces anciens[97] ? » Je respon qu'ils seroyent bien marris de le dire : ils ont trop senti leurs imperfections. Mais ils seraient aussi marris d'establir leurs enseignemens pour principes. Et quand on nous remarqueroit de grandes fautes en leurs doctrines et en leurs mœurs, nous ne rejetterons pourtant leurs sainctes doctrines. Tout ainsi que nous ne rejettons les bonnes doctrines de sainct Cyprian pour avoir erré en l'opinion du baptesme, comme la plus part des anabaptistes ; ny d'Origene pour avoir creu la fin des peines des damnez, et que les diables seraient sauvez [p. 35[f]] après quelque temps, et avoir esté millenaire aussi bien qu'Irenee et Lactance ; ni de Tertullian pour avoir creu l'ame corps, Dieu mesme corps, les secondes nopces illicites, les ames des meschans se changer en dæmons[98], et ainsi de plusieurs autres Peres, qui ont eu chascun leurs poireaux[99]. Cela n'empesche pas que si ces anciens se sont laissez aller aux erreurs desquelles leurs siecles estoient malades, ils n'ayent pourtant prononcé pour nous quatre authoritez orthodoxes contre une qui favorise l'erreur. Pour eschantillon de quoy nous verrons comme les Peres aydent à Jules Caesar, au premier passage, duquel il a fait son frontispice. [p. 36[g]]

96 « Il l'a dit » : se dit d'une citation d'autorité. *Cf. RAA*, p. 200.

97 Voir *ibid.*, p. 195.

98 Cyprien est partisan de rebaptiser les hérétiques ; Origène pense qu'à la fin des temps, tous les esprits reviendront à Dieu ; *Millenaire*, ou millénariste : qui se fonde sur Apocalypse 20, 1-8, et croit à la venue d'un *millenium* de mille ans pendant lequel Satan sera enchaîné et le Christ présent sur terre ; Tertullien considère que l'âme est corporelle (*De anima*) et que Dieu a un corps subtil, il condamne (comme souvent le premier christianisme) les secondes noces ; Augustin évoque l'idée que les âmes des méchants deviennent des démons, mais sans l'imputer à Tertullien (*Des hérésies*, 78).

99 *Porreau* : poireau, sorte de verrue. *Cf. Tragiques* VII, v. 1180, et *POM*, p. 195, à propos des fautes commises par les patriarches, prophètes et apôtres : « Il a falu que ces excellents visages ayent esté marquez de quelques poreaux. »

Chapitre sixiesme

Voici en quels termes le passage du dernier sainct Jean est couché dans le livret de Jules Cesar : « Pierre, m'aymes-tu plus que les autres ? Pay mes brebis, pay mes agneaux ; pay mes ouailles. » II falloit coucher ce passage religieusement, sans changer ne diminuer, mais les pourceaux ne manient pas les perles avec reverence. Il doit estre en ces termes : « M'aimes-tu plus que ceux-ci ? Il lui dit : "Seigneur tu sçais que je t'aime." Il lui dît : "Pay mes brebis." Il luy dit encore derechef : "Simon, Fils de Jona ; m'aymes-tu ?" Il luy dit : "Certes, Seigneur, tu sçais que je t'aime." Il lui dit : "Pay mes brebis." Et luy dit pour la troisiesme fois : "Simon, fils de Jona, m'aimes-tu ?" Pierre fut contristé de ce qu'il luy avoit dit pour la troisiesme fois : "M'aimes-tu ?" Parquoi il luy dit : "Seigneur, tu sçais toutes choses, [p. 37] tu sçais que je t'aime." Jesus lui dit : "Pay mes brebis." » Les papistes veulent tirer de ce passage un tiltre[100] de la monarchie romaine, et s'en servent comme si sainct Pierre avoit là presté serment de sa charge. Au contraire les docteurs de l'ancienne Eglise veulent que là il ait fait amende de sa faute devant son maistre. Premierement, quand Jesus lui demande : « M'aimes-tu plus que ceux-ci ? », il lui monstre ceux qui ne l'avoyent pas renié. Et aux autres fois il demande simplement : « M'aimes-tu ? », pource que sainct Pierre n'aiant point respondu à ce mot plus que ceux-ci, avoit tacitement recognu la grace que Dieu avoit fait aux autres de n'estre point tumbez en mesme faute que luy. Jesus donc, ayant veu son humble confession, lui redonna trois fois la charge de paistre ses brebis, pource qu'il estoit decheu de son authorité les trois fois qu'il avoit renoncé son maistre. Il y a donc bien loin d'avoir receu de son prince une grace et un restablissement en son honneur, ou d'avoir un pouvoir de connestable ou [p. 38] lieutenant general. Or pour monstrer que ces explications ont esté approuvees des Peres anciens, nous appellerons sainct August., *Tract.* 123 *In Joh.* : « *Redditur,* dit-il, *negationi trinae trina confessio*[101]. » *De util. penit. lib.* « *Numerus legitimus impleatur, ter confiteatur per amorem, quem ter negaverat per timorem*[102]. » *Sermone* 149 *De tempore* : « *Impletur numerus dilectionis, deletur numerus negationis*[103]. » C'est-à-dire : « À une triple negation est rendue une triple confession. » *Item* : « Que le nombre legitime

---

100 *Tiltre* : comme un titre de propriété, ou de noblesse.

101 *In Johannis evangelium tractatus*, LLT-A, 123, 5, 4.

102 *Sermones ad populum*, 352, *De utilitate agendae poenitentiae*, LLT-A, PL 39, col. 1555, 25.

103 *Sermones ad populum*, LLT-A, 253, 116, 328, 19 : « *Exspecta, impletur numerus dilectionis, ut deleat numerum negationis.* »

soit accompli. Trois fois soit confessé par amour celuy qui trois fois a esté renié par crainte. » Après : « Le nombre de dilection est accompli, et le nombre d'abnegation est effacé. »

Cyrille, livre 22., chap. 44, *In Johan.*, est de mesme opinion : « *Altius,* dit-il, *quiddam haec oratio parturit. Nam quoniam cum aliis apostolatus nomine Petrus ab ipso Christo decoratus ter in tempore passionis negavit, jure nunc ab eo terna confessio petitur, ut tema negatio aequali confessionis numero compensetur*[104]. » [p. 39] C'est-à-dire : « Ceste façon de parler enfante quelque chose de plus haut. Car pource que Pierre ayant esté honoré du mesme Christ avec les autres du nom d'apostolat, avoit au temps de passion renié trois fois, maintenant lui est demandé à bon droit une triple confession, afin que le triple reniement soit recompensé par un esgal nombre de confessions. »

Nazianzene, pagi. 292, *Oratione in sancta Epiphan. Lum.* « *Trina interrogatione, inquit, et confessione trinam reparavit negationem*[105]. » C'est-à-dire : « Par triple interrogation et confession il a reparé le triple reniement. » Si je traduy mal, corrigez. Et attendez de tous les autres points qui sont en debat entre nous aussi peu de faveur des anciens pour le pape, comme il paroist en cest endroict. [p. 40]

Chapitre septiesme

Or pour monstrer que l'ancienneté s'est tousjours opposee à l'establissement de la monarchie en l'Eglise et à ceux qui fondoyent sur Pierre et non sur Christ, qui attribuoient les clefs et la puissance de lier et delier à quelques apostres et non à tous, j'amasserai ici quelques vulgaires[106] passages des anciens docteurs.

Et premierement d'Origene, qui dit au premier traicté sur sainct Matth : « *Omnes enim, qui imitatores sunt Christi Petrae nominantur, quemadmodum Christus, et de omnibus talibus bibunt spiritualement potum homines spirituales, et quemadmodum secundum Christi nomen omnes, qui sunt illius, Christi dicuntur, dicente Propheta, ut salvos faciat Christos suos* [Habacuq, 3, 13] *: sic quoniam Justitia dicitur Christus, omnes justi justitiae sunt ; et*

104 Cyrille d'Alexandrie, *In evangelium Joanni*, cité dans la traduction latine de Georges de Trébizonde. Cité par Lubbert, p. 163-164.

105 Grégoire de Nazianze, *Oratio in sancta epiphaniarum lumina*, cité par Lubbert, p. 163.

106 *Vulgaires* : bien connus.

sapientia secundum quod [p. 40[h]] *Christus sapientia est. Et sic invenies in omnibus nominibus Christi ; ut recté dicatur ad omnes, tu es Petrus, et super hanc Petram aedificabo Ecclesiam meam*[107]. » C'est-à-dire : « Car tous ceux qui sont imitateurs de Christ sont surnommés pierres, comme Christ, et de toutes telles choses boivent le breuvage spirituel les hommes spirituels. Et tout ainsi que selon le nom de Christ, tous ceux qui sont à lui s'appellent Christs, le Prophete disant, "afin qu'il sauve ses Christs", ainsi, pource que Christ est appellé justice, tous les justes sont justice et sont sapience, selon ce que Christ est sapience. Et ainsi vous trouverez en tous les noms de Christ qu'on peut dire droictement à tous : "Tu es Pierre et sur ceste Pierre j'edifierai mon Eglise." » Le mesme, au mesme traicté, dit : « *Petra est quicunque est discipulus Christi, super talem construitur omnis Ecclesiastica doctrina. Quod si super unum istum Petrum existimas totam aedificari Ecclesiam, quid dicturus es de Johanne filio tonitrui, et apostolorum unoquoque ? num audebimus* [p. 41[i]] *dicere, quod adversus Petrum unum prævalituræ non sint portae inferorum ? an soli Petra dantur claves regni cœlorum ? Verè ergo ad Petrum quidem dictum est, Tu es Petrus, et super hanc Petram aedificabo Ecclesiam meam, et portæ inferorum non prævalebunt : tamen omnibus apostolis, et omnibus perfectis fidelibus dictum videtur, quoniam omnes sunt Petrus, et Petrae, et in omnibus aedificata est Ecclesia Christi et adversus nullum eorum, qui tales sunt portae praevalent inferorum*[108]. » C'est-à-dire : « Quiconques est disciple de Christ est pierre, et toute la doctrine ecclesiastique est bastie sur une telle pierre, que si tu penses que toute l'Eglise est seulement edifiee sur un seul Pierre, que diras-tu de Jehan fils de Tonnerre et de chacun des apostres ? Oserons nous dire, que c'est seulement contre Pierre que les portes d'enfer ne pourront rien ? Est-ce à Pierre seul à qui sont donnees les clefs du royaume des cieux ? Veritablement donc, il a esté dit à Pierre : "Tu es Pierre, et sur ceste pierre j'edifierai mon Eglise, et les portes d'enfer n'auront [p. 42[j]] pouvoir encontre." Toutesfois cela semble estre dit à tous les apostres et à tous les fidelles parfaicts, pource que tous sont Pierre, et pierres : et en tous est edifiee l'Eglise de Christ, et contre nul d'iceux, qui sont tels, n'auront puissance les portes d'enfer. »

Sainct Hierosme escrivant à Evagrius : « *Ubicunque fuerit Episcopus sive Romae, sive Eugubii, sive Constantinopoli, sive Rhegii, sive Alexandriae,*

107 *Commentaire de l'évangile selon Matthieu*, 12, 11.

108 *Ibid.* 16, 1.

sive Tanis ejusdem meriti est, et sacerdotii[109]. » C'est-à-dire : « En quelque lieu que soit un evesque, ou à Rome, ou à Eugube, ou à Rhege, ou en Alexandrie, il est de mesme merite et prestrise. » Le mesme *Ad. Tit.* ch. I : « *Priusquam diaboli instinctu studia in religione fierent, communi presbyterorum consilio Ecclesiae gubernabantur*[110] » : « Premier que par l'instinct du diable il se fit des prattiques[111] en la religion, les eglises se gouvernoyent par le commun conseil des prestres. » Au mesme lieu il dit que les evesques doivent regir les eglises en commun. Sainct Hierosme est exposé par Cusanus, *De Concord.* [p. 43[k]], lib. 2, chap. 13 : « *Omnes Episcopi sunt aequales quod ad jurisdictionem, sed non ad executionem : quod quidem exercitium executionum sub certis terminis positivis clauditur, et restringitur propter melius : et id est propter causam adducendi ad Deum : qua cessante cessant et illa positiva jura. Et hoc videmus dum sumus extra humana positiva jura, in naturali sceleris jure tempore necessitatis, quia tunc omnis sacerdos à quocúnque delicto etiam à Papa excommunicatum, et qualemcúnque absolvit. Itaque Papatus est de jure positivo, ut et gradus omnes majoritatis et minoritatis. Omnes Episcopi sunt unius potestatis, et majoritas administrationis ex consensu subjectionali constituitur, et ita Papatus. Quod dioeceses sunt distincta, et unus Episcopus super praesbyteros est de positivo jure est : et potestas ligandi, et solvendi, in qua fundatur omnis Ecclesiastica jurisdictio, est immediaté à Christo, et propterea omnes sacerdotes sunt aequales*[112]. » C'est-à-dire : « Tous evesques sont egaux quant à la jurisdiction, mais non quant à l'execution : lequel exercice d'execution est ferme, [p. 44[l]] et est restreinct, et pour le meilleur et c'est pour la cause d'amener à Dieu, laquelle cessante cessent aussi ces droits positifs. Et nous voyons cela quand nous sommes hors les droits humains positifs, assavoir au droit naturel au temps de necessité, pource que lors tout prestre absolve de tout delict et mesmes celuy qui est excommunié du pape, et pour tant le papat est de droit positif, comme sont tous degrés de majorité et de minorité. Et tous evesques sont d'une puissance[113] ; et la majorité de l'administration est constituee par consentement subjectional, et ainsi est-il du papat. Et ce que les diæceses sont distinctes, et qu'un evesque est sur les prestres,

109 *Epistulae*, LLT-A, 146, 56, 1, 310, 17.

110 *Commentarii in IV epistulas Paulinas*, LLT-A, Ad Titum, 1, 5b.

111 *Pratiques* : intrigues, factions.

112 Le début de la citation du *De Concordantia catholica* de Nicolas de Cusa est donné dans Lubbert, p. 463.

113 *D'une puissance* : d'une seule puissance.

c'est du droit positif : et la puissance de lier et delier, en laquelle est fondee toute la jurisdiction ecclesiastique est immediatement de Christ. Et pour tant tous prestres sont egaux. »

Tertullian, parlant de l'ordre qu'ils tenoyent à l'excommunication, dit : « *Praesident probati quique seniores honorem istum non prætio, sed testimonio adepti*[114]. » C'est-à-dire : [p. 46[115]] « Là president tous anciens approuvez, qui n'ont point acquis cest honneur par prix, mais par tesmoignage. »

J'ay donné ce chapitre aux premieres authoritez des Peres qui me sont venus en la main, ne voulant ennuyer le lecteur d'en lire d'avantage, et aussi voulant garder ma peine à la recharge que pourra faire Jules Cæsar, s'il est si courtois que de vouloir disputer avec un aveugle.

Chapitre huictiesme

Apres avoir opposé aux docteurs alleguez par Jules Cæsar d'autres docteurs de l'antiquité, je veux comme par un corollaire confronter lesdits docteurs allegués par lui contr'eux mesmes, et que cest aveugle lui face voir que ceux d'entr'eux qui ne se dedisent s'expliquent. Et c'est afin de ne laisser au mensonge [p. 47] eschapatoire contre la verité.

S. Jean Chrysostome, le premier allegué par lui, dit ainsi au sermon de la Pentecoste : « *Non super Petrum, Non enim super hominem aedificavit Ecclesiam, etc.*[116] » C'est-à-dire : « Ce n'est pas sur Pierre, car il n'a pas basti son Eglise sur un homme, *etc.* » Le mesme au mesme sermon 8. in I *ad Ch.* : « *Fundamentum aliud nemo potest ponere praeter id quod positum est. Super hoc ergo ædificemus, et pro fundamento habeamus tanquam palmitem vitis, et nullum sit medium inter nos, et Christum, quod si medium aliquod intercederet id quamprimum aboleamus*[117]. » C'est-à-dire : « Nul ne peut mettre autre fondement que celuy qui est mis. Bastissons donc

---

114 Tertullien, *Apologeticus adversus gentes*, 39, 2, Lubbert p. 9. Voir la réaction de Boulenger, Gouin p. 83, et *Responce aux arguments* p. 141. Quelques années plus tard, dans la *Lettre au doge*, Aubigné citera ces mots de Tertullien à propos d'un projet de religion française conçu autour d'Henri IV : « Nous prismes resolution d'eslire un patriarcatz en France, ou pour le moins un ordre ecleziastiq qui secouast le jouc de Romme entierement, où par election les plus sainctz et plus vieux personnages fussent promuz à la hierarchie selon leurs merittes » (*ÉP*, p. 165).

115 *Sic.*

116 Lubbert p. 90.

117 *Ibid.* p. 104. La référence est inexacte : non « in I ad. Ch » mais I Corinthiens, 3, 15 *sq.*

sur cestuy-là, et l'ayons pour fondement, comme la maistresse branche de la vigne, et qu'il n'y ait rien de moyen[118] entre Christ et nous, que si quelque moyen y intercede, que nous l'abolissions quant et quant. » Le mesme, hom. 55 *In Matt.* : « *Super hanc Petram, id est, in hac confessione ædificabo Ecclesiam meam.* » C'est-à-dire : « Sur ceste confession, [p. 48] j'edifierai mon Eglise. » Ces passages qui ne peuvent souffrir que sainct Pierre soit fondement de l'Eglise, ne peuvent souffrir la monarchie de sainct Pierre.

Le second qu'il allegue est Teophylacte[119], qui dit *in* I *ad Ch.* : « *Cùm constet Christum et verum, et unicum fundamentum esse super hunc vobis aedificatio struenda est. Eph. 2 Et dicit prophetas, et apostolos ipsos pro fundamentis subesse, et templum Dei super apostolos struitur, et prophetas, et qui cuncta complectitur Christus est, angularis enim hic lapis utrúnque parietes prehendit, et fundamenta, et in angulari hoc lapide, Christo inquam, omnis ædificatio*[120]. » C'est-à-dire : « Qu'il est certain que Christ est le vray et seul fondement, c'est sur luy que vostre edifice doit estre basty. Les prophetes et les apostres mesmes sont dessous pour fondements, et le temple de Dieu se bastit sur les apostres et prophetes, et qui embrasse le tout c'est Christ, car ceste pierre angulaire ambrasse d'une et d'autre part les parois et les fondements, et tout le bastiment [p. 49] gist en ceste pierre angulaire, assavoir Christ. » Donc selon Theophilacte, il ne fonde point sur Pierre seul : mais il veut que les prophetes et apostres soyent de mesme rang au fondement. Et si on veut que sainct Pierre soit quelque fondement moyen entre Christ et nous, Chrysostome l'empesche par le passage ci-dessus allegué.

Sainct Cyprian suit, lequel comme il dit au passage allegué que le Seigneur a basti sur sainct Pierre, il dit aussi luy mesme en l'Epistre 27 : « *Ut Ecclesia, inquit, super episcopos constituatur, et omnis actus Ecclesiae per eosdem præpositos gubernetur*[121]. » C'est-à-dire : « Afin que l'Eglise soit establie sur les evesques, et que tout acte de l'Eglise soit gouverné par les mesmes. » Et pour monstrer plus à clair que sainct Cyprian, en parlant de Pierre, a parlé de tous, il prononce au 3e chapitre *De Unit. Ecclesiast.* : « *Christ[u]m post resurrectionem tribuisse omnibus Apostolis parem*

118 *De moyen* : d'interposé.

119 Théophylacte d'Ohrid (XIe siècle).

120 Lubbert, p. 91, donne les deux citations de Théophylacte, et la référence « I ad. Cor. » est une nouvelle fois remplacée ici par « I ad. Ch. ».

121 Lubbert, p. 93. Aujourd'hui, il s'agit de l'épître 33 : *Epistulae* – LLT-A, 33, 1, 1.

potestatem[122]. » C'est-à-dire que « Christ après sa resurrection a donné à tous les apostres une esgale [p. 50] puissance. » Et de peur qu'on ne pense que ces paroles luy soient eschappees, il dit au mesme chapitre : « *Hoc utique erant cæteri apostoli, quod fuit Petrus pari consortio præditi et honoris, et potestatis.* » C'est-à-dire : « Tous les autres apostres estoient certainement cela mesme qu'a esté Pierre, douez de pareille communauté, soit d'honneur, soit de puissance. » Je ne pers point de paroles pour expliquer celles-ci au profit de ma cause : qui en voudra voir d'avantage, voye le plus long discours du mesme Cyprian, *Sur les libertés et puissances des evesques*, lib. 4, Epist. 2, lib. 2, Epistol. 2.

Jules Cæsar dit après que pour prouver que le pape est successeur de sainct Pierre, il ne faut que sainct Hirenee : non pas à[123] ceux qui cerchent des bourdes au lieu des preuves. Hirenee est croyable en son opinion, comme en ce qu'il dit, lib. 3, que sainct Pierre evangelisoit à Rome lors que Matthieu mettoit par escrit l'Evangile, c'est à dire, la 3e annee de Cla. Caesar, qui fut le temps que s. Matthieu mit en avant son Evangile [p. 51], tesmoin Eusebe en ses *Chroniques*. Ce qui est corrigé par Marianus Scotus, qui dit que Pierre n'est venu à Rome que la quatriesme annee du regne de Claude Cæsar. Le mesme est confirmé par un livre nommé *Le Fagot des temps*. D'ailleurs par la *Compilation Chronologique*, nous trouvons qu'il a esté justement à Rome la quatriesme annee de Claudius[124]. Cela est aussi digne d'authorité que son erreur avec les millenaires : mais il y a plus d'occasion de faire instance de ce que dit S. Augustin, de qui l'autorité avoit plus de force. Me pardonne J. Caesar si je descouvre qu'il y a un peu d'impudence ou imprudence

---

122 *De ecclesiae catholicae unitate*, 3. Lubbert p. 93, qui donne aussi la citation suivante. Le texte original de Cyprien est : « *Super unum aedificat ecclesiam et, quamvis apostolis omnibus post resurrectionem suam parem potestatem tribuat et dicat : "Sicut misit me Pater et ego mitto vos"* » (LLT-A, 4, 79).

123 *Non pas à* : l'expression signifie normalement « mais pas à ». Ici, il faut comprendre : « Oui, mais pour… »

124 Marianus Scotus, auteur d'un *Chronicon* (XIe siècle). Le *Fasciculus temporum* de Werner Rolevinck, chronique médiévale d'attribution inconnue au XVIe siècle, est utilisé par les protestants, notamment par le *Catalogus testium veritatis* de Flacius Illyricus et *L'Estat de l'Eglise* (Polman, *L'élément historique dans la controverse religieuse du XVIe siècle*, Gembloux, impr. J. Duculot, 1932, p. 187 et 209), deux ouvrages connus d'Aubigné. Les références à Irénée, Eusèbe, Scotus…, les repères chronologiques, sont tous empruntés à Lubbert, p. 279. La *Compilatio chronologica* de Ricobaldus Ferrariensis est parue dans les *Illustrium veterum scriptorum qui rerum Germanis… reliquerunt… Tomi*, Francfort, apud haeredis Andrae Wecheli, 1583.

d'avoir cuidé que nul de nous n'eust leu le livre des *Retractations* de sainct Augustin, livre I, chapitre 21, en ces termes : « *In hoc libro dixi quodam loco de Apostolo Petro, quod in illo tanquam in Petra fundata sit Ecclesia, qui sensus etiam cantatur ore multorum in versibus Ambrosii, ubi de gallo gallinaceo ait, hoc ipsa Petra Ecclesia canente culpam diluit. Sed scio me posteam sæpissime sic exposuisse, quod* [p. 52] *à Domino dictum est : "Tu es Petrus et super hanc petram ædificabo Ecclesiam meam" : ut super hanc intelligeretur quàm confessus est Petrus. Non enim dictum est illi : "Tu es Petra", sed "Tu es Petrus". Petra autem erat Christus*[125]. » C'est-à-dire : « J'ay dit en quelque lieu de ce livre de l'apostre Pierre, que l'Eglise estait fondee sur luy comme en la pierre : lequel sens se chante aussi en la bouche de plusieurs aux vers d'Ambroise, où il dit du coq que l'Eglise chantant cela, la mesme pierre efface sa faute, mais je sçay que par après j'ay souvent exposé ainsi ce qui est dit par le Seigneur : "Tu es Pierre, et sur ceste pierre j'edifierai mon Eglise", que cela s'entendoit sur celle que Pierre a confessé. Car il ne luy est pas dit : "Tu es la pierre", mais "tu es Pierre". Or la pierre estoit Christ. » On ne dira de sainct Augustin que ces paroles luy soyent eschappees inconsiderément, veu que c'est en se retractant et donnant le gantelet à la verité victorieuse, à laquelle ceux qui se laissent vaincre sont veritablement vainqueurs. Mais [p. 53] voyons s'il a perseveré en sa retractation quand il est tumbé sur ce passage depuis, et que le lecteur, comme ledit docteur le conseille, choisisse la plus approuvable de ses opinions, qui sont celles où il a persisté depuis. Car comme disent les Grecs : « αἱ δεύτεραι φροντίδες σοφώτεραι[126]. » Au sermon 13 *De la parole du Seigneur* : « *Tu es Petrus, et super hanc Petram, quàm confessus es, super hanc Petram quàm cognovisti" dicens, "Tu es Filius Dei, aedificabo Ecclesiam meam", id est super meipsum Filium Dei vivi aedificabo Ecclesiam meam, super me ædificabo te, non me super te" : nam homines volentes aedificari super homines dicebant, "Ego sum Pauli, ego Apollo, ego Cœphae, id est Petri" : alii vero, qui nolebant ædificari super Petrum sed super Petram dicebant : "Ego sum Christi."*[127] » C'est-à-dire : « Tu es Pierre, j'edifierai mon Eglise sur ceste pierre que tu as confessee, sur ceste pierre que tu as cognue disant : "Tu es Christ, le fils de Dieu", je bastirai mon Eglise sur moi et non sur toi[128].

---

125 *Retractationum libri duo*, LLT-A, 1, 21, 7.

126 « La seconde pensée est la plus sage » (Euripide, *Hippolyte*, v. 436).

127 *Sermones ad populum – LLT-A*, sermon 76, Instrumenta Patristica, 24, p. 57.

128 La traduction tronque le texte.

Car les hommes qui vouloient estre bastis sur les hommes, disoient : "Je [p. 54] suis de Paul, moy d'Apollos, moy de Cephas, et luy est de Pierre." Et ceux qui ne vouloient pas estre bastis sur Pierre, mais sur la pierre disoient : "Je suis de Christ." » Pierre est basty sur la pierre, et non la pierre sur Pierre. Pour n'ennuyer point le lecteur de tant de passages, lise qui voudra sainct Augustin semblable à soy mesmes en ceste doctrine, traitté 124 *in Joh.* et de la *Cité de Dieu*, liv. 2, chapit. 7, Traitté 10 sur l'Epistre S. Jeh. 2,1, chapitre 21. Voilà les dernieres opinions de sainct Augustin, ausquelles nul ne preferera les premieres, qui pouvoient encor se sentir de son apprentissage et des premieres erreurs. [p. 55]

Chapitre neufiesme

Il est maintenant à propos de laisser à Jules Cæsar quelques arguments à ronger pour voir s'il les pourra reprendre[129] de n'estre pas en bonne forme et au giste, s'il y a faulseté aux enonciations, afin qu'il puisse me rendre la pareille, s'il y en a occasion.

Le premier

Nulle monarchie hierarchique instituee sans la parole de Dieu, n'est legitime.
La monarchie hierarchique du pape est instituee sans la parole de Dieu.
Ergo la monarchie hierarchique du pape n'est pas legitime.

Jules Caesar aura honte de debatre la majeur, puis qu'il a commancé de vouloir prouver que ceste hierarchie est fondee sur l'expresse parole de Dieu. Il nyera donc la mineur, et dira comme [p. 56] dessus, que sainct Pierre a receu ceste charge de Jesus Christ, et que le Pape l'a receuë de sainct Pierre. Sainct Pierre l'a receuë pour trois raisons, pour avoir receu les clefs, pour lui avoir esté commandé de paistre les brebis, pour avoir esté declaré fondement de l'Eglise. Nous maintiendrons que sainct Pierre n'a receu aucune puissance monarchique pour n'avoir point receu seul les clefs, seul en la charge de paistre les brebis, et point du tout esté establi fondement de l'Eglise, et ce par ce second argument :

129 *S'il les pourra reprendre de* : S'il pourra leur reprocher de.

Tous ceux à qui Jesus Christ a donné la puissance de deslier, remettre ou retenir les pechez, ceux-là ont receu les clefs du royaume des cieux.
Tous les apostres ont receu de Jesus Christ la charge de deslier, remettre ou retenir les pechez.
Ergo tous les apostres ont receu les clefs du royaume des cieux.

La majeur n'a point besoin de preuve, car la reception des clefs n'est à autre usage que pour ouvrir et fermer, ou [p. 57] lier et deslier. Si on nye la mineur, je la prouve par les Anciens, et par texte bien exprès. Sainct Hierosme *Contre Jovinian*, Origene, Ier traitté sur sainct Matthieu, Basile in *Aschetic*[130], chapitre 23, et en ce 3e argument :

Tous ceux à qui il est dit : « Paissez la bergerie, et enseignez toutes gens », ceux-là ont pareille charge.
Or il est dit à tous les apostres : « Paissez les brebis, et enseignez toutes gens. »
Ergo, tous les apostres ont pareille charge.

La majeur n'a point besoin de preuve, car « paistre », qui est à dire, « enseigner », est le terme moyen par lequel en ceste instance il veut prouver la monarchie de sainct Pierre. La mineur, S. Pierre la defendra au cinquiéme de sa premiere, où il dit : « Paissez le troupeau de Christ », parlant à tous les anciens. Je prouve encor ma mineur du 28e sainct Matth., vers. 19, « Enseignez toutes gens. » Or pour appliquer ces deux derniers arguments à la matiere disputee, nous ferons ainsi ce quatriesme [p. 58] :

Nulle charge generale à tous les apostres, n'est la charge de sainct Pierre seul.
La charge des clefs et de paistre, est generale à tous les apostres.
Ergo, la charge des clefs et de paistre, n'est point à sainct Pierre seul.

Nous confirmons par ce cinquiéme prins de sainct Cyprian[131] :

Tous ceux qui sont douez de pareille societé d'honneur et de puissance, sont pareils.
Tous les apostres estoyent douez de pareille societé d'honneur et de puissance.
Tous les apostres sont donc pareils.

---

130 Les *Ascetica*, ou *Œuvres ascétiques*.

131 *De simplicitate prælatorum* [aujourd'hui *De Catholicae Ecclesiae Unitate*], cité par Lubbert, p. 694 : « *Dominus pos resurrectionem suam omnibus Apostolis parem potestatem tribuit.* »

Et par ce 6e :

En nulle troupe de pareils il n'y a point de monarque.
La troupe des apostres est de pareils.
Donc en la troupe des apostres, n'y a point de monarque.

Et par ce 7e :

Ceux qui ne dominent point ne sont point monarques. [p. 59]
Les apostres ne dominent point.
Ergo, les apostres ne sont point monarques.

La majeur se preuve d'elle mesme. La mineur est fondee en textes exprès, Matthieu 20 : « Les Roys de la terre dominent, et non pas vous[132]. »

Pour le troisiesme poinct, qui est le fondement de l'Eglise, nous apportons cest 8e argument :

Nul homme muable n'a peu estre fondement de l'Eglise immuable.
Pierre a esté homme muable.
Donc Pierre n'a peu estre fondement de l'Eglise immuable[133].

La majeur porte son authorité. La mineur se preuve par cest argument :

Quiconque a peché et s'est repenty a changé et en pechant et en se repentant.
Pierre a peché et s'est repenty.
Donc Pierre a changé.

Les termes de la majeur sont coherens. La mineur est authorisee en S. Mat. 16, vers. 22. Item, 26, vers. 47, aux Gal. 2, vers. 14, où les fautes et changemens [p. 60] de sainct Pierre paroissent à l'œil, et qui en voudra voir l'explication des Peres lise Origene, in *Hom.* I *sup. Matt*, Aug., *Serm.* 13 *Des paroles du Seigneur*, et sur le Pseaume 34, et *Contr. Manich.* chapitre 16. Item, Tertul., Lib. 3 *Contr. Marc.* et au chapitre 23. des *Præscrip.* Voilà pour exercer Mons. Jules Caesar, qui n'aura point la

132 Matthieu 20, 25-26 : « Vous savez que les Princes des nations les maistrisent : et les grans usent d'authorité sur iceux. / Mais il ne sera point ainsi entre vous. »

133 *Cf.* Lubbert, p. 256 : « *Quod peccato mutari potest, illud universæ Ecclesiæ immobile fundamentum esse non potest. Sed Petrus. Ergo.* »

peine de sortir de la premiere figure[134] pour examiner mes arguments. Quant à mes allegations, il n'en trouvera ni de faulses ni de vaines, car je les ay alleguees avec plusieurs tesmoins, pour n'avoir pas eu assez de fiance en mes yeux, pour des choses tant sacrees. [p. 61]

Chapitre dixiesme

Je me contenterai de ce que dessus pour le premier escrit de Jules Caesar en ce qui touche la primaulté du pape. Tout lecteur qui aura jugement et memoire, verra comment m'estant contenté d'opposer un veritable discours à ses vanitez premieres, j'ay descouvert ses arguments pour faux et de nulle valeur, j'ai destruit ses authoritez par d'autres authoritez des Peres puis que Jules Caesar est de ceux qui recusent les sainctes escritures. Et mesmes j'ai voulu choisir les autheurs qu'il avoit choisis, pour monstrer quelle fidelité on peut esperer du jugement des hommes, en rejettant[135] ceux qui ont parlé par l'Esprit de Dieu.

Il faut maintenant distraire du dernier livre escrit contre Monsieur de la Blachiere[136] tous les poincts qui [p. 62] touchent à la matiere du pape, comme les quinze raisons par lesquelles l'adversaire essaie de prouver que le pape n'est pas l'Antechrist. J'espere par ces quinze marques choisies par les estafiers du pape, descouvrir leur vergongne, et monstrer comme ils sont valets d'une infame tyrannie, laquelle ils veulent cacher et leurs hontes ensemble, mais ce sera la matiere d'un second livret, qui ne lairra pas de paroistre, Dieu aydant, quelque mauvaise chere que Jules Caesar face à cestuy-cy. Qu'il ne s'amuse donc pas à cercher des excuses sur mes yeux, veu qu'il y va ici du faict et non pas des personnes, des cieux et non pas des yeux. Ou s'il s'amuse à emplir sa bouche de vanitez et respondre en gambades comme il a faict à Monsieur de la Blachiere, il plairra à quelques esprits de vanité, mais non pas à ceux qui sont curieux de recercher le veritable. Qu'il ne dedaigne donc point de respondre à un

134 Seuls les syllogismes de la première figure sont considérés comme parfaits par Aristote, parce que la conclusion « n'a besoin de rien autre chose que ce qui est posé dans les prémisses » (*Premiers analytiques*, I, 1, p. 5).

135 *Rejettant* : non pas en méprisant, mais en laissant de côté les inspirés, pour s'adapter à son contradicteur.

136 Après une réfutation du premier écrit perdu de Boulenger, Aubigné s'attaque à la *Responce aux calomnies*…

petit compagnon comme Michau (combien que le roy ne le cognoisse pas moins que Jules [p. 63] Caesar), ou je diray que la mesfiance de vostre cause vous a clos la bouche, et non le desdain de ma personne, veu que la matiere de laquelle nous traittons est si haute et si grande qu'elle annoblit celuy qui la traitte fidelement, et n'a besoin d'estre authorisee des qualitez naturelles ni acquise[m] des hommes, comme aussi on ne la contemple pas des yeux corporels, mais du tranchant de ceux de l'esprit[137]. Je sçay bien qu'il vous faschera, apres avoir conté vos batailles contre des gouverneurs, que Michau parle quand ils se taisent. Mais si vous vous taisez quand Michau parle, je diray que vous n'avez pas les affaires de la guerre en main comme ils ont, et que vous estes aussi punissable refusant de parler, comme eux refusans de faire. Si vous vous plaignez de disputer contre mon maistre et moi tout à la fois, je ne me plain pas de disputer contre vos maistres et vous. Mais donnez moy vostre valet hardiment à partie, pourveu qu'il parle en maistre, et que luy et moy espluchions jusques au [p. 64] dernier article tout ce qui concerne Monsieur le pape, sans embrouiller autre matiere parmi, comme la coustume de vous autres sophistes est, quand vous sentez vostre decadence sur un poinct de vos disputes : vous destournez vos yeux à quelque chose esloignee pour couvrir la honte de la presente. Laissons ceste subtilité à Maistre Gonnin[138], et ne desmordans[139] point l'estat de la question commencee, demeslons entre tant d'espines et de fueilles le brin de la verité, pour l'asseurance des ames esbranlees, la consolation des esprits qui sont en perplexité, l'enseignement des simples, et la condamnation de ceux qui parlent contre leurs consciences.

Sçache Jules Caesar, que comme se vaincre soy mesmes,
ce fust la gloire des Caesars[140], aussi donner gloire et
victoire à la verité, c'est la honte du
Diable, la gloire et le triomphe
du chrestien victorieux.

---

137 Voir les « trenchans regards » de l'Église (*Tragiques* I, v. 16).

138 Jeu sur le nom de Matthieu Gouin et sur le proverbial Maistre Gonin, qui désigne un faiseur de tours, un prestidigitateur.

139 L'emploi transitif est original.

140 L'éloge d'Henri IV à la fin de l'édition princeps des *Tragiques* (p. 941), reprend un topos : « *Seipsum vincere, palmarium* » (Junius Hadrianus, *Emblemata*, 15) ; « Vaincre soy-mesme est la grande victoire » (Pibrac, *Quatrains*, 47, *cf.* Giano Anisio, *Sententiae, Catonis Disticha moralia*, 1581, f° 75).

Est una litera Domini Onerati Honorati, et onerati honore et onere vendendi Commenta Julii Cæsaris.

Et voici une lettre du seigneur Honoré Chargé, chargé d'être honoré de la charge de vendre les *Commentaires* de Jules César[141].

Domine Buligerule
Non dico nugigerule
Hoc transiret ralieriam :
Et haec est illius nota,
Qui perdidit in disputa
Quod venit ad injuriam.

Ô mon seigneur Buligérule[142],
Je ne dis pas bouffi et nul,
Ça passerait la raillerie,
Et c'est vraiment un signe sûr
Qu'en disputant on a perdu,
Quand énervé on injurie[143].

O Domine doctor fine
Si tibi scribo Latine
Est lucrum de tua schola,
Ego multum proficio,
Quod tuo beneficio
Deveni Bibliopola. [p. 66]

Ô seigneur docteur gros malin,
Si là je t'écris en latin,
J'ai gagné ça à ton école,
Car moi, pour faire tes affaires,
J'ai profité, quel coup de bol,
Et je suis devenu libraire.

Mihi dedisti libellum
Ad vendendum vere bellum,
Quid faceret ad latrinas
Facere cacatoribus
Qui jam suis lectoribus
Facit facere tot minas ?

Tu m'as donné un opuscule
À vendre. Il est vraiment minet.
Dans les latrines il va donner :
Les chieurs feront grande chiasse,
Puisque ceux qui le manipulent
Ne font que faire des grimaces.

Nutant, nictant catholici,
Ludunt, rident Hæretici,
Nobis cum videmus ista
Hic liber adaperire
Cito facit dignoscere
Huguenotum de Papista.

Les catholiques plient, et plissent
Les yeux. Les hérétiques rient,
Et blaguent. Nous, voyant cela,
Comprenons que ce livre-là
Permet de faire un distinguo
Entre papiste et huguenot[144].

141 La famille Chargé compte plusieurs pairs ou échevins de la ville de Niort. Le prénom de Boulenger prête au rapprochement avec les *Commentaires de la guerre des Gaules* de César. Ce poème macaronique sera amplifié dans les *Jambonika*. Voir *PP*, p. 345 *sq.* En bénéficiant du travail de Béatrice Charlet-Mesdjian et de Jean-Louis Charlet, il a paru possible de proposer ici une version différente, avec quelques nuances de sens.

142 Le jésuite préférait à *Boulenger* le nom de *Buliger*, le jugeant plus noble (*PP* p. 346). Il produit *buli-ger* (*bulla*, *gero*), qui porte les bulles du pape. La bulle est aussi symbole d'inanité. Il fait jeu de mots avec *nugigerulus* (*nugae, gero*), le colporteur de colifichets (« *celui qui porte des babioles* ») : Plaute, *Aulularia*, 525 ; Isidore de Séville, *Étymologies*, 10, 192. Analyse due à J.-L. Charlet.

143 Sur l'opposition entre la raillerie civile et l'injure *scurrile*, voir p. 96.

144 Dans la *Responce aux injures et calomnies de je ne sais quels prédicants et ministres de Genève*, Ronsard opposait sa sociabilité amène aux calvinistes sectaires et atrabilaires.

Si uno die tu, pistor,
Esse potes inquisitor,
Combures in illa nota
Disputantes his diebus
Cum disputabit ignibus
Concilium de Triginta.

Un de ces jours, toi, l'enfourneur[145],
Tu peux te faire inquisiteur :
Fais donc griller sur ce critère
Les disputeurs, ce sera l'ère
De la dispute flamboyante
Pour notre Concile de Trente[146].

Habes mihi bené minam
In judicando personam
Quæ Papam non fateatur.
Per sexum, nec per ætatem
Non habere pietatem,
Sed dicere : « Comburatur. »

Pour moi tu aurais belle allure
En condamnant les créatures
Ne reconnaissant pas le pape.
Ni pour les femmes ni pour l'âge,
Il ne faut avoir de pitié.
Disons plutôt : « Sur le bûcher ! »

Rex non erit absolutus,
Si est Papa resolutus, [p. 67]
Quin comburat Huguenotum.
Pugnat adhuc Huguenoté,
Precatur Deum secreté,
Hoc est sentire fagotum.

Si le pape sait rester droit,
Pas d'absolution pour le roi,
À moins d'un grill de huguenots.
En huguenot il lutte encore,
Il prie son dieu incognito :
Il sent vraiment trop le fagot[147] !

Taceamus ego et tu
De negotiis de statu,
Caveamus silentium
De secreto quod nos scimus

Mais taisons-nous et toi et moi,
Sur les affaires de l'état[148],
Gardons un très profond silence
Sur le secret que nous savons…

L'opposition est ici inversée et reformulée en termes théologiques : l'angoisse du mauvais chrétien s'oppose au plaisir supérieur du chrétien véritable ; la vérité réjouit les fidèles et fâche les impies. Transposition comique de *Tragiques*, Préface, v. 36-42 : « Aux uns tu donneras de quoy / Gemir et chanter avec toy, / Et les autres en ta lecture / Fronçans le sourcil de travers / Trouveront bien la couverture / Plus aggreable que tes vers.

145 *Pistor* (Boulenger/boulanger) par jeu de mot avec *pastor* (pasteur, prêtre).

146 Une des conditions du rapprochement en cours d'Henri IV et de Rome est la « publication » en France du concile de Trente. Elle ne se fera jamais, mais les protestants la redoutent, car selon eux elle implique leur persécution.

147 L'absolution d'Henri IV n'a pas encore eu lieu (voir p. 16) et Aubigné conserve quelque espoir pour la foi du roi, qui n'aurait peut-être fait, comme beaucoup l'ont cru, que *s'accommoder au temps*. Henri prierait encore en secret, trait qui révèlerait son protestantisme (voir *Tragiques* II, v. 1141-1142), il combattrait *en huguenot* : courageusement, peut-être après avoir chanté un psaume (voir *PP* p. 73). Symétriquement, des catholiques de la Ligue comme Jean Boucher accusent le roi d'une conversation de pure forme.

148 La doctrine des *mysteria politica*, ou *arcana imperii*, exige le secret du pouvoir que doit respecter le simple sujet.

Usque quo nos fecerimus
Vindictas innocentium.

Jusqu'à ce jour où nous pourrons
Des innocents tirer vengeance[149].

Malo tibi numerare
Hoc quod audio dicere
Vendendo tuam Replicam,
Super tuas rationes
Illis, qui branlant talones
Desuper nostram Botiquam.

Je préfère te rapporter
Comment j'entends apprécier
Pendant que je vends ta *Réplique*,
Tes syllogismes, tes raisons :
Les clients tournent les talons
Et filent loin de la boutique.

Dicunt sanè quod in prosa
Bulengerus cadit causa,
Sed quod in hac parochia
Non sunt tam boni Poëtæ
Ut habet pro laudare te
Pictavii Bazochia.

Ils disent en vérité qu'en prose
Boulenger a ruiné sa cause.
Mais il n'y a dans ce patelin,
Pas de poètes assez bien
Pour te louer ; on en connaît
À la basoche de Poitiers[150].

Sed te non credebam prorsus
Furatum quatuor versus
Verbum verbo de Ronsardo,
Et adhuc quod illos vidi [p. 68]
Disputavi, nec credidi
Ne facerem de couardo.

J'ai trouvé extraordinaire
Que tu aies dérobé des vers,
Quatre ! mot pour mot ! à Ronsard[151].
Tant que je ne les eus pas lus,
J'ai tout nié, n'y ai pas cru,
Pour ne pas faire le faiblard.

Me fecerunt id legere
Ego pro me non reddere,
Usus sum tuis defensis,
Ut tu dicis de Bibliis
Dedi bonam sic aliis
Est Ronsardus Genevensis.

Ils me les ont montrés, j'ai lu…
Pour ne pas m'avouer vaincu
J'ai usé de tes procédures,
Lorsqu'on te cite l'Écriture :
« J'ai donné le bon texte, moi !
Ça, c'est un Ronsard genevois[152]. »

---

149 Dans la bouche du catholique, la formule dit la volonté de se venger des huguenots, et prend un sens très local dans la version finale du poème, qui décrit la prise de Niort par les protestants le 27 décembre 1588, le jour de la fête des Innocents. De quel *secret* s'agit-il ? Une promesse d'extirper le protestantisme du royaume ? L'œuvre politique ultérieure développe partout cette thèse.

150 Boulenger a recouru à l'université de Poitiers (p. 22), et un avocat, Remonderie, aurait participé à son livre.

151 Boulenger a placé p. 281 un quatrain « Des quatre humeurs du ministre », c'est-à-dire le quatrain « Des divers effects de quatre choses qui sont en frere Zamariel, predicant et ministre de Geneve » de Ronsard (*Œuvres complètes*, éd. Céard, Ménager, Simonin, Paris, Gallimard, 1994, II, p. 1043. Ce n'est pas un plagiat, puisque le quatrain est suivi des initiales « P.D.R ».

152 Fondée sur la traduction d'Olivétan (1535), la « Bible de Genève » est révisée en 1553 pour l'Ancien Testament, en 1560 pour le Nouveau, avant la révision complète de 1588. Les controversistes catholiques la critiquent. Chargé se serait défendu en refusant de croire à l'authenticité du texte

Unus pinguis Huguenotus
Ridens se branlabat totus
Cadens super id somnium,
Per quod probas altaria,
Putant quod res porcaria
Sola tangit Antonium.

Le rire secouait un gras
Huguenot quand son œil tomba[153]
Sur ce rêve prouvant pour toi
Que les autels on vénéra.
Antoine seulement s'adonne,
Croit-on, à l'espèce cochonne[154],

Antonius cum revabat
Asinis prophetisabat
Abundans Refectorium :
Nam nec muli, nec Asini
Non vertunt nisi sint pleni
Nates ad Mangeatorium.

Mais Antoine, quand il rêvait,
Pour les ânes prophétisait
Un riche et garni réfectoire.
En effet ni les mules, ni
Les ânes, tant que non gavés,
Ne tournent cul à la mangeoire.

Audivi plenos furoris
Duos parentes uxoris
Illius de Blacheria
Jurasse nescio quibus
Ludere de Bastonibus
Et duplici striveria. [p. 69]

J'ai appris que tout en colère
Deux parents du bon La Blachière
Par son épouse à lui liés,
Avaient promis un jeu très bon
Avec je ne sais quels bâtons
Et puis des doubles étrivières[155].

Cape bene custodiam
Ne ludant hanc Comediam,
Apud istos Hæreticos,
Quod apud nos est mortale
Est peccatum veniale
Missa manus in Clericos.

Occupe-toi bien d'empêcher
Que cette farce soit jouée :
Pour ces satanés hérétiques
Ce qui nous est péché mortel
N'est qu'un petit péché véniel :
Cogner sur les ecclésiastiques[156].

---

où figure l'emprunt à Ronsard, imitant Boulenger, qui, selon une addition à ce poème, gêné par une citation biblique, prétendit que ce n'était que « la Bible de Genève » (*PP*, p. 352).

153 Ce huguenot est probablement Aubigné. En 1606, Gilles de Bourron, dans une lettre à Charlotte-Brabantine de Nassau, sourit de son embonpoint : « Monsieur d'Aubigny vous doit escrire. Il a plus besoing d'estre mis à la diète que à la mue, car il a les joues grosses comme un moine de Maillezais » (site de Jean-Luc Tulot, http://jeanluc.tulot.pagesperso-orange.fr/Bourron.pdf, consulté le 1/11/2021, p. 31). Aubigné plaisantera sur son aptitude au fou rire et sur ses effets fâcheux (« *Gubernator [...] concacavit indusium* », *PP* p. 361).

154 Voir une épigramme latine, *PP* p. 199-200. Allusion à un passage de Boulenger : « Saint Athanase en la Vie de saint Anthoine, et Sozomene l. 6 ch. 5 de son Histoire : "ὄναρ ἴδεν Αντώνιος, ημιόνους το θυσιασήριον λακτίζοντας. C'est à dire : Saint Anthoine vit en songe des Mulets qui donnoient des ruades contre l'Autel" » (*RAC* p. 174). Boulenger est en train de citer des exemples de l'adoration des autels dans l'ancien christianisme. La pertinence de ce rêve se justifie peut-être par opposition : les hommes adorent les autels (exemples précédents), les mulets les profanent. L'iconoclasme protestant est visé.

155 La bastonnade et les étrivières châtient des personnes de petite condition.

156 Un article du concile de Trente excommunie les responsables de violence contre un clerc (*Decretum aureum Domini Gratiani*, XVII, 4).

Unus plus dulcis dicebat
Quod ferire non volebat,
Solum super tua trogna,
Uno vellet argumento
Se jocari, tunc subito
Rubesceres de vergoigna.

Ego partior in istum,
Dedi unum dementitum
Et illi dixi : quomodo
Esset illud quod faceres
Ut rubesceret una res
Plus rubea quam rubedo.

Nos pro te deverberamus
Juli Cæsar, ut possumus
Sed me deficit anima
Cum caecus facit tam clare
Oculatis aspicere
Quod non disputas in forma.

Pro deo rediscito quam
Oblitus es sophisticam [p. 70]
Et si est modus lucrari
Illum novum scholasticum
Qui docuit pravum caecum
Ad tam bene disputare.

Sed vincat, et probet veré,
Cum martyrio vivere
Nolumus, et penuria,
Mavult tuus Oneratus
Tecum fieri damnatus
Quam salvus cum Blacheria.

S.Q.N.M.F.
F.C.D.A.
T.L.H.

Un autre moins violent disait
Qu'en vérité plus que frapper
Dessus ta rubiconde trogne,
Il voulait d'un seul argument
Se faire rire en te faisant
Tout d'un coup rougir de vergogne.

Moi je raffine devant lui[157],
Et je lui porte un démenti
En demandant : et comment donc
Pourrais-tu réussir ici
À cramoisir un cramoisi,
Au rouge plus que rubicond[158] ?

Pour toi, nous, comme nous pouvons,
Jules César, nous nous battons.
Mais moi j'ai l'âme qui défaille
Quand l'aveugle si clairement
Met sous les yeux de tous, sans faille,
Qu'ils sont très nuls, tes arguments.

Au nom de Dieu, remets-toi vite
À la sophistique oubliée,
Et s'il y a moyen, profite
De ce nouveau jeune écolier[159]
Qui a appris à disputer
À un aveugle estropié.

Mais qu'il gagne et prouve le vrai !
Vivre martyr dans la misère,
Ça n'a pour nous aucun attrait.
Oui, ton ami Chargé préfère
Être damné à tes côtés
Que sauvé avec La Blachière !

---

157 *Partior* concerne la division du sujet en rhétorique, ou dans la dispute.
158 Boulenger aurait été rouge « comme le jabot d'un dindon » (*PP* p. 352).
159 L'écolier que Michau a consulté. Voir plus haut p. 95.

RESPONCE DE MATTHIEU GOUYN, SERVITEUR DE M. JULE CAESAR BULENGER

À l'escrit de Michaut l'aveugle
contre la souveraineté du pape de Rome[1]

1 A POICTIERS | Par Jean Blanchet demeurant pres le gros horloge | 1595.

[p. 3]

MATTHIEU GOUYN À MICHAU L'AVEUGLE,
OU EN SON ABSENCE À MONSIEUR SON SECRETAIRE.

Michau l'aveugle, j'ay veu la réponce que toy, ou quelqu'un aussi aveugle d'esprit que tu es de corps, a faict à Monsieur Bulenger, contre la primauté du pape. J'ay eu d'entrée opinion que la defectuosité de ton corps estoit passée en l'ame de ton secretaire : mais depuis, ayant consulté l'affaire à quelques gens d'esprit, j'ay appris que les maladies de corps ne passoient point en la substance de l'ame, et qu'il estoit plus vray semblable que ton secretaire et toy estiez frappez d'un mesme esblouissement d'esprit pour avoir trop haussé le gobelet, et qu'il falloit vous laisser dormir [p. 4] pour cuver le vin à vostre aise, et donner vent aux fumées qui vous troubloient la cervelle. J'ay toutesfois trouvé mauvais en vos resveries que vous autres reformez pretenduz, en matieres graves et importantes de la religion, vous usez de sornettes, railleries et bouffonneries pour rendre la verité ridicule et odieuse : mais c'est la maladie commune de tous heretiques, de bouffonner où l'on ne peut respondre. Pour ne tomber au vice qui vous est propre, je te promets et jure, Michau l'aveugle, et à monsieur ton secretaire, de ne sortir hors des bornes de notre dispute, et ne toucher en ceste responce autre poinct que de la primauté du pape, sans m'arrester à tes sornettes et bouffonneries. Je me recommande. [p. 5]

RESPONCE DE MATHIEU GOUYN À L'ESCRIT DE MICHAUT L'AVEUGLE CONTRE LA PRIMAUTÉ DU PAPE.

Responce au ch. 5 de l'aveugle. Que l'Escriture doit estre entendue selon le sens des docteurs anciens és poincts de la foy.

Les chiquaneurs qui sentent leur cause malfondée, pour esloigner d'avantage le jugement et la fin du procez, recusent d'intrade[2] le juge ordinaire et legitime, et tâchent par tous moyens d'en avoir un à leur poste, puis ilz reprochent[3] les tesmoins qui deposent contre eux à fin de tirer le procez en longueur et fuir leur condemnation qui est certaine. Aussi les heretiques mal appuiez en leur cause [p. 6] recusent en premier lieu le juge ordinaire et legitime de l'Eglise, qui est le pape, et puis l'authorité des anciens Peres, qui sont tesmoins irreprochables de la vérité catholique. Mais tout ainsi que ceste fuitte[4] de juges et de tesmoins en un corbineur de palais[5] est un signe manifeste d'une mauvaise cause, aussi ceste fuitte par laquelle les haeretiques rejectent l'authorité du pape et des anciens Peres, est une marque evidente de la foiblesse de leur cause. Ils disent que l'Escriture doit estre juge de nos differens, et ne s'avisent pas que nous sommes en debat de l'Escriture, et de sa possession, et de son intelligence, et que jamais les pieces contentieuses ne font l'office de judicature[6]. Jesus Christ dit : « Tu és Pierre, et sur ceste pierre je [p. 7] bastiray mon Eglise. » Le catholique entend ces parolles de[7] la souveraineté de s. Pierre sur toute l'Eglise, le calviniste nie que la souveraineté de l'Eglise par ces paroles ait esté donnée à s. Pierre, les voilà tous deux appointez contraires sur

2 *D'intrade* : dès le début. Provençalisme. Ce début est symétrique de celui de la *Responce.*

3 *Reprochent* : récusent.

4 *Fuitte* : le fait d'essayer d'échapper aux juges…

5 *Corbineur* : « écornifleur, aigrefin, rapace » donne Godefroy. Le mot s'est spécialisé pour les « Corbineurs du Palais. *Lawyers, and Clerkes ; which ordinarily fleece, lurch, poll, and spoile, poore suiters* » (Cotgrave).

6 Les pièces en débat n'arbitrent pas le débat.

7 *Entend ces parolles de* : applique ces paroles à…

l'intelligence de ce passage : qui vuidera leur different ? Le calviniste ne croit pas au catholique. Le catholique ne croit pas au calviniste. Il est du tout necessaire de prendre quelque juge pour appointer leur different, ou jamais ils ne tomberont d'accord.

Qu'on prenne tous les docteurs de l'Eglise primitive qui ont tiré leur doctrine de la bouche des apostres. Et me semble que les adversaires ne peuvent refuser cest offre sans donner une preuve manifeste de la mauvaitié de leur cause, en laquelle ilz veulent [p. 8] estre juges et parties. Et ne sert de mettre en avant les authoritez d'Origene, s. Hierôme, s. Augustin et autres qui disent que toute doctrine contraire à l'Escriture doit estre rejettée, pour ce qu'encore que toute doctrine contraire à l'Ecriture doive estre rejettée, si ne s'ensuit-il pas de là qu'il faille plus faire d'estat des imaginations fantastiques de Calvin que des interprétations des anciens Peres, qui expliquent l'Escriture par l'Escriture ou par la tradition des apostres. Les adversaires mesmes ont des traditions qui ne sont comprinses és Escritures sainctes, et toutesfois ils les tiennent pour poincts de leur creance. Ilz gardent[8] le dimanche qui n'est commandé par l'Escriture, et n'observent le jour du sabath dont l'observation est [p. 9] commandée par la mesme Escriture. Ilz mangent la chair estouffée en son sang, chose deffendue au chapitre 15 des Actes. Ilz tiennent que l'Esprit procede du Pere et du Filz, qu'il faut baptizer les petits enfans, que la mere de Dieu est vierge durant l'enfantement, en l'enfantement, et après. Ilz baptizent és temples par la main du ministre et prennent des parreins, ilz chantent les pseaumes de David, ilz prennent le ministre pour espouser les mariés, ilz publient les bancs, ilz donnent nom aux enfans baptizez, qui sont choses non commandées expressement és Escritures sainctes[9]. Et cependant ils crient alarme contre les ceremonies et traditions de l'Eglise que nous avons receuës de main en main des anciens Peres et [p. 10] des apostres. Ilz disent qu'il faut interpreter l'Escriture par l'Escriture et se battent entr'eux en l'interpretation de mesmes passages, ne pouvans tomber d'accord en leurs bizares[10] opinions. Calvin est chef de part, Luther d'un

8 *Gardent* : ils observent le repos dominical.

9 Thèse catholique classique des croyances et des pratiques non explicites dans la Bible ou non imposées par elle. Les protestants publient à La Rochelle en 1598 un manuscrit de Du Perron sur les traditions apostoliques sous le titre provocateur *De l'insuffisance des escritures…*

10 *Bizarres* : bigarrées.

autre, Zwingle d'un autre, et tous trois sont à se couper la gorge en leurs interpretations de l'Escriture par l'Escriture. Nous autres catholiques, sommes tous d'accord és poincts de la foy pour ne nous arrester[11] à nos imaginations particulieres, mais acquiescer à la creance de toute l'Eglise primitive et des anciens docteurs à qui la verité n'a pas esté cachée : autrement l'Eglise primitive n'aurait pas esté assemblée de fidelles unis en mesme foy, mais plustost synagogue de gens desvoyez et abusez, de qui les [p. 11] evesques et docteurs auroyent esté prevenuz d'opinions erronées. Ç'a esté la pratique ordinaire des conciles de vuider les differens des chrestiens és poincts de la foy par la doctrine des anciens Peres qui avoient touché la mesme matiere, comme il appert du Concile d'Ephese page 120 : « Πέτρος πρεσβύτερος ἀλεξανδρείας εἶπεν. ἐπειδὴ μετὰ χεῖρας ἔχομεν καὶ βιβλία τῶν ἁγιωτάτων καὶ ὁσιοτάτων πατέρων καὶ ἐπισκόπων καὶ διαφόρων μαρτύρων, ἐπιλεξάμεθα δὲ ἐκ τούτων ὀλίγα κεφάλαια, εἰ παρίσταται ὑμῖν ἀναγνωσόμεθα[12]." » C'est-à-dire : « Pierre d'Alexandrie dit au Concile d'Ephese : "Pource que nous avons entre les mains les livres des anciens peres et très saincts evesques et martyrs, nous en avons recueilly quelques poincts, s'il vous plaist nous les lirons." » Au mesme [p. 12] concile en l'espistre de Cerealis[13], ces[a] parolles sont couchées : « ὅστις βούλεται ἅτινα ὑπὲρ τῆς καθολικῆς καταστάσεως ἐθέσπισεν εἰς τὸ διηνεκὲς μένειν, οὐ τῇ ἰδίᾳ αὐθεντίᾳ, ἀλλὰ καὶ τῇ τῶν ἀρχαιοτέρων ψήφῳ ὀφείλει βεβαιωθῆναι ὅπερ ἐφρόνησεν. ὥστε οὕτως τοῦτο μὲν ἀπὸ τῶν ἀρχαιοτέρων, τοῦτο δὲ ἀπὸ νεωτέρων ὅρων ὅπερ διαβεβαιοῦται δοκιμάζων μονογενῆ τῆς καθολικῆς ἐκκλησίας τὴν ἀλήθειαν ἀπὸ τῶν παρῳχημένων καιρῶν μέχρι τῶν παρόντων ἤτοι τῶν ἡμετέρων ἁπλῇ καθαρότητι καὶ ἀηττήτῳ αὐθεντία τρέχουσιαν ἑαυτὸν καὶ λέγειν, καὶ διδάξειν καὶ κατέχειν[14]. » C'est-à-dire : « Celuy qui veut que ce qu'il ordonne sur le faict de la doctrine catholique demeure ferme, doit confirmer ce qu'il sent non par sa propre authorité, mais par la doctrine des anciens, à fin que confirmant ce qu'il dict par la doctrine des anciens et des modernes, il monstre [p. 13] qu'il tient l'unique verité de l'Eglise catholique, qui

11 *Pour ne nous arrester* : parce que nous ne nous arrêtons pas....

12 *Concilia generalia ecclesiae catholicae Pauli V pont. max. auctoritate edita, graece et latine*, Rome, Ex typographia Vaticana, I, 1608, p. 352.

13 « *de Cerealis* » est en italiques. L'évêque Cerealis a écrit contre les Arriens. Mais il y a probablement une erreur. Dans l'édition des *Concilia generalia* que nous consultons, il s'agit d'une lettre de Capreolus, évêque de Carthage.

14 *Ibid.* p. 366.

a esté continuée en sa pureté et authorité perpetuelle depuis le temps passé jusqu'au nostre. » Ces paroles sont claires et manifestes pour monstrer qu'en l'intelligence des Escritures nous ne devons suivre nos folles fantasies, mais le consentement uniforme des anciens docteurs, à fin de ne nous escarter de la doctrine de l'Eglise.

L'aveugle nous oppose en son cinquiesme chap. **[→ 109-110]** qu'on treuve és anciens Peres des contrarietez et fletrissures, qui sont marques apparantes qu'on ne les doit pas tousjours croire. Je luy respon que les Docteurs anciens és poincts de la foy sont tousjours d'accord, ou si d'aventure il y a quelqu'un d'entr'eux qui s'escarte du [p. 14] commun consentement de l'Eglise, il est repris par ceux qui ont vescu de mesmes temps et par les conciles.

S. Cyprian erra sur le fait du baptesme et fut repris par Estienne, pape de Rome qui vivoit lors, et par les autres Peres. L'opinion d'Origene, qui croit la fin des peines des damnez, fut reprouvée de son temps, et depuis par les conciles, comme enseigne s. Epiphane et s. Augustin et les autres en l'heresie d'Origene. Irenée et Lactance ont esté repris comme chiliastes[15] par les autres Peres. Tertullian a eu plus de 18 opinions erronées, qui toutes ont esté condamnées de son temps ou peu après. Bref les Peres anciens qui sont tombez en quelque erreur importante ont esté convaincuz et repris par les conciles et Peres anciens [p. 15] qui tous se sont accordez és poincts de la religion que nous tenons aujourd-huy, comme nous ferons paroir où la chose le requerra. Davantage nous confessons que les Peres se contrarient quelquefois és choses indifferentes qui n'ont point encore esté decises[16] par l'Eglise, mais ces contrarietez ne sont pas erreurs ains opinions probables. Comme sur les peines des enfans non baptizez, sur la conception de nostre Dame, sur l'ordre et le nombre des ierarchies des anges. És poincts essentiaux de la foy tous ilz tombent d'accord, où les haeretiques de nostre temps és poincts de la foy ont entr'eux une guerre implacable. Mais à fin de n'encourir la confusion que Michau l'aveugle reproche à monsieur Bulenger, après [p. 16] luy avoir dict en passant que le mesme ordre qu'il desire avoir esté gardé par ledit Bulenger en l'epistre qu'il avoit escrit à Monsieur de Poictiers **[→ 99]**, où premierement estoit monstré que la monarchie estoit la plus belle forme de gouvernement, en après qu'en l'Eglise y avoit

15 *Chiliaste* : millénariste.
16 *Decis*, décidé, est recensé dans le dictionnaire de Godefroy.

une monarchie, puis que s. Pierre avoit esté le monarque visible establi par Jesus Christ, je suivray le mesme ordre que recerche l'aveugle, et prouveray premierement que la monarchie est la façon de gouvernement la plus parfaicte.

Responce au chapitre 2
Que la monarchie est le meilleur gouvernement[17]

Les theologiens et philosophes font bande à part[18] en plusieurs de leurs opinions, mais en ce [p. 17] poinct ils sont d'accord pour la plus part, que la monarchie est la façon de gouvernement la plus parfaicte, pour estre moulée sur le patron de Dieu mesme qui est le seul monarque du monde, et qui nous a recommandé dés le berceau le bien de ce gouvernement, pour nous avoir fait naistre d'un homme seul, qui a esté le premier monarque de la terre[19]. Les sçavans tiennent qu'en chasque hierarchie des anges y a un souverain par dessus les autres, et les malins espritz deboutez[20] de la compagnie des bienheureux, ont encores quelque ombre de monarchie, rendans obeissance à Beelzebub, leur souverain. Le premier ciel[21] tourné du levant au ponant est le chef et souverain des globes inferieurs qui suivent le bransle de son [p. 18] mouvement, et fournissent la carriere en 24 heures. Le soleil est le chef de toutes les lumieres, et en toutes choses créées nous en trouvons tousjours une qui a sur les autres de son genre preéminence. L'homme entre toutes creatures raisonnables, entre les bestes le lyon, entre les oyseaux l'aigle, entre les poissons le dauphin, entre les grains le bled, entre les breuvages le vin, entre les bonnes senteurs le baume, entre tous metaux l'or, entre tous elemens le feu l'emporte, n'en desplaise à Pindare qui a dict : « ἄριστον μὲν ὕδωρ[22] ». Les thuns ont en la mer tousjours un capitaine qui les meine, les gruës en l'air, le belier és troupeaux de brebis, les abeilles ont

17 C'est le commencement du traité de Bellarmin sur la monarchie du pontife romain. Le chapitre I porte sur la meilleure forme de gouvernement.

18 *Font bande à part* : l'expression, ici, a une valeur réciproque : ils se séparent les uns des autres.

19 Adam.

20 *Deboutez* : chassés. Il s'agit des diables, anges déchus.

21 Le premier mobile, qui entraîne dans son mouvement toutes les sphères concentriques qu'il entoure.

22 « L'eau est le premier des éléments » (*Olympiques*, I, 1).

leur roy, n'en pouvant souffrir deux, jamais deux coqs ne demeurent en une mesme court [p. 19] sans querelle. Bien que ces exemples ne soient preuves necessaires pour l'avantage de la monarchie, si sont-ce traces de la volonté de Dieu enpraintes en la nature[23].

Les preuves sont meilleures tirées des Escritures sainctes, où nous voyons la monarchie avoir esté practiquée en la nation que Dieu s'estoit choisie. Les premiers princes et monarques ont esté les patriarches, puis les chefs et conducteurs comme Moyse et Josué, après les juges comme Samuel et Samson, puis les rois comme Saül et David, en fin les chefs comme Zorobabel et les Machabées, qui tous ont representé une parfaicte monarchie. En la genese 14, Abraham n'assembla point le conseil pour entreprendre la guerre contre les 4 rois, ny Judas en la Genese 38, [p. 20] prononçant sentence de mort contre sa bru, qui monstre qu'il estoit souverain. Et ne sert de rien de nous opposer le premier des Rois, ch. 8[24], où Dieu se courrouce à ceux qui demandent un roy à la façon des payens, pource que la monarchie des patriarches, ducz, juges et capitaines dépendoit immediatement de Dieu, comme de celuy qui faisoit election des souverains pour la conduite du peuple. Mais la monarchie des payens ne tenoit pas immediatement la souveraineté de Dieu, ains de l'election des hommes ou de la succession. C'est pourquoy Dieu se plaint des Hebrieux qui demandoient un roy à la façon des payens, et n'estoient contans du gouvernement d'un juge monarque souz son authorité, disant au 1e des Rois c. [p. 21] 8 à Samuel : « Ilz ne t'ont pas rejetté, mais moy, à fin que je ne regne sur eux. » Aux Heb. 3 : « Moyse a esté fidelle en toute la maison comme serviteur[25] », et toutesfois ce serviteur estoit monarque, c'est à dire seul commandant au peuple hebrieu souz l'authorité de Dieu.

Si ces raisons tirées des Escritures ne sont bastantes pour faire croire aux adversaires l'avantage de la monarchie par dessus les autres gouvememens, ayons recours aux docteurs de l'Eglise, et premierement

23 *Enpraintes en* : imprimées dans. L'idée vient de Bellarmin : « *Deinde indicavit Deus sententiam suam, cum non solum inter hominibus, sed etiam omnibus pene rebus insevit naturalem propensionem ad monarchicum regimen* – Ensuite Dieu a donné son avis en insérant non seulement dans les hommes, mais aussi dans à peu près tous les êtres une propension naturelle au régime monarchique » (I, II, p. 614).

24 1 Samuel, 8, 7 (dans la Vulgate, les deux livres de Samuel sont appelés les premier et second livres des Rois).

25 Hébreux 3, 5.

à Justin martyr, qui dit en son *Paraenetique* : « *Unius enim principatus à bellis dissidiisque solutus ac libere esse solet*[26]. Le commandement d'un seul est franc et delivre de guerre et seditions. » S. Athanase li. *Contre les Idoles* : « *Ut multitudo Deorum nullitas deorum est, ita quoque necesse est* [p. 22] *multitudinem principum id efficere ut nullus esse princeps videatur. Ubi autem princeps non est, ibi prorsus disturbatio nascitur*[27]. Tout ainsi que la multitude de dieux est nullité de dieux, aussi la multitude de princes faict qu'il semble n'y avoir plus de prince. Or où il n'y a point de prince, n'y a que trouble. » S. Cyprian au traicté des Idoles. « *Rex unus apibus, dux unus gregibus. Quomodo unquam regni societas aut cum fide aut sine cruore desiit*[28] ? Les abeilles n'ont qu'un roy, les trouppeaux n'ont qu'un pasteur, les harats de chevaux et les ouailles[b] n'ont qu'un gouverneur. Quand est ce que la société d'un royaume a commencé avec fidélité, a finy sans effusion de sang[29] ? » S. Hierosme en l'epistre au moine Rusticus : « *Unus imperator, judex unus provinciae. Roma ut* [p. 23] *condita est simul habere duos reges non potuit. Et gruës unum sequuntur ordine literato*[30]. Il n'y a qu'un empereur, il n'y a qu'un juge de province. Rome aussi tost qu'elle fut bâtie ne peut endurer deux roys. Les gruës suivent un seul conducteur en forme de lettre qu'elles font en volant[31]. » « Si vous ostez, dit s. Chrysostome, de la dance mesurée sur un eschafaut celuy qu'on nomme χοραγός, c'est à dire maistre et conducteur de la dance, il est malaisé qu'il n'y ait quelque desordre. » « Si le soldat n'est mis és rangs par le chef d'armée ou que le roi soit tué, la bataille est perduë, si le pilote ne manie le gouvernail et met la voile au lis du vent[32], il y a danger de naufrage » dict s. Gregoire de Nazianze en ses carmes.

> Καὶ γὰρ ᾄγου πίντοντος ὅλος στρατὸς εἰς χθόνα νεύει. [p. 24]
> Ποντοπόρον δὲ τε νῆα κακὸς πρήνιξεν ᾀήτης,
> Ἢ σκοπέλοισιν ἔαξε, κυβερνητῆρος ἄτερθεν[33].

---

26 Justin martyr (IIe s.), cité par Bellarmin, I, II, p. 612. *L'Oratio paraenetica ad gentes* était faussement attribuée à cet auteur.

27 Le *Discours contre les païens* était aussi appelé *Oratio contra idola.*

28 *De idolorum vanitate*, 4, 0576B. L'attribution à Cyprien est discutée.

29 Un pouvoir partagé a-t-il jamais commencé dans la loyauté, ou fini sans effusion de sang ?

30 *Epistulae*, LLT-A, 125, vol. 56, 15, p. 133.

31 La lettre Y : *cf.* Rabelais, *Quart livre*, XXXIII. Les deux exemples de Cyprien et Jérôme sont donnés par Bellarmin, I, II, p. 612.

32 *Au lis du vent* : au lit du vent, dans sa direction. Nicot donne aussi la graphie « lis ».

33 *Carmina*, XIII, v. 53-55, *Opera omnia*, éd. Cailleau, Paris, Parent-Desbarres, 1840, p. 826.

Les philosophes et poëtes payens sont de mesme advis, et donnent la perfection du gouvernement à la monarchie. Platon en son *Politique* : « Μοναρχία τοίνυν ζευχθεῖσα μὲν ἐν γράμμασιν ἀγαθοῖς, οὓς νόμους λέγομεν ἀρίστη πασῶν τῶν ἕξ[34]. La monarchie policée de bonnes loix est la meilleure de tous autres gouvernemens. » Arist. l. 8 de ses *Ethiques* ch. 10 : « εἰσὶ δ' αἱ μὲν πολιτεῖαι βασιλεία τε καὶ ἀριστοκρατία, τρίτη δὲ ἀπὸ τιμημάτων, ἣν τιμοκρατικὴν λέγειν οἰκεῖον φαίνεται, πολιτείαν δ' αὐτὴν εἰώθασιν οἱ πλεῖστοι καλεῖν. τούτων δὲ βελτίστη μὲν ἡ βασιλεία, χειρίστη δ' ἡ τιμοκρατία[35]. Il y a trois façons de republiques, la royauté, le gouvernement de gens de bien, et la timocratie, c'est à dire, le gouvernement des riches et puissans. Le meilleur est la royauté, le pire la timocratie. » Isocrate au livre d'Evagoras : [p. 25] « ἅπαντες ἂν ὁμολογήσειαν[c] τυραννίδα καὶ τῶν θείων ἀγαθῶν καὶ τῶν ἀνθρωπίνων μέγιστον καὶ σεμνότατον καὶ περιμαχητότατον εἶναι[36]. » C'est-à-dire : « Tous confesseront que la royauté est le bien le plus grand, le plus digne, le plus honorable, et le plus desirable de tous les biens humains et divins. » Hom. en son *Iliade* :

οὐκ ἀγαθὴ πολυκοιρανίη· εἷς κοίρανος ἔστω,
εἷς βασιλεύς, ὧι δῶκε Κρόνου πάϊς ἀγκυλομήτεω.
σκῆπτρόν τ' ἠδὲ θέμιστα τιμὴ δ' ἐκ Διός ἐστι[37].
Plusieurs rois ne sont bons, ne servons qu'à un prince.
Un roy suffit à qui Juppiter met és mains
Le sceptre avec les loix au bien de la province.
Cet honneur vient d'en haut et non pas des humains.

À ce propos dit Aeschyle en la tragedie des *Eumenides* :

γενναῖος διοσδότοις
σκήπτροισι τιμαλφούμενος[38],
C'est un roy genereux
Qui est orné d'un sceptre
Que luy donnent les dieux. [p. 26]

34 *Politique*, 302e.
35 *Éthique de Nicomaque*, 1160a.
36 *Evagoras*, 40.
37 *Iliade*, II, v. 204-206. Homère écrit au v. 204 : « οὐκ ἀγαθὴ πολυκοιρανίη. » C'est le passage que prend de front le début du *Discours de la servitude volontaire* de La Boétie.
38 Le texte d'*Euménides*, v. 625-626 est : « γενναῖον θανεῖν / διοσδότοις σκήπτροισι τιμαλφούμενον. »

Plutarque en un de ses banquets rapporte un oracle pour la monarchie :

> εὔδαιμον πτολίεθρον ἑνὸς κήρυκος ἀκούειν[39].
> Heureuse est la cité qui n'entend qu'un trompette.

C'est-à-dire, n'obeït qu'à un seul.

Serenus raconte qu'après que Croesus eut esté inthronisé au gouvernement du royaume de Lidye, il eut quelque volonté de s'associer à l'empire son frere. De quoy les seigneurs du pays ayant senty le vent, un de la troupe prist hardiesse de lui dire : « Sire, le soleil est cause de tous les biens que nous avons sur terre, s'il y avoit deux soleils tout iroit en combustion, aussi le gouvernement de vous seul est la cause de nostre bien, si vous avez compagnon la Lydie est perduë. "αλλ' ει θέλουσι δύο ἥλιοι γενέσθαι, κίνδυνος πάντα συμφλεχθέντα διαφθαρῆναι[40d]." » Il me souvient du [p. 27] proverbe grec « πολλοὶ στρατηγοὶ Καρίαν ἀπώλεσαν[41]. Le grand nombre des capitaines fist perdre l'estat de Carie. » S. Cyrille au Concile d'Ephese escrivant aux empereurs Theodose et Valentinian, qui estoient monarques l'un du levant l'autre du ponant, leur disoit : « Vous estes le portraict en terre de la royauté qui est au ciel, pour ce que ayant une authorité souveraine sur tous vos sujetz vous les entretenez en paix, et les preservez de tout danger, detrempant la douceur avec la severité. ὅτι τῆς ἐν οὐράνοις βασιλείας ἐκμαγεῖον ᾥσπερ τι, καὶ μίμημα τοῖς ἐπι τῆς γῆς ὑμῶν ἡ βασιλεία. ὑμεῖς δὲ καὶ μόνοι τὸ κατὰ πάντον λαχόντες κράτος φόβῳ καὶ ἡμερότητι σώζοντες τὸ ὑπήκοον[42] », p. 226. Auquel propos Ecphantes, pythagoricien, dit de bonne grace : « Dieu bâtit et moula le roy sur le [p. 28] modele et patron de sa divinité, d'autant que c'est l'unique et seul ouvrage du roy des cieux, qui approche le plus pres de la perfection de l'ouvrier. ὁ θεὸς ἐτέχνισε τὸν βασιλέα ἀρχετύπῳ χρώμενος ἑαυτῷ. κατασκεύασμα γὰρ ὁ βασιλευς ἕν καὶ μόνον τῶ ἀνωτέρω βασιλέως[43]. »

---

39 Le texte du *Banquet des sept sages* est : « ἀκοῦον. »

40 L'anecdote est empruntée à Stobée, *Anthologium*, éd. Wachsmuth et Hense, Otto, Berolini, Apud Weidmannos, 1884, p. 244.

41 Érasme, *Adages*, II, 7, 1607.

42 Lettre de Cyrille d'Alexandrie à l'empereur Théodose, Migne, *Patrologia graeca*, IX, 1859, col. 456, avec quelques variantes.

43 Ecphante est en fait un philosophe de la période hellénistique, cité ici d'après l'anthologie de Stobée (VII, 64).

Apollonius au livre premier de *La Prise de Hierusalem* :

> … *Sunt maxima cordi*
> *Regna Deo, donatque aliquid plus ille tyrannis*
> *Consilii quam sit privata mente repostum*[44].
> Dieu prend soin des grands roys pour le bien du royaume,
> Et leur donne tousjours meilleur entendement
> Qu'il ne fait à ceux là qui n'ont commandement.

Qui voudra voir à ce propos les opinions des Anciens, lise Herodote, li. 3 de son *Histoire*, et Plutarche, au [p. 29] traité qu'il a fait de la monarchie. Je me contenteray pour ceste heure de mettre en avant pour ma derniere main[45], ce que dit s. Cyrille au Concile d'Ephese pag. 11, aux Empereurs Theodose et Valentinian : « Vous estes les vives sources d'où surjonnent les offices et dignitez, vous avez advantage par dessus toutes grandeurs humaines, vous estes le commencement et la tige de prosperité aux hommes, tous les vassaux de vostre empire par le pilotage de vostre sagesse suivie d'une égale puissance sont guidez sur la mer de ce monde au port d'une vie admirable et bien reglée. Vous estes par dessus toute gloire qui esleve le front des autres hommes, vous estes le sommet de grandeur incomparable auquel on ne peut donner attainte. [p. 30] Ὑμεις γὰρ ἔστε καὶ τῶν εἰς λῆξιν ἀξιωμάτων πηγαὶ, καὶ πάσης[46] ὑπεροχῆς ὑπέκεινα καὶ τῆς ἐν ἀνθρώποις εὐμερίας ἀρχὴ καὶ γένεσις. καὶ νεύμασι μὲν τοῖς ἡμερωτάτοις τοῦ ἡμετέρου κράτους πρὸς εὔνομόν τε καὶ ἀξιάγαστον πηδαλιουχεῖται ζωὴν πᾶν ὅσον ἐστὶ τῆς βασιλείας θώκοις ὑπεστρωμένον. Τῆς ἐν ἀνθρώποις εὐκλείας τὸ ἀνωτάτω καὶ ἀσυγκρίτοις ἀναφοραῖς τῶν ἄλλων ἁπάντων ἀνεστηκὸς καὶ ὑπερκείμενον ὑμεῖς ἔστε[47]. »

Si l'aveugle et son secretaire grippe[48] ne sont contens de ces authoritez, je les combattray par la raison[49] si toutefois leur aveuglement en est capable, et diray que

44 Pietro Apollonio Collazio, *Excidii Ierosolymitani libri IIII*, Anvers, Apud Christophorum Plantinum, 1586, p. 23.

45 *Pour la derniere main* : pour dernière citation. « Pour la derniere fois », dit Oudin, *Curiositez françoise*, Paris, Antoine de Sommaville, 1640, p. 316.

46 « ἁπάσης » (Migne).

47 *Concilia generalia*, *op. cit.* p. 122.

48 *Sic*. *Gripper* est employé plus loin au sens de « dérober ».

49 Après les *autorités*, les citations, la *raison* : les arguments en forme, les syllogismes.

Le gouvernement où reluit le plus bel ordre est plus accomply que tous les autres.

Mais en la monarchie se treuve le plus bel ordre, pource que tous les inferieurs se rapportent à un superieur.

Doncques la monarchie est le gouvernement le plus accomply.

La proposition est [p. 31] indubitable, l'assumption[50] est evidante, à raison qu'entre egaux il n'y a point d'ordre mais entre superieurs et inferieurs[51], et que la nature tend tousjours à une fin derniere, ce qui ne se peut trouver en l'aristocratie ou democratie où plusieurs sont egaux et ne dependent d'un seul souverain. Il me souvient d'un beau traict de Callicratridas, Pythagoricien, qui dict : « Nous devons nous imaginer que le corps entier d'une republique est un estat et assemblée d'une communauté alliee de parentage, ou extraicte de mesme sang. Or tout estat et assemblée est composée de quelques parties contraires et dissemblables, et rapportées vers une chose qui est la meilleure, et vise à l'utilité commune. Car un chœur en la dance est [p. 32] une assemblée bien rangée d'une communauté de chants et d'accords, et se rapporte vers une chose commune qui est tenuë pour la meilleure, c'est à dire l'harmonie. Davantage la constitution du corps d'un navire est composée de quelques choses contraires et dissemblables, et s'adresse vers une chose la meilleure qui est le pilote, et se rapporte à l'utilité commune qui n'est autre qu'une navigation heureuse. Le royaume ou republique estant composée de diverses parties et contraires s'entretenans en une douce harmonie est rapportée au gouvernement du roy comme du chef en la constitution de ce corps, et vise vers l'utilité commune de tout le peuple. [p. 33] Τὸ μὲν ὅλον ὑποληπτέον σύστημα κοινωυίας. σύστημα μὲν πᾶν ἔκ τινῶν ἀνομοίων σύγκειται, καὶ ποτὶ ἕν τι τὸ ἄριστον συντέτακται, καὶ ἐπὶ τὸ κοινὸν συμφέρον ἐπαμφέρεται. ὅτε γὰρ ὀνομαινόμενος χορὸσ, σύστημά τι ἐστὶ[e] κοινώνίας ᾠδικᾶς, καὶ ποτὶ ἕν τι κοινὸν ἐπαμφέρεται τὴν συνωδίαν. ἔτι καὶ τὸ συστημα τοῦ σώματος περὶ τὴν ναῦν ἐκ τινῶν ἀνομοίων καὶ ἐναντίων συνέστηκε, καὶ ποτὶ ἕν τι ἄριστον σντετακται τὸν κυβερνήτην, καὶ ἐπὶ τὸ κοινὸν συμφέρον ἐπαμφέρεται τὴν εὔπλοιαν[52]. *Etc.* »

---

50 *Assomption* : la mineure du syllogisme.

51 « Mais il y a un ordre entre supérieurs et inférieurs. »

52 Le texte du Pseudo-Callicratidas vient de l'*Anthologie* de Stobée, *Johannis Stobaei sententiae ex thesauris Graecorum delectae*, [Tiguri, Apud Christophorum Frosch.], 1559, p. 484-485.

Où plusieurs commandent il y a peu d'union de volontez, où le peuple n'est uni la republique n'est puissante ny de longue duree. Au contraire où un seul commande le peuple n'a les yeux tournez que vers un seul duquel il depend, et n'est distrait d'affections. Où l'union se treuve, la puissance et longue durée suivent de près. De là voyons-nous les monarchies [p. 34] des Scythes, Perses, François et autres nations avoir esté de longue durée, les seigneuries des Atheniens, Thebains, Lacedemoniens s'estre évanoüies. Je m'arreste peut estre trop long temps en un propos assez commun duquel la lecture pourra faire mal à la veuë de Michau l'aveugle, si ce n'est que son secretaire prenne la peine de luy lire une chose commune traictée non communément par Matthieu Gouyn.

Responce au chapitre 7
Qu'en l'Eglise y a gouvernement monarchique[53]

Nous avons prouvé que la monarchie estoit le meilleur gouvernement, suit à prouver qu'en l'Eglise se treuve l'estat d'une vraie monarchie, chose qui fut accordée à Monsieur [p. 35] Bulenger par le respondant le jour que ceste question fut mise en jeu. Mais un menteur a congé de se desdire aussi bien que mesdire. « Ἐξέστω Κλαζομενίοις ἀσχημονεῖν. Qu'il soit loisible aux Clazomeniens d'estre vilains » dit Aelian 1. 2, c. 3 de son *Hist. bigarrée*[54]. L'argument que monsieur Bulenger avoit fait pour preuver que l'Eglise se treuvoit un estat monarchique estoit tel :

En la meilleure assemblée doit estre le meilleur gouvernement.
L'Eglise est la meilleure assemblée.
Donc en l'Eglise est le meilleur gouvernement.

Mais la monarchie est le meilleur gouvernement.
Donc en l'Eglise se treuve la monarchie.

Le secretaire de l'aveugle ne peut nier que l'Eglise ne soit la meilleure, la plus saincte et parfaite assemblée de toutes assemblées. Qu'elle ne soit [p. 36] compagnie d'hommes fidelles qui visent au plus bel object de tous les objectz qui est Dieu, de qui la cause efficiente est Dieu, les

53 Suit toujours le plan de Bellarmin (I, v).
54 Aujourd'hui, *Varia historia*, 2, 15.

moyens de parvenir à la fin est la grace surnaturelle. Moins peut-il nier qu'en la meilleure assemblée se doive trouver le meilleur gouvernement, veu que le gouvernement est comme l'ame de l'assemblee, et plus le corps est noble, plus noble doit estre l'ame. L'assemblee ne peut estre bonne si le gouvernement n'est bon, ne peut estre meilleure que les autres si le gouvernement n'est meilleur que les autres, pource qu'il y doit avoir proportion des moyens et de la fin, du chef et des membres, du gouvernement et des choses gouvernées. Seneque disoit de bonne grace au premier livre de [p. 37] *La Clemence*[55] : « *Imperium est vinculum per quod Respublica cohaeret. Ille spiritus vitalis quem haec tot millia trahunt, nihil ipsa per se futura nisi onus et praeda si mens illa imperii subtrahatur.* » C'est-à-dire : « Le commandement du prince est le lien qui estreint et asseure toutes les parties du royaume, c'est l'esprit de vie que la populace tire de ses poumons, sans lequel elle ne seroit autre chose qu'une charge pesante, et serviroit de proye à ses ennemys. » Le secretaire de l'aveugle ne respond à ceste demonstration autre chose sinon que monsieur Bulenger veut mettre les huguenotz en disgrace du roy, s'ilz osent dire que la monarchie n'est pas le gouvernement le plus parfaict [→ **101**]. Du Plessis en son *Traicté de l'Eglise* pag. 159[56], respond que Jesus Christ est le seul [p. 38] monarque de l'Eglise, et qu'il n'est besoin d'autre chef. La mesme responce fit le secretaire de l'aveugle à monsieur Bulenger. Nous luy repliquons que Jesus Christ est le chef invisible, le pape est le chef visible, lieutenant de Jesus Christ. Et m'estonne comment les huguenots rejectent le gouvernement d'un seul monarque en l'Eglise qui soit lieutenant de Jesus Christ, veu qu'ilz tiennent que tous pasteurs et ministres sont chefs de leur troupeau, lieutenans de Christ. Ilz admettent bien le gouvernement aristocratic en l'Eglise, et non le monarchic. Encore sont ilz contraincts en leurs synodes de garder quelque espece de monarchie, quand ilz eslisent un de leur troupe pour presider à toute l'assemblée. Tout [p. 39] gouverneur doit estre tel qu'on se puisse adresser à luy és occurrences difficiles pour estre resouz de ce qu'il faut faire. On ne se peut addresser à Jesus Christ visiblement pour estre resouz ès difficultez qui se presentent et pour tant est il necessaire d'avoir un chef visible à qui on s'adresse.

---

55 *De Clementia*, 1, 4.

56 *Traicté de l'Eglise*, VII, éd. de 1581 (La Rochelle, Pierre Haultin), p. 149 *sq.*

Mais, disent-ilz, Jesus Christ est present en toutes choses, il ne luy faut donc point de lieutenant. Je nie la consequence. Autrement il faudroit dire qu'il ne seroit besoin de roy et juges, qui sont lieutenans de Dieu en terre. Il ne seroit besoin de causes secondes desquelles Dieu se sert au gouvernement du monde[57]. Du Plessis oppose qu'un homme seul, monarque de l'Eglise, ne pourroit pas s'acquitter de sa charge au [p. 40] gouvernement du royaume spirituel de Christ par l'administration de la parole et des sacremens en tous lieux, et n'y a que Jesus Christ qui puisse satisfaire à un si haut ministere[58]. Donc il n'est besoin de mettre un homme seul monarque de l'Eglise, qui tienne la place de Christ. Je nie la consequence, autrement il faudroit dire, par ce qu'un roy ne peut en un mesme temps se trouver en tous les endroits de son royaume pour proceder à l'entretien de la justice, qu'il ne seroit besoin de faire un monarque temporel en un royaume. Je di au contraire, que tout ainsi qu'il est besoin qu'il y ait un roy auquel on s'adresse pour avoir resolution des doubtes fascheux et difficiles qui surviennent, et qui par le païs informe les [p. 41] lieutenans, juges, baillifs, gouverneurs, de sa volonté : aussi faut-il qu'il y ait en l'Eglise un souverain monarque qui dispose, manie, decide toutes les difficultez qui se presentent et advertisse ses lieutenans de ce qu'il faut faire. La consequence est très-bonne de dire que tout ainsi que Moyse et Aaron estoient chefs l'un de la police civile, l'autre des sacrifices, encores que Dieu cheminast au milieu de son peuple d'Israel, de mesme s. Pierre et ses successeurs ont la sur-intendance au gouvernement de toute l'Eglise, bien que Jesus-Christ en soit le chef invisible, parce que tout ainsi qu'il y avoit une institution de Dieu expresse és personnes de Moyse et Aaron pour avoir la sur-intendance, aussi l'institution de Christ est [p. 42] expresse és personnes de s. Pierre et ses successeurs pour estre chefs de l'Eglise. Et tout ainsi que Hierusalem estoit la ville capitale de Judée, aussi Rome est la ville capitale du monde pour avoir le gouvernement de l'Eglise. Je supplie le secretaire de l'aveugle me excuser si j'ay fait responce en passant aux objections de sieur du Plessis, à fin de vuider ceste dispute à fond de cuve, comme l'aveugle fait les verres.

---

57 Dieu est la cause première, il utilise les mécanismes du monde, les causes secondes, pour la réaliser. Cause première, il veut punir les péchés. Il utilise la corruption de l'air, cause seconde, pour provoquer la peste.

58 *Ibid.* p. 155.

Outre toutes ces raisons, je maintien que le gouvernement de l'Eglise n'est point democratic comme avouë le respondant, n'est point aristocratic comme je prouveray tantost : il est doncques monarchic. Car il n'y a que ces trois sortes de gouvernemens recevables, comme m'accordera aisément le secretaire de l'aveugle. Et que [p. 43] le gouvernement de l'Eglise ne soit point aristocratic, il est manifeste non seulement à cause que ce gouvernement est imparfaict et moins accomply que la monarchie, comme nous avons prouvé, mais aussi à raison que ceste aristocratie seroit ou des princes seculiers ou des evesques et prestres. Or elle ne peut estre ny des uns ny des autres. Car les princes seculiers ne peuvent avoir la souveraineté de l'Eglise comme il appert du liv. 2. du Paralipom. cha. 19 où Josaphat le bon roy dit : « Ananias souverain pontife presidera en tout ce qui concerne le service de Dieu[59]. » S. Ambroise ep. 33 : « *Noli te gravare Imperator ut putes te in ea quae divina sunt, aliquod imperiale jus habere publicorum, tibi munium jus commissum est, non sacrorum*[60]. Ne pense, [p. 44] empereur, que tu ayes aucun droict d'empire sur les choses divines : tu as pouvoir sur les charges publiques, et non sur les choses sacrées. » C'est l'advertissement de Leonce evesque à l'empereur Constance : « Θαυμάζω ὅπως ἕτερα διέπειν ταχθεὶς ἑτέροις ἐπιχειρεῖς. στρατιωτικῶν μὲν καὶ πολιτικῶν προεστηκὼς, ἐπισκόποις δὲ περὶ τῶν εἰς μόνους ἐπισκόπους ἡκόντων διαταττόμενος[61]. Je m'estonne, empereur, comment tu te mesles des affaires qui ne te touchent[f] point ; et comment tu entrepren de disposer des choses dont la connoissance n'appartient qu'aux evesques, veu que Dieu ne te donne le gouvernement que de la guerre et du civil. » Quant est des evesques et prestres, ilz ne peuvent faire un estat aristocratic en l'Eglise à cause qu'ilz auroient tous esgale puissance, et ne [p. 45] pourroient decider aucun affaire s'ils n'estoient tous assemblez en un concile, comme les senateurs à Rome estoient tous assemblez au senat, ou que d'un commun consentement ilz esleussent quelqu'un pour presider à l'assemblée, comme les consulz à Rome presidoient au senat. Or d'assembler tous les evesques et prestres en un concile il est impossible. Davantage les simples prestres en l'Eglise primitive n'avoyent point de seance au concile, s'ils n'estoient deputez par

59 2 Chroniques 10, 11.

60 Ambroise, *LLT-A*, 10, epistula 76, par. 19, vol. 82,3, p. 119). Une coupe importante a été pratiquée dans le texte, sans en changer le sens.

61 *Philostorgii fragmenta*, *Patrologia graeca*, 65, col. 636, A-B.

les evesques. D'assembler aussi tous les evesques chrestiens en un concile, il est malaisé, ou plustost impossible. D'eslire un chef qui preside à tout le concile souverainement, c'est une espece de monarchie, puis il y auroit de grandes disputes à ceste election. [p. 46] Faut doncques retourner à ce poinct qu'il est plus expediant d'avoir un monarque certain estably par la bouche de Dieu qui preside à toute l'Eglise, que d'avoir un estat democratic ou aristocratic. Puis de tenir que tous evesques ont eu en l'Eglise primitive esgale puissance aristocratique, est un trait d'ignorance, à raison que par les conciles on reconnoist quatre patriarches et le primat d'Afrique, qui ont souveraineté sur les metropolitains et autres evesques de leur diocese, et ne peuvent rien ordonner sur la police de l'Eglise hors leur ressort, si ce n'est en un concile general (j'excepte le pape de Rome qu'on a tousjours reconnu pour souverain de l'Eglise comme je ferai tantost paroistre.) C'est ce que disoit s. Hierosme en l'epistre [p. 47] à Pammachius : « *Responde mihi, ad Alexandrinum Episcopum palestina quid pertinet*[62] ? Dy moy, l'evesque d'Alexandrie, qu'a-il que voir sur la Palestine ? » S. Chrysostome, en l'epist. I à Innocent : « *Neque enim aequum est ut qui in Ægypto sunt judicent eos qui in Thracia*[63]. Il n'est pas raisonnable que les evesques d'Ægypte jugent ceux qui sont en Thrace du ressort du patriarche de Constantinople. » De là pouvons nous voir si tous evesques avoient egale puissance au gouvernement de l'Eglise, qu'il y auroit plustost anarchie où chascun seroit maistre comme rat en paille[64], qu'une vraye aristocratie. Que si l'aveugle dit que tout ainsi qu'en l'aristocratie de Rome et de Venise y a un consul et duc par dessus le senat, aussi en l'Eglise on peut eslire un [p. 48] evesque qui preside aux autres, je respondray que l'election de Jesus Christ est meilleure que celle des hommes. Jesus-Christ a esleu s. Pierre et son successeur, il n'est besoin que les hommes facent autre election à leur poste. J'adjouste encore que si la souveraine puissance estoit en l'aristocratique assemblée des evesques, plus il y auroit d'evesques en un concile, plus il auroit d'authorité mais le concile d'Arimini[65] composé de 600 evesques fut aneanti par l'authorité du Pape de Rome, pource qu'il n'y avoit eu autre chef que l'empereur. Le concile premier de Constantinople composé de

62 *Contra Iohannem* (CPL 0612) – LLT-A, par. 37, p. 72.
63 Les deux citations de Jérôme et Chrysostome sont données par Bellarmin, I, VIII, p. 636.
64 L'expression est plutôt « heureux comme rat en paille. »
65 *Arimini* (*Ariminum*) : Rimini.

150 evesques fut receu du commun consentement de toute l'Eglise par l'authorité du pape de Rome. D'où s'ensuit que la [p. 49] souveraine puissance n'est pas en l'aristocratique assemblée des evesques mais en la monarchie de celui qui preside comme lieutenant de Dieu, c'est à dire du pape de Rome. En fin où il y a plusieurs seigneurs qui ont egale puissance, il y a plusieurs factions, ligues, menées, partialitez, dissentions, comme on a veu en l'aristocratie de Rome : et la plus part des hæresies en l'Eglise sont sorties de la boutique des evesques, et ont esté assoupies par l'authorité du pape. Le gouvernement de l'Eglise estoit monarchique en la loy de Moyse, qui estoit la figure, il est doncques monarchique en la loy chrestienne, qui est la chose figurée. Le souverain pontife presidoit jadis à toute l'Eglise judaïque, doncques le souverain pontife preside [p. 50] aujourdhuy à toute l'Eglise chrestienne. Du vivant de Jesus Christ le gouvernement de l'Eglise estoit monarchique d'où s'ensuit qu'ou bien nous n'avons pas la mesme Eglise en espece[66], ou bien l'estat de l'Eglise est aujourdhuy monarchique. L'Eglise au Cantique 4 est comparée à une armée bien ordonnée[67] qui ne peut estre sans avoir un souverain capitaine visible. Elle est comparée à un corps qui ne peut estre sans chef. Au 2 de Daniel, avec un royaume qui ne peut estre sans roy[68]. En la I[e] à Thimoth. chap. 3 à une maison qui doit avoir un pere de famille[69]. En la 2e de s. Pierre l'arche de Noé où commandoit un souverain[70]. Au ch. 1[0] de S. Jean à une bergerie qui ne peut estre sans pasteur visible[71].

La monarchie de l'Eglise est reconnuë par s. Denys Areopagite, chap. I de la *Hierarchie eccles.*, p. 104 : « Τοσοῦτον[g] δὲ ὅμως εἰπεῖν ἀναγκαῖον, ὡς ἐκείνη τε καὶ πᾶσα ἡ νῦν ὑμνουμένη παρ' ἡμῶν ἱεραρχία μίαν ἔχει καὶ τὴν αὐτὴν διὰ πάσης τῆς ἱεραρχικῆς πραγματείας τὴν δύναμιν, αὐτόν τε τὸν ἱεράρχην, ὡς ἡ κατ' αὐτὸν οὐσία καὶ ἀναλογία καὶ τάξις ἔχει, τελεσθῆναι

66 *En espèce*, terme aristotélicien : « par l'espèce ». L'Église (genre) peut se diviser en différentes espèces : l'Église juive, chrétienne…

67 La référence est fausse : Cantique des cantiques, 6, 4 : « *terribilis ut castrorum acies ordinata.* »

68 La prophétie des 4 royaumes et du royaume qui ne finira pas, l'Église, Daniel, 2, 44.

69 1 Timothée, 3, 5.

70 Référence fausse : 1 Pierre, 3, 20.

71 Jean 10 : le bon berger. Boulenger emprunte ses références à Bellarmin, en commettant des erreurs, pour prouver que selon l'Écriture, l'Église doit avoir une tête, un chef : « *Comparatur Ecclesias exercitui ordinato*, Cant. 6. *Corpori humano*, *seu mulieri speciose*, *Can.* 7. Regno, *Dan. 2.* Ovili. *Joan. 1.* Domini, *1 Timoth. 3*, Navi, seu arcae. 1. Pet. 3. » (I, IX, p. 643).

κατὰ τὰ θεῖα, καὶ θεωθῆναι, καὶ τοῖς ὑποβεβηκόσι μεταδοῦναι κατ' ἀξίαν ἑκάστῳ τῆς ἐγγενομένης αὐτῷ θεόθεν ἱερᾶς θεώσεως[72]. » C'est-à-dire : « Il est toutes-fois necessité de dire que la hierarchie dont nous parlons a une mesme vertu par tout le ministere hierarchic et mesme chef souverain des choses sainctes, selon que son essence, proportion et ordre peuvent estre perfectionnez és choses divines, et renduz participans de Dieu, pour faire part de ceste saincte divinité que Dieu lui a eslargie à ses inferieurs, [p. 52] selon l'ordre et merite d'un chacun. » Il est malaisé de parler plus clairement de la monarchie de l'Eglise qu'en parle s. Denis de qui les escrits ne sont pas apocryphes comme nous reprochent les aveugles, mais authentiques, citez par Origene qui vivoit il y a plus de 1 400 ans en la partie 2 de ses *Œuvres*, homelie 2 sur divers lieux de l'Evangile, et par le Concile de Nicée Can. 2[73]. Or est il heure, apres avoir apporté ces raisons pour la monarchie, de respondre aux allegations du secretaire de l'aveugle qu'il nous oppose au chap. 7 de son escrit, et premierement à celle d'Origene, tirée du premier traicté sur S. Matthieu, où il est dict que tous ceux qui sont imitateurs de Jesus-Christ sont appellez Pierres, sont appellez Christs, [p. 53] justices, sagesses, et que ces parolles, « Tu es Pierre et sur ceste pierre je bâstiray mon Eglise », s'adressent à tous. Je répon que ce passage d'Origene doit estre pris allegoriquement et non litteralement, tout ainsi que tous les justes imitateurs de Christ sont appellez Christs, justices, sagesses, allegoriquement et non literalement.

Secondement si tous fideles sont pierres sur lesquelles l'Eglise est bâtie, tous fidelles sont le fondement de l'Eglise. Où seront doncques les parois et le toict de cet edifice ? Tiercement nostre Seigneur parlant à s. Pierre usa de circonstances qui ne peuvent estre accomodées à autre qu'à s. Pierre, il l'appella « Simon fils de Jonas » pour le distinguer de Simon frere de Thaddaee, puis l'appella Pierre du [p. 54] nom qu'il luy avoit donné, en fin il usa de pronoms qui monstrent une certaine personne : « *Ego dico tibi quia tu es Petrus*[74]. » Si ce passage d'Origene est pris à la lettre, tous fidelles sont maistres comme ratz en paille, egaux entr' eux, et n'ont point de superieur. Je fay la mesme responce au

---

72 *La Hiérarchie céleste*, 372C.

73 Origène (IIe-IIe s.) et le concile de Nicée (IVe) sont très antérieurs à l'époque où a écrit le pseudo-Aréopagite (VIe). Cet auteur inconnu était confondu avec Denys l'Aréopagite, personnage du Nouveau Testament (Actes 17, 34).

74 Matthieu 16, 18. Tout ce développement sur l'interprétation allégorique d'Origène vient de Bellarmin, I, X, p. 659.

second passage d'Origene où il escrit que ces parolles ne s'adressent pas à Pierre seul, mais à tous fidelles esquelz l'Eglise de Christ est edifiée, et dy d'avantage qu'Origene ne veut faire entendre autre chose par ces parolles allegoriques, sinon que les portes d'enfer n'ont point de force contre la doctrine de Christ qui est plantée en tous les vraiz fideles. Car Origene reconnoit la souveraineté de s. Pierre en l'homelie cinquiesme sur l'Exode, disant : [p. 55] « *Vide magna illi Ecclesiae fundamento, et petrae solidissimae super quam Christus fundavit ecclesiam quid dicitur à Domino*[75]. Voyez ce que dit nostre Seigneur à ce grand fondement de l'Eglise, et cette pierre solide sur laquelle Jesus Christ a fondé son Eglise. » D'où s'ensuit qu'Origene est contraire à soy mesme s'il ne parle allegoriquement és passages qu'allegue l'aveugle. Mais estant aveugle il ne peut juger des couleurs[76]. Le mesme Origene sur le chap. 6 aux Romains : « *Petro cum summa rerum de pascendis ovibus traderetur, et super ipsum velut super terram fundaretur ecclesia, nullius confessio virtutis alterius ab eo nisi charitatis exigitur*[77]. Jesus Christ ne veut autre vertu de s. Pierre que la charité, lors qu'il luy donne la charge de ses ouailles, et fonde sur [p. 56] luy son Eglise comme sur terre. »

Au passage de s. Hierosme qui dict que tous Evesques ont mesme merite et mesme sacerdoce[78], je respond que[h] tous evesques et prestres ont meme puissance de sacrifier le corps de Jesus Christ en la messe, et mesme puissance active de remettre le peché par la penitence : ce qui n'empesche que sainct Pierre n'ait esté fait souverain de l'Eglise, comme avouë s. Hierosme livre I *Contre Jovinian* : « *Inter duodecim unus eligitur, ut capite constituto schismatis tolleretur occasio. Sed cur non Joannes electus est virgo ? Ætati delatum, quia Petrus senior erat*[79]. » C'est-à-dire : « Entre douze apostres un est esleu, à fin que le chef estant estably l'occasion du schisme fut ostée. Mais pour quoy est-ce que Jehan, vierge, n'a esté [p. 57] esleu ? On a fait cest honneur à l'aage, pour ce que s. Pierre estoit le plus âgé. » Au second passage de s. Hierôme qui dit : « Premier que par l'instinct du diable il se fit des practiques en la religion, les eglises se gouvernoient par le commun conseil des prestres[80] », je respon que

75 Suit encore Bellarmin, I, x, p. 657.

76 *Couleurs* : les couleurs du style, pris au sens large pour les figures de la rhétorique.

77 Bellarmin, I, xxv, p. 715.

78 *Cf.* p. 114.

79 *Aduersus Jouinianum* (CPL 0610), LLT-A, li. 1, par. 26, col. 258.

80 *Cf. Responce* p. 114.

cela ne fait rien contre la monarchie de l'Eglise, et que nous recevons les synodes et conciles d'evesques pourveu qu'il y ait un chef, qui au jugement du mesme s. Hierôme est le pape de Rome, comme il appert en l'epist. qu'il escrit à Damasus : « *Ego beatitudini tuae, id est cathedrae Petri communione consocior, super illam petram ecclesiam aedificatam esse scio. Quicunque extra hanc domum agnum comederit prophanus est*[81]. Je m'associe de communion à ta beatitude, c'est à dire à la [p. 58] chaire de s. Pierre. Je sçay que l'Eglise est bastie sur ceste pierre. Celuy qui mange l'aigneau hors de ceste maison est prophane. » Ces parolles de s. Hierôme monstrent que la souveraineté de s. Pierre et du pape de Rome ne vient pas du droit positif comme dit Cusanus et le secretaire de l'aveugle[82], mais du droit divin, c'est à dire de la parolle de Jesus Christ. Ce qui suffira pour respondre à Cusanus, homme moderne qui n'a veu clair en ce poinct, non plus que l'aveugle et son secretaire. Le passage de Tertullian en son *Apologetic* est mutilé par l'aveugle, qui a omis ces deux premiers mots : « *nostris sacris president probati quisque seniores honorem istum non pretio sed testimonio adepti*[83]. » C'est-à-dire : « À nos sacrifices president de bons vieillars et [p. 59] prestres bien approuvez, qui ont acquis cet honneur non par argent, mais par tesmoignage de leur bonne vie. » L'aveugle a veu en son aveuglement que ces deux mots luy faisoient tort, pour autant les a-il obmis, mais il n'a pas veu que ce lieu ne fait rien contre la monarchie de l'Eglise, qui est reconnuë par Tertullian disant : « Est-il croyable que Pierre qui fut appellé la pierre pour edifier l'Eglise ait ignoré quelque chose[84] ? » L'aveugle n'allegue autres authoritez pour son aristocratie en son chap. 7 et reserve le reste à la replique qu'il pretend faire à ma responce.

À raison de quoy je tourneray voile pour reprendre un argument qu'il met au c. 2 de son livre, au nom de monsieur Bulenger, en ceste forme : en toute assemblée visible le [p. 60] gouvernement doit estre visible, mais l'Eglise est une assemblée visible, doncques le gouvernement en doit

---

81 *Epistulae* (CPL 0620) – LLT-A, epist. : 15, vol. : 54, par. : 2, pag. : 63, linea : 18 (consulté le 16/11/2021).

82 Voir p. 114.

83 Les éditions modernes de l'*Apologétique* donnent bien le texte cité par Agrippa d'Aubigné, comme l'édition des *Opera Tertulliani et Arnobii quotquot ab interitu vindicari summorum virorum industria potuerunt…*, Paris, apud Guilielmum Julianum, 1580, p. 709.

84 « *Latuit aliquid Petrum, aedificandae ecclesiae petram dictum* », *De praescriptione haereticorum*, 4 (22, 4).

estre visible. Le respondant accorda la mineur le jour que l'argument fut proposé, et nya la majeur. Aujourdhuy le mesme respondant accorde la majeur et nie la mineur, par où il monstre son irresolution contradictoire coustumiere aux heretiques, et soûtient que l'Eglise n'est point visible. Pour le couper court, je respon que l'Eglise est une assemblée d'hommes visibles, et pour tant qu'elle est visible, car le tout est semblable à ses parties. Les Escritures l'enseignent au 3e des Rois c. 8[85] : « Le roy se tourna vers le peuple et donna la benediction à toute l'Eglise », c'est à dire à l'assemblée du peuple visible qui se trouva là. Au 20 des Nomb : « Pourquoy as tu [p. 61] tiré l'Eglise dans le desert[86] », c'est à dire le peuple d'Israël, qui estoit visible. Aux Actes des apostres : « Paul monta au temple, et salua l'eglise[87]. » Comment est ce qu'il eust salué l'eglise si elle n'eust esté visible, comment est-ce que nous pourrions nous adjoindre à elle pour estre mis au nombre des enfans de Dieu ? S. Augustin au traicté I qu'il a faict sur S. Jean : « *Numquid digito ostendimus ecclesiam fratres mei, nonne aperta est*[88] ? Ne monstrons nous pas au doit l'Eglise, n'est elle pas manifeste et ouverte ? » Traicté second sur S. Jehan : « *Quid amplius dicturus sum quam cœcos, qui tam magnum montem non vident, qui contra lucernam in candelabro positam oculos claudunt*[89]. Que diray-je autre chose sinon que ceux-là sont aveugles qui [p. 62] ne voyent point une si grosse montagne, qui ferment les yeux contre la lumiere mise sur le chandelier ? » L'Eglise est l'assemblée d'hommes visibles et non pas d'anges invisibles, qui[90] s'aident de sacremens et signes exterieurs visibles. Car comme dit s. Augustin liv. 19 *Contre Faustus*, chap. 2 : « *In nullum nomen religionis seu verum seu falsum coagulari homines possunt nisi aliquo signaculorum et sacramentorum visibilium colligentur*[91]. Les hommes ne peuvent estre assemblez et ramassez en aucune religion, soit vraye soit fausse, s'ilz ne sont liez par la liaison de quelques signes visibles. » Que le secretaire de l'aveugle responde sans bouffonner à ces passages, s'il ne veut m'accorder que l'Eglise soit visible.

---

85 1 Rois, 8, 14.

86 Nombres 20, 4. La Vulgate dit : « *Cur eduxisti ecclesiam Domini in solitudinem.* »

87 Actes 18, 22.

88 *In Iohannis epistulam ad Parthos tractatus* (CPL 0279) – LLT-A, tract. 1, col. PL : 1988.

89 *In Iohannis epistulam ad Parthos tractatus* (CPL 0279) – LLT-A tract. : 2, col. PL : 1990. Augustin emploie le singulier : *caecus, videt, claudit.*

90 D'hommes visibles qui s'aident…

91 *Contra Faustum* (CPL 0321) – LLT-A lib. 19, par. 11, p. 510.

Quant[i] est de l'autre argument que [p. 63[j]] monsieur Bulenger avoit mis en avant en ceste sorte : Tout chef est de mesme nature que les membres, les membres sont de nature visible, doncques le chef est de nature visible. Le respondant desguise cest argument comme bon luy semble, et nie la majeur impertinemment, faute de sçavoir que le chef pris proprement est la partie principale du corps, composé de méme matiere et forme que le corps, qui font une nature parfaite. S'il dit que Jesus Christ est chef invisible des hommes visibles, je respondray que Jesus Christ en tant qu'homme est visible, et que s'estant retiré de nostre veuë, il a laissé au corps visible de l'Eglise un chef visible qui est le pape successeur de s. Pierre, à fin qu'on eust un chef [p. 64[k]] à qui s'adresser és difficultez qui se presentent. Autrement le corps de l'Eglise seroit un monstre, n'ayant point de teste visible, ou demeurant cy bas sans teste.

Responce aux chap. 3. 4. 6

J'ay monstré jusques ici que le gouvernement monarchic estoit plus accompli que les autres, et qu'en l'Eglise y avoit un gouvernement monarchic. Reste à monstrer que s. Pierre a esté estably souverain gouverneur de l'Eglise. Ce que je preuve premierement par ce passage de S. Mathieu, 16 : « Tu es Pierre et sur ceste pierre je bâtiray mon Eglise, je te donneray les clefs du ciel. » Considerez je vous prie que tout ainsi que s. Pierre avoit tout seul pris la parole, et avoué que Jesus Christ estoit le filz de Dieu, aussi nostre [p. 65] Seigneur respondit à luy tout seul, et luy tint ce langage par lequel il l'establit comme le fondement et la base de l'Eglise. À luy seul il dist, non aux autres : « Je te donneray les clefs des cieux », tellement que s'il ne faut rien adjoûter à la lettre de l'Evangile, veu que nostre Seigneur a tenu ce langage à Pierre tout seul, et qu'à luy seul il a donné le tiltre de fondement de l'Eglise pour sa confession de foy, nous ne devons pas estendre ce previlege à ceux à qui nostre Seigneur n'a point adressé sa parole, comme à ceux qui n'en avoient point donné de cause par leur confession de foy. Autrement c'est adjouster à la lettre de l'Evangile, contre l'axiome des huguenots[92]. Or que ce passage se doive ainsi prendre, je le preuve par les anciens Peres. [p. 66] Tertullian, liv. *De prescriptionib.* : « *Latuit aliquid Petrum, aedificandae ecclesiae petram*

92 Contre le principe protestant de la *Sola scriptura.*

dictum[93] ? » C'est-à-dire : « Est-il croyable que Pierre ait ignoré quelque chose, qui fut appellé la pierre pour bâtir l'Eglise ? » S. Cyprian, ep. *Ad Quirin*[94]. : « *Petrum Dominus primum elegit, et super eum aedificavit ecclesiam suam.* Le Seigneur appella Pierre le premier, et le chef de ses apostres, et bâtit sur luy son Eglise. » S. Athanase, ep. *Ad Felicem* : « *Tu es Petrus et super fundamentum tuum ecclesiae columnae, id est episcopi, sunt confirmati*[95]. Tu es Pierre et sur ton fondement les colonnes de l'Eglise, c'est à dire les apostres, sont confirmez. » S. Epiphane en son *Anchorat*[96] : « Le seigneur establit Pierre le premier de ses Apostres pour estre la pierre ferme sur laquelle l'Eglise est batie. » S. Basile liv. 2. *Contre* [p. 67] *Eunomius* : « Pierre pour l'excellence de sa foy receut dessus soy mesme la construction de l'Eglise. » S. Augustin ser. 15, *De sanctis* : « *Petrum fundamentum ecclesiae Dominus nominavit, et ideo digne fundamentum hoc ecclesia colit, supra quod œdificii ecclesiastici altitudo consurgit*[97]. Le Seigneur appella Pierre le fondement de l'Eglise, et partant c'est à bon droict que l'Eglise honore ce fondement sur lequel la hauteur de l'edifice de l'Eglise s'eleve. » Le second passage de l'Escriture est pris du 22e de s. Luc : « Pierre, j'ay prié pour toy à fin que ta foy ne defaille. Toy doncques estant converty, confirme tes freres[98]. » Ces paroles n'ont esté dictes à autre qu'à s. Pierre, à qui nostre Seigneur à donné la charge de confirmer ses freres, et non pas aux autres. Or que par ces parolles la [p. 68] superiorité ait esté donnée à s. Pierre, je le preuve par l'authorité des Peres. Theophilacte, sur le 22e de S. Luc : « *Tu Petre conversus bonum exemplum pœnitentiae eris, qui cum negaveris, iterum receperis primatum omnium, et praefecturam orbis*[99]. Toy, Pierre, apres ta conversion tu seras un bon exemple de pœnitence, lequel apres avoir renié ton maistre n'as pas laissé pour cela de recevoir le primat et le gouvernement du monde. » Puis il adjouste : « *Quia te habeo principem apostolorum, confirma caeteros*[100]. Parce que je te tiens au lieu du prince des apostres, confirme les autres. » S. Leo, serm. 3 de s. Pierre : « *Pro fide Petri proprie supplicatur tanquem aliorum salus tutior*

93 *De praescriptione haereticorum* (CPL 0005) – LLT-A cap. 22. Déjà cité p. 150.
94 Inexact. *Épître à Quintus*, 3. Bellarmin, I, xxv, p. 617. La citation ne se trouve pas chez Cyprien dans la *Library of latin texts*.
95 Cité par Bellarmin, I, x, p. 657.
96 *Ancoratus*, 9, 59.
97 Sermon attribué à Augustin, 190, I, 1 (non recensé dans la LLT). Bellarmin, I, x, p. 657.
98 Luc 22, 32.
99 Bellarmin, I, xxv, p. 688.
100 Cité par Bellarmin, I, xx, p. 701.

sit, mens principis victa non fuerit[101]. Nostre Seigneur prie pour la foy de Pierre parce que le salut des autres [p. 69] est plus asseuré, si l'esprit du prince n'est pas vaincu. » On peut retirer une demonstration manifeste de ce passage. Celuy à qui seul d'entre les apostres grace est donnée de ne faillir point, et qui a charge de confirmer les autres qui faillent, est plus que les autres. S. Pierre a seul receu la grace de ne faillir point, et la charge de confirmer les autres.

Le 3e passage est pris du chap. dernier de S. Jehan : « Jesus Christ dit : "Pierre, m'aimes tu plus que les autres ? Pay mes brebis, pay mes aigneaux, pay mes ouailles"[102]. » Jesus Christ veut estre plus aimé de s. Pierre que des autres, à fin qu'il ait plus d'occasion de luy donner la charge de son troupeau. Or je tire de ce passage une demonstration[103] : Tout pasteur est [p. 70] plus que les ouailles, sainct Pierre est pasteur et les autres apostres ouailles, sainct Pierre donques est plus que les apostres qui sont ouailles. Et que ce passage se doive ainsi entendre, je le monstre par les Peres. S. Chrysostome, sur le dernier de s. Jean : « *Aliis omissis Petrum duntaxat affatur, fratrum ei curam committit*[104]. Nostre Seigneur omet les autres et parle à s. Pierre luy donnant la charge de ses freres. » S.Ambr., sur le mesme passage : « *Dominus per haec verba Petrum vicarium amoris sui reliquit quia solus profitetur ex omnibus et omnibus antefertur*[105]. Le Seigneur laissa par ces parolles s. Pierre, vicaire et lieutenant de son amour, par-ce que Pierre seul d'entre les apostres fit profession de foy, et seul receut la surintendance sur les autres. » [p. 71] Theophilacte, au mesme passage : « *Finito prandio praefecturam ovium totius mundi commendabat Petro. Non enim alii sed huic tradidit*[106]. Le disner estant fini, il donna la charge de toutes les ouailles à Pierre, par ce qu'il

---

101 Léon Ier, *Sermones*, 54, 0151B. Bellarmin, I, XX, p. 701.

102 Jean 21, 15-17.

103 *Demonstration :* syllogisme.

104 Cité par Bellarmin, I, XVI, p. 688.

105 Boulenger bricole une phrase en reprenant d'abord Bellarmin, *ibid.* : « *Ambrosius in caput ult. Lucae, dicit Dominum per haec verba, Pasce oves meas, reliquisse nobis Petrum, tamquam vicarium amoris sui* – Ambroise dans le dernier chapitre de Luc, dit que le seigneur par ces mots, "Pais mes brebis", nous a laissé Pierre comme le vicaire de son amour. » Et il ajoute une autre proposition d'Ambroise : « *Et ideo quia solus profitetur ex omnibus, omnibus antefertur* » (*Expositio evangelii secundum Lucam* (CPL 0143) – LLT-A, lib. 10), également donnée par Bellarmin, I, XIV, p. 682. La traduction d'*antefertur* (fut mis en avant, choisi) par « receut la surintendance » est évidemment forcée.

106 Suit toujours Bellarmin, I, XVI, p. 688.

ne l'a pas donnée à un autre, mais à cestuy ci. » De vouloir reprocher des tesmoins si anciens et authentiques comme ceux que j'ay mis en avant, c'est une folie. Ils reconnaissent que s. Pierre est le chef de l'Eglise, par ce que de leur temps c'estoit une chose qui n'estoit mise en doute. S'ilz ont failly, ilz ont failly avec les apostres dont ilz estoient disciples. Or de dire que les apostres et leurs disciples se soient abusez en un poinct de si grande importance, c'est une bestise.

Mais, disent les adversaires, « S. Pierre n'a jamais esté [p. 72] à Rome. » Je respond que je n'ay point veu s. Pierre à Rome, car je ne vivoy pas ce temps là. Calvin ne l'y a point veu, car il n'estoit pas encore au corps de son grand pere. Veu que luy et moy n'estions point du temps de s. Pierre, rapportons nous à ceux qui ont vescu du mesme temps, ou un peu après. Qui me diroit que le jeune Cyrus ne seroit jamais venu en Grece, je respondray : « Vous ny moy n'en sçavons rien. Rapportons nous à Xenophon qui le suivit en la guerre contre son frere. » S. Irenée, liv. 3, ch. 3, qui vivoit il y a presque 1 500 ans[107], dit que s. Pierre a esté le premier evesque de Rome, et fait un denombrement de tous les evesques qui luy ont succedé jusques à son temps. Tertullian qui vivoit du mesme temps [p. 73] du regne de Severus l'empereur, au livre qu'il a faict *De prescriptionibus*, dit : « *Felix ecclesia cui totam doctrinam apostolicam sanguine suo profuderunt. Ubi Petrus Passioni Dominicae adaequatur, ubi Paulus Joannis exitu coronatur*[108]. Bien heureuse l'Eglise de Rome où Pierre est mis en croix et rendu compagnon de la passion de son maistre, où Paul a la teste tranchée comme Jehan Baptiste. » Liv. 4. *Contre Marcion* : « *Romanis Evangelium et Petrus et Paulus sanguine quoque suo signatum reliquerunt*[109]. » Eusebe liv. 2 chap. 14 : « Pierre a le premier ouvert la porte du ciel en la ville de Rome, par les clefs de l'Evangile et la parole de predication[110]. »

Arnobius, liv. 2. *Contre les payens* : « *Roma conversa ad Christum, quia vidit* [p. 76, sic] *Simonis Magi ignitas quadrigas Petri ore difflatas*[111]. Rome fut convertie à la foy parce qu'elle veit le chariot de feu de Simon Magus estre bousouflé (*sic*) par terre par le soufle de la bouche de s. Pierre. »

107 Irénée de Lyon est mort en 202.

108 *De praescriptione haereticorum* (CPL 0005) – LLT-A, cap. 36. Bellarmin II, 3, p. 741.

109 *Adversus Marcionem* (CPL 0014) – LLT-A lib. 4, CSEL : 430.

110 Cette citation ne se retrouve pas dans l'*Histoire ecclésiastique*, II, 14, où il est néanmoins question de la venue de Pierre à Rome. Boulenger suit Bellarmin, II, II, p. 735.

111 *Adversus nationes*, II, 12, 4. Cité par Bellarmin, II, II, p. 735.

S. Epiphane, *Haeresie 27* : « Faict un registre de tous les evesques de Rome qui ont succedé à s. Pierre, et dit que luy et s. Paul ont esté les premiers à Rome. Ὅμος ἡ τῶν ἐν Ρώμῃ ἐπισκόπων διαδοχὴ ταύτην ἔχει τὴν ἀκολουθίαν. Πέτρος καὶ Παῦλος, Λίνος καὶ Κλῆτος. Ἐν Ρώμῃ γὰρ γεγόνασι πρῶτοι Πέτρος καὶ Παυλος[112]. »

« Mais, disent ils, sainct Pierre n'est pas mort à Rome. » Je respond que si nous estions en different eux et moy à sçavoir si Jule Cesar fut tué au Senat de Rome, je dirois : Rapportons nous à Suetone, Dion, et Plutarche, qui ont talonné [p. 77] de bien près le temps de Cesar, et nous ont laissé par escrit sa vie et sa mort. Aussi di-je en ceste dispute de la mort de s. Pierre qu'il se faut raporter aux anciens historiographes et docteurs de l'Eglise. Tertul. 1e des *Prescriptions* nous asseure que s. Pierre fut cloué en crois à Rome. Lactance, liv. 4. de ses *Instit.*, chap. 21 : « *Cum Petrum et Paulum, Nero interemisset Judeorum nomen Vespasianus extinxit*[113]. Vespasien esteignit le nom des Juifs apres que Neron eut faict mourir s. Pierre et s. Paul. » S. Epiphane dit en la pag. 51 qu'ils moururent la 12e année du regne de Neron : « μετὰ τὴν τοῦ αγίου Πέτρου καὶ Παύλου τελευτὴν, τὴν ἐπὶ τῷ δωδεκάτῳ ἔτει Νέρωνος γενομένην[114]. » Denys de Corinthe, qui vivoit cent ans apres les apostres, parlant de s. Pierre et s. Paul, comme rapporte [p. 78] Eusebe, liv. 2. ch. 25 : « *Ambo in hac urbe simul docentes etiam Martyrio pariter, uno eodemque tempore coronati sunt*[115]. s. Pierre et s. Paul tous deux en un mesme temps furent martyrisez à Rome où ilz avoient presché la foy de Jesus Christ. » S. Hierosme, 1er *De viris illustribus*, ch. I., *De Petro* : « Pierre print son chemin à Rome pour contretester Simon, où il fut seant en la chaire d'evesque jusques au dernier an du regne de Neron, qui le fist clouer en crois la teste en bas, les pieds contremont[116]. »

La 4e question qui doit estre vuidee est à savoir si le pape de Rome est successeur de s. Pierre, et monarque visible de toute l'Eglise. Le

112 Bellarmin, au même endroit (p. 736) cite Épiphane, mais partiellement (« *Primi in Roma fuerunt Petrus et Paulus* »). Boulenger s'est reporté au texte grec, et a combiné deux phrases différentes. Voir Migne, *Patrologie grecque*, 41, col. 373, et, pour la seconde phrase (« Ἐν Ρώμῃ γὰρ ») col. 372.

113 *Divinae institutiones*, 4, 21. Bellarmin II, III, p. 741.

114 *Contre les hérésies*, I, II, 27, Migne col. 373.

115 Traduit Bellarmin, II, III, p. 740.

116 *De viris illustribus*, CPL 0616) – LLT-A cap. 1, pag. 6. Boulenger suit Bellarmin, *ibid.*, p. 741. « *De Petro* » transforme en titre imaginaire le « *in Petro* » (à propos de Pierre) de Bellarmin. *Contretester* : réfuter, chasser. « *ad expugnandum Simonem magum* » dit le texte latin.

premier qui a denigré l'authorité du pape de Rome est Novatian (à ce que dit Eusebe, liv. 6 de son *Hist. eccles.*, [p. 79] chap. 43), qui tenoit fort et ferme que l'evesque de Rome n'estoit point evesque universel de toute l'Eglise. Depuis ceste question fut mise en jeu à la synode de Carthage du temps de s. Augustin, et laissée pour indecise. En fin les patriarches de Constantinople ont voulu s'emparer et saisir de la puissance du pape de Rome. Or ceste question doit estre vuidée par le consentement general de tous les conciles legitimement assemblez et des anciens docteurs de l'Eglise. Car si le pape de Rome a esté reconnu pour successeur de s. Pierre il y a plus de 13 à 14 cents ans, nous avons occasion d'acquiescer au jugement de l'Eglise primitive. Au 6e Canon du Concile de Nicée, selon qu'il est rapporté au Concile de Calcidoine, act. [p. 80] 16 : « *Ecclesia Romana semper habuit primatum*[117]. L'eglise Romaine a eu tousjours le primat », c'est à dire la superiorité sur toutes les eglises. Puis en la susdicte action 16, ces paroles sont adjoustées : « *Perpendimus omnem primatum et honorem praecipuum secundum canones antiquae Romae dei amantissimo Archiepiscopo conservari*[118]. Nous avons pris garde que le primat et le principal honneur est gardé selon les canons à l'evesque de Rome. » Au 2e Concile general qui est cité par Theodoret liv. 5. de son *Hist. eccles.* ch. 9 : « Les peres qui furent assemblez reconnurent qu'ils n'estoient que membres inferieurs du pape de Rome qui estoit le chef. » Le 3e concile general selon que rapporte Evagrius, liv. 1 de son hist., chap. 4., dit haut et clair qu'il [p. 81] deposoit Nestorius evesque de Constantinople, selon le commandement de Celestin, pape de Rome.

Quant est des Peres anciens de l'Eglise primitive, Irenée qui vivoit il y a près de 1 500 ans, liv. 3, ch. 3 : « *Ad Romanam ecclesiam propter potentiorem principalitatem necesse est omnem ecclesiam convenire*[119]. Il faut que toutes Eglises s'assemblent à l'Eglise de Rome à cause qu'elle a plus de puissance et principauté. » S. Cyprian liv. I. ep. 8, et liv. 4. chap. 8 : « *Deus unus est et unus Christus et una ecclesia super Petrum domini voce fundata*[120]. Il n'y a qu'un Dieu et qu'un Jesus Christ, et une Eglise fondée sur s. Pierre par la parole de nostre Seigneur. » S. Athanase escrivant au pape Felix : « *Ob id vos praedecessoresque vestros apostolicos praesules* [p. 82] *in summitatis*

117 Suit Bellarmin, II, XVI, p. 800.

118 Bellarmin II, XIII, p. 776.

119 *Adversus haeresias*, III, III, 2. Bellarmin, II, XV, p. 786.

120 *Epistulae* (CPL 0050) – LLT-A epist. 43, cap. 5, par. : 2. Bellarmin II, XVI, p. 791. Boulenger a abrégé la citation (« *et una ecclesia et cathedra una super Petrum* »).

arce constituit, omniumque ecclesiarum curam habere praecepit[121]. Pour ceste raison il a mis vous et vos predecesseurs au sommet du gouvernement, et a commandé d'avoir le soin de toutes les eglises. » S. Chrysost. liv. 2. *De sacerdot.*[122] : « *Ovium curam tum Petro, tum Petri successoribus commitebat*[123]. Il a laissé le soin de ses ouailles à Pierre, et aux successeurs de Pierre. »

S. Hierosme, en l'epistre à Damasus : « *Ego beatitudini tuae, id est cathedrae Petri communione consocior, super illam petram ecclesiam œdificatam esse scio. Quicunque extra hanc domum agnum comederit profanus est*[124]. Je m'associe de communion à ta beatitude, c'est à dire à la chaire de s. Pierre. Je sçay que l'Eglise est bâtie sur ceste pierre. Celuy qui mange l'aigneau hors de ceste maison est [p. 83] prophane. » S. Augustin, epist. 162 : « *In Romana ecclesia semper Apostolicae ecclesiae viguit principatus*[125]. En l'eglise romaine la principauté de la chaire de s. Pierre a eu tousjours vogue. » Sur le *Pseaume contre la partie de Donat* : « *Numerate sacerdotes vel ab ipsa Petri sede, in ordine illo patrum quis cui successerit videte. Ipsa est petra quam non vincunt superbae inferorum portae*[126]. Faictes un denombrement des prestres commençant du siege de s. Pierre, voyez en l'ordre de ces Peres à qui on a succedé. C'est la pierre que les portes d'enfer ne peuvent vaincre. » Prosper, qui vivait du temps de s. Augustin :

> *Sedes Roma Petri, quœ pastoralis honoris*
> *Facta caput mundo, quicquid non possidet armis* [p. 84]
> *Religione tenet*[127].
>
> « Rome, le siege de Pierre laquelle a esté faicte chef du monde, pour le gouvernement de l'Eglise, et qui tient souz le lien de la religion tout ce qu'elle ne seigneurie point par les armes. »

Or que les papes de Rome ayent practiqué la superiorité au gouvernement de l'Eglise, le monstre Eusebe, liv. 5 ch. 23[128], disant que

121 Voir Gregorius Santi Crisogoni – Polycarpus [*Collectio Canonum*], n° 54 (www.documentacatholicaomnia.eu, consulté le 18/12/2021), cité par Bellarmin II, xv, p. 787.

122 *Sur le sacerdoce*, II, 201.

123 Bellarmin, II, xii, p. 769.

124 Voir plus haut, où le texte est déjà cité, p. 150. Boulenger suit Bellarmin, II, xvi, p. 791.

125 *Epistulae* (CPL 0262) – LLT-A epist. : 43 *(ad Glorium et Eleusium Donatistas, Felicem, Grammaticum et ceteros), par. : 7, CCSL 31 – pag. : 172.* Bellarmin II, xvi, p. 795.

126 *Psalmus contra partem Donati* (CPL 0330) – LLT-A p. 184, v. 238-240. Bellarmin I, x, p. 658.

127 Voir plus haut, p. 87. Bellarmin II, xvi, p. 796.

128 *Histoire ecclésiastique*, V, 23, 9. Bellarmin II, xix, p. 816.

Victor excommunia tous les evesques d'Asie qui celebroient la feste de Pasques la 14e lune. Sozomenus, liv. 3, chap. 8[129] : Jule pape de Rome fist commandement à Arrius et Athanase de s'acheminer à Rome, à fin qu'il prist connaissance de leur different. Theodoret, liv. 3 de son hist., ch. 23 : « Damasus demist de son evesché Flavian, patriarche d'Antioche[130]. » Ces authoritez [p. 85] sont suffisantes pour faire avoüer aux plus obstinez que le pape de Rome est souverain gouverneur de l'Eglise, et que tous les Peres anciens le connoissent pour tel, et luy rendent toute obeissance.

Si l'aveugle ou son secretaire ont tant soit peu de lumiere en l'ame, qu'ilz me respondent à toutes ces authoritez de poinct en poinct, et passage pour passage, et qu'ils ne frappent point à l'aveugle disans qu'il ne faut croire à personne hors l'Escriture, veu que les Peres anciens interpretent l'Escriture dont nous sommes en debat par l'Escriture, et que leur interpretation doit avoir un peu plus de prix que celle des calvinistes, qui combattent la foy de toute l'Eglise. [p. 86]

Responce aux passages des anciens Peres qu'allegue l'aveugle

Les mauvais escuyers qui jadis picquoyent leurs chevaux en la carriere du cirque, se voyans veincus par l'adresse de leurs adverses parties, rejectoient la faute sur leurs chevaux, et changeoient de chariots avec les veincueurs pour r'entrer en lice, et de rechef estoient honteusement veincuz, comme nous lisons au livre 5 des Epigrammes grecs :

> ἤμειψε μὲν ἵππους ἀντιπάλοις.
> πολλάκι δὲ νικήσας ἑοὺς πόρεν ὠκέας ἵππους,
> λάξετο δ'ἀντιπάλων, καὶ πάλιν ἐσέφειτο[131].

129 *Histoire ecclésiastique*, III, 9.

130 Bellarmin II, XVIII, p. 809.

131 Boulenger a collé deux épigrammes différentes : l'épigramme 16, 374 de Léonce/Leontius, relative à Constantin : « πέντε καὶ εἴκοσι μοῦνος ἀέθλια Κωνσταντῖνος / εἰς μίαν ἠριγένειαν ἑλὼν, ἤμειψε μὲν ἵππους / ἀντιπάλοις… », et le numéro 340, relatif à Porphyre (un conducteur de char) : « πολλάκι νικήσας γὰρ ἑοὺς πόρεν ὠκέας ἵππους, / λάζετο δ' ἀντιπάλων, καὶ πάλιν ἐστέφετο. » 374 : « Constantin, après avoir remporté dans une seule matinée vingt-cinq prix, changea de chevaux avec ses adversaires, et avec les chevaux qu'il venait de vaincre, de nouveau il remporta vingt et une victoires » (traduction du site http://remacle.org/

Aussi nos adversaires ignorans et mal appris se voyans veincus par l'authorité des anciens Peres, nous veulent desmonter et battre de nos armes, tâchans de s'aider des passages des [p. 87] anciens docteurs pour nous faire perdre la carriere, mais s'en aydent mal à propos : ilz quittent la lice à leur confusion, et sont en fin contraincts de rejecter les forces qui leur sont contraires. L'aveugle est frappé à ce coin, qui[132] se veut aider des Peres anciens qu'il reproche en son chap. 5[133], et nous oppose en premier lieu s. Augustin, traicté 124 sur S. Jean **[→ 104]**, qui dit : « Je bâtiray mon Eglise sur ceste pierre que tu as confessée. Ceste pierre estoit Jesus-Christ, sur lequel fondement s. Pierre mesme est edifié[134]. » Je respon que s. Augustin au liv. I des *Retractions* chap. 21 explique son dire en ces mots : « *Dixi in quodam loco de Apostolo Petro quod in eo tanquem in Petra fundata sit ecclesia, qui sensus etiam cantatur ore multorum in versibus beatissimi [p. 88] Ambrosii, ubi de gallo gallinaceo ait : "Hoc ipsa Petra, ecclesiae canente culpam diluit." Sed scio me posteam saepissime sic exposuisse ut super hanc Petram intelligeretur quam confessus est Petrus. Non enim dictum est illi : "Tu es Petra", sed "Tu es Petrus." Petra autem erat Christus. Harum autem duarum sententiarum, quae sit probabilior, eligat lector*[135]. » C'est-à-dire : « J'ay dict en un certain lieu de l'apostre Pierre que l'Eglise est fondée sur luy comme sur une Pierre. Lequel sens est chanté de la bouche de plusieurs aux vers de s. Ambroise, où il dict du coq : "La pierre de l'Eglise au chant du coq effaça bien tost la faute." Mais je sçay que depuis j'ay expliqué ce lieu de la pierre qu'il a confessee, c'est à dire de Jesus Christ. Car il ne luy fut pas dit : "Tu es la pierre", mais "Tu es Pierre." La pierre étoit Christ. [p. 89] Le lecteur eslise la plus probable de ces[1] deux opinions. » Ces parolles monstrent que s. Augustin embrasse les deux interpretations egalement, et en laisse le chois à discretion. L'aveugle en la page 52 de son livre **[→ 118]** a obmis frauduleusement ces paroles où s. Augustin laisse

bloodwolf/erudits/Anthologie/planude.htm, consulté le 17/11/2021). 340 : « Que de fois, en effet, il [Porphyre] a cédé aux vaincus ses propres coursiers et pris les leurs, sans cesser de remporter la victoire ! » (*ibid.*). Dans les deux cas, c'est le vainqueur qui veut changer de chevaux, non le vaincu.

132 *Qui* : lui qui…

133 L'aveugle est marqué de ce signe (*coin*), lui qui veut s'aider des Pères, qu'il récuse (*reproche*)…

134 Voir *Responce* p. 104.

135 *Retractationum libri duo* (CPL 0250) – LLT-A, lib. 1, cap. 21. Cité par Bellarmin I, x, p. 660, qui n'allègue pas la langue syriaque comme Boulenger, mais seulement l'ignorance de l'hébreu chez Augustin.

le chois de ces[m] deux opinions. Quant est de ce que dit s. August. que nostre Seigneur ne dict pas à s. Pierre : « Tu es la pierre », « *Tu es petra* », mais « Tu es Pierre », « *Tu es Petrus* », qui est occasion de luy faire changer d'avis, c'est un defaut de la langue syriaque. Car le mot syriac *Cepha* signifie la pierre, et nostre Seigneur parla syriac vulgaire et non hebrieu, qui eût dict *Selaa*. Or que s. Augustin reconnoisse la primauté de s. Pierre, il est manifeste du traicté dernier sur s. [p. 90] Jean où il dit : « *Cujus ecclesiae Petrus apostolus propter apostolatus sui primatum, gerebat personam figurata generalitate*[136]. De laquelle Eglise, Pierre, apostre, representoit la personne souz une generalité figurée, à cause du primat de son apostolat. » Pseau. 108 : « *Cujus ecclesiae ille agnoscitur gessisse personam, propter primatum quem in discipulis habuit*[137]. De laquelle Eglise Pierre a porté la personne à raison du primat qu'il avoit sur les disciples. »

Le second passage que l'aveugle tire en avant contre le primat de Pierre est pris de s. Augustin, traicté 123 sur s. Jean **[→ 111]**, où il dict : « À une triple negation[138] est rendu triple confession. » *Item* : « Que le nombre legitime soit accomply. Trois fois soit confessé par amour celuy qui trois fois a esté renié par crainte. » [p. 91] Après : « Le nombre de dilection est accomply, et le nombre d'abnegation est effacé[139] ». D'où l'aveugle infere que s. Pierre confessant trois fois l'amour qu'il portoit à Jesus Christ, a fait amande honorable de sa triple negation, pour estre retabli en l'honneur d'apostre et pasteur qu'il avoit perdu par sa negation, non pour recevoir par ses paroles, « Pay mes brebis », superiorité sur les autres apostres. Je respon premierement que s. Aug. allegué par l'aveugle ne parle point du tout de la superiorité donnée à s. Pierre, mais simplement de la triple confession, et que l'aveugle voit mal en ces passages. En après je respon que s. Augustin sur le 21e ch. de s. Jehan, dit que Jesus Christ, par ces paroles « Pay mes brebis », luy donne la charge de [p. 92] paistre les brebis, c'est à dire gouverner l'Eglise : « *Oves ipsas pascendas Petro committit*[140]. » Serm. 124. *De tempore* : « *Totius corporis morbum in ipso capite curat ecclesiae, in ipso vertice componit membrorum omnium*

136 *In Iohannis evangelium tractatus* (CPL 0278) – LLT-A, tract. 124, par. 5.

137 *Enarrationes in Psalmos* (CPL 0283) – LLT-A, SL 40, psalmus : 108, par. 1. Les deux citations d'Augustin viennent de Bellarmin, I, XII, p. 677.

138 *Negation* au sens de reniement.

139 Voir plus haut, p. 111.

140 *In Iohannis evangelium tractatus* (CPL 0278) – LLT-A, tract. 123, par. 5.

sanitatem[141]. Il guarit en la personne du chef la maladie de tout le corps en la santé de tous les membres. »

La 3e objection [→ **112**] est prise de s. Cyrille et Nazianzene, qui disent que Pierre a reparé par triple confession le triple reniement. Je respon que cela n'oste point la superiorité à s. Pierre, laquelle reconnoist s. Cyrille, livre *Du thresor*, disant : « *Petro omnes jure divino caput inclinant, et primates mundi tanquam ipsi Domino Jesu obediunt, item debemus nos ut qui membra simus capiti nostro Romano Pontifici, et Apostolicae sedi* [p. 3] *adhaerere*[142]. » C'est-à-dire : « Tous baissent la teste par le droit divin à Pierre, et les primats du monde luy obeissent comme à Jesus mesme. Nous devons comme membres nous adjoindre au pape de Rome comme à nostre chef, et à l'Eglise apostolique. » Ces parolles sont citées par Gennadius au livre du primat de Rome, et par s. Thomas, opuscule contre les Grecs[143]. Le mesme Cyrille, au liv. 2 sur S. Jehan chap. 2 : « *Nec Simon fore jam nomen illi sed Petrus praedicit, vocabulo ipso commode significans quod in eo tanquam in petra lapideque firmissimo suam esset aedificaturus ecclesiam*[144]. » S. Gregoire de Nazianze reconnoist Pierre chef de l'Eglise au traicté qu'il fait de la moderation en dispute : « Ὁρας τῶν Χριστοῦ μαθητῶν πάντων ὄντων ὑψηλῶν, καὶ τῆς ἐκλογῆς ἀξίων ὁ μὲν [p. 94] πέτρα καλεῖται καὶ θεμελίους τῆς ἐκκλησίας πιστεύεται[145]. Consideré que des apostres de Christ qui estoient tous grands et dignes d'election, l'un est appellé la pierre, et le fondement de l'Eglise luy est commis. »

La 4e objection est prise de s. August. au sermon de la Pentecoste[146] [→ **118-119**], qui dit : « Ce n'est pas sur Pierre, car il n'a pas basty son Eglise sur un homme. » Et au serm. 8 sur la 1e aux Corinth., S. Augustin dit que nous n'avons point d'autre fondement que Jesus Christ. Et en l'homelie 55 sur S. Matthieu : « Sur ceste pierre, c'est à dire sur ceste confession, je bastiray mon Eglise[147]. » Je respon que Jesus Christ est le vray fondement de l'Eglise, et que s. Pierre est fondement de l'Eglise

141 Ce sermon ne figure pas dans la base LLT. Cité par Bellarmin avec la référence donnée par Boulenger, I, xxv, p. 718.

142 Bellarmin II, xv, p. 788.

143 Traduit de Bellarmin, *ibid.* Gennadius de Marseille (ve s.).

144 Bellarmin I, x, p. 657.

145 *De moderatione in disputando* (orat. 32) {2022.040}, Migne, Volume 36, col. 193. La fin de la citation est donnée par Bellarmin, I, x, p. 657.

146 Inexact. C'est à Jean Chrysostome que renvoie Michau, p. 47.

147 Voir plus haut, p. 118-119.

seulement en tant qu'il est lieutenant de Christ et chef visible du [p. 95] troupeau qui luy a esté commis, et avouë que l'Eglise ne peut estre fondée sur un homme simple qui ne pourrait nous meiner au ciel en tant qu'homme, ains seulement sur nostre Seigneur le vray fondement. Mais cela n'empesche point qu'il n'y ait un souverain en l'Eglise pour le ministere. Ce que s. Augustin reconnoit au pseaume *Contre la partie de Donat* disant : « Contez les prestres voire mesme commençant du siege de s. Pierre. C'est la pierre que les superbes portes d'enfer ne vainquent point[148]. » Au serm. quinziesme *Des Saincts* : « Le Seigneur appella Pierre le fondement de l'Eglise, et pourtant à bon droit l'Eglise honore ce fondement sur lequel la hauteur de l'edifice ecclesiastique s'esleve. » Sermon 23, *De* [p. 96] *verbis Domini* : « *Petrus à Petra cognominatus, ecclesiae figuram portans, apostolatus principatum tenens*[149]. Pierre qui prend ce nom d'une pierre, et porte la figure de l'Eglise, tenant la principauté de l'apostolat. »

La 5e objection est prise de Theophylacte **[→ 116]** qui dit que Jesus Christ est l'unique fondement de l'Eglise, ce que j'ay n'agueres avoué, mais l'aveugle tire une fauce consequence de ce lieu, disant que s. Pierre n'a pas esté fait chef de l'Eglise. Theophylacte s'interprete sur le 22e de S. Luc disant : « *Post me Ecclesiae Petra es, et fundamentum*[150]. Pierre, dit Jesus Christ, apres moy tu es la pierre et le fondement », « Tu as receu le primat de tous, et le gouvernement du monde. *Qui cum negaveris, iterum receperis primatum omnium et praefecturam* [p. 97] *orbis*[151] ».

La 6e objection est prise de s. Cyprian, epist. 27 **[→ 116]**, qui dit que l'Eglise est establie sur les evesques qui la gouvernent. Mais il ne dit pas que s. Pierre n'a point esté souverain chef de l'Eglise. Il enseigne le contraire au li. I, epist. 8 : « *Deus unus est, et Christus unus, et una Ecclesia, et cathedra una super Petrum Domini voce fundata. Aliud altare constitui, aut sacerdotium novum fieri, praeter unum altare et unum sacerdotium non potest. Quisquis alibi collegerit spargit*[152]. Il y a un Dieu, un Christ, une Eglise, une chaire fondée sur Pierre par la parolle de Christ. On ne peut establir

148 Voir plus haut, p. 113.

149 *Sermones ad populum* (CPL 0284) – LLT-A sermo : 76, ed. IP 24, pag. 57. Bellarmin I, XII, p. 677.

150 Cité par Bellarmin, I, XXV, p. 716.

151 Cette citation, qui vient d'être traduite, se trouve chez Théophylacte un peu après la citation précédente, dans le même commentaire de Luc, 22.

152 Voir plus haut, p. 157.

un autre autel, ou un autre sacerdoce. Quicunque recueille autre part, epart[153]. »

La 7e est tirée de s. Cyprian, qui dict que Jesus Christ après sa resurrection [p. 98] donna mesme puissance à tous les apostres, ce que je confesse pour le regard de remettre les pechez par la confession. Mais il n'oste par ces parolles le primat de s. Pierre, veu qu'il dit au mesme traicté *De l'unité de l'Eglise* : « *Hoc eo fit dum ad veritatis originem non reditur, neque caput quaeritur, neque magistri cœlestis doctrina servatur. Loquitur Dominus ad Petrum ego dico tibi quia tu es Petrus etc. Et eidem post resurrectionem suam dicit pasce oves meas*[154]. Cela vient qu'on ne recourt pas à la source de la verité, on ne cerche pas le chef, on ne garde pas la doctrine du maistre, qui dit à Pierre, "Tu es Pierre, et sur ceste pierre je bastiray mon Eglise", et après sa resurrection, dit au mesme : "Pay mes brebis". » En l'epist. à Quirinus : « le Seigneur esleut Pierre le [p. 99] premier, et sur luy bastit son Eglise. » Le secretaire aveugle a grippé[155] mal à propos deux passages de s. Cyprian liv. 2, epist. 2, liv. 4, ep. 2, qui ne font rien contre la primauté de s. Pierre ou du pape, ains seulement parlent en general de la puissance des evesques. Au contraire s. Cyprian reconnoist le pape de Rome chef de l'Eglise, liv. 2, epist. 10, escrivant au pape Cornelius : « *Miseramus nuper colleguas nostros ut ad catholicae Ecclesiae unitatem scissi corporis membra componerent, sed diversae partis obstinata et inflexibilis pertinacia non tantum radicis sinumque complexum recusavit, sed etiam adulterum et contrarium caput extra ecclesiam fecit*[156]. Nous avions envoyé n'agueres nos collegues pour r'appeller à l'unité de l'Eglise les membres du corps [p. 100] divisé, mais l'opiniastreté d'adverse partie n'a pas seulement renié le frein et l'embrassement de la racine et mere Eglise, mais aussi elle a fait un chef adultere et contraire hors l'Eglise. » Considerez qu'il dit qu'il envoye des evesques à Rome au pape Cornelius pour r'amener au giron de l'Eglise les novatiens schimatiques. Considerez qu'il appelle l'Eglise de Rome la racine et mere Eglise, et qu'il se plaint dequoy les novatiens ont fait un chef contraire au chef de Rome, c'est à dire un antipape. Au liv. 1, epist. 3, il appelle l'Eglise de Rome le

---

153 *Epart* : désunit, divise (*espartir*).

154 *De ecclesiae catholicae unitate* (CPL 0041) – LLT-A, cap. 4.

155 *Grippé* : dérobé.

156 *Epistulae* (CPL 0050) – LLT-A, epist. 45, cap. 1, par. 1. Bellarmin II, XVI, p. 791. Le texte est abrégé par Boulenger.

siege de s. Pierre et l'eglise principale d'où est sortie l'unité sacerdotale, et dict que les hæresies naissent à faute de reconnoistre un prestre en l'Eglise et un juge pour un temps au lieu de [p. 101] Christ, parlant de Corneille, pape de Rome.

En après le secretaire aveugle se mocque de s. Irenée [→ 117], lequel il appelle millenaire, et dit que justement il a esté repris par Marianus Scotus et *Le Fagot des temps*, qui sont livres escrits depuis 400 ans, enseignans que s. Pierre n'est venu à Rome que la quatriéme annee du regne de Cæsar. S. Irenée qui vivoit y a plus de 1 400 ans escrit que s. Pierre dogmatizoit à Rome la 3e année de Claude Cæsar. Pour le moins nostre secretaire aveugle avouë que s. Pierre a presché à Rome, ce que nient les autres aveugles[157]. Je veux mettre tout au long le passage de s. Irenée livre 3, chap. 3, à ce qu'on voye qu'il s'accorde avec s. Cyprian et les autres Peres. « *Maximae, inquit, et antiquissimae, et* [p. 102] *omnibus cognitae, à gloriosissimis duobus apostolis Petra et Paulo Romae fundatae et constituae Ecclesiae, eam quam habet ab apostolis traditionem, et annunciatam omnibus fidem, per successiones episcoporum pervenientem usque ad nos indicantes, confundimus eos, qui quoquo modo vel per sui placentiam malam, ad vanam gloriam, vel per caecitatem et malam scientiam praeterquam oportet colligunt. Ad hanc enim ecclesiam propter potentiorem principalitatem, necesse est omnem convenire ecclesiam, hoc est eos, qui sunt undique fideles, in qua semper ab his qui sunt undique, conservata est ea, quae ab apostolis est traditio*[158]. Nous confondons ceux qui pour se plaire en eux mesmes, ou pour vaine gloire, ou par aveuglement et mauvaise science, recueillent et ramassent [p. 103] autrement qu'il ne faut, nous les confondons. Monstrans la foy de la tres grande, tres-ancienne et cogneuë eglise de Rome, fondée par les deux glorieux apostres Pierre et Paul, laquelle tradition et foi de Rome preschée par les apostres, a esté à tous annoncée et est venuë jusques à nous par la succession des apostres[159], car il faut qu'à ceste eglise de Rome, pour la principauté plus puissante, toute eglise s'assemble, c'est à dire, tous fidelles qui sont de tous costez, veu qu'en ceste eglise de Rome la tradition venuë des apostres a esté tousjours conservée des chrestiens de toutes parts du monde. » Et qu'on eust recours au pape

157 *Les autres aveugles* : les autres hérétiques. La venue de Pierre à Rome conditionne la continuité entre lui et la papauté.

158 *Adversus haereses*, III, III, 2. Bellarmin, II, XV, p. 786.

159 *Sic.* « *Episcopum* », dit le latin.

de Rome comme au chef de toute l'Eglise, le monstre s. Epiphane pag. 309 en l'heresie des meletians disant : « Μετανοοῦντες Οὐρσάχιος καὶ Οὐαλης μετὰ λιβελλῶν προσελθόντες τῷ μακαρίτη Ἰουλίῳ τῷ ἐπισκόπῳ Ρώμης, ὑπεραπολογούμενοι τοῦ αὐτῶν σφάλματος[160]. Ursace et Valens repentans et contrits s'en allerent vers Jule, pape très sainct de Rome, avecques libelles, pour rendre raison de leur faute. »

La 8e objection est prise de s. Augustin livre I, chap. 21 de ses *Retract.* [→ **117-118**], à laquelle j'ay respondu parlant du fondement de s. Pierre, où j'ay monstré que le secretaire aveugle avoit omis à la fin de ce passage que s. Augustin laissoit le chois de ses deux opinions à la discretion du lecteur.

Les autres passages de s. Augustin qu'allegue l'aveugle ne nient point que s. Pierre ait esté chef de l'Eglise, mais disent seulement que Jesus Christ est le vrai fondement de l'Eglise, [p. 105] ce que j'accorde. Or que s. Augustin reconnoisse le pape de Rome, je l'ay prouvé n'agueres, et le preuve par l'epistre 157 qu'il escrit à Optat, disant : « *Me apud Caesaream praesente venerunt, quo nos injuncta nobis à venerabili Papa Zozimo Apostolicae sedis episcopo, ecclesiastica necessitas traxerat*[161]. » Et au liv. I à Boniface, chap. I : « *Communis est omnibus nobis qui fungimur*[n] *episcopatus officia, quanvis ipse in eo praemineas celsiore fastigio specula pastoralis*[162]. » Et au liv. 2, chap. I, *Du baptesme* : « *Puto quod sine ulla sui contumelia Cyprianus episcopus Petro apostolo comparatur, quantum attinet ad Martyrii gloriam. Caeterum magis vereri debeo ne in Petrum contumeliosus existam. Quis enim nescit ilium apostolatus principatum cuilibet episcopatui praeferendum ? Sed et si distat cathedrarum* [p. 106] *gratia, una est tamen martyrum gloria*[163]. Ils vinrent, moy present, à Cæsarée où nous avoit tiré la necessité de l'Eglise enjoincte à nous par le venerable pape Zozimus, evesque du siege apostolic. » *Item* escrivant au pape Boniface : « Encore qu'en l'office d'evesque tu ayes une hauteur plus eslevée que les autres, si est ce que nous autres evesques avons une mesme garde pastorale. » *Item* : « Qui ne sçait que ceste primauté de l'apostolat doit estre preferée à tout evesché ? » Si le

160 *Panarion*, XLVIII, VIII, édit. Jürgen Dummer, Berlin, Walter de Gruyter, II, 1980, p. 149. Meletius, ou Mélèce d'Antioche (IVe s.), adversaire des ariens, et pourtant accusé de schisme.

161 *Epistulae* (CPL 0262) – LLT-A, epist. : 190 (ad Optatum episcopum), par. : 1, CSEL 57 – p. 137. Bellarmin II, XVI, p. 795.

162 *Contra duas Epistolas Pelagianorum libri quatuor*, I, 1, 2.

163 *De baptismo (CPL 0332)* – LLT-A, lib. 2, cap. 1, par. 2, p. 176.

secretaire de l'aveugle respond pertinamment à ces authoritez des Peres, je diray qu'il veoit plus clair que son pædagogue.

Responce aux Argumens du ch. 9

J'ay honte d'ergotizer à la pædantésque en un discours dont le suject [p. 107] est grave et d'importance. Toutesfois veu que j'ay affaire à des pædans formez, il faut pædantizer avec eux, et dire en trois mots que l'argument de monsieur Bulenger estoit bon, lequel il avoit proposé de ceste façon :

Celui est souverain de l'Eglise, à qui Jesus Christ en a donné le souverain gouvernement.

Il l'a donné à s. Pierre.

Doncques s. Pierre est souverain gouverneur de l'Eglise.

La proposition est κατὰ παντός au jugement mesme desditz paedans. L'assumption n'est point petition de principe car je l'ay prouvé par l'Escriture et par l'authorité des Peres, doncques les seigneurs pædans s'abusent en leur humeur pædantesque. Ausquelz si je m'amusois d'avantage, les honnestes hommes en feroient des risées. Seulement diré-je [p. 108] en passant que le secretaire aveugle a couché les argumens de monsieur Bulenger à sa poste[164] pour avoir sujet de bouffonner. Mais il n'est que trop bouffon sans cela.

Examinons maintenant les 9 argumens desquelz l'aveugle combat la primauté du pape.

La mineur du premier **[→ 119]** est que la monarchie hierarchique du pape est instituée sans la parolle de Dieu, pour tant qu'elle n'est legitime. J'ay prouvé n'agueres que la monarchie du pape a esté instituée par Jesus Christ. Qu'il responde pertinamment aux authoritez des anciens Peres que j'ay mis en avant.

La mineur du second **[→ 120]** est que tous les apostres ont receu de Jesus Christ la charge de deslier, remettre ou retenir les pechez, et pour tant qu'ils ont receu les clefs du royaume des [p. 109] cieux. Je le confesse, mais je nie qu'ils ayent° receu le gouvernement general de toute l'Eglise, à ce que chacun d'eux en fust monarque universel comme s. Pierre. Qu'il preuve le contraire s'il veut estre creu. Car nous disons

---

164 *À sa poste* : à sa mode, à sa convenance.

bien que tous prestres ont puissance de lier et delier, qu'ilz ont la clef du ciel : cependant ils ne sont papes.

La majeur du troisiesme **[→ 120]** est telle. « Tous ceux à qui il est dict : “Paissez la bergerie et enseignez toutes gens”, ceux là ont pareille charge. » Je nie ceste majeur. Car Jesus Christ a dit à tous les apostres : « Enseignez toutes gens », et cependant il ne leur a pas donné egale puissance au gouvernement de l'Eglise, mais il a mis s. Pierre par sur eux. Pour exemple, un roi peut bien dire à tous juges et gouverneur : « Regissez [p. 110] et faictes justice à tous mes sujetz. » Ce n'est pas à dire qu'il donne mesme puissance à tous les juges et gouverneurs.

Le 5e argument est tel :

Nulle charge generalle à tous les apostres, n'est la charge propre à s. Pierre.
La charge de paistre les clefs et de paistre est generalle à tous les apostres.
Ergo la charge de clefs et de paistre n'est point à Pierre seul.

Je nie la majeur et di que cest argument ne conclut rien non plus que cestui ci :

Nulle charge generale à tous gouverneurs est la charge d'un roy.
La charge de regir et gouverner est generale à tous gouverneurs.
Doncques la charge de gouverner et regir n'est la charge d'un roy.

Davantage je confesse que la charge des clefs et de paistre n'est point à s. Pierre seul, mais bien dy-je que le souverain [p. 111] gouvernement de l'Eglise est à s. Pierre seul et à ses successeurs. La mineur du 5e est : « Tous les apostres estoient douez de pareille societé d'honneur et de puissance, et pour tant qu'ilz estoient pareilz. » Je nie ceste mineur. Car j'ay preuvé que s. Pierre estoit le chef des apostres.

Je nie pareillement la mineur du 6e qui dit que la troupe des apostres estoit de pareils. Car ils ne sont pareils si s. Pierre est le chef comme enseignent les Peres anciens.

Le 7e est tel **[→ 121]** :

Ceux qui ne dominent point ne sont point monarques.
Les apostres ne dominent point.
Doncques les apostres ne sont point monarques.

Je respond que cest argument est captieus pour la diverse signification de « dominer ». Car dominer en S. Matthieu ch. 20 est user du droit de seigneur pour le regard des [p. 112] choses temporelles. Ainsi j'avouë que les apostres ne dominent point à la façon des seigneurs temporels. Si dominer signifie gouverner et regir, je nie tout à plat la mineur, et dy que les apostres ont dominé, c'est à dire, ont eu gouvernement sur leurs troupeaux.

La majeur du 8e argument [→ 121] est telle : « Nul homme muable n'a peu estre fondement de l'Eglise. » Je nie ceste majeur, si fondement est pris pour le chef visible de l'Eglise, comme j'ay discouru és chapitres precedens.

Le 9e argument est tel :

Quiconques a peché et s'est repenti a changé.
Pierre a peché et s'est repenti.
Donc Pierre a changé.

J'accorde tout cest argument, mais il ne conclut rien contre la primauté du pape.

Voylà, Michau, et vous, monseigneur son secretaire, ce que j'ay voulu [p. 113] dire pour mon maistre, sans vouloir respondre à vos macaroniques, qui ne sentent rien d'un galand esprit, et qui ont amoindri beaucoup l'opinion qu'on avoit de l'autheur. Mais il a peut estre oublié à bouffoner depuis qu'il est en grade. Il en laisse le mestier à ses parans qui en tiennent boutique. Je me recommande. [v°]

A Messieurs les Secretaires de l'aveugle.

Messieurs les Secretaires, je vous ay traicté doucement en ma responce pour trois raisons, l'une en faveur du bon pays de Loudunois duquel l'un de vous est sorti d'illustre race, qui porte pour armes la soye, le rivet et l'aleine en champ de sable[165]. L'autre pour l'honneur d'Ambroise et Colin d'Aubignez d'heureuse mémoire, oncles du respondant, maistres cordonniers en leur vivant, demeurant pres du minage, l'un en la triperie, l'autre près du logis de madamoiselle la Beneficiere, qui ont servi

165 Les outils du cordonnier sont rassemblés en un parodique blason.

fidelement de bons souliers la maison de monsieur Bulenger mon maistre, dont il se tient pour content et satisfaict. La 3e est pour obeir aux prieres de quelques honnestes hommes desquelz l'un de vous a esté maistre pædant à Poictiers et fameux portier par les colleges. Au reste je vous adverti que mon maistre n'a pris en mauvaise part vos bouffonneries, pour estre asseuré que de ronces et chardons on ne peut attendre que des espines, de viperes du poison. Ce mot servira de contre-pois à vos macaroniques. Adieu messieurs jusques au revoir.

Ne sutor utra crepidam
Le cordonnier ne passe la pantoufle[166].

166 Pline, *Histoire naturelle*, 35, 85. Anecdote concernant Apelle. Un cordonnier lui signale une erreur sur une sandale. Le peintre corrige. Le cordonnier veut reprendre d'autres points, s'attirant la réponse citée, passée en proverbe, ici habilement rapporté à Aubigné, accusé de revendiquer des compétences qu'il n'a pas, et surtout de vouloir s'élever au-dessus de la condition de cordonnier.

RESPONCE AUX ARGUMENTS CORNUS DU SECRETAIRE DE MICHAU L'AVEUGLE[1]

1 A Poictiers | par Aymé Mesnier imprimeur de l'Université | 1595.

[p. 3]

RESPONCE À MICHAU L'AVEUGLE

Michau, j'ay veu la responce que le serviteur de Monsieur Bulenger vous a faicte, par laquelle il vous chausse les esperons de si prés[2] que je croyois qu'il vous avoit du tout fermé la bouche de honte et jetté dans un abisme de silence. Toutesfois parce qu'il n'a daigné avoir esgard à vos bouffonneries et ergoteries à la pedantesque pour defendre son maistre des faultes que luy imposez avoir commises en logique, ne voulant mesler les choses serieuses avec les frivoles[3], j'ay entendu que vous en voulez faire vostre profit et rehaussez le nez en vous vantant qu'on n'a ozé repartir là dessus pour n'avoir de quoy fournir et aussi pour ne pouvoir, l'ayant repris justement et à bon droit[4]. C'est pourquoy je me suis mis en avant comme son escolier et disciple pour vous abbatre vostre quaquet de ce [p. 4] costé, et vous faire voir et à tout le monde que vous avez voulu corriger le Magnificat[5], et que vous estes si ignorant en logique où vous faictes tant le docteur qu'il n'est pas possible de plus ignorer mesme les premiers, plus faciles et plus communs principes de l'art, dont on vera facillement combien vous estes rempli d'une audace eshontée non moindre que vostre ignorance en logique. Or si moy qui ne suis que l'escolier et qui ay apris du sieur Bulenger ce que je sçay, puis monstrer tant de lourdes fautes qu'avez commises là, vous meslant de redarguer[6], je vous laisse à considerer ce qu'eust peu faire le maistre s'il eust daigné prendre la peine d'examiner vostre responce pour ce regard. Il ne l'a pas voulu faire, non pour autre cause que par mespris, d'autant qu'une aigle ne se doit pas amuser à combatre les mousches[7]. À Dieu. [p. 5]

---

2 « Chausser de près les éperons à quelqu'un, poursuivre de près quelqu'un qui s'enfuit » (Littré).

3 *Cf.* p. 130.

4 Pour être incapable de répondre ayant été repris…

5 *Corriger le Magnificat :* faire des critiques inutiles.

6 *Redarguer* : « Terme qui se dit au College, lors que les Maistres reprennent leurs écoliers. Ce vieux Pedant ne fait que *redarguer* » (Furetière, 1690).

7 « *Aquila non capit muscas* », Érasme, *Adages*, 3, 2, 65.

Responce au premier Chap.

D'autant qu'en ce chapitre [→ **97**] vous ne faites autre chose que proposer la question de la dispute, sçavoir est si le pape est monarque de l'Eglise catholique, aussi ne m'y amuseray-je davantage, sinon pour remarquer ici que nous parlons seulement de l'Eglise militante qui est en terre, et non pas de l'Eglise triomphante qui est au ciel, aussi que nostre question n'est pas si Jesus Christ est le souverain monarque de l'Eglise, car cela est sans doute[8] : mais si entre les pasteurs que [p. 6] Dieu fournit en son Eglise pour la gouverner, il y en a un souverain et par dessus tous les autres qui soit monarque et gouverneur general, et tous les autres inferieurs sujects à luy, et gouverneurs particulliers. Nous tenons l'affirmative et disons que c'est le pape, vous tenez le contraire, nous verrons qui a la verité de son costé.

Responce au deuxiesme

Monsieur Boulenger, pour monstrer ceste verité que le pape est monarque de l'Eglise, a basty plusieurs syllogismes que vous rapportez en vostre responce, et en ce chapitre [→ **100**] cinq d'iceux. Le premier et le second sont : [p. 7]

En toute bonne assemblée il y doibt avoir un gouvernement.
L'Eglise est une bonne assemblée.
Il y doibt donc avoir un gouvernement.

L'autre :

En la meilleure assemblée il y doibt avoir le meilleur[a] *gouvernement.*
L'Eglise est la meilleure assemblée.
Il y doibt donc avoir le meilleur gouvernement.

Vous les luy accordez tout à plain, disant seulement qu'il ne luy fallait pas argumenter pour tirer une consequence que luy concedez facilement. Mais vous debvriez penser, Michau, que le sieur Bulenger n'est pas devin pour sçavoir si vous croyez plus de choses que vous

8 *Sans doute* : hors de doute.

n'en voyez, veu mesmement que vous en niés beaucoup d'autres aussi claires [p. 8] et aussi manifestes. Plus qu'il[9] avoit esgard à toute la compagnie du disner, dont volontiers chacun n'estoit pas si capable que vous pour cognoistre et advoüer si facilement ces choses. Il faut cependant que je vous advertisse de trois fautes qu'avez commises en trois termes de logique dont avez usé. La premiere est « tirer une consequence ». Il vous falloit parler au plurier (*sic*) : « consequences ». Car il y a deux syllogismes, et pour tant deux consequences. L'autre, que dictes « tirer une consequence ». Un logicien ne parle pas ainsi, mais il dict : « tirer une conclusion par une bonne consequence. » Ce sont bien deux choses diverses, conclusion et consequence : car on peut faire un syllogisme où la [p. 9] consequence sera bonne, et cependant la conclusion sera faulse. La troisiesme est que concedez la consequence. Car conceder la consequence n'est pas accorder proprement que les propositions du syllogisme soyent vrayes comme vous pensez faire, mais c'est seulement accorder que le syllogisme est bon en nature de syllogisme, c'est à dire que la disposition des termes est legitime et faicte en figure et mode. C'est un mauvais augure pour vous, Michau, d'avoir failly si lourdement en si peu de parolles dès l'entrée. Le troisiesme est :

La monarchie est le meilleur gouvernement.
Le meilleur gouvernement est en l'Eglise.
En l'Eglise donc y a une monarchie.

Je m'estonne fort de vous, [p. 10] Michau, que pour un homme qui fait le *magister magistrorum in logicis*, vous ne respondez point categoriquement, car vous ne niez, ny concedez, ny distinguez ny la majeur ny la mineur, suivant ce que requiert le debvoir d'un qui faict estat de respondre. Vous monstrez bien qu'en ces matieres vous vous y entendez si peu que rien. Mais que dictes vous à la majeur ? Rien autre sinon que le sieur Bulenger vous demande si la monarchie est le meilleur gouvernement pour establir celle du pape si vous l'advouez, ou pour vous faire irriter le roy en le niant. Ce n'est pas respondre que cecy, mais c'est se mocquer, et tascher à éluder l'argument pour eschaper : c'est ainsi qu'en use un mauvais payeur. Il faudroit [p. 11] la nier ou conceder, et cela seroit

9 *Plus qu'il* : De plus, qu'il…

respondre. Or Gouyn a monstré la verité d'icelle par raisons invincibles et du tout[10] necessaires. La mineur, vous l'avez concedée ci devant, par quoy la conclusion est gangnée qu'en l'Eglise y a une monarchie. Mais vous dictes qu'il vous « demande » ? Vous appellez donc sa majeur une demande ? Ho, ho, Michau, qu'est cecy ? je voy bien que vostre jeune maistre ne vous a pas monstré tous les secrets de l'art, car il ne vous a pas aprins comme different ensemble proposition et demande. Vous avez besoing de revoir encore six mois pour aprendre de luy quelle difference y a entre enunciation, proposition, conclusion, premier instance et demande : croyez moy, [p. 12] ce ne sont pas morceaux qui s'avallent sans mascher et tout à la fois.

Après vous dictes **[→ 101]** que les Peres sont tous remplis d'authoritez par lesquelles il paroist qu'ilz ont maintenu le gouvernement de l'Eglise tant qu'ilz ont peu en aristocratie : cela est tres-faulx et vous debvriez le monstrer comme vous en faictes offre. Au contraire, tous sont d'accord que le gouvernement de l'Eglise est une monarchie, voyez Gouyn de cecy. Mais vous estes un galand respondant : vous avez tacitement concedé la majeur veu que n'y avez rien dict, la mineur apertement ; et à ceste heure vous niez la conclusion, disant que les Peres trouvent qu'il y a une aristocratie et non pas une monarchie en l'Eglise. Certes je croy qu'il [p. 13] seroit mieux vostre mestier de bouffonner que de juger d'un syllogisme. Aprenez qu'on ne peut jamais nier la conclusion quand le syllogisme est en forme et en mode, et les premisses concedées. Mais à quel propos adjoustez vous que vous autres recongnoissez la monarchie de Jesus Christ, veu que c'est hors de theses et nullement en doute ? Certes il semble que dites bien quelque chose qui soit pour vous n'en faisant du tout rien[11], ce qui est de la bonne coustume des heretiques, Dieu mercy. Toutesfois, en fin vous confesserez que n'avez rien à dire sur ce syllogisme, ny guieres sur celuy qui suit. C'est bien faict à vous d'oublier le passé pour vous ranger à la raison. Il est donc vray qu'en l'Eglise y a [p. 14] une monarchie, et que le monarque d'icelle est visible, qui sont les deux conclusions de ces deux syllogismes. Nous avons donc gangné nostre cause et vous avez perdu la vostre. Je viens au quatriesme **[→ 101]** :

---

10 *Du tout* : absolument.

11 *N'en faisant du tout rien :* alors qu'il n'en est rien.

En une assemblée visible, le gouverneur doit estre visible.
L'Eglise est une assemblée visible.
Donc le gouverneur et monarque doit estre visible.

Touchant la majeur, vous dictes qu'elle est des énunciations indefinies qui ne concluent rien de necessaire ou universel. Je vous concede une partie de vostre dire. L'autre est très fauce prinse simplement, car les propositions indefinies faictes en matiere necessaire sont tousjours prinses pour universelles et necessaires, [p. 15] et pour tant peuvent conclure necessairement et universellement. Je m'esbahis grandement, Michau, comme vous ignorez ces choses si triviales en logique, semble que vous y ayez estudié par la chaire année[12], n'en ayez guieres apris pour beaucoup d'argent. Quant à la mineur, « je la nie constamment », dictes vous constamment. C'est parler en constant, vostre raison[13] ? Parce que la question est icy de l'Eglise universelle et non pas des particullieres. Voy, que de fougue pour maintenir faux ! Si les particulieres sont visibles, pourquoy non l'universelle qui n'est autre chose que les particulieres ensemble, comme le tout n'est autre que ses parties ? Je vous prie, faictes nous veoir comme vous vous vantez que [p. 16] l'Eglise universelle est invisible, et respondez aux argumens de Gouyn, par lesquelz il monstre qu'elle est visible.

Je voy bien la cause de vostre erreur en cecy, Michau, c'est que vous ignorez les diverses sortes d'universelz qu'il y a, les voyans tous d'une mesme espece. Mais vous vous trompez fort lourdement, et pour exercer quelque charité à l'endroit de vous pauvre aveugle, je vous le vay enseigner. Sçachez donc qu'il y a des universelz *in significando*, d'autres *in causando*, d'autres *in representando*, d'autres *in essendo*, et d'autres in *praedicando*[14]. De ceste derniere sorte sont les cinq predicables que Porphire a mis à la teste de la *Logique* d'Aristote[15] et que vostre maistre

12 Comprendre « par la chère année ». *Cf.* « Il ont estudié durant la chere année, / de trois brocards au plus leur science est bornée » (Jacques du Lorens, *Les satyres*, Paris, Antoine de Sommaville, 1646, p. 126). Avoir étudié l'année où tout est cher (alors que l'enseignement est payant), c'est avoir très peu appris.

13 *Sic.*

14 Suit Francisco de Toledo, *In librum Porphyrii, De quinque universalibus*, Quaestio I (*Fr. Toleti, societatis Jesu, Commentaria [...] in universam Aristotelis logicam*, Lyon, Apud Claudium Morillon, 1608, p. 41). Différents types d'universels : quant à l'essence (*in essendo*), à la cause (*in causando*). Un concept *in significando* représente dans la pensée une pluralité, soit *in repraesentando*, soit *in praedicando*.

15 Porphyre, néoplatonicien du IIIe siècle, auteur d'un célèbre manuel de logique.

ne vous a volontiers enseigné que en passant, qui ne [p. 17] sont formellement que chimeres produites par abstractions, et ne se trouvent tels veritablement qu'en la seule apprehension de l'esprit, ce pourquoy ils ne peuvent estre visibles. Mais en nostre question *in causando*, qui ne despend nullement en son estre ny en sa conservation de l'action de l'entendement ains se trouve vrayement *in rebus*, qui[16] est dict universel par ce que son administration et puissance s'estand sur toutes les affaires de l'Eglise, qui sont en grand nombre et fort divers, et pourvoie à tous, ne plus ne moins que le soleil est dict cause universelle, pour la multitude grande de divers effaicts qu'il produict par sa vertu en la nature des choses [p. 18] sublunaires[17]. Finalement il y a des universels *ratione temporis, loci et personarum*, s'estendant par tous les temps, en tous lieux et à toutes personnes, de laquelle sorte est nostre Eglise universelle, laquelle universalité pourtant n'empesche pas qu'elle ne soit visible en elle mesme. Et si elle n'est toute veüe à la fois, la faute n'est pas de son costé mais du costé de l'œil qui à cause de son imbecillité[18] ne peut la voir actuellement à un coup toute entiere. Toutesfois elle ne perd pourtant sa visibilité, qui dict[19] puissance en l'Eglise d'estre veüe, comme le monde universel est tousjours visible encor que l'œil ne le voye jamais tout ensemble, ains seulement une petite partie à la fois. La cause donc de vostre erreur [p. 19] touchant l'invincibilité[20] de l'Eglise est que par ignorance cuidez que ce soit un universel *in praedicando* qui ne soit forgé que par l'esprit, se retournant seulement en iceluy, et soit du tout invisible comme telle sorte d'universelz. Mais apprenez et cognoistrez.

Je m'en vays passer au dernier syllogisme de ce chapitre **[→ 101]**. Si j'ay remarqué auparavant que vous parlez fort ineptement pour un homme qui vous dictes du mestier : car vous parlez ainsi : « la majeur de cest argument ». Et quoy ? l'argument a il une majeur ? Et ce n'est qu'un seul terme ! Nul bon logicien ne parla oncques ainsi, mais bien « la majeur de ce syllogisme ». Vous direz peut estre que le

16 La phrase est mal construite. Je comprends : « ce qui ne despend nullement en son estre ny en sa conservation de l'action de l'entendement ains se trouve vrayement *in rebus* [dans la réalité], est dict universel… »

17 *Choses sublunaires* : ce qui est situé au-dessous du cercle de la lune, la terre et l'air, soumis au changement.

18 *Imbecillité* : faiblesse.

19 *Qui dict* : qui signifie.

20 *Sic.* On attendrait *invisibilité*.

sieur Bulenger en a usé de la façon[21]. Je respond que ç'a esté [p. 20] après vous et pour s'accommoder à vous, parlant en rhetoricien, et non en correcteur de logicque comme vous faictes : partant qu'il est sans reproche, et non vous[22].

Le dernier :

Il faut que le chef aye mesmes qualités que ses membres.
Les membres de l'Eglise sont visibles.
Ergo, le chef est aussi visible.

« La majeur, respondez vous, luy fust niée et par mesme moyen on luy monstra l'absurdité qu'il y avoit d'esgaler le chef aux membres, lesquels quant ils ne differoient d'autres qualités different pour le moins de celle de chef et de membres[23]. » Ceste majeur donc luy fut niée par gens qui ne l'entendoient pas, car elle est trop fournie et n'esgale simplement et absolument le chef aux [p. 20] membres, mais seulement le fait de mesme paste et condition qu'iceux, comme le chef du corps humain, encores qu'il soit la premiere principale et plus noble partie de l'homme, ne laisse pourtant d'estre de mesme complexion que les autres parties d'iceluy, sçavoir est de chair et d'os, et n'y a point de doubte que les quidditez ou conceptions formelles[24] (que fort impertinemment vous appellez *qualitez*) du chef et des membres sont fort diverses et plus nobles les unes que les autres, mais nonobstant tout cela, sont tous faicts de mesme matiere et forme, partant ont mesme condition comme d'estre mortels, vivans, corruptibles, sensibles. Et veu donc que ceste majeur n'assertionne qu'une similitude de [p. 22] qualité et conduicte brutale au chef et aux autres membres qui doit y estre necessairement, ne luy fut elle pas injustement et à tort niée[25] ? À la mineur vous ne dites rien, aussi n'y a il que tenir, voylà pourquoy la conclusion demeure ferme, qui est que le chef de l'Eglise doit estre visible, ce que nous demandions. Je laisse icy à reprendre pour

21 *De la façon* : pareillement : « quelques Empereurs Romains en ont usé de la façon » (Adrien Jourdan, *Histoire de France*, Paris, Sebastien Mabre-Cramoisy, 1679, I, p. 420).

22 *Et non vous* : mais pas vous.

23 Voir p. 102.

24 *Conception formelle* rend le latin « *definitio* », c'est-à-dire la réalité conceptuelle de la chose, par opposition à son existence naturelle.

25 J'introduis le point d'interrogation. Le sens de la phrase est obscur.

la deuxiesme fois vostre façon de parler, « la mineur de l'argument » au lieu de dire « la mineur du Syllogisme », et pour conclusion de ce chap. je vous voudrois demander, Michau, en quelle categorie vous voulez mettrez *visible*, veu que la voulez en celle de qualité. En celle de *Ad aliquid*, me respondrez vous, en autre n'y a point d'apparance. Si vostre maistre a esté [p. 23] disciple d'Aristote, il vous doit avoir aprins comme ce philosophe n'est pas de telle opinion au chap. qu'il fait des relatifs[26], au pre. li. de la *Logique*, car là, refutant[b] ceste difinition de Platon, *Ad aliquid sint quaecunque ea ipsa quae sunt aliorum esse dicuntur, vel quomodocumque ad aliud*[27], dict que les vrays relatifs doivent *se mutuo introducere et perimere*[28], ce qui n'est pas ainsi de ces deux *visible* et *veüe*, car *posito visibili in rerum natura non statim necessario ponitur visus, nec à contra*[29], voilà pourquoy aussi Aristote a baillé ceste autre difinition : *Ad aliquid sunt quib. esse idem est, quod ad aliquid quodammodo se habere*[30], qui est très vraye au jugement de tout bon philosophe. Si vous aviez profondé[31] ces matieres, Michau, vous pourriez [p. 24] repartir que *visible* dict quelque respect et relation à *veüe*, et que pour tant il est relatif. Mais je vous respondrois avec nostre Aristote en ce mesme lieu, que *visible* ne signifie pas formellement et *per se primo* un tel respect comme doit faire necessairement tout vray relatif, ains seulement indirectement, et directement quelque chose d'absolut, qui est la seule cause pourquoy il ne peut estre relatif. Je veux estre bref, Michau, de peur de vous ennuyer en choses si difficiles pour vostre esprit, voilà pourquoy je passe au troisiesme chapitre.

---

26 *Relatifs* : tout ce qui est considéré « ad aliquid », voir le chapitre VII « *De his quae ad aliquid dicuntur* » de Francisco de Toledo, que suit Boulenger (*op. cit.* p. 234), et Aristote, *Catégories*, 7.

27 Cite les *Catégories* d'Aristote dans la traduction latine de Boèce (*PL* 64, col. 235). « Est dit *ad aliquid* [relatif] tout ce qui se rapporte à d'autres chose, ou d'une façon ou d'une autre à autre chose. »

28 « Doivent mutuellement s'introduire et se détruire. »

29 « Car dans la nature des choses, *visible* n'est pas immédiatement nécessairement rapporté ni opposé à *vue*. »

30 Autre citation d'Aristote dans la trad. de Boèce (*ibid.* col. 237). « Est un relatif (*ad aliquid*) tout ce qui d'une certaine façon est en relation. »

31 *Profondé* : approfondi. *Profonder* est recensé par Cotgrave.

Responce au troisiesme

Au commencement de ce chap. [→ **103**] vous racomptez ainsi qu'il vous plaist comme les choses se passerent [p. 25] après le depart du premier de vos disputans contre ledit sieur Bulenger. Je vous diray [que] je n'estois pas present au disner, ce pourquoy je ne vous y sçaurois contredire. Toutesfois j'ay si bonne opinion de vous que je croy tout le contraire de ce que vous dictes, pour vous cognoistre trop passionné et opiniastre comme un aveugle en la defence de vostre cause, et aussi que[32] les livres imprimés portent[c] tout autrement que vostre dire. Après vous dites que S. Augustin fut apporté pour voir son interpretation sur ces parolles de S. Mathieu : « *et super hanc petram* », qu'il expose de Jesus Christ en son traicté 124 *In Joh.*, et pour tant qu'il ferma la bouche au sieur Bulenger[33]. Vous en bailleriez de belles à qui vous [p. 26] voudroit croire. Pour cela il ne luy ferma pas la bouche, car il sçavoit bien que le mesme docteur ailleurs en plusieurs endroicts l'expose[d] de S. Pierre, comme il tesmoigne luy mesme au I de ses *Retract.*, c. 21, où en fin il dict : « *Harum autem duarum sententiarum quae sit probabilior eligat lector*[34] », laissant le choix au lecteur de prendre laquelle de ses deux opinions il trouveroit meilleure. Dont il apert pour le moins que ce s. docteur n'a pas pensé que ce fust un blaspheme (comme vous tenez Michau, avec vostre maistre Calvin) de dire que l'Eglise a esté bastie sur S. Pierre. Il a esté douteux en l'interpretation de ces parolles par la seule ignorance de la langue syriaque, cuidant que *Cephas*, mot syriaque, ne signifioit pas [p. 27] *petram*, mais quelque chose derivée de *petra*, tout ainsi que *christianus* ne signifie pas *Christum, sed aliquid à christo derivatum*, ce pourquoy il dict au lieu qu'avez allegué : « *non enim a Petro petra sed Petrus a petra, sicut non Christus à christiano, sed christianus à Christo.* » En cetuy-cy de ses *Retract.* : « *Non enim dictum est illi : "Tu es petra" sed "Tu es Petrus".* » Or S. Hierosme, le plus docte qui fut jamais en hebrieu, enseigne sur le c. 2. *Ad. Gal.* que *Cephas* signifie proprement une pierre en syriaque, et le grec tourne le mot par Πέτρος et Πέτρα, qui sont deux mots d'une mesme espece et signifient une mesme chose, sçavoir est une

32 Et aussi parce que…

33 La citation d'Augustin, qui déclare que la pierre qui fonde l'Église est le Christ, non Pierre, aurait plongé Boulenger dans « un profond silence ».

34 Voir p. 160.

pierre en nostre langue françoise, tout ainsi que συγγραφος et συγγραφὴ en mesme langue grecque ont une mesme [p. 28] signification, sçavoir est « scedule » sous diverses terminaisons. Nonobstant cette sienne irresolution de l'interpretation de ces parolles, il n'a laissé pourtant de recognoistre que le pape a esté le chef de l'Eglise quand il a dit en l'ep. 162, *In Romana Ecclesia* : « *Semper apostolicae cathedrae viguit principatus*[35]. » C'est assez de cecy.

À la fin de ce chap. vous couchez encor ce syllogisme :

> *Celuy est souverain gouverneur de l'Eglise, à qui nostre Seigneur en a donné le souverain gouvernement.*
>
> *Nostre Seigneur a donné le souverain gouvernement de l'Eglise à sainct Pierre.*
>
> *Donc S. Pierre est gouverneur de l'Eglise.*

Vous dites que la mineur est petition de principe. Je voudrois que vous m'en eussiez dit la raison pour [p. 29] cognoistre comme vous entendez cette sorte de capture[36] en logique : car je croy bien que vous n'en sçavez que par veuë de pays et comme en ayant ouy parler. Or je vous soustien le contraire : car cette mineur ne contient pas ce qui est en question, qui est ainsi que se fait la petition de principe à parler proprement, ny le sieur Bulenger vous l'a demandée *gratis*[37], mais avec tres-bonnes preuves a monstré la verité d'icelle. Ce n'est donc pas petition de principe. Vous la niez encores, mais nous verrons comment au chap. qui suit.

Responce au quatriesme

Le premier des quatriesmes syllogismes de Monsieur Bulenger que vous rapportez en ce chap. **[→ 105-108]** est [p. 30] :

> *Sainct Pierre est pasteur des ouailles de nostre Seigneur,*
> *Les apostres sont ouailles,*
> *Donc s. Pierre est pasteur des apostres.*

35 Voir *RDM* p. 158.

36 Emploi inhabituel de *capture.*

37 « ny le sieur... *gratis* » : et le sieur ne vous l'a pas proposée sans arguments.

Sur lequel vous arguez premierement que ledit sieur Bulenger « enfourne mal » de prouver une puissance universelle par des énunciations particulieres[38]. Mon Dieu que vous parlez improprement pour un qui fait le docteur en logique ! Sont ce des énunciations particulieres ? Apprenez à parler : elles sont singulieres et non particulieres. « Enfourné mal », dites vous : vous vous trompez du tout, et j'en voy bien la cause, c'est que vous prenez une puissance universelle pour estre de mesme qu'une conclusion universelle, et d'autant que pour prouver une [p. 31] telle conclusion, il faut necessairement que l'une ou les deux premierement soyent universelles. Vous croyez pareillement que pour prouver une puissance universelle il faille avoir de semblables premisses, et que les particulieres ou singulieres ne le peuvent faire. Mais sçachez que ceste puissance, encores qu'elle soit appellee universelle, ne laisse pour tant d'estre singuliere, et pour-ce se peult prouver par des premisses singulieres comme a ici très bien fait le sieur Bulenger, et l'universalité de cette puissance est d'autre nature que celle qui est propre à la proposition que vous adjoustez.

« Si cecy est un argument (syllogisme faut dire) il faut qu'il y aye une nouvelle dialectique bien secrette en laquelle se trouvent [p. 32] trois particulieres de suitte. » Il y en a une voirement, non pas nouvelle ains très ancienne, bien secrette à ceux principalement qui n'ayans l'esprit trop subtil se contentent d'employer seulement six mois à l'estude d'icelle, en laquelle y a d'une sorte de bons syllogismes faits[e] de trois particulieres. Et pour vous enseigner ceste dialectique secrette, Michau, car je croy bien que ne la sçavez pas, le syllogisme appellé expositoire, qui est fait de propositions purement singulieres et qui a son terme moyen, un terme singulier conclud fort bien et est très-bon, et de cette sorte est cettuy-cy du sieur Bulenger, comme je monstreray icy plus bas. D'avantage le syllogisme fait de pures [p. 33] particulieres, pourveu que l'argument soit un terme singulier, ne peut jamais estre mauvais, ce que toutesfois ne deroge point à ceste reigle generale, *Ex puris particularib. nihil syllogisticè concluditur*[39], car elle se doit entendre *cum debitis circumstantiis*[40], remarquées par les philosophes au mesme lieu. Voilà donc la Dialectique secrette que vous ne saviez pas.

38 Voir *Responce* p. 105.

39 Principe de logique aristotélicienne. « À partir de pures particulières, rien ne se conclut par syllogisme. » *Cf.* Titelmans, *Institutionum dialecticarum libri sex*, Lyon, apud. Gulielmum Rovisium, 1545, f° 143 v° : « *quoniam ex puris particularibus nusquam quisquam syllogistice concluditur* »

40 Avec les circonstances requises.

Mais je vous oy desjà crier, Michau, comme un aveugle qui a perdu son baston, pour me demander en quelles figures et modes se trouveront doncques les syllogismes. Pour regard des figures, en toutes trois, et encores en la 4e de Galien si elle vous plaist, pour regard des modes, en pas un proprement de ces dix-neufs communs, *Barbara, Celarent, Darii*[f], *etc.* Mais en [p. 34] certains autres qui leur sont propres, et ausquelz les propositions ont certaine proportion ensemble, non de quantité mais de qualité seulement, et qui se peuvent reduire très bien à quelqu'un des quatre premiers modes de la premiere figure, comme par exemple ce syllogisme expositoire :

Jehan est un animal[41].
Cet homme est Jehan.
Donc cet homme est un animal.

Se reduira en Darii[g] en ceste sorte :

Tout ce qui est Jehan est un animal.
Cet homme est Jehan.
Donc il est un animal.

Et vous faut sçavoir que les propositions singulieres, quand elles entrent au syllogisme commung, vallent autant et sont prises pour des particulieres au dire de tous ceux [p. 35] qui savent bien ergotiser : je reviens maintenant à nostre syllogisme, et dis qu'il est expositoire, et par consequant bon, il a pour son moyen un terme singulier, scavoir est « des ouailles de nostre Seigneur », soubz entendu « du troupeau », qui est terme singulier collectif. La mineur extremité, « les apostres », est aussi un terme singulier ou pour le moins particulier valant autant que « chascun des apostres » : il est donc tel qu'il n'y a que resprendre pour regard de la forme en ceste sorte, et se peut reduyre à Barbara en ceste sorte :

Toute ouaille de nostre Seigneur a esté donnée en charge à s. Pierre comme au pasteur,
Tous les apostres sont ouailles de nostre Seigneur,
Donc tous les apostres ont esté donnez en [p. 36] charge à s. Pierre comme au pasteur.

41 *Animal*, ici, signifie être doué de vie.

Et quant au syllogisme qu'avez basti semblable, selon vostre dire, à cetuy cy pour le renverser, qui est :

Sainct Pierre et les autres apostres sont ouailles,
Donc s. André est pasteur de s. Pierre, et des autres apostres.

Je respons qu'il luy est fort dissemblable non pas en la forme, mais en la matiere, car le terme moyen des « ouailles de nostre Seigneur » doit estre pris icy, si nous voulons que la majeur se trouve vraye, pour une partie seulement du troupeau de nostre Seigneur, et non pas pour tout le troupeau comme il est pris en l'autre. Or. S. Pierre et les autres apostres n'estoyent pas du nombre de ceste partie du troupeau de nostre [p. 37] Seigneur baillés en charge à sainct André. C'est pourquoy la mineur de vostre syllogisme est faulce, que s. Pierre et les autres apostres soyent ouailles, prenant l'attribut *ouailles* comme il est pris en la majeur ainsi que veut la loy de logique. Autrement le syllogisme serait sophistique pour estre changé en iceluy le genre de l'opposition, ce qui arrive quand un[h] mesme terme n'est pas prins en mesme sens en l'une et l'autre premisse. Somme toute, prenez cette proposition comme vous voudrez, elle est tousjours ou faulce ou sophistique et consequemment la conclusion n'en vault rien.

En cet endroit, vous appellez bien souvent argument ce qui se doit nommer syllogisme, je vous [p. 38] en ay desjà repris deux fois cy devant pour la troisiesme et derniere, car je ne puis avoir la patience de tant de fois corriger une mesme faute. Je vous advise de vous en corriger pour vostre honneur, car on estime un esprit trop lourd qui bronche par trois fois en mesme endroict.

Venons au deuxiesme :

Le pasteur est plus que les ouailles
Sainct Pierre est pasteur des ouailles,
Donc s. Pierre est plus que les ouailles.

Il n'y a point de doute que les termes *pasteur*, *ouailles*, sont icy prins en figure, mais cela ne nuit de rien car on est d'accord du sens de la metaphore. Touchant cettui-cy, vous demandez en quelle figure et mode il est. Est il possible que vous ne le [p. 39] voyez pas ? Vous estes donc plus aveugle qu'un aveugle en ces affaires : il est en la premiere et en

Darii, vous le voyez disant que le terme « plus que les ouailles » est le terme moyen, et qu'il est posterieur en la majeur et en la mineur de ce syllogisme, ce qui ne peut arriver en la premiere figure ! ô pauvre aveugle ! Que j'ay grand pitié de vostre double aveuglement ! Certes vous monstrez par cecy ne vous entendre non plus en cette matiere qu'un vray aveugle de corps se cognoist en couleurs. Je vous demande : si le terme « plus que les ouailles » estoit un moyen terme du syllogisme, entreroit il en la conclusion, comme il faict ? On sçait bien qu'il ne pourroit. Outre plus ce terme « plus que les [p. 40] ouailles » est il posterieur en la majeur et en la mineur ? En la mineur y a pour attribut « pasteur des ouailles », que le moindre grimaud de logicien cognoistra que c'est un terme du tout different de cet autre « plus que les ouailles », comme aussi sont signifiez par divers mots. À l'eschole, Michau, à l'eschole, apprendre vostre leçon, et ne vous meslez plus de parler d'une chose où vous n'entendez rien ! Je voy bien qui vous a fait faillir si lourdement, c'est ce mot *ouailles* de par Dieu, qui se trouve en l'un et l'autre terme, mais vous deviez sçavoir qu'aux termes complex qui sont faicts de plusieurs dictions consignificatives[42] (du nombre desquelles sont les deux), on ne doit jamais avoir esgard à un seul [p. 41] mot, mais à tous ensemble et en bloc. Je vous conseille de prendre vostre maistre à la barbe et luy faire rendre vostre argent, car je vous asseure qu'il ne vous a rien aprins qui vaille pour voz despens. Je vous monstre comme ce syllogisme est en la premiere figure et en *Darii*, et par consequent très bon : il est en la premiere figure par ce que le terme moyen, qui est « pasteur » où necessairement s'entend des ouailles (et non pas des pourceaux ou de quelques autres bestes) est subject en la majeur, et l'attribut en la mineur, qui est ce que requiert la premiere figure en *Darii* par ce que la majeur est universelle afirmative estant de ces[i] indefinies qui valent autant que des universelles, comme il a esté dit cy dessus, et la [p. 42] mineur et la conclusion sont singulieres affirmatives qui valent aussi des particulieres lors qu'elles entrent au syllogisme avec des universelles, comme enseignent les logiciens. Or sus, Michau, qu'en dictes vous, ne voyez vous pas combien vous estes loing de vostre compte ? Mais il vous

42 Aucun dictionnaire ne donne *consignificatif*, pourtant bien attesté au sens de « synonyme ». Thevet félicite Munster d'avoir donné « explications des consignificatifs » dans sa grammaire hébraïque (*Pourtraits et vies des hommes illustres*, Paris, Par la vefve I. Kervert et Guillaume Chaudiere, 1584, II, f° 561 v°).

faut pardonner ces fautes, car je croy que vous ne les avez pas faites par malice, mais seullement par ignorance. Toutesfois vostre ignorance est trop crasse d'ignorer que vous estes ignorant en ce que vous ignorez, vous eussiez beaucoup mieux faict pour vostre honneur de laisser respondre quelque clairvoyant au sieur Bulenger qui en a plus oublié que vous n'en scaurez jamais. Cependant ce [p. 43] syllogisme est verifié bon en logique. Vous n'avez nié aucunes des premisses. Reste donc que la conclusion est vraye que sainct Pierre soit plus que les ouailles et par consequent qu'il est le premier et monarque de l'Eglise.

Du troisiesme :

Celuy qui a la grace de ne faillir point et la charge de confirmer ses freres qui peuvent faillir, est plus que les autres.

Sainct Pierre a la grace de ne faillir point et a la charge de confirmer ses freres qui peuvent faillir.

Il est donc plus que les autres.

Pour invalider la force de l'argument de ce syllogisme, vous dressez cet autre :

Celuy qui a la charge de confirmer les autres, est plus que les autres,
Sainct Paul a eu la charge de confirmer [p. 44] les autres,
Donc il est plus que les autres.

Je respond que vostre discours est sophistique, procedant d'un sens composé vray à un sens divisé faux, et ne prenez qu'une moitié de l'argument au lieu de le prendre tout, car l'argument entier est « celuy qui a la grace de ne faillir point et a la charge de confirmer ses freres qui peuvent faillir », et vous n'en prenez que cette moitié, « celuy qui a la charge de confirmer les autres », pour conclure une mesme chose de s. Paul que le sieur Bulenger conclud de s. Pierre avec l'argument tout entier. Vous deviez dire « que s. Paul ou Syllas ou quelque autre avoient eu la grace de ne faillir point et la charge de confirmer ses freres qui [p. 45] peuvent faillir », et monstrer quant et quant le passage en l'Escriture, et ainsi vous eussiez eu quelque raison. Vous avez donc peché en logique et sophistiqué[j] tout l'affaire. Non pas, comme je croy, que vous y entendiez finesse, mais seulement par inadvertence, afin que je n'use si souvent du mot d'ignorance. Toutesfois posons le cas que cette piece de l'argument aye autant de force que l'argument tout entier, vostre mineur est tousjours faulce simplement parlant[k], ou bien monstrez moy l'endroit en l'Escripture saincte où nostre Seigneur charge saint Paul ou quelque autre des apostres de confirmer ses freres generallement, comme je vous monstre en sainct Luc vingt-deuxiesme que telle [p. 46] charge a esté donée à s. Pierre. Vous me respondez desjà que pour le moins se trouve en l'Escriture qu'il a confirmé les autres actuellement (ce que je dis de S. Paul s'entende de quelque autre que vous voudrez.) Et pour tant faut necessairement qu'il eust eu cette charge. Si je vous repliquois qu'il l'a eüe de s. Pierre, comment me preuveriez vous le contraire par l'Escriture ? Vous seriez bien empesché. Mais pour vous payer tout content et en belle monnoye sans vous faire languir davantage, je vous respons que le mot de « frere » en s. Luc vingt-deuxiesme, comprend tant les apostres que les disciples et tout autre personne fidelle, car tous estaient freres de s. Pierre, et pour tant que Jesus Christ a chargé [p. 47] Pierre de confirmer *ex officio* tous generallement sans exception aucune. Chacun des autres apostres a bien eu charge de confirmer les autres. Mais elle ne s'estendoit pas sur les apostres comme celle de s. Pierre, et pour tant n'estoit pas si generale, ny si absolu' que la sienne, dont s'ensuit que ces deux mineurs ne sont pas pareilles, « S. Pierre a eu charge de confirmer ses freres », et « S. Paul a eu charge de confirmer les autres freres » : en la premiere comprenant plus que « les autres » en la seconde. Et pour tant que ceste-cy est faulse prise esgale à cette là comme vous faictes, et consecutivement que vostre syllogisme est tres-dissemblable de celuy du sieur Bulenger. Vous voyez donc, Michau, en quoy vous [p. 48] vous estes trompé.

Mais c'est assez parlé touchant la composition de nostre syllogisme, parlons maintenant de l'assumption, qui est que « S. Pierre a eu la grace de ne faillir point et la charge de confirmer ses freres. » Vous la niez tout à plat, disant que s. Pierre a de fait failly après l'ascension de nostre Seigneur au ciel et la mission du S. Esprit à la Pentecoste, tesmoing dites vous la reprehension qu'il receut de s. Paul en Antioche. Est-ce tout, Michau ? N'avez vous autre chose à dire que cecy ? Vous estes donc bien armé à la legere pour attaquer un Caesar. Mais vous estes un pauvre ministre à dire net, car si vous aviez leu s. Hier. en l'epist. 89. *Ad August.* et en ses Commentaires sur l'Ep. aux [p. 49] Gal. et tous les Peres grecs en mesme endroit, vous auriez aprins que s. Pierre ne commit aucun peché en delaissant de manger avec les gentilz toutes sortes de viande indiferemment pour se ranger à vivre avec les juifs nouvellement faits chrestiens à la façon de la loy mosaïque, qui estoit en abstinence de manger des viandes prohibées et deffendues en icelle. Et voicy la raison : jaçoit que ces ceremonies judaicques ne servissent plus de rien pour regard du salut, toutesfois pour enterrer la synagogue avec honneur, et pour avoir esgard aux Juifs qui se convertissoyent à la foy de Jesus Christ, lesquelz estans accoustumez de longue main à telles ceremonies ne pouvoient facilement sans scandale les [p. 50] abandonner, l'Eglise le permettoit un temps. Comme nous lisons aux Act. 15, où les apostres ordonnerent mesme aux gentilz convertis à la foy de Jesus Christ de ne manger point de sang ny de la beste estoufféee[43], qui estoient ceremonies de l'ancienne loy. Aussi s. Paul circoncist Thimothee seulement pour ne scandalizer les juifs d'avoir avec soy un compagnon incirconcis, et plusieurs autres choses semblables aux Actes et ailleurs. Or doncques ces ceremonies n'estant point encores expressement defendues ni par consequent l'observation simple et expresse d'icelles[1] peché[44]. S. Pierre les observant par une telle occasion qu'il fit n'a commis aucun peché quel qu'il soit ny contre la foy, ny contre la [p. 51] charité directement ou indirectement. Pourquoy donc, me direz vous, s. Pierre l'a-il repris ? il l'a repris non pas pour le condemner d'avoir mal fait car par mesme moyen il se seroit condamné luy mesme de pareille faute, ayant auparavant circoncis Timothée comme j'ay dit cy dessus, aux Act. 18 fait razer sa teste par vœu, et 21 fait le vœu de nazarien, avec quatre Juifz novices en la foy de Jesus-Christ[45], qui estoyent toutes ceremonies de la loy mosaïque, et en mesme categorie que celle qui defend de manger de toute sorte de viande, pour laquelle s. Pierre est repris… ne l'a dis-je pas repris pour le condemner d'avoir peché, mais seulement pour le profit qui en devoit incontinant reussir tant aux juifz [p. 52] qu'aux gentilz là presens, foibles et debiles encores en la foy, sçavoir est, afin qu'iceux voyant S. Pierre estre repris publiquement en face sans qu'il repliquast aucun mot pour se defendre, connussent par son silence qu'il n'y avoit plus rien d'incommode et de quoy il se falust abstenir de manger en vertu de la loy. Tellement que par ainsi S. Paul usa d'une ruze nouvelle,

43 Actes 15, 20.
44 Et l'observation… d'icelles n'étant point encore un péché…
45 Actes 18, 18 et 21, 26.

prudente, à enseigner aux Juifz et gentilz la liberté de la loy de Jesus-Christ et abregement des ceremonies de celles de Moyse.

Si vous estiez homme paisible et raisonnable, Michau, je me contenterois de vous avoir apporté toutes ces belles raisons avec le jugement de tant de rares personnages pour la resolution de ce point. Mais d'autant que [p. 53] vous gronderiez encores, et murmureriez entre voz dents que s. Augu. et plusieurs autres Peres latins trouvent qu'en ce faict de s. Pierre y eut quelque peché, je veux bien poursuivre davantage ce point, et vous faire voir si vous auriez gagné quelque chose sur nous, leur opinion estant vraye. Soit donc ainsi qu'il y aye eu du peché, pensez vous pour tant avoir gagné vostre cause ? Je vous veux bien monstrer que non, et avant que commancer il faut que je vous advertisse que le nœud de vostre question n'est pas si s. Pierre a erré simplement en quelque façon que ce soit, mais s'il a erré touchant les choses qui sont de la foy, car c'est seulement pour ce regard que les catholiques maintiennent qu'il a eu la [p. 54] grace de ne point faillir, voire mesme de ne pouvoir faillir. Et vous autres maintenez tout le contraire, en quoy vous imitez fort bien vos ancestres Marcion l'heresiarque et Julian l'Apostat qui en disoyent tout autant. Il fault aussi que je racompte briefvement comme le fait de s. Pierre se passa, afin que le lecteur puisse plus facilement juger de la verité. Le voicy doncques : s. Pierre, demeurant en Antioche, mangeoit et beuvoit selon la liberté chrestienne avec les gentilz. Cependant quelques Juifs vindrent vers luy de la part de S. Jaques, lors s. Pierre commança à penser qu'à grand peine il pourroit eviter qu'il n'offençast ou les gentilz ou les Juifz, car s'il continuoit de prendre ses repas avec les gentilz, sans [p. 55] doute il offenceroit les Juifz, qui estans encores infirmes en la foy ne s'estoyent peu si tost persuader qu'il fust permis aux Juifz d'user des viandes qu'usoyent les gentilz ; que si d'autre part il venoit à se segreger d'avec les gentilz pour vivre separement avec les Juifz, infailliblement il scandaliseroit les gentilz, pour tant qu'ils[m] y redargueroyent sa legereté, ou bien à son exemple se mettroyent aussi à judaïzer. Ce sainct personnage donc estant en telle perplexité d'esprit se resolut à la fin à ce qui luy sembloit le moindre mal, sçavoir est de mescontenter plutost les gentilz que les Juifz, veu mesmement qu'il estoit principalement l'apostre des Juifz. Il se retira donc à vivre avec les Juifz. Or s. Paul ne [p. 56] trouva pas bonne cette eslection[46], et pour

46 *Eslection* : choix.

tant l'en reprit publiquement en face. Voilà en somme comme le fait se passa. Ces choses estant premises[47], venons au point. Encores donc que je vous advoüe que s. Pierre aye failly de se segreger d'avec les gentilz pour vivre à la mosaïque avec les Juifz, induisant par son exemple non seulement les gentilz, mais encores les Juifz fideles à judaïser, ne s'ensuit pourtant pas que soit esté en la foy qu'il a erré, car il n'a pas presché ny en public ny en particulier qu'il falust judaïser, comme Tertulien voisin de ce temps là nous admonneste au livre qu'il a faict, *De prescript. advers. haeret.* Il n'a pas aussi fait quelque decret et ordonnance pour establir ou confirmer ces loix [p. 57] ceremoniales des Juifs, mais plustost il a enseigné le contraire aux Ac. 15. Ce n'a donc pas esté un erreur en la foy et doctrine, mais ç'a esté seulement un erreur en la conversation, n'ayant pas bien esleu, soit ou par quelque consideration, ou bien par quelque ignorance non volontaire, lequel des deux partis comme le moindre mal il devoit plutost suivre et outer (*sic*), tout le mal estant en la consequence seulement et non point en la chose, n'y ayant pour lors aucun mal en soy de vivre avec les gentils ou avec les Juifs. Cet erreur donc est un erreur en s. Pierre de conversation, et pour tant ne deroge en rien à nostre assertion, qui est que s. Pierre a eu la grace de ne faillir [p. 58] point en la foy : et consequemment elle demeure vraye et ferme quoy que vous en refroigniez le nez de dépit : Et voylà vostre payement, Michau, n'est-il pas en belle monnoye comme je vous avois promis ? Je vous respons qu'il n'y a piece qui ne soit de bon aloy et de mise, si vous avez un trebuchet, esprouvez les toutes, et vous verrez qu'il ny en a une seule qui ne poise son pois.

Au dernier **[→ 108]** :

> *S. Irenée a dit qu'à cause des princes et de la principauté, l'Eglise s'assemble à Rome.*
>
> *Rome, le chef du monde, usurpe par religion ce qui est eschappé à ses armes.*
>
> *Ergo, gluc.*

Vous corrompez ces deux sentences, car en la premiere il y doit avoir « il faut necessairement que [p. 59] toutes Eglises s'assemblent à l'Eglise de Rome », à cause qu'elle a plus de puissance et de principauté ; en l'autre qui est de s. Prosper, « Rome qui est le siege de Pierre, laquelle a

47 *Premises* : posées au préalable.

esté faite chef du monde pour le gouvernement de l'Eglise, et qui tient soubs le lien de religion tout ce qu'elle ne seigneurie par les armes », vous avez obmis ou changé les mots qui vous font rire en singe. Mais passons outre. Vous dites que le sieur Bulenger donnoit cecy pour un syllogisme, donnez moy caution de vostre dire, autrement je ne croiray rien. Car vous plaidez vostre cause, et si estes fort subject à imposture. Vous me jurez en diable qu'il est ainsi, en un mot, je ne vous veux pas croire sans tesmoings recevables, et *omni* [p. 60] *exceptione majores*[48]. Qu'il les donna pour deux enthymemes, bien, car aussi en sont ils, qui peuvent fort facilement se reduire en deux syllogismes parfaicts, la raison est que ce sont deux sentences telles qu'il n'y a si malotru logicien qui ne cogneust bien qu'elles ne peuvent estre les deux premieres parties d'un syllogisme. Vous avez bien fait de conclurre « *Ergo gluc* » suivant que vous l'entendiez. Mais un qui s'entendroit en logique et à démesler tels affaires, en eust conclud doublement qu'à Rome est la principauté et le prince de toute l'Eglise, disposant ainsi son faict :

> *En l'eglise où il faut necessairement que toutes Eglises assemblent à cause qu'elle a plus de puissance et principauté,* [p. 61] *là est sans doute le souverain gouvernement et gouverneur de l'Eglise.*
>
> *S. Irenée dit qu'il faut necessairement que toutes les Eglises s'assemblent à l'eglise de Rome à cause qu'elle a plus de puissance et principauté.*
>
> *Donc Rome est le souverain gouvernement et gouverneur de l'Eglise.*

En voilà un. L'autre est :

> *En la ville qui est le siege de s. Pierre, qui a esté faite chef du monde pour le gouvernement de l'Eglise, et qui tient soubs le lien de la religion tout ce qu'elle ne seigneurie point par armes, est le souverain gouvernement et gouverneur de l'Eglise.*
>
> *S. Prosper, disciple de s. Augustin, dict que la ville de Rome, siege de s. Pierre, a esté faicte chef du monde pour le gouvernement de l'Eglise, et qu'elle [p. 62] tient soubs le lien de la religion tout ce qu'elle ne seigneurie point par les armes.*
>
> *Donc en la ville de Rome est le souverain gouvernement et gouverneur de l'Eglise.*

48 « Au-delà de toute exception. »

Vous n'entendiez pas touts ces alibisforains[49], maistre Michau, parce que « *de modalibus non gustavit asinus*[50]. »

Pour faire fin à ce chapitre, j'ay prouvé plus que suffisamment que les 4 syllogismes qu'aportés (*sic*) en iceluy sont très bons tant en matiere qu'en forme. Ce pourquoy reste que nous avons gaigné que s. Pierre est pasteur des apostres, plus que les ouailles, et qu'à Rome est le souverain gouvernement et gouverneur de l'Eglise, conclusions des syllogismes dudit sieur Bulenger, vrayes s'il y en eust[51] au monde. [p. 63]

Responce au cinquiesme chap.

Vous voulez donc maintenant sortir de ce labirynthe de logique, Michau ? Vous avez raison, car vous y avez très-mal fait vos affaires. Pour aller où ? Preuver que les Peres anciens n'ont pas tous esté papistes, pour n'avoir donné pareille authorité à leurs escripts qu'à ceux des prophetes et apostres **[→ 108-110]**. Veritablement c'est bien sauter du coq à l'asne, et passer d'un predicament à l'autre. Nostre question est touchant la principauté de s. Pierre en l'Eglise : et vous venez maintenant à disputer de l'authorité que doivent avoir les escrits des Peres. Et puis se trouve-t-il papiste (puis que papiste vous nous nommez) qui soit en doute, s'il [p. 64] faut plus attribuer aux Escriptures sainctes qu'aux livres des docteurs ? Vous plaidez une chose qu'on ne vous querelle pas, mais ce vous est tout un, pourveu que vous parliez.

Aussi bien nous croyons que touchant l'intelligence et interpretation des Escriptures sainctes (que vous baillez diverses à celles des Anciens), il faut beaucoup plutost, sans comparaison, suivre ces tres-anciens et tres-doctes Peres que vous autres nouveaux venuz qui ne faictes que de naistre, gens en petit nombre, ignorans, et pour tout potage apostats.

---

49 Le sens usuel d'*alibiforain* (en un mot ou en deux mots) est « tergiversation, échappatoire ».

50 Les modes (nécessaire, contingent, possible, impossible) définissent les diverses propositions. La formule *non gustavit asinus* est un proverbe de précepteur : après avoir décrit les modalités, Petr Codicciius écrit (*Praecepta dialectices*, s.l., Typis mandabat Georgius Jacobides Daczicenus, 1590, non pag.) : « *Haec, cum vita sit brevis et ars longa teste Hypocrate, de modalibus addiscant pueri, de quibus veteres magistri dixerunt : De bonis modalibus non gustavit asinus* – Tout cela, bien que la vie soit brève et l'apprentissage long comme en témoigne Hippocrates, les enfants doivent l'apprendre à propos des modalités, ce qui a fait dire aux vieux magisters : l'âne n'a pas apprécié les modalités en règle. »

51 Nous suppléons ce mot.

Et l'antithese et comparaison n'est pas entre les livres de l'Escripture saincte et des docteurs, mais seulement elle est entre l'interpretation et exposition que ceux-ci [p. 65] luy ont donnée, et la vostre. Laquelle des deux doit plutost estre suyvie veu qu'elles sont differentes ? Et certes ce seroit une temerité du tout exhorbitante et n'avoir aucune estincelle de raison de ne vouloir preferer (mesmement en chose de si grande consequence que la foy) le jugement d'une si grande multitude de pasteurs de l'Eglise, tres-rares et tres excellens au tesmoignage de tout siecle en toute sorte de doctrine et sainctеté de vie, voire mesmes la sentence de toute l'Eglise universelle, à l'opinion de quelques particuliers incogneuz, ignorants et vicieux, qui depuis trois jours en çà seulement ont fait schisme, se sont retirez de l'Eglise pour faire secte à part, et quereleroient celle qui les avoit fait [p. 66] chrestiens, leur avoit aprins tout ce qu'ilz savoyent de Jesus Christ, mesme que l'Escriture saincte de laquelle ils la veulent combatre estoit escriture saincte laissée à l'Eglise par les prophetes et apostres.

La pluspart d'iceux, objectez vous, voire des plus doctes et plus anciens, ont erré l'un en cecy, l'autre en cela, mesmes se sont contrariez. Et pour tant qu'ils doivent estre suspects en tout ce qu'ils[n] ont escript, comme aussi eux ne demandent d'estre creuz qu'en ce qui se trouve qu'ils ont bien dict. Je respond qu'és choses qui sont de fait, c'est à dire en ce qu'ils disent avoir esté tenu, entendu, gardé, et observé de leurs temps en l'Eglise, ils n'ont point erré, et partant sont du tout croyables comme tesmoings [p. 67] oculaires et historiens veritables des choses qui ont esté faites de tout temps et qui sont de leur science et experience : en ce qui est de droit, c'est à dire de la doctrine et en interpretation de l'Escriture saincte, je respond qu'ils n'ont point erré aux points où ils se trouvent tous bien d'accord. Pource qu'un tel accord entre gens qui ne se sont point veuz esloignés et de pays et de temps et qui ont escrit en diverses langues, est un tesmoignage de l'effect du S. Esprit : pour tant sont aussi croyables en ces choses. Quant aux poincts problematiques, obscurs, douteux et de leur temps indecis par l'Eglise, sçavoir[52] qu'une partie d'iceux ont esté differents d'opinion en mesmes[o] choses, voire quelques uns se sont [p. 68] contrariés, mais toutesfois que telles opinions ne leur doivent, ny ne peuvent estre reputées proprement erreurs, d'autant que pour lors qu'ils ont escript, il n'y avoit aucune obligation

52 *Sçavoir* : nous savons…

de l'Eglise de tenir plutost un party que l'autre. Mais il estoit libre de sentir diversement en tels points sans interest[53] de la foy et de l'union de l'Eglise, et en ces cas la pluralité et commun consentement d'iceux non d'un siecle, mais de tous les siecles, prins, conferez et uniz ensemble, emporte la plus grande authorité, laquelle ne doit estre ravallée ou interessée pour les fautes de quelques uns qui peuvent avoir senty le contraire.

Voylà donc comment et en quelle sorte nous maintenons justement que les Peres n'ont point [p. 69] erré, et qu'il les fault croire, et que nous les croyons. Touchant ce que vous dictes qu'ilz n'ont demandé d'estre creus qu'en ce qui se treuve qu'ilz ont bien dict, je respond que par là ils ne soubmettent pas leur doctrine au jugement de vous, Michau, ny de quelque autre particulier, mais de la seule Eglise comme du juge souverain de la verité, ne voulant jamais avoir esté ny estre creus d'aucune particuliere opinion contre la generale, comme dit s. Aug. li. 12 de ses *Confess.* ch. 25 : « *Veritas tua domine non illius, aut illius, sed omnium nostrum, quos ad communionem publice vocas terribiliter admonens ne privatam veritatem habeamus, ne privemur ea* : Ta verité Seigneur, non de moy, ni de cestui-cy [p. 70] ni de cestui-là, mais de nous tous lesquels tu appelles publiquement à communion, terriblement admonestant que nous n'ayons point de verité privée de peur que ne soyons privez de la verité. » En quoy certes ces saincts Peres se monstrent vrayement catholiques et du tout dissemblables de tout heretique qui adore tousiours opiniastrement ses particulieres imaginations. Mais vous me faictes rire, Michau, de dire que ces saincts personnages parlent pour vous. Pourquoy donc les mettez vous si bas, les dites vous errer et se contrarier ? Ilz sont de vos amis ? Pourquoy vostre M. Calvin en ses *Institutions* confessera si librement pour le moins en treize divers endroicts qu'ilz sont tous contre luy ? [p. 71] Vous avez tous les endroicts cottez dans Bellarmin, l. 4 *Des marques de l'Eglise*[54], verifiez les s'ilz ne sont pas ainsi. Tellement que vous dites *hac* et vostre maistre *hoc* : accordez vous s'il vous est possible, car l'un de vous necessairement a menty, et plutost le disciple que le maistre.

D'avantage vous dites que vous prenez ce que les Peres ont dict de bon et laissez le mauvais. Pareillement de vos docteurs, Luther, Calvin,

53 *Sans interest* : sans que cela affecte…

54 Le livre *De Notis Ecclesiae*, le quatrième et dernier de la première partie des *Controverses*, consacrée aux Conciles et à l'Église militante.

et Beze. Vous estes donc le plus grand docteur qui fut jamais, car non seulement vous jugez du sens de l'Escriture saincte, mais encores de tout ce que les interpretes bons et mauvais ont peu dire, sans toutesfois vouloir estre jugé d'aucun qui soit. Seroit grand dommage qu'eussiez [p. 72] la teste cassée, car vous y avez un grand jugement dedans. Ô ineptes ! ô pires ineptes ! ô vous plus que pires ineptes ! Qui ouit jamais parler d'une telle folie ? Et si vostre ignorance ou plutost vostre menterie impudente n'est pas moindre que vostre folie de dire que Calvin, Luther et Beze seroyent bien marris de se dire plus saincts et plus doctes que ces anciens, ny d'establir leurs[p] enseignements pour principes en vostre religion : en tous leurs escritz tant de fois, ilz reprenent avec une audace et orgueil incroyable toute la troupe des Peres d'erreur, de superstition et d'idolatrie, et se vantent à tout coup d'enseigner et suivre la pure et simple verité de la parolle de Dieu. Et qu'est cecy autre chose que se [p. 73] dire plus saincts et plus sçavans que eux tous ? L'autre enseigne qu'il n'est necessaire à salut de croire qu'il n'y a que trois sacremens, et Calvin qu'il n'y en a que deux (cecy seulement soit pour exemple, car je ne veux estre trop long.) Et vous osez dire qu'ils n'establissent leurs enseignements pour principes en leur religion ? Gardez vous, le diable vous fera quelque mauvais tour, car il voit que vous luy des-robez son nom propre de menteur.

Vous adjoustez encores que quand la raison nous[q] manque, nous courons aux exclamations sur l'antiquité **[→ 110]** : n'avez vous point de honte de dire que la raison nous manque, car vous sçavez bien que pour une raison frivole et apparente que vous avez, nous en [p. 74] avons cent mille vrayes et solides, tesmoing la multitude grande des livres faicts par les catholicques ausquels vos ministres n'ont jamais sceu que respondre, mesmes qu'ilz confessent librement qu'il n'est pas possible de soudre nos raisons ? Toutesfois ilz disent qu'ilz ont la verité de leur costé. De belles[55] ![r] Et si nous vous ramenons aux Peres ce n'est que pour vous faire voir à l'œil et toucher au doigt en eux comme tesmoings oculaires, et qui ont administré de leur temps les affaires de l'Eglise, les antiquitez d'icelle, que vous rejettez comme nouvelles inventions de trois jours.

---

55 Voir en variante la ponctuation originale. Nous corrigeons d'après l'expression « Ils en couchent de belles » (Cotgrave, entrée « coucher »), ironique, ou « vous nous en baillez de belles » (*cf.* p. 180), au sens de : « Que voilà de belles paroles ! »

Mais maintenant faut retourner à nos moutons : les dires que vous aportez ici d'Origene, s. Chrysost., Hier. et August. [p. 75] pour monstrer que ces personnages ont preferé l'Escripture saincte aux escrits des docteurs, je vous les accorde tous franchement en ces sens là. Mais que par là ilz n'ayent esté vrais papistes, c'est à dire catholiques, qui est le but et intention de vostre chapitre ! Au contraire s'ensuit qu'ilz l'ont esté, veu qu'ilz ont dit et creu avec eux une mesme chose touchant l'authorité de l'Escriture saincte par dessus tous les escrits des Peres sans comparaison, comme en tout autre point de la foy sont tres-bien d'accord ensemble. Veritablement vous avez bien travaillé, Michau, pour preuver une chose que nous tenons et croyons beaucoup mieux et long temps premier que vous. Allons au sixiesme chap. [p. 76]

Responce au sixiesme chap.

Vous pretendez monstrer ici que nostre Seigneur n'a pas donné à s. Pierre par ces parolles, « Pay mes brebis, Pay mes agneaux, Pay mes ouailles », la charge souveraine de son Eglise comme le sieur Bulenger maintient, mais quelque autre chose. Quelle c'est, nous verrons plus bas. Et avant que venir aux preuves, vous accusez ledict sieur Bulenger à[56] n'avoir couché religieusement en son livre ce passage de S. Jehan [→ 111]. Mais ce n'est qu'une pure calomnie, car il a raporté les propres mots de l'Escripture saincte qui concernent sa question, sans en rien obmettre changer, adjouster, ou diminuer en ceste sorte, « Pay mes Brebis, Pay mes Aigneaux, Pay mes ouailles », [p. 77] n'escrivant le reste dont il n'estoit en question pour eviter prolixité. Ce n'est que vostre envie de mordre qui fait parler ainsi.

Après vous alleguez pour preuve de nostre[57] dire quelques lieux de s. Augu., s. Cyrille et Nazianzene, par où ces Peres disent que S. Pierre confessa trois fois nostre Seigneur qu'il l'aimoit en satisfaction des trois fois qu'il l'avoit renié en sa mort. Mais à quel propos ces authoritez ? Nous ne sommes pas icy en doute si ces trois confessions de S. Pierre furent en rescompense de ses trois reniemens ou visent seulement vos allegations, comme vous accordez, mais bien que c'est que Jesus luy

56 *Accuser à* : construction inhabituelle.
57 On attendrait *vostre*.

confera par ces parolles, « Pay mes brebis, pays mes aigneaux *etc.* ». Vous mocquez [p. 78] vous de Dieu ou du monde, ou de vous mesme ? Ces authoritez regardent les parolles « Simon fils de Jona, m'aymes-tu ? Seigneur tu sçais que je t'ayme », trois fois repetées, et toute la question est de celle cy, « pay mes brebis *etc.* » Voyez si vous ne donnez pas un *qui pro quod*. Veritablement d'icy appert que vous estes ou du tout ignorant ou du tout malicieux, ignorant si n'avez eu la capacité de recognoistre que ces dires des Peres qu'alleguez ne sont nullement à propos de nostre different, malicieux si le cognoissant bien vous avez voulu dissimuler pour surprendre et esblouir les yeux des simples et les tirer à vostre cordele[58] d'erreur et d'heresie. Amy lecteur, avant que passer outre, je te supplie de [p. 79] considerer en cet endroit les ruses de ces gens dont ils usent pour piper les pauvres ames alleguant hors de propos les dires des saincts Peres, et faisant semblant de preuver quelque chose quand ils n'en font rien du tout. Je reviens à vous, Michau, et dy que toutes les preuves qu'alleguez icy sont vaines, hors de propos et de nul effect pour le regard de la conclusion qu'en pretend cecy, veu que elles ne regardent pas les parolles dont nous sommes en question.

Mais que receut s. Piere par ces parolles, à vostre advis ? La charge, respondez vous, de paistre les brebis de nostre Seigneur, laquelle il avait perduë par le reniement de son maistre, et icy elle luy est redonnée. Que faites vous, Michau ? Vous renversez tout [p. 80] vostre affaire, par cecy vous vous ruinez, confessez une grande partie de la verité et mentez tout ensemble, vous vous destruisez, en tant que vous dites maintenant qu'une charge luy est donnée, et un peu auparavant pour faire valoir à vostre advantage les dires qu'apportiez des Peres, disiez que c'estoit une satisfaction du triple reniement qu'il avoit commis, confessez une grande partie de la verité, advouant qu'il reçoit charge pastoralle (je monstreray plus bas qu'elle estoit souveraine), mentez aussi disant que cette charge luy estoit redonnée parce qu'il l'avait perdue en renonçant son maistre. Car personne n'ignore (horsmis vous à ce que je voy) que nostre Seigneur ne luy bailla onques cette [p. 81] charge de paistre ses brebis qu'après sa resurrection. Il ne la pouvoit donc perdre auparavant, veu qu'il ne l'avoit pas. Certes il n'est pas possible qu'un qui soustient mauvaise cause ne se coupe souvent sans y penser.

58 *Cordelle* « ne se dit qu'en cette phrase, C'est un homme de sa *cordelle*, c'est à dire, de sa societé » (Furetière, 1690).

Vous aportez une similitude, disant qu'il y a bien loing d'avoir receu de son prince une grace et un restablissement en son honneur, ou d'avoir un pouvoir de connestable ou lieutenant general, (et cecy est pour toute preuve que vous donnez qu'il a receu une charge particuliere et non souveraine). Il y a voirement bien loing de l'une à l'autre, mais vostre similitude ne vaut pas un tropet[59] à ce propos. Car s. Pierre ne reçoit pas en ce lieu pardon et grace de son peché, l'ayant desja receuë [p. 82] auparavant quand ne seroit que lorsque nostre Seigneur luy dist et à tous les autres Apostres assemblez par deux diverses fois, « *Pax vobis* ». Et puis nostre Seigneur pour cet effet ne lui eut pas usé de cette façon de parler, « Pay mes brebis, pay mes aigneaux », mais plutost de cette-cy, « je te pardonne ton peché ou je te remets ton offence », ou autre semblable, cependant vostre reverence ne voit pas, Michau, qu'elle contredict[60], ayant apertement confessé quatre lignes seulement au dessus qu'il avoit receu une charge et office de pasteur, et maintenant qu'il est rentré en grace avec son maistre. Vous chancelez de tous costez, sans asseurance, comme un aveugle qui marche sans baston. D'avantage s. Pierre ne peut estre [p. 83] restably en son honneur que vous entendez en sa charge, car pour estre restably en quelque office il faut l'avoir eu auparavant, et en estre descheu par quelque moyen. Or j'ay desja fait voir cy dessus que S. Pierre ne predit point quelque charge pastoralle pour l'abnegation[61] qu'il fit de son maistre, sçavoir est, pour autant qu'il ne l'avait pas encore eüe, ce pourquoy il ny peut estre maintenant restably et remis à proprement parler. Vous voyez donc par cecy combien vostre similitude cloche. Et puis je vous respons qu'il se peut faire qu'un prince remette en grace quelqu'ung et le face par mesme moyen son connestable. Qui peut empescher ? veu que tant l'un que l'autre despend seulement de la volonté [p. 84] du prince. Et pourquoy ne pourrait on dire qu'il fut ainsi de s. Pierre ? Mais puis qu'apres avoir dict une fois que c'estoit une amande que fit s. Pierre en ce lieu, vous desdisant de cette opinion, recongnoissez en fin que c'est une charge pastorale qu'il reçoit. Et certes le nier serait nier le jour en plain midy.

Ne reste seulement que je preuve que cette charge est souveraine, ce qu'ayant fait vous aurez perdu, et moy gangné. Or je le monstreray

59 *Tropet (sic)* : toupet.
60 *Contredict* : se contredit.
61 *Abnegation* : reniement.

par une raison du tout invincible, et par l'exposition que trois grands personnages ont donné à ces paroles, « Pay mes brebis », me contentant de ceci pour estre bref, et vous renvoyant au reste à Gouïn, qui allegue pour ce regard des authoritez à foison. Ma raison [p. 85] est donc qu'en ce dire, « Pay mes brebis », il y a un pronom, « mes », adjousté à « brebis » sans aucune restrinction, lequel pour tant signifie que toutes les brebis ausquelles il s'étend sont commises à s. Pierre. Or il est certain qu'il s'estend à tous simplement, n'ayant point avec soy aucune restrinction, aussi qu'il n'y a celuy en l'Eglise qui ne se glorifie d'estre ouaille de Jesus-Christ, tant apostres que autres : parquoy suit manifestement que le Seigneur a donné à s. Pier. tous les chrestiens entierement, sans exception aucune. Voilà ma raison que je vous depite[62] pouvoir invalider.

La premiere exposition[63] est de s. Bernard qui dit : « *Cui non dico episcoporum sed etiam apostolorum sic absolute et indirecte totae commisae sunt [p. 86] oves ? "Si me amas, Petre, pasce oves meas." Quae ? illius aut illius populos civitatis, aut regionis, aut certe regni ? "Oves meas" inquit*[64]. » C'est-à-dire : « Auquel je ne di pas des evesques mais encores des apostres ont esté baillees en charge ainsi absolument et indirectement toutes les brebis ? "Si tu m'aimes, Pierre, pay mes brebis" : quelles ? les peuples de cette cité ci, ou de cette là, ou de cette region, ou de ce roiaume ? "mes brebis" dit-il. »

La seconde est de Theophilacte, qui dit : « *Finito prandio praefecturam ovium totius mundi Petro commendabat, non autem aliis si huic tradidit*[65] : Ayant disné, dit-il, il recommandoit à s. Pierre la charge de toutes les brebis du monde, il la bailla à cetui-ci, et non pas aux autres. »

La derniere est de S. Gregoire [p. 87], liv. 4, Epist. 32, où ayant dit que la charge de toute l'Eglise avoit esté commise à s. Pier., apporte cette raison : « *Ipsi quippe dicitur pasce oves meas*[66]. Pour autant qu'il est dit à cetuy-ci mesme, "Pay mes brebis." »

Vous voyez donc, Michau, comme ces saincts personages enseignent que ces paroles s'entendent d'une charge souveraine, et non point d'une particuliere comme vous dites. Il faut auparavant que partir d'ici

62 *Depiter* (mépriser), est inusuel au sens de « défier ».

63 *Exposition* : explication, commentaire (usuel).

64 Bernard de Claivaux, *De consideratione* libri V – LLT-A, lib. 2, par. 15, vol. 3, p. 423. Bellarmin, I, xvi, p. 688.

65 Bellarmin, *ibid.*

66 Grégoire le Grand, Epistolae, 7, Epistola 4, *Ad Cyriacum episcopum*. La citation est abrégée, d'après Bellarmin, *Ibid.*

remarquer deux grandes et lourdes fautes que vous avez commises en cet endroit. L'une, que vous vous trouvez de deux dires divers en mesme chose, affirmant une fois que les Peres veulent que par ces paroles, « pay mes brebis » (car la question est seulement touchant icelles), s. Pierre face amande [p. 88] devant son maistre des trois fois qu'il l'avoit renié. Après, venez à dire qu'une charge luy est redonnée. Si c'est une amande, ce n'est pas une charge, si c'est une charge, ce n'est donc pas une amande. En quoy aussi vostre opinion est donc diverse de celle des Peres. L'autre faute est que n'aportez aucune raison ny authorité pour preuve de vostre dire, qui est que s. Pierre receut ici une charge particuliere et non pas souveraine. Et ne sçavez vous pas que c'est une temerité d'approuver une chose sans raison, si ce n'est d'avanture en ceux-la desquelz se peut dire « ἀυτος ἔφα[67] », ce qui ne se peut dire d'un aveugle comme vous ? [p. 89]

Responce au septiesme Chap.

Les catholiques croyent qu'en l'Eglise y a une monarchie, que elle est bastie sur Jesus-Christ, comme sur le premier et principal fondement. Sur s. Pierre comme sur le second et vicaire de Jesus Christ. Que tous les apostres ont receu les clefs et la puissance de lier et deslier mais non tous en mesme façon, s. Pierre l'ayant receüe comme pasteur ordinaire, et tellement souveraine que non seulement toutes gens mais encores les autres apostres luy estoyent soubz-mis, les autres l'ayant receüe comme pasteurs delegués avec quelque dependance et subjection à s. Pierre. Voylà ce que nous croyons, Michau, touchant cecy. Dont je ne me puis assez [p. 90] esmerveiller de vostre effrontée malice, de nous imposer que nous croyons que l'Eglise n'est fondée sur Jesus-Christ, et qu'aucuns des apostres ont receu la puissance de lier et deslier et non tous. Le diable quand il voudroit ne sçauroit imposer plus impudemment. Mais voions les authoritez que vous alleguez pour monstrer que l'antiquité s'est opposée à l'establissement de la monarchie en l'Eglise.

La premiere et seconde sont d'Origene **[→ 112-113]**, au premier traicté sur S. Mathieu, où il dit que tous les imitateurs et disciples de Jesus-Christ sont appellez Pierris[68], sont appellez Christs, Justices, Sagesses, et

67 « Il l'a dit » *Cf. Responce* p. 110.
68 *Sic.*

que ces parolles, « Tu es Pierre et sur ceste pierre je bastiray mon Eglise », s'adressent à tous. Je repon premierement que par cecy [p. 91] Origene ne dit pas qu'en l'Eglise n'y aye une monarchie ou qu'il y ait une aristocratie comme vous dites, dont[69] ne fait rien pour vous. Secondement qu'il parle icy allegoriquement et non pas literalement, comme tous les imitateurs de Christ sont appellez Christs, justices, sagesses, allegoriquement et non pas literalement, et en ce sens aussi il appelle tout fidele fondement de l'Eglise, ne voulant faire entendre autre chose par ces parolles, sinon que les portes d'enfer n'ont de force contre la doctrine de Christ qui est plantée en tous les vrays fideles, et non point oster la souveraineté de s. Pierre, laquelle il recognoist en l'hom. 5. sur l'ex. où il parle literallement : « *Vide magna illi fundamento et petrae* [p. 92] *solidissimae super quam Christus fundavit Ecclesiam quid dicitur a domino*[70]. Voyez ce que dit nostre Seigneur à ce grand fondement de l'Eglise, et ceste pierre très solide sur laquelle Jesus Christ a fondé son Eglise. » Et sur le chap. 6. aux Rom. : « *Petra cum summa rerum de pascendis ovib. traderetur et super ipsum velut super terram fundaretur Ecclesia, etc.*[71] Lors que nostre Seigneur luy donne la charge de toutes ses ouailles et fonde sur luy son Eglise comme sur terre. » Dont s'ensuit qu'Origene est contraire à soy mesme s'il ne parle allegoriquement en ces passages qu'avez alleguez, Michau.

Le troisiesme de S. Hier. qui dit, escrivant à Evag., que tous evesques ont mesme merite et mesme sacerdoce **[→ 113-114]**. Je respond qu'il dit que tous evesques [p. 93] ont mesme puissance de confirmer et conferer les ordres sacrés et mesme jurisdiction interieure de remettre les pechez par penitence, et non pas que tous soient esgaux en jurisdiction exterieure qui regarde le regime et police de l'Eglise. Car *Contre Jovinian*, livre prem., il enseigne que S. Pierre fut le souverain de l'Eglise disant : « *Ex duodecim unus eligitur ut capite constituto, schismatis tollatur occasio*[72]. Entre les douze apostres un est eslu afin que le chef estant estably l'occasion du schisme soit ostée. »

Le quatriesme est du mesme S. Hier., sur le chap. où il dit : « Premier que par l'instinct du diable, il se fit des pratiques en la religion, les

69 *Dont* : Et que par conséquent il…

70 *Origenes Secundum translationem Rufini – In Exodum homiliae* (CPL 0198 5 (A)) – LLT-A, hom. 5, par. 4, p. 188. Bellarmin I, x, p. 657.

71 Bellarmin, I, xxv, p. 715.

72 Jérôme, *Adversus Jovinianum* (CPL 0610) – LLT-A, lib. 1, par. 26, col. 258. Bellarmin, I, viii, p. 639.

Eglises se gouvernoient par le commun conseil des prestres. » Je respon qu'il [p. 94] parle icy seulement du regime des eglises particulieres et non pas de l'universelle, en laquelle il recognoist S. Pierre avoir esté le chef comme j'ay cy dessus alleguée. Et quant à Cusanus, homme moderne qui dit que Hier. a creu que la souveraineté du pape estoit de droit pontif[73]., il s'est trompé en cela aussi bien que vous, Michau.

La derniere est de Tertull. où vous dites qu'iceluy parlant de l'ordre que les prestres tenoyent à l'excommunication, dit que « là tous les anciens president qui n'ont point acquis cet honeur par prix mais par tesmoignage. » Je respond que vous dites une pure menterie disant qu'il parle de l'excommunication. Car il parle des sacrifices, et avez caché malicieusement ces deux mots ([p. 95], « *nostris sacris*, president à nos sacrifices », par ce qu'ils descouvroient vostre confusion et monstroient que ce lieu ne fait rien contre la monarchie de l'Eglise, laquelle est ailleurs recogneue par ledit Tertulien disant : « Est il croyable que Pierre qui fut appelé la pierre pour edifier l'Eglise, ait ignoré quelque chose ? » Ce sont toutes les authoritez qu'avez alleguées pour vostre aristocratie et contre nostre monarchie. Lesquelles vous voyez comme ne font rien contre nous et encores moings pour vous. Allons au huictiesme.

Responce au huictiesme chap.

En ce chapitre vous voulez monstrer que les docteurs alleguez par monsieur Bulenger pour confirmer la primauté de s. Pierre se [p. 96] contrarient, ou s'expliquent en autres lieux à vostre advantage, et apportez premierement s. Chryso., au sermon de la Pentecoste, où il dit que l'Eglise n'est pas bastie sur s. Pierre car elle n'est pas bastie sur un homme [→ **115**]. Je respon qu'il nye icy que l'Eglise soit bastie sur s. Pierre comme homme[74]. Et sur le dernier de s. Jehan enseigne qu'elle est bastie sur luy comme sur le lieutenant de Jesus-Christ. Et pour tant qu'il ne se contrarie point. Au serm. huictiesme sur la premiere aux Cor., dit que nous n'avons point d'autre fondement que Jesus Christ. Je respon que là il parle du premier et principal fondement de l'Eglise et non du second, appuyé sur le premier comme fait

73 *Sic.* C'est de droit *positif* qu'il s'agit.
74 On attendrait exactement le contraire.

ailleurs et pour tant ne dit rien qui [p. 97] se contrarie. En l'Homel. 55 sur S. Math., dit : « Sur cette pierre, c'est à dire sur ceste confession, j'edifieray mon Eglise. » Je respond que cecy revient à tout un, avec ce qu'il dit qu'elle est bastie sur s. Pierre, cete foy de saint Pierre estant dicte fundement pour deux raisons que donnent les Peres, l'une à cause que pour son merite, s. Pierre a obtenu d'estre fundement de l'Eglise, l'autre à raison qu'il est en cela sur tout fondement, que sa foy ne pouvant defaillir, est tenu de confirmer et soustenir les autres. Donc en rien de tout cecy s. Chrisosto. ne s'est contrarié ny expliqué à vostre advantage.

Secondement, vous aportez Theoph. sur la I[e] aux Cor. [→ **116**], où il dit que Jesus-Christ est le vray et unique fondement de l'Eglise. Je [p. 98] respons que ceci n'est pas contraire à ce qu'il dit sur le 22e de s. Luc, que s. Pierre a receu le primat des ouailles, pour-ce que en l'un il parle du prince, et en l'autre du lieutenant, en l'un de la premiere pierre, et en l'autre de la pierre qui est pierre à cause de la pierre.

Tiercement, vous alleguez S. Cyprian epis. 27 [→ **116**], où il dit que l'Eglise est establie sur les evesques, et que tout acte de l'Eglise est gouverné par les mesmes. Je respons que cecy ne contrarie point en ce qu'il dit en l'epi. *Ad Quirin.* que Jesus-Christ a choisi s. Pierre le premier, et sur iceluy a edifié son Eglise, d'autant que là il parle seulement en general, que les evesques (du nombre desquels est le pape) sont les piliers de l'Eglise, et premiers pasteurs [p. 99] qui la gouvernent, sans qu'il nie la souveraineté en un d'iceux, laquelle il enseigne en cet endroit avoir esté en s. Pierre. D'avantage ce qu'il dit au livre *De l'unité de l'Eglise*, qu'après sa resurrection Jesus Christ bailla à tous les apostres pareille puissance, et que tous ont esté douez de pareille communauté d'honneur et de puissance. Je respond qu'il ne contrarie point à ce qu'il dit liv. I, Epist. 8, qu'il y a un Dieu, un Christ, une Eglise, une chaire fondée sur Pierre par la parolle de Christ, ny en ce qu'il dit en ce mesme livre *De l'unité de l'Eglise*, que la primauté est donnée à s. Pierre afin que l'Eglise et chaire de Jesus Christ soient monstrez une. D'autant qu'en ceux-là, il parle de la puissance qu'ont eu les [p. 100] apostres pour regard seulement des peuples convertis par iceux, laquelle veritablement seroit pareille en un chacun, et en ceux-cy parle de la puissance qu'a eu s. Pierre tant par dessus les autres apostres que dessus tous fideles, laquelle dit avoir esté singuliere unique et plus grande que celle des autres apostres.

Finalement vous alleguez s. Augustin [→ 118], qui ayant expliqué en un endroit ces parolles du 16e de S. Mathieu, « *Super hanc petram* », de S. Pierre[75], ailleurs les explique de Jesus Christ. Et pour tant dites qu'il se contrarie. Je respond qu'il a esté douteux de l'interpretation de ces mots, s'ils devoient estre entendus de Jesus Christ ou de sainct Pierre. Ce pour quoy aussi au chap. 21 du premier liv. de ses *Retract.* où [p. 101] sont ses dernieres opinions, laisse le choix au lecteur de prendre laquelle de ces deux opinions luy semblera la meilleure (laquelle est sans doute celle qui plaist à tous les autres Peres), comme aussi luy mesme le veut par sa sentence cy dessus alleguée chapitre 5, « Ta verité » *etc.* Ce sien doubte provenant de ce qu'il ignoroit la langue syriaque comme nous avions desja dit, mais que pour tant il ne dit pas le contraire de ce qu'il a dit au sermon 15 *Des saincts*, que le Seigneur appella Pierre le fondement de l'Eglise, et que pour tant à bon droit l'Eglise honnore ce fondement sur lequel la saincteté de l'edifice ecclesiastique s'esleve. Ny de ce qu'il a dit au pseau. *Contre la partie de Donat*, et au sermon 23 *De* [p. 102] *verbis domini*. En tous lesquels lieux il enseigne que s. Pierre a eu la principauté en l'Eglise, d'autant qu'il n'est qu'en doute seulement de l'exposition d'un mot ou d'un certain passage de l'Escriture touchant cette primauté, et non des autres qui là tesmoignent fort clairement et sans obscurité, ny de cette primauté mesme.

Quant aux authoritez de saincts Irenée et Prosper que le sieur Bulenger avoit alleguez pour preuver la monarchie en l'Eglise, vous passez outre sans sauver un seul petit mot à Prosper et à s. Irenée. Vous respondez tout net qu'en cecy il n'a pas dit vray, non plus que quand il a dit que S. Pierre evangelisoit à Rome la troisiesme année de Claude Caesar. C'est ainsi donc que vous vous depestrez [p. 103] des Peres quand ils parlent trop clairement contre vous… Mais je vous respond que sainct Irenée a dit vray en tous les deux, et que vos garants, Marianus Scotus et *Le fagot des temps* se sont trompez, et vous avec eux, de dire que s. Pierre ne vint à Rome que la quatriesme année de Claude. Et la raison est que veu qu'il a demeuré à Rome 25 ans et deux mois au dire mesme de Marianus et du *Fagot*, et que Claude et Neron tous deux ensemble n'ont regné que 27 ans 4 mois 18 jours, au tesmoignage de Dion Cassie, Suetone Tranquille, Eusebe, et de vostre Marian. Encores il faut necessairement que S. Pierre soit venu à Rome la seconde année de Claude, car

75 *Expliqué… de* : rapporté… à.

25 ostez de 27 demeurent deux en [p. 104] bonne arithmetique. Et par consequent s. Irenée a dit vray qu'il evangelisoit à Rome la troisiesme année du regne de cet empereur. Et cette est encores l'opinion d'Eusebe, s. Hier., d'Orose, d'Ado Treverensis[76] et de tous les autres meilleurs autheurs, par quoy s'il est autant veritable en l'un qu'en l'autre comme vous accordez, il est donc veritable en tous les deux.

Responce au neufiesme chap.

Il faut maintenant voir si nous aurons les dens assez aigues et fortes pour ronger et mordre sur les syllogismes que vous nous avez proposé afin non pas de vous rendre la pareille **[→ 119]**, car Dieu mercy vous ne nous avez fait aucun mal, mais seulement de faire voir à un chacun [p. 105] vostre suffisance principalement en cas de logique ou vous faites tant le Raminagrobis[77]. Commençons donc. Vous syllogisez ainsi premierement :

> *Nulle monarchie hierarchique instituee sans la parole de Dieu n'est legitime.*
> *La monarchie hierarchique du pape est instituee sans la parole de Dieu.*
> *Ergo, la monarchie hierarchique du pape n'est pas legitime.*

Il n'y a logicien au monde quel qu'il soit qui sçeust trouver ce syllogisme ny en forme, ny en giste, ny en bauge, car qui est le mode qui soit de deux affirmatives et d'une conclusion negative ? N'y en a point. Or ce syllogisme, Michau, a sa majeur affirmative, car il y a deux negations, « nulle, n'est », qui valent une affirmation selon les principes de [p. 106] logique, que la mineur aussi soit affirmative et sa conclusion negative, il est tout clair. Que dites vous à cecy, Michau ? N'est il pas vray, ce que je dis ? Certes la fin ne sera gueres bonne veu que le commancement est si piteux. Mais respondez moy sans vous fascher : lequel des deux m'advourez vous (car je ne vous veux pas quitter à meilleur marché), ou d'avoir ignoré ce principe de logique que deux negations valent une

---

76 Certains ouvrages anciens distinguent l'archevêque Adon de Vienne, et un auteur postérieur de la fin du XIe siècle, Ado Treverensis, évêque, qui aurait participé au martyrologe romain.

77 *Raminagrobis* est un personnage du *Tiers livre*, mais dès 1546 (l'année de parution du livre), le *Dictionarium latinogallicum* d'Estienne donne le mot à l'entrée *Ampullas projicere et sesquipedalia verba* « Parler en superbe gravité et en raminagrobis » (Paris, Robert Estienne, 1546, p. 1019).

affirmation, ou de n'avoir sçeu mettre vostre syllogisme en forme ? Il vous faut necessairement advouer l'un des deux, car de remettre la faute de la negation qui est de trop sur l'imprimeur, il n'y a point d'apparence, d'autant que vous avez encores failly de mesme au [p. 107[s]] quatriesme, sixiesme, et huictiesme de vos syllogismes, comme je monstreray quand nous les examinerons, Dieu aydant. Le denier[t], je ne vous conseille pas, car vous vous condamneriez quant et quant d'avoir peché pour le moins contre 25 reigles de logique, ce que je vous monstreray fort facilement si j'en veux prendre la paine. Il vaut mieux advouer le premier, c'est à la verité une chose fort fascheuse, à vous mesmement Michau, qui d'une grande audace et presomption avez deffié de pouvoir trouver que reprendre à vos syllogismes, qu'il vous faille maintenant advouer d'avoir ignoré et failly en un des premiers, plus faciles, plus communs et plus importans principes de toute la logique. Mais que [p. 108] voulez vous, Michau ? Il faut prendre patience, ce n'est pour le moins que une faute, et de deux mots[78], il faut tousjours eslire le moindre. Vous apprendrez d'estre une autres fois plus sage à ne presumer point tant de vous, en choses mesmement qui ne sont de vostre gibier, et qu'il faut estre escholier auparavant que d'estre maistre.

C'est assez de cecy, parlons maintenant de la matiere. Vostre majeur je vous la concede, prinse negative, mais la mineur, je vous la nie, car la monarchie du pape est instituée par la parolle de Dieu, et non sans icelle. Nos raisons sont parce que sainct Pierre a receu les clefs de l'Eglise universelle absolument, c'est à dire comme pasteur ordinaire et principal sans dependance aucune ny [p. 109] subjection, quelle que ce fust, qu'à Jesus Christ, ce que n'a pas esté ainsi des autres apostres, car ils ont receu les clefs seulement comme pasteurs deleguez et avec quelque dependance et subjection à s. Pierre. Plus, parce que s. Pierre a receu la charge de paistre tout le troupeau de nostre Seigneur sans exception d'une seule brebis, les autres apostres, non : mais seulement toutes gens, c'est à dire tous peuples faits chrestiens, iceux apostres non comprins. Finalement par ce que s. Pierre a esté estably de nostre Seigneur le fondement sur lequel toute l'Eglise est bastie. Tellement que nous croyons bien que tous les apostres ont esté chefs, recteurs et pasteurs de l'Eglise, mais non pas en mesme façon de s. Pierre, car les [p. 110] autres ont eu cette souveraine puissance seulement comme pasteurs deleguez

78 *Sic.* On attendrait « maux ».

et extraordinaires, s. Pierre seul l'a euë comme pasteur ordinaire et successeur de Jesus Christ. Les autres ont eu plaine puissance en telle sorte toutesfois que s. Pierre estoit leur chef et dependoient d'iceluy non au contraire. Voilà une partie de nos raisons.

Venons maintenant à vostre second syllogisme **[→ 120]**, qui est :

> *Tous ceux à qui Jesus Christ a donné la puissance de deslier, remettre ou retenir les pechez, ceux-là ont receu les clefs du royaume des cieux,*
> *Tous les apostres ont receu de Jesus Christ la charge de deslier, remettre ou retenir les pechez,*
> *Donc tous les apostres ont eu les clefs du royaume des cieux.*

En un mot je vous accorde tout vostre syllogisme : mais il ne fait rien pour vous, car vous ne preuvez que tous les apostres ayent receu ces clefs en mesme façon et avec du tout pareille et esgalle mesure de puissance, ce qu'il vous faudroit faire necessairement pour monstrer que s. Pierre seul ne reçeut pas la monarchie de toute l'Eglise, qui est le but où vous pretendez. S. Hier., s. Bas. et Orig. disent bien que tous les apostres ont receu les clefs, mais ne disent pas qu'ils les ayent receues en mesme sortes et avec esgalle plenitude de puissance, ains disent tout le contraire, comme Gouin monstre en son livre, ce pourquoy ce coup a esté tiré en vain contre nous. Du 3e **[→ 120]** : [p. 112]

> *Tous ceux à qui il est dit : « Paissez la bergerie et enseignez toutes gens », ceux-là ont pareille charge.*
> *Or il est dit à tous les apostres : « Paissez la bergerie et enseignez toutes gens ».*
> *Donc tous les apostres ont pareille charge.*

Je vous concede la majeur, mais je vous nie la mineur, parce que nostre Seigneur ne dit jamais à tous les apostres : « Paissez la bergerie », ains seulement à s. Pierre. Ouy bien leur a dit : « Enseignez toutes gens », mais « la bergerie » et « toutes gens » ne sont pas une mesme chose (« toutes gens » pris au sens qu'il doit avoir en s. Math. dernier, sçavoir est tout le reste du monde horsmis les apostres). Car la bergerie comprend toutes gens et encores les apostres, et toutes gens ne comprenent pas la bergerie [p. 113] entiere, comme une partie ne comprend pas le tout, mais le tout comprend bien la partie, et quant au lieu de s. Pierre au 5e de sa premiere que vous alleguez pour preuve de vostre mineur, je vous respond que s. Pierre admoneste les evesques chacun d'estre diligent et soigneux à faire leur debvoir à l'endroit du peuple et portion de l'Eglise qui leur estoit soubmise, et non point qu'il leur ait donné à chacun toute l'Eglise universelle comme vous dites, car ses parolles sont : « *Pascite qui in vobis est gregem dei*, paissez le troupeau qui vous est commis. » Tellement que par cecy vous ne preuvez rien contre nous qui maintenons que la souveraine charge de l'Eglise parlant absolument a esté seulement donnée à s. Pierre, et non point à aucun autre des apostres. Au quatriesme :

> *Nulle charge generale à tous les apostres n'est la charge de s. Pierre seul.*
> *La charge des clefs et de paistre est generale à tous les apostres.*
> *Ergo la charge des clefs et de paistre n'est point à s. Pierre seul.*

Voicy où pour la seconde fois vous commettez la mesme faute en logique, mettant deux negations, « nulle, n'est », qui valent affirmation, pour faire une proposition negative. Certes cette faute est si lourde que qui que vous soyez, Michau, ne sçauriez jamais faire croire de vous à gens qui savent tant soit peu combien en vaut l'aune autre chose sinon que ny entendez rien du tout en logique, et qu'il vous faut retourner à [p. 115] l'eschole pour l'apprendre. Je vous pourrois bien dire encore de ce syllogisme comme du premier qu'il ne se peut trouver en aucun mode, aiant sa majeur et mineur affirmatives et la conclusion negative, mais je ne vous veux pas traiter si à la rigueur, esperant qu'il ne vous adviendra plus de vous faire moquer ainsi de tout le monde. Touchant la matiere, je vous concede la majeur (j'entens qu'elle soit negative), mais à la mineur je respons avec distinction, disant que si vous entendez parler d'une charge des clefs et de paistre qui ne soit simplement et absolument souveraine, mais seulement *secundum quid*, elle est vraye ; si vous entendez parler d'une charge des clefs et de paistre qui soit simplement et [p. 116] absolument souveraine, elle est faulce, car telle charge n'a esté donnée à autre qu'à s. Pier. seul, et pour tant n'est pas generale mais particuliere, et c'est la seule cause qui fait s. Pierre monarque de toute l'Eglise et chef des autres apostres. Cette mineur donc estant faulce en ce sens, vostre conclusion ne peut rien aussi valoir au des-avantage de nostre these.

Examinons le cinquiesme **[→ 120]** :

Tous ceux qui sont douez de pareille societé d'honneur et de puissance sont pareils.
Tous les apostres estoient douez de pareille societé d'honneur et de puissance.
Ergo tous les apostres sont pareils.

Je vous concede la majeur prise absolument, *coeteris paribus*[79], mais la mineur, je la distingue, et confesse bien que tous les apostres ont esté pareils en honneur, c'est à dire en dignité apostolique et en puissance, pour regard seullement, Michau, car c'est le point, de toutes les nations et peuples chrestiens, leur authorité estant une mesme à l'endroit d'iceux. Mais pour regard d'entr'eux je nie qu'ils ayent esté pareils en puissance, mais que[80] s. Pier. seul a esté esleu et constitué par Jesus-Christ le chef et le premier de tous, tellement que selon diverses considerations, nous disons qu'ils ont esté pareils et non pareils en puissance. Mais à parler simplement ils n'ont pas esté pareils car la puissance qu'a eu s. Pierre estoit plus grande absolument que cele qui a esté donnée aux autres apostres. Vostre mineur donc est fauce au sens auquel elle devroit estre prise, [p. 118] par ainsi la conclusion tirée en partie en vertu d'icelle ne nous peut nuire aucunement. Or que s. Cyp. de qui vous avez pris vostre argument n'aye entendu ceste esgalité de puissance aux apostres que touchant les peuples convertis par iceux, appert de ce qu'il dit incontinant après au mesme lieu en ces termes : « *Sed exordium ab unitate proficiscitur. Primatus Petro datur ut una Christi ecclesia et cathedra una monstretur*[81]. Afin que l'Eglise de Christ soit monstrée une, et la chaire une. » Par lesquelles parolles il enseigne evidemment que la primauté de tous les apostres fut donnée à s. Pierre et non à autre, et pour tant qu'il fut plus grand en puissance que les autres. Du VIe, maintenant [→ **121**] :

En nulle troupe de pareils n'y a point de monarque.
La troupe des apostres est de pareils.
Donc en la troupe des apostres n'y a point de monarque.

---

79 Toutes choses égales par ailleurs.

80 Style très elliptique. Il faut suppléer : « je nie qu'ils aient été pareils... [mais je soutiens] que saint Pierre seul... »

81 *De ecclesiae catholicae unitate*, capitula 5 – 6 secundum priorem recensionem (CPL 0041) – LLT-A cap. 4. L'Écolier n'a pas traduit le début de la citation (« mais le commencement [de la puissance épiscopale] vient de l'unité »), qui est donné dans une autre recension. Bellarmin, I, x, p. 673.

Icy vous mettez encores deux negations, « nulle, n'y a », en vostre majeur qui la font affirmative au lieu que la voulez faire negative : en trois fois une mesme faute en logique, contez bien. Je viens à la matiere. Pour la majeur, je vous la concede, prenant « pareils » absolument. Pour la mineur, je vous la nie, car comme j'ay deja dit cy dessus, tous les apostres n'ont pas eu une puissance du tout et en tout pareille, mais seulement pareille selon certaine consideration et respects. Or pour conclure legitimement quelque chose à l'encontre de nous par ceste mineur, il faudroit que son attribut, « pareils », fut prins absolument [p. 120] mais lors elle est faulce, et pour tant vostre conclusion nulle.

Le septiesme **[→ 121]** :

Ceux qui ne dominent point ne sont point monarques.
Les apostres ne dominent point.
Donc les apostres ne sont point monarques.

J'accorde la majeur et distingue la mineur, disant qu'il y a deux sortes de domination, l'une par laquelle on use du droit de seigneur pour le regard des choses temporelles, l'autre qui consiste à regir et gouverner. Si l'entendez de la premiere, je vous l'advoüe. Si de la seconde, je le nie, car les apostres ont gouverné et regi leurs troupeaux, il n'y a rien de plus clair en l'Escripture saincte et personne ne le nia jamais, vous mesme par tout vostre livre ne dites autre chose sinon que les apostres [p. 121] ont receu les clefs et la charge de gouverner l'Eglise. Voyez je vous prie vostre irresolution contradictoire. Le passage qu'apportez de s. Math. 20 pour preuve est falsifié, car il n'y a pas « et non pas vous », mais il y a « ne sera pas ainsi entre vous[82] », et s'entend de la premiere façon de dominer que j'ay mise, qui est propre aux roys de la terre, et non de la seconde. Car nostre Seigneur enseigne là seulement que les prelats de son Eglise ne domineront point en la façon des roys de la terre, qui dominent avec convoitise, commandent à leurs subjects comme à des serfs ou esclaves, et rapportent toutes choses à leur gloire et profit particulier : mais au contraire qu'ils domineront sans desir de dominer, chercheront [p. 122] non leur honneur et bien particulier, mais celuy de leurs subjects, travailleront plus que tous les autres et serviront à l'utilité commune, comme estans seulement

82 C'est la leçon de la Bible de Genève.

œconomes et dispensateurs des biens de Jesus Christ et non proprietaires. Et n'enseigne[83] qu'ils ne domineront point en aucune façon. Voilà pourquoy aussi a il adjouté à son dire un « non ainsi » qui nie seulement une façon de dominer, sçavoir est celle qui est propre aux princes terriens et non pas toute façon absolument, ce qu'il declare par la similitude qu'il donne de soy mesme incontinent après, disant : « Comme le Fils de l'homme n'est pas venu pour estre servi, mais pour servir et donner son ame pour la redemtion de plusieurs[84]. » Il estoit le [p. 123] seigneur et maistre, n'y a point de doute, et cependant dit qu'il demeure en servant aux autres, qui est tousjours une façon de dominer, mais bien diverse de celle des roys de la terre. Vostre mineur donc est fauce simplement prise et pour tant vostre conclusion nulle pour nostre regard.

Du huictiesme **[→ 121]** :

> *Nul homme muable n'a peu estre fondement de l'Eglise immuable.*
> *S. Pierre a esté homme muable.*
> *Ergo s. Pierre n'a peu estre fondement de l'Eglise immuable.*

Voilà la quat. et derniere fois que pour faire une proposition negative vous y adjoustez deux negations, ce qui est directement comme j'ay desja dit contre la loy de logique, qui porte que deux negations mises [p. 124] ensemble s'empeschent tellement l'une l'autre qu'elles se destruisent entierement, et n'ont plus aucune force de nier, mais au contraire elles affirment. Mais ne congnoissés vous point de suject[85], Michau, de cecy ? Je vous jure que j'ay grande honte de vostre honte, et vous asseure en ami que si j'avois prostitué de la sorte une telle ignorance à tout le monde comme vous avez fait, jamais de ma vie je ne prendrois la plume pour escrire un seul mot en logique, ou pour le moins je retournerois à l'escole pour l'aprendre. Pour le regard de la matiere, je vous accorde vostre majeur prise negative, si vous entendés parler de muable en la foy. Autrement elle est fauce. Pour la mineur, je vous la nie, car s. Pie. n'est jamais tombé en [p. 125] erreur de la foy depuis qu'il[u] eut ouy de notre Seigneur : « *Ego rogavi pro te ut non deficiat*

---

83 Et il (Jésus) n'enseigne pas…

84 Matthieu 20, 28. *Ame* signifie ici « vie ». L'Escolier décalque la Vulgate : « *sicut Filius hominis non venit ministrari sed ministrare et dare animam suam redemptionem pro multis.* »

85 Il manque peut-être des mots comme « point de subject de rougir », ou « de honte ».

fides tua[86]. J'ay prié pour toy afin que ta foy ne defaille. » Autrement la priere de Jesus-Christ n'aurait pas esté suivie de son effet, et en reniant son maistre il offença seulement contre la charité, et non contre la foy, comme enseignent tous les Peres. Car il ne le renia pas de cœur, mais seulement de bouche, par craincte. Or s. Paul dit : « *Corde creditur ad justitiam, ore autem fit confessio ad salutem*[87]. » Il pecha donc seulement contre la charité et non contre la foy : et pour tant il a esté immuable pour ce regard. Du dernier **[→ 121]** :

> *Quiconque a peché et s'est repenty a changé, et en pechant et en se repentant.*
> *Pierre a peché et s'est repenty. [p. 126]*
> *Donc Pierre a changé.*

Je vous accorde tout cecy, car s. Pierre a changé offençant contre la charité, mais ne fait[88] rien contre nous qui maintenons s. Pierre n'avoir jamais offencé en la foy depuis que Jesus Christ l'eut fait son vicaire et constitué le fondement de son Eglise, et pour tant avoir esté immuable pour le regard d'icelle, et cecy du 9e chap.

Au 10e et lettre macaronique je n'y respondray rien, par-ce que ce ne sont que bouffonneries et paroles inutiles. Voilà donc, Michau, ce que je vous ay voulu respondre pour Monsieur Bulenger pour vostre pretendue dialectique et theologie, afin de vous faire congnoistre et à tout le monde qu'avez eu grand tort de vous mesler de le reprendre, et qu'en le voulant faire, debviez mieux prendre garde à vous que n'avez fait. Si pouvez avoir de quoy repliquer, faictes-le, vous ne manquerez de soudaine responce, afin qu'un chacun cognoisse clairement et aysément qui a la verité de son costé. A Dieu donc, Michau, au revoir.

FIN

86 Luc 22, 32.
87 Romains 10, 10. La traduction moderne est : « croire dans son cœur conduit à la justice et confesser de sa bouche conduit au salut. »
88 *Mais ne fait* : mais cela ne fait.

REPLIQUE DE MICHAU L'AVEUGLE

À M. Jules Cæsar Boulanger,
à Gouyn son valet, et à M. son escholier[1]

1 À NIORT | par Thomas Portau | 1596.

[p. 3]

REPLIQUE DE MICHAU L'AVEUGLE À M. JULES CÆSAR BOULANGER, À GOUYN SON VALET, ET À M. SON ESCOLIER

Sans la promesse que j'ay faite de monstrer l'antichristianisme du pape par les mesmes raisons que Boulanger a choisies, j'eusse donné dès cett'heure congé à ses redites, fuittes[2] et bouffonneries de village. Ce congé eust esté fondé sur ce que nous ne sommes pas d'accord des armes : il s'escrimera à sa mode seul et enragera en paix et le jugement de ce qui s'est passé demeurera aux doctes et non aux taverniers et aux yvrongnes, au goust et palais desquels il a escrit. Ce sera aux judicieux à voir si celuy qui apelle la logique « pædanterie » merite response ; s'il y a moyen [p. 4] de rendre capable de ratiocination l'ignorant qui nomme impudemment « demonstrations » quelques arguments miserables qui ne sont pas seulement dialecticiens[3] ; celui qui prouve par fables et voudroit que disputer ne fust autre chose que declamer en charlatan ; vendre ses drogues sans essay ; et en estre quitte en apellant pædant Aristote, qui devoit estre nostre juge en ce qui est de la formalité[4]. Je m'asseure que les esprits tant soit peu judicieux, *aut unco trahent jacentem, aut virgis cæsum media expellent arena fugitivum*[5]. Me pardonne l'equitable lecteur si j'escris encores ce mot pour contenter les esprits qui aiment la verité et la modestie : en plaisant à ceux qui ne sont pas telz, je me desplairois. Les injures et menteries appartiennent aux fripons, les rencontres gentilles[6] plaisent mesmes à ceux contre qui elles sont dittes de bonne grace. Vous cognoissez à cela un fat que *fit scurra cum vult urbanus haberi*[7]. Et quand il esclate d'injures, dites que ce sont coups de pied contre les aiguillons de la

2 *Fuittes* : échappatoires.

3 Sur ces distinctions, voir supra *Responce* p. 104.

4 *Formalité* : sur la forme des arguments.

5 « ou traîneront à un crochet l'homme à terre, ou chasseront de l'arène le fugitif en le frappant à coups de verges. »

6 *Rencontres* : Bons mots bien venus. *Cf. Tragiques* II, v. 960.

7 « Il devient bouffon quand il veut faire de l'esprit » Horace, *Épîtres*, I, 15, v. 26-28 : « *Maenius [...] urbanus coepit haberi scurra.* »

verité[8]. Il sera trompé en cela qu'il ne recevra point d'injures pour ses blasphemes. Seulement une douce remonstrance[9] à la fin du livret, protestant [p. 5] que je n'entrepren point de le laisser sans response, ny de le faire taire. Car respondant comm'il fait à tout, et promptement, comme il y paroist trop[10], il respondra ces jours à la Bible, si Dieu ne l'arreste. Je suis un peu plus pesant, comme celui qui ne va pas sans baston et qui ai besoin de secretaires, au chois desquels je puis jurer qu'il a failli, abbaiant contre le bras qui n'a point jetté de pierre. Aussi verra il si je change de stylle cependant que ceux qu'il soupçonne sont au siege de La Fere[11]. Quant au chois qu'il a fait de son vallet sur ma concession, je n'avois pas promis de lui respondre s'il ne parloit en maistre[12], pour tant il se contentera de ces quatre mots d'excuse.

J'ai voulu prester le collet
Au vallet de ce pauvre prestre
Si le vallet parloit en maistre,
Mais le maistre parle en vallet.

Chap. i

Boulenger a choisi dans Bellarmin et entre les quarante demonstrations de [p. 6] Sanderus[13] quinze raisons par lesquelles il pretend prouver que le pape n'est pas l'Antechrist, et j'espere montrer que lesdites raisons ne peuvent prouver cela, mais au contraire nous donnent quinze marques par lesquelles nous pouvons monstrer que le pape est l'Antechrist. Voilà l'estat de la question. Le premier argument de Boulanger est tel **[→ 80]** :

8 Comme une bête de somme piquée par l'aiguillon du bouvier.

9 L'éthique civile préconise la *douce remontrance* (topos) plutôt que la critique acerbe.

10 Sur ce caractère irréfléchi, voir plus haut p. 95. *Cf. Fæneste* IV, xviii, p. 385, *Sancy* II, vi, 158 f° 76 r°.

11 Le siège de la Fère se déroule entre novembre 1595 et le 22 mai 1596. L'indication laisse penser qu'Agrippa d'Aubigné a participé au siège, comme l'affirment *Sa vie* p. 156-157 et l'*HU* IX, p. 93.

12 *Cf.* plus haut p. 123.

13 Nicolas Sanders, Théologien catholique anglais réfugié à Louvain, auteur notamment des *De visibili monarchia Ecclesiae libri VIII* (1571).

Elie doit retourner au monde pour convertir les Juifs à la foy chrestienne avant que le grand jour du Seigneur vienne[14].
Elie n'est pas retourné au monde.
Donc le pape n'est pas l'Antechrist.

Je prie le lecteur de juger sainement si j'ay obmis quelque chose en la premiere ratiocination de ce docteur, pource qu'il s'est plaint que je ne raportois pas fidellement ses argumens, niant bien souvent ceux qu'il a fait imprimer. Et quand on aura cogneu que je n'ay rien obmis de ses termes à la confection de ce sylogisme, jugez quel il est et ce qu'il conclud. Il m'est force de les mettre en ordre pour lui, car depuis la censure que receurent de moy ses premieres formalitez, il n'a voulu former aucun argument, de peur, comme il dit, d'en faire rire les honnestes gens. [p. 7] Mais laissons pour ce coup cette rigueur de logicque et disons avec messire Jule que c'est pædanterie : examinons ses allegations.

Il se fonde sur le 4e chap. de Malachie, lequel je lairrai exposer par S. Hierôme allegué par luy mesme. L'ancien docteur donc traittant ceste matiere *ex professo*, dit ainsi[15] : « *Judaei judaizantes ante* ἠλειμμένον[16] *a suum Heliam putant esse venturum, et restituturum omnia. Unde in Evangelico Christo proponitur questio, quid ? (sic) quod Pharisaei dicunt quod Helias venturus est ? Quibus ille respondit. Elias quidem veniet et si credites jam venit : in Helia Johannem intelligens.* » C'est-à-dire : « Les Juifs judaïsans devant leur ἠλειμμένον estiment qu'Helie doit venir et qu'il doit restablir toutes choses, à cause de quoy en l'Evangile on propose à Christ cette question : "D'où vient que les pharisiens disent qu'Elie doit venir ?" Ausquels il respondit : "Helie vraiement viendra, et si vous croiez il est desja venu", par Helie entendant Jean Baptiste. »

Si Boulanger refuse S. Hierosme, qu'il ne refuse pas le Fils de Dieu pour interprete, disant : « Je vous dy qu'Helie est venu, et lui ont fait ce qu'ils ont voulu. » Qu'il ne dedie pas s. [p. 8] Matthieu qui adjoute : « Lors les disciples entendirent qu'il leur avoit dit ces choses de Jean

---

14 Malachie 4, 5 : « Voici, je vous envoye le Prophete Elie devant que le grand jour et redoutable du Seigneur vienne. »

15 Emprunté à Lubbert, p. 827.

16 ηλειμένον (ici et plus bas). Lubbert, comme l'édition moderne *(Commentarii in prophetas minores* (CPL 0589) – LLT-A SL 76A, In Malachiam, cap. (s.s.) 4) donne, normalement, ηλειμμένον.

Baptiste[17]. » Quant à ce qu'il allegue d'Henoc, et qu'il doit donner la penitence aux nations, cette faute est venue de l'ignorance de la langue grecque qui dit : « μετετέθη τη ὑπόδειγμα[a] μετανοίας[18]. » Estre exemple de resipiscence et venir donner penitence, sont choses dissemblables. Cest erreur est pareil à celui qui fait interpreter la venue d'Helie auprès ou au temps de la seconde venue de Jesus Christ[19]. Car ils se fondent sur l'advenement « terrible » du Seigneur, et le mot hebr. *hannorah*[b] signifie « honorable » et non pas « terrible[20] ». Ce bon et ancien evesque de Poictiers seroit marry de voir son pretendu theologal le desdire. Voicy qu'en dit s. Hylaire[21] au chapit. 17 sur s. Matthieu : « *Solliciti etiam de temporibus Eliæ requirunt, quibus respondit Eliam esse venturum, et restituturum omnia, id est, reliquum quod reprehenderit Israel ad cognitionem Dei vocaturum : sed in spiritu et virtute Eliæ Johannem venisse significat*[22]. S'enquerans aussi touchant les temps d'Elie, il leur respondit qu'Elie devoit venir et devoit restaurer toutes choses, c'est à dire que [p. 9] il apelleroit à la cognoissance de Dieu ce qu'il trouveroit de residu en Israel, voulant signifier que Jean est venu en l'esprit et vertu d'Helie. » Le mesme *Cont. Auxen. De falsa et vera pace*, pour ne laisser rien à dire sur ceste matiere prononce : « *Secundum placitam Deo plenitudinem coarctata sunt tempora, incircunscripta enim ratio eorum cœlestibus libris docetur. Ac necesse est in ipsam nos ætatem Antichristi incidisse*[23]. Selon la plenitude des temps qu'il a pleu

---

17 Matthieu, 17, 13.

18 Ecclésiaste, 44, 16 (Septante) : les versions modernes ne donnent pas τη.

19 La parousie, la venue du Christ en gloire, par distinction avec la première venue, sa naissance.

20 Cette « erreur » vient de Bellarmin, III, VI, p. 887 : « *Helias placuit Deo, et translatus est in paradisum, ut det Gentibus pœnitentiam.* » Lubbert, *De Papa romano*, *op. cit.*, p. 838 : « *Sed instat et dicit [Bellarminus], Eliam ante ultimum Christi adventum rediturum esse. Quia redibit, antequam veniet dies Domini magnus et terribilis. Primus autem adventus non fuit terribilis, sed tempus acceptabile, et dies salutis. Sed est figura dictionis, debet enim verti, antequam veniat dies Domini maximus, et reverendus. Primus autem adventus est* יְהוָה *reverendus et honorabilis. Ad Ecclesiast. 44, 15 [= 16] dicimus ineptam versionem decepisse adversarium. In Graeco enim est* Ενωχ εὐηρέστησεν τῷ κυρίῳ, καὶ μετετέθη ὑπόδειγμα μετανοίας. *Nam* μετετέθη ὑπόδειγμα μετανοίας *non est idem, quod ut det gentibus pœnitentiam. Sed translatus est exemplum pœnitentiae. Deinde dico hunc librum non esse in canone.* »

21 Hilaire de Poitiers, premier évêque de la ville.

22 Suit toujours Lubbert, *op. cit.* p. 829, qui donne quelques variantes : « *Eliam esse venturum, et restitutuere* (lego restituturum)... », « *quod deprehenderit Israel...* », « *sed in virtute et spiritu Eliæ...* » Source : Hilaire de Poitiers, *Sur Matthieu*, XVII, 4, éd. J. Doignon, Paris, Sources chrétiennes, 1979, p. 64-66.

23 La citation n'est pas donnée par Lubbert. Elle est tirée du livre *Contra Arianos, vel Auxentium* [Auxence de Milan] *Mediolanensem*, *Lucubrationes*, Bâle, Per Eusebium Episcopium et

à Dieu, les temps ont esté acourcis ou abregez pour le regard des temps non limitez qui nous sont enseignez aux livres celestes : et est necessaire que nous soyons tombez au vray aage de l'Antechrist. »

Peuple de Poictiers, vous honoreriez plus vostre premier evesque en croyant sa doctrine qu'en celebrant sa feste. N'appelez pas aussi heretique sainct Hierôme pour s'estre contrarié et avoir ainsi jugé que c'estoit un songe des heretiques juifs. Si donc la maxime est bonne que le regne de l'Antechrist doive commencer incontinent après cette venue d'Helie, nous conclurons par un meilleur sylogisme que nous n'avons [p. 10] commancé, disans :

> *Après la venüe d'Helie (selon J.C.) doit commencer le regne de l'Antechrist.*
> *Le regne du pape a commencé après la venue d'Helie, qui estoit Jan Bap., comme il est prouvé.*
> *Donc le regne du pape est celui de l'Antec.*

Si ce tesmoignage n'est vallable, il s'en faut prendre à Boulanger qui en a basti le mauvais fondement.

Chap. 2

La seconde raison par laquelle Boulanger veut prouver que le pape n'est pas Antechrist est telle **[→ 81]** :

> *L'Antechrist doit faire miracles et faire descendre le feu du ciel.*
> *Le pape n'a pas fait ces choses.*
> *Donc le pape n'est pas l'Antechrist*[24].

Je ne sçai depuis quand il n'est pas salutaire à la monarchie romaine de reluire par miracles, veu qu'elle ne s'est establie que par telles voies et ne se maintient que par praestiges[25], la recerche desquels meriteroit un traitté à part. Et c'est le reproche qu'on nous fait ordinairement, assavoir qu'il n'y a point de [p. 11] miracles en nostre Eglise pour authoriser

---

Nicolai fratris haeredes, 1570, p. 214. Ce traité commence par des considérations sur la paix, désirable mais parfois dangereuse.

24 Le syllogisme est dans Lubbert, *op. cit.* p. 886.

25 *Prestiges* : illusions, tromperies. *Cf. ÉP*, p. 163, *Traitté des douceurs* p. 105-106.

nostre vocation et religion[26]. Quant à faire tomber le feu du ciel, le pape, en menaçant les princes des effets de ses foudres, n'en a pas desguisé les noms[27]. Boulanger sera desavoué s'il veut oster à son souverain la façon des miracles soit en bien faisant, soit en destruisant, tesmoin ce qui en est escrit au liv. 3 des *Cerem. Pontifi.* tit. 7, 4[28] :

Balsamus et cera munda cum chrismatis unda
conficiunt agnum quod munus do tibi magnum.
Fronte velut natum per mystica santificatum.
Fulgura de sursum depellit : omne malignum,
Peccatum frangit, ut Christi sanguis, et angit.
De chresme je mesle une onde
En bausme et cire munde,
Dont je poitris un agneau
Pour un present grand et beau
Nai dans le front et empraint,
Et par mysteres fait saint,
Il tire d'enhaut la foudre,
Il fait tout peché dissoudre,
Vous tormente ou vous fait blanc
Autant que de Christ le sang.

Lise le reste qui voudra voir les puissances [p. 12] imaginaires et præstigieuses du pape sur le feu du ciel. Sur quoy Primasius[29] dit de bonne grace : « *Non mirum est si illa bestia quœ sibi simulate agni occisi et*

---

26 Les miracles ne constituent pas une marque de l'Église pour la théologie protestante. *Cf. Traitté des douceurs*, p. 111-112 : « On commance par le desdain de nostre religion, et à nous dire : Si vous estes enfans de Dieu, pour preuve de vostre vocation extraordinaire, faites des miracles. La nation perverse demande signe ! Nous les renvoyons au vray Jonas, et à la preuve de la verité par les Escritures. Eux, en nous demandant telles choses tacitement se vantent de leurs prestiges, qu'un Italien a nommé de bonne grâce *Miracoli invisibili.* »

27 En droit canon, *fulminare* s'emploie pour la condamnation d'un prince par le pape. La Fulminante de Sixte Quint contre Henri de Navarre (9 septembre 1585) a ému non seulement les protestants, mais les gallicans et beaucoup de royalistes. Lubbert, p. 887 : « *Deinde tanquam alter Jupiter sua fulmina vibrat quibus ipsos reges et Monarchas pene examinat.* »

28 Ces vers latins, empruntés à Lubbert (p. 887) qui, lui, respecte la présentation métrique, ont été envoyés par le pape Urbain V avec un *agnus dei* en cire à l'empereur de Constantinople (*PL*, 78, col. 1222). Ils sont régulièrement utilisés par la polémique protestante. Sur les *agnus dei*, voir *Tragiques* II, v. 1049. La traduction française qui suit semble originale.

29 Primasius, évêque d'Hadrumète (VIe s.), auteur d'un *Commentaire sur l'Apocalypse*.

viventis nomen usurpat hanc etiam S. Spiritus per imitationem fraudulenter vendicet specie tenus largitionem, suisque ministris simulet damnationem : sicut simonem quendam affectasse nec potuisse meminimus[30]. Ce n'est pas merveilles si cette beste (entendant l'Antechrist), laquelle usurpe par resemblance seulement le nom de l'agneau occis et neantmoins vivant, s'aproprie aussi par usurpation frauduleusement et en apparance seulement cette largesse, et d'autre part menace de damnation par ses ministres, comme nous sçavons qu'un certain Simon l'a affecté sans le pouvoir faire[31]. »

Nous aurons bien plus de raison de conclure le chapit. par ce syllogisme repercussif[32] :

> *Celui qui establit sa puissance en l'Eglise par miracles et fulminations, est l'Antechrist.*
> *Le pape establit sa puissance en l'Eglise par miracles et fulminations.*
> *Donc le pape est l'Antechrist.* [p. 13]

Chap. 3

Par la troisiesme marque, Boulanger conclud ainsi**[→ 81]** :

> *L'Antechrist se dira le Messie ou le Christ, et s'eslevera par dessus Dieu mesme, tachant faire croire qu'il est le Christ.*
> *Le pape ne fait pas ces choses.*
> *Donc le pape n'est pas l'Antechrist*[33].

La majeur de cest argument a deux parties, l'une que l'Antechrist se dira le Messie ou le Christ ; l'autre qu'il s'eslevera par dessus Dieu. Nous avons assez de quoi nier la premiere, n'y ayant aucun passage canonique qui l'appuie. Irenée, au liv. 5, dit que l'Antechrist « *tentabit se Christum ostendere*[34], s'efforcera se monstrer estre le Christ. » Cela touche plus aux

---

30 Emprunt à Lubbert, p. 887 (où cet exemple précède les vers sur l'agnus dei).

31 Allusion à Simon le magicien.

32 *Repercussif* : symétriquement contraire. « *Repercussiue, repelling, beating or driuing backe ; reuerberating, rebounding ; resounding* » (Cotgrave). Pour Richelet et Furetière, le mot appartient au langage de la médecine.

33 Le syllogisme est tout proche de celui que donne Lubbert dans la continuité : « *Antichristus faciet, ut image Bestiae loquatur. Papa non facit ut imago Bestiae loquatur. Ergo Papa non est Antichristus*. »

34 Lubbert, p. 873.

effets qu'au nom[35], et de plus, il lui donne par soupçon le nom de « *lateinos* ». Les autres ont philosophé sur « *Antemos* » et « ἀρνοῦμαι[36] ». L'Escriture, touchant de son nom, le marque par 666 qui ne signifie Christ en aucune langue, et pour tant Bellarmin au 3e li. *Du pape* chap. 10, dit : « *Ejus nomen ignotum et incognitum esse*[37], que son nom est [p. 14] incogneu. » Ailleurs il parle autrement, *sed opportet mendacem esse memorem*[38]. Voilà pour le nom. Mais voyons comment par effect et mesme par noms le pape s'est voulu faire croire le Christ. Lisez Bernard, *De Consi*[39]., livre 3 : « *Tu princeps episcoporum, tu hæres apostolorum, tu primatu Abel gubernatu Noë, patriarchatu Abraham, ordine Melchisedech, dignitate Aaron, autoritate Moises, judicatu Samuel, potestate petrus, unctione Christus es.* Tu es le prince des evesques, heritier des apostres, en primauté Abel, en gouvernement Noë, en patriarchat Abraham, en ordre Melchisedec, en dignité Aaron, en authorité Moyse, en jugement Samuel, en puissance Pierre, en onction Christ. » Voyez comment après toutes les œuvres du Messie il n'a pas pardonné au nom de Christ. Clem. VI en sa bulle : « *Papa tantam habet in purgatorio, et in inferis potestatem, ut quantum, quantum velit animarum numerum quæ in illis locis cruciantur per suas indulgentias liberare, et confestim in cœlis, et in beatorum sede collocare possit.* c[40] Le pape a une si grande puissance et en purgatoire et en enfer, qu'il peut par ses indulgences delivrer tout aussi grand nombre d'ames qui sont [p. 15] tormentees en ces lieux là, comme il lui plaist tout à la haste les colloquer

---

35 Cela concerne plus le comportement que la déclaration verbale.

36 Irénée de Lyon, *Contre les hérésies*, V, 30, 3 : « Le mot ΛΑΤΕΙΝΟΣ a également le chiffre six cent soixante-six et est tout à fait digne de créance, puisque le dernier royaume possède précisément ce nom : car ce sont les Latins qui dominent en ce moment : cependant, nous ne nous ferons pas gloire de ce mot », trad. A. Rousseau, L. Doutereau, Ch. Mercier, Paris, Cerf, Sources chrétiennes, 1969, p. 381-383. *Lateinos*, et les deux autres noms possibles de l'Antéchrist trouvés par équivalence en grec du chiffre de 666, sont donnés par par Lubbert p. 874, et par Bellarmin, III, x, p. 902 : « *Tertia opinio est multorum Catholicorum, qui suspicantur Antichristum vocandum* ἄντεμος. [...] *Hyppolitus martyr in oratione De consummatione mundi, notavit aliud nomen, quod reddit illud numerum* [666], *nimirum* ἀρνοῦμαι, *id est, nego.* »

37 « Som nom est ignoré et inconnu ». Nous n'avons pas retrouvé le passage chez Bellarmin, qui trouve cependant *verissima* l'opinion de ceux « *qui ignorantiam suam confitentur, ac dicunt adhuc ignorari nomen Antichristi* – qui avouent leur ignorance, et disent encore ignorer le nom de l'Antéchrist. »

38 « Un menteur doit avoir bonne mémoire » : Bellarmin aurait oublié qu'il a donné une autre interprétation du même passage. Ce proverbe connu est aussi cité par La Blachière, *DFE* p. 200 (et par Bellarmin...).

39 Bernard de Clairvaux, *De consideratione*, II, 8, 16. Cité d'après Lubbert p. 875.

40 *c.* C'est-à-dire. Cette citation d'une bulle de Clément VI est donnée par Lubbert (p. 899) et se retrouve partout dans la polémique protestante. *Cf. Tragiques* I, v. 1239-1240, et *Sancy* I, i.

aux cieux et aux sieges des bien-heureux. » *De Maio. et unam sanctam* : là le Pape s'appelle « *sponsum ac caput totius Ecclesiae, et sacerdotum sacerdotem*[41], l'espoux et le chef de toute l'Eglise, et l'evesque des evesques. »

Quant à la seconde partie de la majeur, le pape establit sa parole et ses ordonnances en mesme authorité que la parole de Dieu, donnant à ses Decretales mesme authorité qu'aux livres canoniques. Voyez la distinction 19. c. *In canonicis*, vous verrez qu'il punit plus griefvement ceux qui transgressent ses loys que celles de Dieu, dont[42] il s'eleve sur Dieu. Lisez la dist. *Et ca. Proposuit de cona. prae*[43], 19e cha. *Si Romanorum* : Celui « *qui secundum plenitudinem potestatis potest de jure supra jus dispensare*[44], c. lequel selon sa puissance planiere et absolue peut dispenser du droit par dessus le droit », cestui-là est par dessus la loy de Dieu lequel[45] establit le droit, et par consequent sur Dieu. Et que dirons nous de celui qui dit « *se posse ex injustitia justitiam facere* ? qu'il peut d'injustice, faire justice[46] » (*De trans. cha. Quanta in glossa*) ? Sinon qu'il renverse Dieu et sa puissance et [p. 16] justice et que, comme dit Avent. lib. 7. *Anna*[47], « *pontifices romani affectant divinitatem et dominationem : ut ab omnibus non aliter, imo magis quam ipse Deus, timeantur.* c. Les pontifes de Rome affectent la divinité pour estre crains de tous, non autrement et non moins, mais beaucoup plus que Dieu mesme. » Aiant donc monstré que les deux attribuez conviennent au sujet, la mineur de mon argument est verifiee, je ne changerai rien en la majeur et concluray :

Quiconque se dira Christ et s'eslevera par dessus Dieu, taschant faire croire qu'il est le Christ, cestui là est l'Antechrist.
Le pape se dit le Messie, s'esleve dessus Dieu, etc.
Donc le pape est l'Antechrist.

---

41 Lubbert, p. 876, où la référence est : « De Maior. c. Unam Sanctam », c'est-à-dire *Extravagantes*, I, *de majoritate, et obedientia*, 1, « Unam sanctam » (*Corporis juris canonici…*, *Decretales*, éd. Boehmer, Halae Magdeburgae, Impensis Orphanotophei, 1747, II, col. 1139, où l'idée se trouve, mais non la citation littérale).

42 *Dont* : Et par conséquent…

43 Il faut probablement lire « De conc. Prae », qui correspond au Titulus « *De concessione praebendae et ecclesiae non vacantis* », de la Décrétale qui va être citée.

44 Décrétale d'Innocent III, *Corpus juris canonici*, III, Tit. viii, chap. 4 (*Corporis juris canonici*, *Decretales*, *op. cit.*, col. 453). *Cf. Sancy*, I, i, *Tragiques* I, v. 1235.

45 Celui qui établit le droit est par-dessus la loi de Dieu.

46 *Tragiques* I, v. 1237 et *Sancy*, I, i. La référence qui suit concerne cette citation.

47 Sur Aventinus, voir plus haut p. 74. Cité par Lubbert p. 883. *Anna* abrège *Annales*.

Chap. 4

De la quatriesme marque Boulenger argumente ou veut argumenter ainsi [→ 82] :

> *L'Antechrist est une personne seule.*
> *Le pape n'est pas une personne seule.*
> *Donc le pape n'est pas l'Antechrist*[48].

Pour prouver la proposition laquelle je [p. 17] maintiens fausse,[c] il allegue quelque loquutions indefinies, comme *Dixit insipiens (sane insipienter allegatum)*[49], qui en outre touchent aucunement à la personne de l'Antechrist. Mais pour rendre necessairement fausse la singularité de cette personne, j'allegue d'une part ce qui est dit en l'Epistre I de s. Jean, chapitre 4, verset 3, c'est que l'Antechrist estoit venu de son temps. Ce que dit en autres termes s. Paul en la 2e aux Thessaloniciens, chapitre 2, verset 7 : « Desjà se parfait le mystere d'iniquité. » D'autre part Boulanger advouë que cet Antechrist doit estre desfait par le soufle de la bouche du Seigneur à son dernier advenement[50]. Ces deux extremitez de la vie de l'Antechrist estant concedées, je demande qui sera cette personne seule qui puisse vivre depuis le temps de S. Jan jusqu'à la derniere venue de nostre Seigneur. Pour tant il est necessaire que ce soit une continuation d'estat et suitte de plusieurs personnes, pour avoir cette durée. Or ne paroist il estat, mesmement en l'Eglise, auquel les qualitez dessus dites et celle de cette durée et succession de laquelle ils se vantent tant, puissent convenir, si ce n'est la suitte [p. 18] des papes de Romme. Nous ferons donc nostre proposition des attribuez ci devant aleguez, et dirons :

> *L'estat continué par plusieurs personnes qui s'esleve sur Dieu et s'establit par fulminations et faux miracles, cet estat est celui de l'Antechrist.*

---

48 Modifie la formulation de Boulenger (*Reponse aux calomnies*..., p. 140-141) pour traduire mot à mot celle de Lubbert (p. 802) : « *Antichristus est quœdam singularis persona. Papa non est uœdam singularis persona. Ergo Papa non est Antichristus.* » Lubbert condense Bellarmin, *De Romano pontifice*, III, 2.

49 « L'imbécile a dit (allégation vraiment imbécile) ». Cette formule biblique (incipit du fameux psaume 52) ne se trouve pas sous la plume de Boulenger. C'est un exemple d'énonciation indéfinie, qui peut avoir une portée générale (tout imbécile a dit) ou particulière (un imbécile a dit).

50 2 Thessaloniciens, 2, 8. Tout le raisonnement vient de Lubbert, p. 809.

L'estat des papes est continué par etc.
Donc l'estat des papes est celui de l'Antechr.

Chap. 5

Boulanger fait de deux marques une pour la cinquiesme **[→ 82]** : c'est prudemment fait, de doubler[51] ce qui seul est trop simple :

> *L'Antechrist, (dit-il) doit venir en son propre nom et estre receu des Juifs comme Messie.*
> *Le pape ne vient pas en son propre nom.*
> *Donc le pape n'est pas l'Antechrist.*

Et l'une et l'autre des parties de la proposition sont fondées sur le lieu de s. Jean : « Je suis venu au nom de mon pere, et ne m'avez point receu : si un autre vient en son propre nom, vous le recevrez[52]. » Boulenger adjouste du sien « comme Messie ». Tout le propos de Jesus Christ est adressé non seulement aux Juifs [p. 19] mais à tous hommes : car si les preceptes qui n'ont esté prononcez qu'aux Juifs n'appartenoient qu'à eux seuls, les dix commandemens ne seroient pas pour nous, aussi peu tant de salutaires promesses. Voilà comment en faisant le subtil, on fait le fat[53] quelque fois. Si cette parole s'adresse aux auditeurs seulement, ceux là sont mors, et ne s'en pourroit plus tirer de consequence pour la reception de l'Antechrist. Quant à estre venu en son nom, cela implique contradiction avec la troisiesme marque par laquelle il a voulu que l'Antechrist print le nom de Christ et non le sien propre, mais pour ne piquer point Boulenger de ses propres esprons, nous voulons montrer que c'est que venir en son nom[54]. C'est venir en son nom, qu'establir sa doctrine et ses traditions et non la doctrine du Fils de Dieu, glorifier son nom, non celui de Dieu. C'est ce que dit bien à propos Franciscus de Toleto in 5e Ca. Johan : « *In suo nomine veniet qui revera nullam habebit virtutem : sed sua malitia finget se a Deo missum ut Dei filium, sicuti falsi prophetæ in suo nomine veniebant, qui revera a Deo non*

51 Joue sur *doubler* au sens ordinaire et à celui et de falsifier. *Cf. Tragiques*, I, v. 1247, II, v. 196.

52 Jean 5, 43.

53 *Fat* : idiot.

54 *Que c'est* : ce que c'est. *En son nom* : en son propre nom.

mittebantur, et hoc est quod dicitur nunc, si quis venerit [p. 20] in nomine suo I. revera non a Deo missus, nec Dei habens potestatem : Sed sua se fingens propria nequitia talem[55]. » Voilà que c'est venir en son nom. Or en tout le passage de S. Jan, il n'y a nulle doctrine particuliere de l'Antechrist, la loquution estant indefinie et adressée à ceux qui ont receu celui qui venoit en son nom. Voyent les papistes comment ils ont receu celui qui establissant ses traditions est venu en son nom, et bien que la proposition de Boulanger soit fausse, la premiere partie de son assumption fausse[56], s'il veut que ces positions vaillent, voici ce qui s'en tirera :

> *Celuy qui estant venu en son nom a esté receu par ceux qui ont refusé Christ, celui-là est l'Antechrist.*
> *Le pape venu en son nom (comm'il a esté dit) a esté receu par ceux qui ont refusé Christ.*
> *Donc le pape est l'Antechrist.*

Chap. 6

De la sixiéme raison, Boulanger tire une telle consequence **[→ 82]** :

> *L'Antechrist ne doit durer que trois ans et demy.* [p. 21]
> *Le pape dure plus.*
> *Donc le pape n'est pas l'Antechrist.*

Nous avons monstré la proposition fausse par les textes qui tesmoignent le commencement de l'Antechrist avoir esté dés le temps des apostres, et sa fin ne devoir estre qu'au second advenement de nostre Seigneur, qui sont plus de trois ans et demy. Tous ceux qui veulent fonder doctrines sur les precises circonstances des temps remarquees

55 Francisco de Toledo, *In sacrosanctum Joannis Evangelium Commentarii*, Lyon, Ex officina junctarum, 1589, p. 353. « Il viendra en son nom à lui, en réalité il n'aura aucune vertu [le texte original dit : "vertu divine"], mais dans sa perversité il feindra être envoyé par Dieu comme l'a été le fils de Dieu, de même que les faux prophètes venaient en leur propre nom sans être réellement envoyés par Dieu, et voilà donc ce que signifie "si quelqu'un vient son propre nom" : en réalité, il n'est pas envoyé par Dieu et n'a pas la puissance de Dieu, mais il le fait croire par sa propre fourberie. » Francisco de Toledo est encore cité plus loin, voir p. 256.

56 *Proposition* et *Assumption* : respectivement, la majeure et la mineure du syllogisme.

aux propheties de l'Escriture, seront bientost millenaires[57]. Il vaut bien mieux recognoistre qu'il n'est pas donné aux hommes de sçavoir les moments des temps que le Pere a mis en sa propre puissance, et de resoudre ainsi Marc 14, v. 32[58] : l'esprit de Dieu prononce que nul, ny les anges mesme, ny mesme le Fils (en tant qu'homme), ne peuvent sçavoir le temps du dernier advenement. Or si de la venue de l'Antechrist et de sa revelation il ne falloit que conter trois ans et demi à la derniere venue de nostre Seigneur, tous sçauroient ceste venue à point nommé. Les jesuites usent icy d'une deffaite[59], c'est qu'il y a plusieurs Antechrists, desquels la venuë peut estre dès le temps des apostres, et apellent ceux là [p. 22] precurseurs. Mais ils ostent de ce rang l'Antechrist κατ'εξωχην[60]. Et adjouste Bellarmin une marque par laquelle nous cognoissons cet Antechrist d'avec les communs Antechrists, qui est l'article grec proposé comm'il l'est au passage de S. Jan. epist. 1, cha. 3 : « Tout esprit qui ne confesse point que Jesus Christ est venu en chair, tel esprit est l'esprit de l'Antechrist duquel vous avez ouy parler qu'il viendra, et est desja dès maintenant au monde. » Il y a « του ἄντιχριστου[61] », si bien que les subtilz jesuites sont condamnez. La sentence de leur chien au grand colier[62] est telle en son livre 3e *De Papa*, Ca. 2 : « *Articulum præponit Antichristo proprie dicto : sine articula verò effert nomen antichiristi communiter accepti*[63]. Il met l'article devant le nom de l'Antechrist quand il a une

57 *Millenaires* : millénaristes. À la suite de Joachim de Flore, le millénarisme a essayé de tirer de l'Apocalypse et de l'ensemble des livres saints une chronologie qui place l'histoire dans la perspective du *millenium*, des milles ans où Satan sera enchaîné. Voir J. Delumeau, *Mille ans de bonheur*, Paris, Fayard, 1995.

58 Référence fausse : Marc, 13, 32 : « Or de ce jour-là et du moment, nul ne le sait, non pas mesme les Anges des cieux, ni aussi le Fils, mais le Père. » *Cf.* Lubbert, p. 834.

59 *D'effaite* (*sic*) : échappatoire. *Cf. HU*, III, p. 97 : « Je ne puis laisser que durant ceste defaicte [fuite], accoucha dans la charrette une femme d'Orleans. »

60 « Par excellence ». La graphie correcte serait : « κατ'ἐξοχήν ». Même expression au début de *Sancy*, I, I.

61 En fait, 1 Jean, 4, 3. La graphie est : « ἀντιχρίστου ».

62 *Chien au grand collier* : personne d'autorité.

63 Bellarmin, III, II, p. 869-870 : « *Tertius [locus] est I. Ioan. 2. ubi sic legimus* : ἠκούσατε ὅτι ὁ ἀντίχριστος ἔρχεται, καὶ νῦν ἀντίχριστοι πολλοὶ γεγόνασιν. *Ubi articulum præponit Antichristo proprie dicto ; sine articulo vero effert nomen Antichristi communiter accepti : apertissime indicans, Antichristum proprie dictum esse unam personam certam ; Antichristum communiter acceptum, non esse certam personam, sed in genere omnes hæreticos.* » Lubbert p. 834 : « *Hoc tantum de ipso antichristo, non de ejus praecursoribus intelligi potest. Cum enim articulus additur, de ipso antichristo proprie dicto intellegi debet. Bellarminus de Papa lib. 3. c. 2. Articulum præponit Antichristo proprie dicto ; sine articula vero effert nomen Antichristi communiter accepti. Sed hoc loco*

signification particulière, et sans article quand on doit lui donner une signification générale. » Boulanger avisera si ce maistre *in cujus verba juravit*[64] sçait bien l'usage de l'article, je voi qu'il ne s'en est pas voulu servir en la dispute de l'unique personne de l'Antechrist. C'est peut estre qu'il n'est pas assez pedant en grec, et il eust fait rire les honestes gens. N'estant doncq' point la durée de l'Antechrist atachée aux trois [p. 23] ans et demi, mais continuelle jusques à la derniere venue de nostre Seigneur, je conclurois par le mesme argument que j'ay fini à la 4e marque, mais pour fuir les redites j'aime mieux fonder sur le texte qui a vuidé[65] le different et dire :

> *Tout esprit qui ne confesse point Jesus Christ estre venu en chair, et qui estoit tel dès le temps de S. Jan, cetui là est l'esprit de l'Antechrist.*
> *L'esprit des papes est celui qui ne confesse point Jesus Christ estre venu en chair, et cet esprit a commancé des le temps de S. Jan.*
> *L'esprit des papes, est donc l'esprit de l'Antechrist.*

Chap. 7

Sur la septiesme marque Boulanger discourt ainsi **[→ 83]** :

> *L'Antechrist ostera le sacrifice perpetuel*[66].
> *Le pape n'oste pas le sacrifice perpetuel.*
> *Le pape n'est donc pas l'Antechrist.*

La proposition de l'argument est figurée et au suject et en l'attribué, et partant non consequente. Si vous voulez que la mineur suive la mesme figure, lors elle est fausse. Le [p. 24] 8e chapitre de Daniel s'expose soi mesme[67], et monstre qu'il ne touche aucunement à nostre matiere, mais

---

articulus additur, τοῦτό ἐστιν τὸ τοῦ ἀντιχρίστου, ὃ ἐν τῷ κόσμῳ ἐστὶν ἤδη. *Sed qui tempore Iohannis in mundo fuit, et ultimo Christi adventu abdebitur, ille ultra tres annos et dimidium in mundo futurus est.* »

64 « Sur les mots de qui il a prêté serment » (expression courante en latin) : nouvelle allusion au fait que Boulenger est jésuite.

65 *Vuidé* : réglé.

66 Daniel 12, 11 : « Et depuis le temps que le sacrifice continuel sera osté, et que l'abomination horrible sera mise, il y a mille deux cens et nonante jours. »

67 C'est dans la vision du Bélier et du Bouc du chapitre 8 du livre de Daniel qu'il est question du sacrifice perpétuel.

n'ayans meilleur fondement que vos allegories, encor ne pouvez vous nier que le pape n'oste de ce que vous appellez sacrifice son efficace et sa moitié, par la moitié des signes, privant le peuple du vin ordonné par le grand sacrificateur Jesus Christ[68]. Puis après il a aboli le « sacrifice de louange », osté à Dieu en tant qu'il a peu « le fruict de nos levres », et pollu[69] « l'hostie vive de nos corps » (Ro. 12, chap. v, 1)[70]. Si donc dès l'origine de la preuve nous voulons bastir un principe figuré, parlons aussi des sacrifices figurément, ou cerchons un principe sans figure si nous voulons establir un sacrifice sans figure.

L'exelence est qu'à un patient de paille ils ont donné un confesseur de foin[71], et apuyans leur allegorie de fables, ils font S. Hyppolite interprete du nom de sacrifice, et lui font parler de la messe aussi à propos comme à un autre sainct de Constantinople, 300 ans avant que Constantin lui changeast le nom de *Byzantium*[72]. Ce bon S. Hippolite fut ainsi nommé par un bon compagnon employé du pape à faire trouver en la biblioteque des livres [p. 25] nouveaux bien vieux par lesquels on peust prouver l'authorité du s. Siege contre quelques empereurs qui lors l'empeschoient, ce qui fut aisé, n'y ayant lors autres livres que manuscripts : mais ce rustre, pour donner un nom propre à son ouvrage, se souvint que les poëtes ont fait revivre un autre s. Hypolite, martir de sa chasteté, qui lors eut nom « *Virbius quasi vir bis*[73] ». Ainsi pour ce

---

68 Le catholicisme a renoncé à la communion sous les deux espèces en se limitant à la communion par le pain. Critiqué par Calvin, *Institution*, IV, XVII, 47.

69 Hébreux 13, 15 : « Offrons donc par luy sacrifice de louange à tousjours à Dieu : c'est-à-dire le fruict des levres, confessans son nom. » Les calvinistes critiquent la profération à vois basse, dans une langue inintelligible au peuple. *Pollu* : pollué, souillé.

70 La référence ne se comprend pas. Romains, 12, 1 : « Je vous prie donc, freres, par les misericordes de Dieu, que vous offriez vos corps en sacrifice vivant [*ut exhibeatis corpora vestra hostiam viventem*, dit la Vulgate], sainct, et plaisant à Dieu, qui est vostre raisonnable service. »

71 *Argument de paille* se disait vers 1600 pour un argument sans valeur. *Cf.* « Il fait un argument de paille, qui nę meriteroit que du foin pour responce » (Jean Pétriny, *La Ministrophtorie, ou Renversement des ministres*, Tournon, Claude Michel, 1619, p. 260).

72 Saint Hippolyte est allégué par les catholiques en faveur de la messe car le traité *De Consummatione mundi* qui lui était attribué affirme que l'Antéchrist, identifié avec le diable, combattra la messe. Lubbert parle simplement du « *fictitius Hippolytus* » (p. 847). Parler de la messe au IIIe siècle est pour Aubigné anachronique, comme le fait de parler de *Constantinople* alors que la ville s'appelait encore Byzance.

73 Ovide, *Métamorphoses*, XV, v. 544 : Hippolyte calomnié par Phèdre s'enfuit et est déchiré par ses chevaux terrifiés par un monstre marin ; Esculape le ressuscite, Diane le rend méconnaissable et il prend le nom de *Virbius*. L'*Énéide* parle aussi fils d'Hippolyte, Virbius (VII, v. 761-762), glosé « *quasi vir bis* » dans les annotations (*Pub. Virgilii Maronis [...]*

que ce bon s. Hyppolitte a fait ce livre cinq ou six cents ans après sa mort, « *conveniebat nomen et hæc lectorem delectando pariterque docendo*[74]. » Cet Hypolite supposé se trouve trop souvent et trop impudemment en nostre chemin. Or puis que Boulanger veut que *valeant figurata*, voici ce que nous tirerons de ses principes :

Quiconque oste le vray sacrifice continuel, est l'Antechrist.
Le pape oste le vray sacrifice continuel.
Donc le pape est l'Antechrist[75].

CHAP. 8

Par la 8e marque Boulanger tire cette conclusion [→ 83] :

Les afflictions et troubles qu'excitera [p. 26] *l'Antechrist, surpasseront tous autres troubles et afflictions.*
Les troubles et afflictions qu'a esmeues le pape n'ont pas passé toutes autres afflictions,
Donc le pape n'est pas l'Antechrist.

Il eust mieux exprimé sa pensée, s'il eust dit : les persecutions dont le pape afflige les chrestiens ne sont pas si grandes que je desirerois. Les Gots, Waudeles[76], Huns, et Scyttes n'ont chacun affligé l'Europpe que chacun un moyen espace de temps. Il y a mil ans que dure cette persecution qu'a commancé l'Antechrist rom., c'est à sçavoir depuis que Constantin le grand eut retiré des grottes et deserts les evesques de Rome, qui de persecutés, lors devindrent persecuteurs[77]. Qui en voudra

---

Universum poema. Cum absoluta Servii Mauri Honorati grammatici, et Iodoci Badii Ascensii interpretatione, Venetiis, Apud Bartholomaeum Caesanum, 1552, f° 291 r°). Saint Hippolyte serait lui aussi mort attaché à des chevaux furieux. Voir notamment Prudence, *Peristephanon*, XI, et la *Légende dorée*.

74 Retouche Horace, *Art poétique*, v. 344. « Le nom convenait et toutes ces choses pour plaire au lecteur tout en l'instruisant. »

75 La Blachière aboutit à peu près au même contre-syllogisme : « *L'Antechrist ostera le sacrifice continuel. / Le pape oste la pure predication de l'Evangile et la celebration de la S. Cene qui est le sacrifice continuel de l'Eglise Chrestienne. / Le Pape donc est l'Antechrist* » (*SDF*, p. 591).

76 *Waudeles* : Vandales.

77 *Sancy*, II, VIII, 154, f° 83 v°-84 r°. « L'Eglise a esté reformee aussi longtemps que persecutee, suivant ce que dit le Pape Silvestre, quand on l'arracha des rochers de Soracte :

sçavoir la verité lise les sanglantes trahisons commises par les heritiers de ce s. Siege. Sur Hellebrand[d78] et ses successeurs, sous couleur des conquestes de la Terre saincte, il verra dans le temple de Hierusalem le sang jusqu'aux genoux des chevaux. En Accalon[79] cent mil'hommes morts. De cent mil autres que le comte de Poictou mena, n'en revint pas mille. Il verra, lors que le pape eust faist trotter à cette guerre l'empereur Frideric Barberousse par la terreur de ses [p. 27] fulminations, comment Sa Sainteté envoya le pourtraict dudit Frideric au Suldan, auquel en toute cette guerre il servit d'espion, et luy escrivit que s'il voulait posseder son regne en paix, il fist mourir Frideric. Après qu'il se fut despesché de Philippe roy de France, de Richard d'Angleterre, encor y fit il aller Henry fils de Barberousse[80], contre lesquels il exerça pareilles trahisons, et tant qu'estant descouvertes, Henri II refusa le pape Gregoire d'entrer en ses filets[81]. Le voilà fulminé. Luy, pour abolir cette excommunication, marche et y fait vaillamment. Ceste sainteté, le voyant enfoncé où elle le vouloit, arrache à ce pauvre empereur la Pouille et la Calabre par force. Le prince chrestien et magnanime, n'aiant pour ces choses laissé de faire bien la guerre, aiant osté au Suldan Hierusalem, Ioppe et Nazareth, fait trefve de dix ans pour maintenir sa possession. On verra encores comment cette Sainctеté fait mourrir le messager de ces bonnes nouvelles, pour sans l'horreur des chrestiens[82] achever ses conquestes, ayant mandé au Suldan qu'il rompist la paix. Qui pourrait enfiller la

---

Adieu, dit-il, la pauvreté, adieu la pureté » L'information vient de John Bale, *Les Vies des evesques et des papes de Rome, depuis la dispersion des disciples de Jésus-Christ, jusques au temps de Paul Quatrieme, qui à présent règne tyranniquement en l'Eglise*, Genève, Conrad Badius, 1561. Le livre impute à Sylvestre l'introduction de toute une série de superstitions dans la foi, cite un choix tendancieux de vers de Baptista Spagnoli (Mantouan) et un long extrait de Sleidan qui identifie la papauté prospère avec l'Antéchrist (p. 37-39).

78 Lire *Heidelbrand, ou Hildebrand*, Grégoire VII (mort en 1085), une cible de la polémique protestante, qui tire son information de la *Vita et gesta Hildebrandi* du cardinal Beno de Santi Martino e Silvestro, un adversaire de ce pape. *Cf. ÉP* p. 526-527, *Tragiques* VII, v. 817-822. Bien qu'il ait incité à la croisade, il n'a pu la réaliser de son vivant. C'est un des acteurs de la Querelle des Investitures contre l'Empereur. De larges extraits du livre du cardinal Beno sont donnés dans l'*Antithesis Christi et Antichristi, videlicet Papae, id est, Exemplorum, factorum, vitae et doctrinae utriusque, ex adverso collata comparatio, Versibus & figuris venustissimis illustrata* de Flacius Illyricus, réédité par Simon du Rosier, Genève, 1578.

79 Coquille probable pour Ascalon.

80 Henri VI.

81 Depuis l'évangile de Luc, 5, Saint Pierre, et le pape, sont représentés comme des pêcheurs. Le filet évangélique, symbole de pauvreté et d'évangélisation, devient ici le piège.

82 Sans horrifier les chrétiens (en imputant au sultat la reprise des hostilités).

suitte des sanglantes trahisons de cest Ante. bouttefeu[83] continuel de [p. 28] toutes les guerres des chrestiens les uns contre les autres ? Et ne faut autres tesmoins que les historiens d'Italie, qui ne leur doivent pas estre en soupçon.

Si tout cela est dur à croire à ceux qui de leurs passions font leurs creances[84], les monceaux de martyrs bruslez et dechirez cruellement par toute l'Europpe, les massacres de nostre France, qui ont enlevé d'un seul mandement trois cent mille ames[85], les onze guerres civilles toutes esmeues par ses mouvements, qui ont espuisé ce royaume de cinq cent mil'hommes de guerre et parmi ceux là de faim et de miseres trois cens mille autres innocents, les armées que l'Espagne, l'Italie, et l'Alemagne envoient et ne revoient plus au quart près, la continuation de tous ces malheurs surpasse elle point toutes les afflictions que nous lisons ? Ouy, et ne contentent pas encor' les sauterelles ni leur Apollion[86]. Qui a veu ces choses concluera :

Celuy duquel les persecutions surmontent toutes persecutions advenues, est l'Antechrist.

Le pape est celuy duquel les persecutions surmontent toutes autres persecutions,

Donc le pape est l'Antechrist.

CHAP. 9

La neufiesme marque est marque du povre jugement de Boulanger, et non de ce qu'il veut dire **[→ 83]** :

Après que l'Antechrist aura jetté son feu nostre Seigneur viendra juger, et le soleil et la lune s'obscurciront.

---

83 *Bouttefeu* traduit, comme « tison d'enfer » dans *Tragiques* VII, v. 818, la seconde partie du nom *Hildebrand.*

84 Qui s'autorisent de leurs passions, ou qui autorisent ce qu'ils lisent par leurs passions.

85 S'il s'agit du massacre de la Saint-Barthélemy, les *Tragiques* donneront le chiffre de 30000 victimes (V, v. 801), l'*Histoire* celui de 3000 (III, p. 348). Le *Reveille-matin* donne 10000…

86 Apocalypse 9, 11 : les sauterelles géantes ont « pour roy l'Ange de l'abisme qui a nom en hébreu Abaddon, et duquel le nom en grec est Apollyon ["le destructeur"]. » *Cf. Tragiques*, V v. 448 et 1403-1406, variante de l'édition posthume, et un sonnet contre Louis XIII, *PP* p. 113.

Nostre Seigneur n'est pas encores venu.
Donc l'Antechrist n'a pas encores jetté son feu.

Nous le sçavons et le sentons très bien, mais nous ne pouvons sçavoir à quoi vaut tout ce discours, sinon qu'il vueille que nous attendions après le jour du jugement à nous garder de l'Antechrist. Il sera plus à propos que pour n'estre point des compagnons de ceste beste pour laquelle l'estang de feu et de souffre est preparé[87], nous cognoissions par la parole de Dieu *ab unguibus leonem*[88] et voyans comment, à sa naissance, à sa durée, à son progrès, il semble qu'il doit subsister jusques à la venue du Seigneur, concluons[89] ainsi :

La tyrannie qui durera jusqu'à la venue de nostre Seigneur est celle de l'Antechrist. [p. 30]
La tyrannie du pape doit durer jusques à la venue du Seigneur.
Donc la tyrannie du pape est celle de l'Antechrist.

Chap. 10

Pour la dixiesme marque **[→ 83]**, on nous demande où est le caractere de l'Antechrist aux mains et aux fronts des antichrestiens, comme disant :

Celuy n'est point l'Antechrist de qui les sectateurs ne portent le caractere.
Les sectateurs du pape ne portent point son caractere.
Donc le pape n'est pas l'Antechrist.

Les anthropomorphites et Capernaïtes[90] s'attachent tousjours à la lettre qui les tue et tournent le dos à l'esprit qui vivifie[91]. Qui veut bien

87 Apocalypse 14, 10.
88 Reconnaître le lion à ses griffes. Érasme, « *Leonem ex unguibus aestimare* », *Adages*, 1, 9, 34.
89 On attendrait « concluions »
90 Les *Anthropomorphites* (*Anthropomorphita* existe en latin) croient que Dieu a un corps. Les *Capernaïtes* sont les habitants de Capharnaüm, ou Caparnaüm/Capernaüm. En Jean 6, 59-61, la déclaration de Jésus : « Qui mange ma chair et boit mon sang, il demeure en moy, et moy en luy », choque dans la synagogue de Capernaüm. Les *Capernaïtes* représentent donc une perception seulement matérielle de la foi, une intelligence seulement littérale des mots de Jésus. Cet épisode a occupé une grande place dans les débats du Colloque de Poissy.
91 2 Corinthiens 3, 6.

cognoistre la marque ou le caractere de l'Antechrist, il faut sçavoir quelle est la marque de Christ dont il est parlé en l'Apoc. s. Jean chap. IX, v. 4[92], et laquelle doit estre au front des chrestiens : c'est la confession ouverte du nom de Dieu.

Ainsi la marque qui est au front des [p. 31] antichrestiens est la confession ouverte du nom du pape. Ce qui est exposé en la Glose ordinaire[93], où il est dit qu'il paroist de qui nous avons la marque « *in fronte per confessionem, in dextra per operationem*, c. au front par confession, en la dextre par operation. » Voilà selon leur explication mesme le vray caractere de l'Antechrist[94], duquel pourtant nous trouverrions bien des caracteres visibles, comme le chresme duquel on oinct les mains et le front, nommément des prestres qui reçoivent un caractere qu'ils appellent indelebile, et la chandelle qu'on met en la main des enfans, le bandeau de la confirmation, les chapeletz qu'on porte en la main, les tonsures, le signe qui se fait de la main droite, les cendres qu'on aplique au front. Mais j'aime mieux me tenir à la plus simple explication, et suivant la glose ordinaire, dire, après l'assumption bien prouvee :

> *Quiconques, tyran de l'Eglise, fait porter son caractere au front et à la dextre, celuy là est l'Antechrist.*
> *Le pape tyran de l'Eglise fait porter son… etc.*
> *Donc le pape est l'Antechrist.* [p. 32]

CHAP. 11

Pour l'onziesme marque Boulanger veut que l'Antechrist soit juif de nation, et tire ceste consequence **[→ 84]** :

92 Apocalypse 9, 4 : après que le cinquième ange a sonné de la trompette, et que les sauterelles sont sorties du puits sur la terre, « leur fut dit, qu'elles ne nuisissent point à l'herbe de la terre, ni à nulle verdure, ni à nul arbre : ains seulement aux hommes n'ayans point la marque de Dieu en leurs fronts. »

93 Ce qui suit vient de Lubbert p. 841-842. La *Glose ordinaire* est une compilation de citations des Pères imprimée avec la Vulgate.

94 Bellarmin a pourtant réfuté cette interprétation : « *Professio Romanae fidei, nec in manu, nec in fronte : sed in ore per confessionem, in corde per fidem habetur.* La profession de foi romaine ne se fait ni sur la main, ni au front, mais sur la bouche par la confession, et dans le cœur par la foi » (III, XI, p. 905).

L'Antechrist doit estre juif de nation.
Le Pape n'est pas juif.
Donc le pape n'est pas l'Antechrist.

Je nie la majeur. Il dit pour la prouver que plusieurs anciens docteurs veulent qu'il soit de la lignée de Dan[95], après il se sert encores de ce passage de s. Jean. Quant à la premiere raison, il faudrait commancer sa preuve par cette proposition : « Tout ce que plusieurs anciens ont dit est vray[96] », ce que nous nions constamment (et ce pour les causes alleguées sur cette dispute en autre lieu,) et en cetuy-ci Boulanger perd la reverence qu'il doit à son maistre, qui s'en va au rang des Peres dans peu de temps. Qu'il relise Bellarmin, *De Papa* lib. 3, cap. 12, fol. 384[97], et il verra là où *insanire non lubet*[98] : il rejette les opinions des Peres, lesquelles ne se peuvent[99] monstrer vrayes par les Escritures, lesquelles au contraire nous aprennent que les unze tribus ou lignees ont [p. 33] tellement esté dissipées et dispersées par Salmanazar, que de depuis ce temps nul Juif n'a peu estre distingué de ceste tribu ou de ceste là[100].

L'autre raison fondée sur ces paroles, « si un autre vient en son nom », a desjà eu sa response à la marque cinquiesme. Et certes, selon l'explication de S. Paul, 2 Thess. chap. 2, v. 10, « L'Ant. est venu à ceux qui perissent, pour n'avoir pas receu l'amour de verité pour estre sauvez, à ceux à qui Dieu a envoié efficace d'erreur, afin qu'ils croient au mensonge[101]. » C'est donc à tous ceux qui n'ont pas creu à la verité, et

95 Dan est un personnage de la Genèse (37), ancêtre de Samson.

96 Lubbert soumet systématiquement à une majeure de ce type les arguments de Bellarmin fondés sur une citation patristique.

97 En effet, Bellarmin rapporte cette hypothèse qu'autorise l'avis de nombreux Pères, mais précise que l'Écriture ne la confirme pas : « *Haec sententia [Antichristum nasciturum de tribu Dan] est valde probabilis propter tantorum Patrum auctoritatem, non tamen omnino certa, tum, quia plerique eorum Patrum, non dicunt hoc se scire, sed probabile esse insinuant ; tum, quia nulla earum Scripturarum convincit* – Cette opinion est très probable en raison de l'avis de tant de Pères, mais sans être tout à fait certaine et parce que la plupart d'entre eux ne disent pas qu'ils le savent mais proposent une hypothèse probable, et parce que rien dans les Écritures ne la conforte » (III, XII, p. 910).

98 Virgile, *Bucoliques*, III, v. 36 : « *insanire lubet* » « il est plaisant de perdre la tête [pour composer de la poésie]. »

99 *Lesquelles ne se peuvent* : lorsqu'elles ne se peuvent.

100 Suit Lubbert, p. 846, qui renvoie à 2 Rois 17 : l'éparpillement des tribus par le roi assyrien Salmanassar rend impossible l'identification de la tribu d'origine des Juifs.

101 2 Thessaloniciens, 9-11. Citation non littérale. Bible de 1588 : « 9. Duquel meschant l'advenement est selon l'efficace de Satan [...]. 10 Et en toute seduction d'iniquité, en ceux

non aux Juifs seulement. Et pour tant en cette marque il n'y a rien de vray, sinon ce qu'il dit que le pape est espagnol. Nous dirons doncq' plus à propos, changeans fort peu la conclusion de la cinquiesme marque :

> *Celui, qui venu en son nom, a esté receu par ceux qui ont refusé l'amour de verité et la grace de Christ, celui-là dije est l'Antechrist.*
> *Le pape venu en son nom a esté receu par, etc.*
> *Donc le pape est l'Antechrist.*

Chap. 12

Boulanger veut pour sa douziesme marque [→ 84],

> *que l'Evangile soit presché par toute* [p. 34] *la terre avant la venue de l'Antechrist.*
> *Or, dit-il, l'Evangile n'a pas esté presché à la Chine et au Jappon.*
> *Donc l'Antechrist n'est pas venu.*

Que ferai-je d'un argument duquel les deux parties sont fausses ? Car le texte du 24e S. Math. ne fait rien pour la venue de l'Antechrist, mais traitte expressement de la venue de Christ en son jugement, disant : « Et lors sera la fin », et non pas « Et lors viendra l'Antechrist[102]. » Et voici des diversitez[103] des Anciens sur ce passage : S. Hyero. le tourne tantost à la destruction de Hyerusalem, tantost à la consommation du monde, et puis parlant de l'abomination qui y est marquée : « *Potest autem de Anti. accipi, aut de imagine Caesaris, aut de Adriani equestri statua, quœ in ipso sancto sanctorum usque ad presentem diem stetit*[104]. Or ce qui se dit de l'Antechrist, se peut prendre ou de la marque de Caesar, ou de la statue à cheval de Adrian, laquelle jusques au present jour a demouré debout dans le s. des saincts mesme. » Il adjouste pour se faire mieux

---

qui perissent : d'autant qu'ils n'ont point receu la dilection de verité, pour estre sauvés : 11. Et pourtant Dieu leur envoyera efficace d'erreur, à ce qu'ils croyent à mensonge. »

102 Matthieu 24, 14 : « Et cest Evangile du royaume sera presché en toute la terre habitable, en tesmoignage à toutes nations, et lors viendra la fin. » Tout ce qui suit vient de Lubbert, p. 817-818.

103 Le mot, caractéristique, renvoie à l'esthétique de la *varietas.* Voir les « diversitez peintes » par les anges dans les *Tragiques* (V, v. 745) ; ce sont « les couleurs et les diversitez » qui font le prix d'une image (*Fæneste*, IV, 16).

104 *Commentarii in evangelium Matthaei* (CPL 0590) – LLT-A lib. : 4, linea : 447.

entendre : « *Abominatio secundum veterem scripturam significat Idolum : idcirco additur, desolationis, quod in desolato, et destructo templo positum sit*[105]. [p. 35] Chrysosto[e] : « *Abominationem statuam apellat ejus, qui urbem expugnavit, quam desolata urbe, atque subverso templo intus statuit. Quocirca et desolationis ipsam apellavit,* » et quant Chrysostome parle de la journée il dit : « *Dies autem nunc tempus belli, aut obsidionis significat : et si diutius Romanorum in Hierosolymam bellum duraverit, nemo omnino evadet*[106]. « L'abomination selon l'ancienne escriture signifie l'idole, il est adjousté "de desolation" pource que l'idole a esté mise dans le temple destruit et desolé. » Chrysostome : « Il appelle abomination la statue de celuy qui a pris la ville par force, laquelle idole il a eslevee dans le temple ruiné la ville estant desolée, et pour tant il l'a apellée de desolation. » « Or ce jour signifie maintenant le temps de guerre, ou de siege, et si la guerre des Romains doit durer plus long temps, personne du tout n'en eschapera. »

Quelques uns[107] l'ont expliqué de l'Antechrist, ne voyans pas que la question des disciples estoit : « Dy nous quand ces choses seront, et quel sera le signe de ton advenement et de la consommation du siecle[108]. » Ils ne demandoient pas quand viendroit l'Antechrist mais le Christ, et de prendre l'un pour l'autre, c'est *errare* [p. 36] *toto cœlo*[109]. Voilà pour la proposition. L'assumption est fausse qui dit que l'Evangile n'a pas esté presché par toute la terre, ou s. Paul auroit failli aux Colloss. chap. I. v. 6 et 23 : « De l'esperance de l'Evangile qui a esté presché à toute creature qui est soubs le ciel[110] », et aux Rom. 10, v. 18 : « N'ont ils point ouy ? Mais plus, leur son est sorti en toute la terre. Et leur parole aux fins du rond de la terre[111]. » Le mesme est tesmoigné par Chrisostome, Hom. 76 *in Math.* et Hom. 18

105 *Ibid.* linea : 450.

106 Les citations de Jérôme et de Chrysostome (*Sancti Patris nostri Joannis Chrysostomi… Explanationes in novum testamentum*, I, Paris, Apud C. Morellum, 1636, *Homelia LXXVI* In caput Matthaei xxiv, p. 654) sont empruntées à Lubbert p. 818.

107 Lubbert, au même endroit, cite Hilaire de Poitiers.

108 Matthieu, 24, 3.

109 Se tromper du tout au tout.

110 La Bible de 1567 et de 1588 donne : « est presché entre toute creature… » (Colossiens, 1, 23).

111 Citation non littérale. 1588 : « Mais (je demande) ne l'ont-ils point ouï ? ains leur son est allé par toute la terre, et leurs paroles jusques aux bouts du monde. » En fait, les deux citations sont directement traduites de la traduction latine que donne Lubbert : « Coll. 1, 23. *A spe Evangelii, quod praedicatum est in universa creatura, quae sub coelo est.* Rom. 10, 18. *An non a[u]diverunt ? Imo vero in omnem terram exivit sonus eorum, et in fines orbis terrarum verba eorum* » (p. 819).

ad Roma., et Hom. 4 *ad Coll.*[112]. En outre S. Hieros. après plusieurs doutes vuide en un mesme passage les deux points que nous agitons en ce chap. Il dit donc : « *Signum Dominici adventus est Evangelium in toto orbe prædicari, ut nullus sit excusabilis, quod aut jam completum, aut in brevi complendum esse cernimus. Non enim puto aliquam remansisse gentem quae Christi nomen ignoret*[113]. Le signe de l'advenement du Seigneur est quant l'Evangile sera presché par tout le monde, afin qu'aucun ne soit excusable, ce que nous voyons desja estre accompli ou prest d'estre bientost accompli : car je ne pense pas qu'il soit demeuré aucune nation qui ignore le nom de Christ. » [p. 37]

Quant à ce que Boulanger dit de la Chine et du Jappon, il est envieux des labeurs de ses compagnons jesuites espagnols[114], toutesfois Dieu a d'autres et plus pures voyes pour prescher à toutes nations son Christ. Il nous doit suffire d'en avoir apporté le tesmoignage irreprochable de ceux qui ont parlé par l'Esprit de verité, et ainsi authorisez, dire :

> *Celui qui a usurpé la tyrannie de l'Eglise des lors que l'Evangille a esté presché par tout, est l'Antechrist.*
> *Le pape a usurpé la tirannie de l'Eglise.*
> *Donc le pape est l'Antechrist.*

Chap. 13

Boulanger retourne pour la 13e marque à Elie et à Enoch, et dit ainsi [→ **84**] :

> *L'Antechrist fera mourir en Hierusalem Elie et Enoch, et lairra leurs corps morts sur la place.*
> *Elie et Enoc n'ont pas esté tuez par le pape en Hierusalem.*
> *Donc le pape n'est pas l'Antechrist.*

S. Hierome maintient la proposition de ce syllogisme telle qu'elle est en ces termes : « *De* [p. 38] *Enoch et Elia quos Apocalypsis venturos et morituros reffert, non est hujus temporis disputatio, cum totus iste liber aut spiritualiter intelligendus, aut si carnalem interpretationem sequimur, judaicis fabulis*

112 Suit toujours Lubbert, *ibid.*, qui donne ensuite la citation suivante de Jérôme.
113 *Commentarii in euangelium Matthaei* (CPL 0590) – LLT-A, lib. : 4, linea : 429.
114 Allusion notamment à François Xavier.

a[d]quiescendum sit, ut rursus aedificentur Hierosolimae, et hostiae offerantur in templo, et spirituali cultu imminuto, carnales obtineant ceremoniae[115]. Quant à Enoch et Helie que l'Apocalypse temoigne devoir venir et mourir, ce n'est pas une dispute de ce temps. Veu que tout ce livre se doit entendre spirituellement, ou il faudroit aquiescer aux fables judaïques, qu'on rebastist Hierusalem, qu'on offrist encores des hosties dans le temple, et que l'adoration spirituelle estant deperie, les ceremonies charnelles eussent encores lieu. »

En suivant donc ce bon Pere nous interpreterons ce passage spirituellement, comme aussi l'Escriture l'a voulu montrer au doit disant : « Et leur[s] corps seront aux places de la grande ville qui sera apellée spirituellement Sodome et Ægipte où le Seigneur a esté crucifié[116]. » Le Prophete, disant « spirituellement », voyoit l'abus de ces circonstances. Et pour tant, les prenant comme il ordonne[117] : la tyrannie [p. 39] romaine est celle sous laquelle Christ est tous les jours crucifié en ses membres, celle que par le conseil de S. Hiero. nous appellons Sodome et Ægipte et Babel, noms qui lui sont donnez par autheurs qui n'avoient aucun dessein de favorizer nostre cause. Lisez ce que publiquement en a fait voir Petrarque en ses 3 sonetz que l'on imprime maintenant à la fin du livre : là, il l'a baptizé l'*Avara Babilonia*. Ils vallent la peine d'estre leus[118]. Pour le reste, ce grand docteur Bellarmin, voulant prouver que saint Pierre a esté à Rome, s'est servi de la premiere espistre de S. Pierre chap. 5, v. 13, où il dit : « L'Eglise qui est recuillie en Babylon vous salue[119], » voulant que là où il est parlé de Babylon soit entendu de Rome, et allegue Papias disant : « *Quod Petrus in I. Epist. tropicè*

115 *Epistulae* (CPL 0620) – LLT-A, epist. : 59, vol. : 54, par. : 3, pag. : 544, linea : 8. Citation empruntée à Lubbert, p. 852. L'édition moderne donne : « *ut rursus aedificetur Hierusalem* ».

116 Apocalypse 11, 8. Les Bibles de 1567 et 1588 donnent : « qui est appelee spirituellement Sodome et Egypte, là où aussi nostre Seigneur… »

117 *Les prenant comme il ordonne.* Sous-entendre : en les comprenant comme il le demande, nous disons que…

118 Allusion à trois sonnets de Pétrarque contre la cour romaine, *Fiamma del ciel…*, *L'avara Babilonia…*, et *Fontana di dolore…* (*Canzoniere*, 136-138, éd. G. Savoca, Paris, Belles Lettres, 2009, p. 220-222). Ils manquent fréquemment dans les éditions du XVIe siècle. Lubbert cite le troisième, p. 860.

119 Les Bibles de 1567 et 1588 donnent : « … qui à Babylone, esleuë ensemble avec vous, et Marc mon fils, vous saluë. » *Recueillie* traduit le latin « *collecta* » de la Vulgate. Bellarmin, II, II, p. 777 : « *Ac ut à primo incipiamus, S. Petrum Romae aliquando fuisse ostendimus primum ex testimonio ipsius Petri, qui sic ait ad finem prioris epistolae ; Salutat vos Ecclesiae in Babylone collecta* », *cf.* Lubbert p. 260.

Romam Babilona nominaverit[120]. Que s. Pierre en la 1e Epist. a nommé Ro. Babylon figurement. » C'est à Boulanger à voir si sa comparaison des mauvais escuyers nous est propre, et si les textes des Peres ne sont pas bien conduits où il faut, et si après ses maistres il ne nous est pas permis d'apeller la tyrannie romaine l'Egipte, Babylon et Sodome. Sous elle les tesmoins du nom de Dieu ont [p. 40] trainé par les places. Particulierement, les deux venerables tesmoins qui donnerent leur vie à Dieu au Concile de Constance[121]. Non pas que je vueille restreindre ceste prophetie ny à ce nombre, ny à ces personnes. Car je ne me veux point departir du commandement de l'Escriture qui dit « spirituellement », ny du conseil de S. Hiero. qui defent le sens charnel, mais en general, prenant le nombre fini pour l'infini, nous l'entendrons de la grande quantité de martyrs qui ont esté estendus aux places des Sodomes et Egyptes spirituelles. Nous dirons donc sur les positions de Boulanger :

Celuy qui fera jonchee[122] *des corps des tesmoins et martyrs par les places de Sodome entendue spirituellement celuy là est l'Antechrist.*
La tyrannie du pape est celle qui fait, etc.
Donc la tyrannie du pape est celle de l'Antechrist.

Chap. 14[f]

De la 14e marque, Boulanger tire ceste consequence **[→ 84]** :

L'Antechrist doit mettre son siege en la ville de Hierusalem.
Le pape n'a pas mis son siege en Hierusalem.
Donc le pape n'est pas l'Antechrist.

---

120 Citation de Papias d'Hiérapolis. Bellarmin, *ibid.* (aussitôt après la citation de Pierre), Lubbert p. 261.

121 Apocalypse 11, 8 : « Et leurs corps seront gisans és places de la grande cité, qui est appelée spirituellement Sodome et Egypte, là où aussi nostre Seigneur a esté crucifié. » Ces deux Témoins qui désignent l'Ancien et le Nouveau Testament pour certains (Napeir, *Ouverture de tous les secrets de l'Apocalypse*, 1607, Taffin, *Claire exposition de l'Apocalypse*, 1609), représentent Hus et Jérôme pour Bullinger (*Cent Sermons sur l'Apocalypse*, 1564, f° 213), Daneau (*Traité de l'Antéchrist*, 1577), Vignier (*Theâtre de l'Antéchrist*, p. 282)... Jean Hus et Jérôme de Prague, deux réformateurs tchèques, se sont rendus au concile de Constance et y ont été brûlés en 1415 et 1416. Ils ouvrent le martyrologe de *Feux* (v. 57-72) de manière synthétique et programmatique, conformément à la lecture spirituelle développée ici.

122 Même locution *Tragiques* III, v. 133, 987.

Il allegue pour preuve le texte [de] S. Math. [p. 41] 24e chap. : « Quand vous verrez l'abomination de la desolation avoir mis son siege au s. lieu *etc.*[123] » J'ai monstré à la solution de la marque 12 comment ce temps cotté par l'abomination ne peut estre de lad. venue de l'Antechrist. J'adjousteray ce qu'en dit Hiero., *Ad Algas.* : « *Antichri. sedebit in templo Dei, vel Hieroso. ut quidam putant, vel in Ecclesia, ut nos verius arbitramur*[124]. L'Antechrist se siera au temple de Dieu, ou au temple de Hierusalem, comme quelques uns pansent, ou en l'Eglise, comme nous estimons plus veritablement. » Puis Oecumenius *in 2e ad The. cap. 2* : « *Non dicit Templum Hiero. sed Ecclesiam.* Il ne dit pas le temple de Hierusalem, mais l'Eglise[125]. » Je ne sçay comment la fureur de la dispute a poussé ces nouveaux disputans à cette extremité de folie de vouloir contre le jugement de l'antiquité, que tant ils adorent, rebastir le temple de Hierusa. pour y faire habiter un Antechrist à leur poste. Voyons Hiero. sur le 9e chap. de Dan. : « *Usque ad consommationem et finem mundi perseverabit desolatio*[126]. La desolation (assavoir du temple) perseverera jusques à la fin et consommation du monde. »

Parlant du temple, Cyrille a prononcé [p. 42] : « *Illud nunquam reaedificari posse*[127]. » Pour marque de quoi selon Theod. li. 3, cha. 21, Sozome, liv. 5, chap. 21, Socra. li. 3, cha. 17, Denis, evesque d'Alexandrie, Hyeros. ch. 18 sur Esaye[128], « Il est condamné à demeurer en haine perpetuelle », et les 3 premiers autheurs cy dessus alleguez disent que Julian le voulant rebastir pour nuire aux Chrestiens, « *igni cœlitus demisso, et gravi terrae motu impeditus est*[129], » « fut empesché par le feu envoyé du ciel et par un grand tremblement de terre. » Travaille donc en vain quiconques comme cet ancien persecuteur aidera aux Juifs à restablir ce temple materiel et à rendre la sentence de Christ vaine[130]. Quand il faudra maintenir la

---

123 Matthieu 24, 15 : « Quand donc vous verrez l'abomination de la desolation, qui est dite par Daniel le prophete estre au lieu sainct, (qui lit l'entende). »

124 Cette citation ne figure pas dans la LLT. En revanche, elle figure dans le *Corpus scriptorum ecclesiasticorum latinorum, Epistula* CXXI, vol. 56, p. 53.

125 Les citations de Jérôme et d'Œcumenios (un nom sous lequel on a classé des commentaires du Nouveau Testament) sont empruntées à Lubbert, p. 864.

126 *Commentarii in Danielem* (CPL 0588) – LLT-A lib. : 3, cap. (s.s.) : 9, linea : 584 Lubbert, p. 863.

127 Cyrille de Jérusalem. Lubbert, p. 863.

128 Les références à Théodoret de Cyr (chap. 20 et non 21), à Hermias Sozomène, Socrate le scolastique, Denis le Périégète, et Jérôme, se trouvent toutes chez Lubbert (p. 863).

129 Lubbert, *ibid.*

130 Suit toujours Lubbert, *ibid.* : « *Equidem Julianus voluit hoc templum per Judaeos reaedificare, ut Christ praedictionem mendacii convinci* – Il est sûr que Julien a voulu que le temple soit

verité de son maistre, la terre monstrera qu'elle n'a pas oublié à trembler et le ciel à foudroyer[131]. Or voilà cette 14e raison foudroyee. Cependant nous expliquerons avec tous les Peres le saint lieu où l'Antechrist veut tirannizer pour l'Eglise[132], et conclurons ainsi :

Celuy qui doit mettre son siege au s. lieu qui est l'Eglise, est l'Antechrist.
Le pape est celui qui a mis son siege en l'Eglise.
Donc le pape est l'Antechrist. [p. 43]

Chap. 15

Voicy la 15e et derniere marque aussi heureusement choisie que les autres **[→ 84-85]** :

L'Antechrist doit marcher avec une puissante armée, faire mourir trois rois, et en rendre 7 tributaires.
Le pape n'a pas fait ces choses.
Donc[g] le pape n'est point l'Antechrist.

Cecy est appuié sur le 7e ch. de Daniel, auquel nous avons monstré cy devant n'estre faite aucune mention de l'Antechrist mais seulement d'Antiochus, qui mit à effet[133] les choses prophetizees, et en leur temps[134].

---

reconstruit par les Juifs, afin que la prédiction du Christ s'avère fausse. » La phrase d'Aubigné vise-t-elle Henri IV ? En 1597, les *Plaintes des Eglises* le compareront à Julien l'Apostat (*Memoires de la Ligue*, Amsterdam, 1758, VI, p. 458-459), et la comparaison reviendra souvent sous sa plume (*Tragiques* VI, v. 633-656, *Discours par stances*, v. 117-120, *PP* p. 66).

131 6 *Cf. Tragiques* VI, v. 300-303 : « Vous rappristes bien tost ô devorantes eaux / La lecon de noyer par le deluge apprise, / Vous l'oubliastes lors que vous portiez Moyse. »

132 *Nous expliquerons... pour* : Nous identifierons avec.

133 *Mit à effet* : accomplit, réalisa.

134 La matière de ce chapitre vient de Bellarmin, sans doute repris par Boulanger. Bellarmin (III, xvi, p. 930-931) discute *De regno et proeliis Antichristi*. Premier point : il sera d'origine basse et s'établira par la fraude. Second point : il combattra trois rois. Troisième point : il se soumettra sept autres rois et établira sa monarchie sur le monde entier. Le point 2 porte sur Daniel 7 : une bête à 10 cornes est apparue au prophète, ce sont 10 rois (7, 24), puis « un autre » (Bible de Genève), « *alius* » (Vulgate) viendra qui les dominera et « humiliera trois rois » (Genève, *humiliabit* dit la Vulgate), identifiés avec les rois d'Égypte, d'Afrique et d'Éthiopie. Bellarmin cite le commentaire de Jérôme qui affirme que ces trois rois seront tués, et il l'appuie sur d'autres Pères. Il ajoute : « *Hoc autem maximè refellit insaniam haereticorum, qui Pontificem Antichristum faciunt. Dicant enim, si possunt, quandó nam Pontifex Romanus occiderit Reges Ægypti, Lybiae, et Æthipiae, et eorum occupaverit regnum*

Voyez le labeur de S. Hierôme à accorder l'hystoire avec l'allegorie. Certes ce sont marques de mauvaises causes quand destituées de fondement ferme, elles s'apuyent sur principes feints, sur lesquels toutes argumentations ne concluent rien. Aussi la proposition de cette piece est nulle, n'y aiant aucun texte en l'Escriture qui establisse telles marques à l'Antechrist. Quant à la mineur, je prouverai son contraire si je veux. Qui a levé et fait lever des armées plus puissantes que le pape ? Avec quelles forces a [p. 44] il mis en sa main le territoire de Rome, le Latium, et la Lombardie ?

Que si aujourd'huy ces contrees ne portent pas titres de royaumes, ceux qui sont tant soit peu avancez en l'histoire romaine sçauront comment ç'ont esté regnes divisez, et ce qu'ils ne portent plus le nom de royaumes rend l'allegorie plus analogique[135], car il est dit, « esteindre trois Rois », et c'est veritablement esteindre, que d'esteindre le nom et celui du regne quant et quant. Voilà pour les trois rois qui doivent estre esteints, puis qu'il faut allegoriser à la despouille de Ptolemee Philopator, Seleucus et Demetrius[136]. Quant aux sept qu'il doit avoir rendus tributaires, les rois de France, Espagne, Angleterre, Escosse, Dannemarc, Suede, et Boheme, n'ont ils point esté veritablement tributaires du pape[137] ? ne le sont ils point encores aujourd'hui, hors-mis ceux qui ont secoué le joug de cette infame tyrannie depuis que le souffle de la parole de Christ a commencé de toucher cette beste[138] ? Je ne veux pas m'ébatre en ce champ, comme il fait quand il trouve quelque lieu commun propre à le debaucher de la tasche encommencee. Ainsi en prenant pour bonne la monnoie de ses [p. 45] fausses positions, nous pouvons dire :

Celuy qui doit esteindre 3 rois et en rendre 7 tributaires, est l'Antechrist.
Le pape a fait ces choses.
Donc le pape est l'Antechrist.

(p. 931) – Cela réfute totalement l'aberration des hérétiques qui identifient l'Antéchrist avec le souverain Pontife. En effet, qu'ils disent donc, s'ils le peuvent, quand ce dernier a tué les rois d'Égypte, de Lybie et d'Éthopie, et occupé leurs royaumes. » Lubbert rapporte la prophétie de Daniel à Antiochus (p. 894).

135 Même si en théologie le sens *analogique* (confondu avec *anagogique*) concerne la vie dans l'au-delà après la fin des temps, ici *analogique* est synonyme de « pertinente ».

136 L'identification est faite par Lubbert, p. 694.

137 La liste oublie un grand nombre de royaumes catholiques, comme la Pologne ou le Portugal.

138 *Le souffle* : 2 Thessaloniciens, 2, 8. La phrase distingue des royaumes catholiques ceux qui ont su se libérer du Pape en devenant protestants. Voir *Discours par stances*, *PP* p. 78, repris au début des *Tragiques*, p. 267.

Le lecteur discret verra en toute cette argumentation comment tout y est ferme, hors-mis ce qui est basty sur les fondements posez par ce mauvais architecte de Boulanger. Il faut maintenant dire de son livret peu, et plus qu'il ne merite.

Chap. 16

Boulanger nous a envoyé un livre de sa façon et au nom d'un autre, duquel livre la premiere partie, qui fait plus de la moitié, asçavoir jusqu'en la page 65 (n'y en aiant en tout que 113) traitte une belle matiere, qui est du gouvernement monarchique[139]. Le bonhomme respond à tant de choses qu'il a, selon mon advis, souscrit une de ses depesches pour l'autre, ou s'est trompé comme ceux qui changerent leur eau en allant au medecin[140], car je ne cognois aucun qui ait posé avec lui l'estat de cette question, plus frequente[h] entre les jesuites qu'entre les bons serviteurs du roi[141]. Peut estre que par cette palinodie, et [p. 46] sciomachizant[142] ainsi, il veut expier les forfaits de sa secte et leurs crimes de lèze[i] majesté, pour esperance d'impetrer le retour de ses compagnons reniez en France. Ceux qui ont de meilleures preuves de leur fidelité[143] n'ont que faire de ses ruses et releveroient bien ceux qui en parleroient autrement. Je trouve bon que Boulanger se vante à la fin de ce discours qu'il a traitté une matiere commune « non communement » **[→ 142]** : je le croi, pource que ceux qui la traittent communement la deffendent selon leur pensée,

139 À partir d'ici, l'attaque vise la *Responce de Matthieu Gouyn.*

140 Une histoire plaisante : un homme se croit enceint après un examen de son urine par le médecin. Mais c'était celle d'une servante… Nicolas Rapin a composé des vers latins sur le sujet (voir Jean Brunel, *Un poitevin poète, humaniste et soldat à l'époque des guerres de religion, Nicolas Rapin (1539-1608)*, Paris, Classiques Garnier, 2002, p. 1100), ainsi que Dominique Baudier, qui parle d'une « *rei non fictae narratio* », d'un récit authentique (*Dominici Baudii poematum nova editio, Lugduni Batavorum*, Ex officina Thomae Basson, 1607, p. 588-589).

141 Ce serait donc Gouin qui aurait ouvert la discussion sur les formes de gouvernement. L'allusion aux jésuites rappelle les traités dits « monarchomaques » d'Emmanuel de Sâ ou de Mariana parus pendant la Ligue, et les accuse d'être hostiles à la monarchie, ce qui prend un relief particulier quelques mois après l'attentat de Chastel contre Henri IV – en oubliant les traités de François Hotman ou le *Reveille-matin des François*, auxquels pourtant Aubigné renvoie sans cesse. Voir *ÉP* p. 26 *sq.*

142 Néologisme, sur *sciomachie* (Rabelais), simulacre de combat. Boulenger feint de se battre pour la monarchie.

143 Ceux qui ont fourni de meilleures preuves de leur fidélité, en servant le roi : les protestants.

et lui par paradoxe[144]. Ou bien c'est qu'on n'avoit jamais veu qu'on se servist des reigles de l'estat seculier pour establir celles de l'eclesiastique. Je croi qu'il voudra desfendre les venditions des benefices par celles des estats de justice[145], et que les faux serments que font les uns là dessus s'excusent sur ceux que prestent les autres. Voie le lecteur advisé à quel propos cet escrivain non commun a perdu presque tout son livre sur ce sujet, sur lequel on voit que « *luxuriat styllus, et nota florescit ab arte*[146]. »

Le reste du livre consiste en trois poincts, desquels nous dirons autant qu'ils meritent. Il y a eu de la peine à faire cette distinction, pour ce que sautant de matiere en [p. 47] matiere, de chap. en autre, et les confondant et troublant tout, il a pensé fuir la lumiere. Les trois points donc que nous distinguerons pour esclarcir, sont ceux cy : au premier, nous verrons comment il s'est desmeslé de l'authorité des Peres ; au second, comment il a deffendu ses arguments si mal traittez et si bien descouverts ; au tiers, comment il a impugné ceux que j'ai mis au hazard de sa subtilité[147].

Chap. 17

Pour le premier point, Boulanger a trouvé un remede general pour guerir les plaies que font à ses faussetez les authoritez des Anciens. C'est une allegorie universelle en tous les points qui le blessent, et une expressitude[148] generalle en tous ceux qui fortifient son opinion. Cela seroit bien aisé, mais il ne se trouve gueres d'esprits si foibles et si

144 *Par paradoxe* : comme un éloge paradoxal, en professant le contraire de ce qu'il pense.

145 Relie la vénalité des offices, régulièrement dénoncée à cette époque, à la vente des bénéfices ecclésiastiques.

146 « La rhétorique surabonde et fleurit avec une artificialité manifeste. » *Cf.* une épigramme anagrammatique de Hermann Kirchner : « *Non minor ingenua florescit ab arte potestas* » (*Centuria anagrammatismorum prima*, Francfort, Apud Johannis Wecheli Viduam, 1594, p. 65).

147 *Impugner*, qu'Estienne et Cotgrave donnent au sens général de « combattre », se spécialise en un sens philosophique. « Se dit entre philosophes de classe, dit Richelet en 1680, pour combattre quelque raison, quelque point de doctrine ». *Hazard :* danger. Les arguments que j'ai exposés au danger de sa subtilité. La *subtilité* (ici deux fois ironique) est régulièrement reprochée aux théologiens catholiques. Voir les « docteurs subtils » de *Tragiques*, VII, v. 1085.

148 *Expressitude* : avec minutie, ici en prenant tout au sens littéral. Le mot semble ne se rencontrer que sous la plume d'Aubigné, par ex. *HU* I, p. 15.

ploiables qui puissent prendre toutes ces doctrines pour allegoriques, mesmement[149] n'estants les docteurs qu'expliquateurs de l'Escriture, et n'y aiant rien tant impropre à expliquer que l'allegorie, à laquelle il faut tousjours necessairement une [p. 48] explication. Je dirai plus, que les explications des allegories sont presque tousjours doubles[150] et douteuses. Ce seroit, Boulanger, blasphemer impudemment de ces bons personnages que les apeller gloseurs d'Orleans[151], et est bien plus charitable, quand ils discordent avec l'Escriture, considerer qu'ils sont hommes, ne les tenant pour plus authorizez qu'ils demandent en protestant de leur humilité. Ainsi Boulanger a esté contrainct d'accuser S. Augustin d'ignorance en la page 89 de son livre, et Origene d'estre contraire à soy en la 55e, car de fuir en cet endroit à l'alegorie, je prie le lecteur d'y emploier ses bons yeux, puis qu'en cet endroit on s'amuse aux miens. Le cler-voiant lecteur se souvienne que quand j'ay refusé les docteurs pour juger en dernier ressort sur les Escritures, je n'ai point usé de fuittes de chiquanerie, me tenant aux vrais juges de l'arrest, desquels ma partie ne peut apeller, et lui fait le chiquaneur, qui m'adjourne devant ceux qui refusent cette authorité. Après on verra que je les maintiens impuissants de prononcer sentence jusques à ce qu'ils soient d'accord entr'eux de leur jugement[152]. Qui pis est, leur contrarieté[153] n'est pas seulement des uns aux [p. 49] autres, mais encores d'eux à eux mesmes, ce que je prouve par mon adversaire, qui en se deffaisant de leurs authoritez par cette raison, a oublié ce que j'en veux conclure. Je l'excuse, il avoit perdu la conduitte de Bellarmin, et quant cela est, il est estonné[154] comme moy quand j'ay perdu mon baston. Ainsi, puisque Boulanger a prononcé des Anciens tantost qu'ils doubtent, tantost qu'ils se contrarient, il a verifié l'assumption de l'argument qui s'ensuit, qu'il voye s'il niera le reste :

Tous ceux qui doubtent d'une matiere ou se contrarient au jugement d'icelle, sont incapables d'en juger.

---

149 *Mesmement* : surtout.

150 *Doubles* : au sens littéral, et au figuré : trompeuses.

151 On appelait *glose d'Orleans* une explication qui obscurcit au lieu d'éclairer. Boulenger a employé l'expression à propos de La Blachière, *RAC* p. 183.

152 Voir Corr. p. 650-659 : lors d'une controverse avec Du Perron, Aubigné aurait fait ce syllogisme : « *Nullus judex falsus est judex, / Atqui patres sunt falsi, / Ergo Patres non sunt judices.* »

153 *Contrariété* : leurs contradictions.

154 *Estonné* : il a perdu ses moyens.

Les docteurs anciens doubtent en la matiere de la primauté de s. Pierre, et se contrarient au jugement d'icelle.

Donc les docteurs anciens sont incapables de juger de la primauté de s. Pierre.

Chap. 18

Boulenger se prepare en la page 107 à la deffence de ses arguments et promet de pædantizer en cette matiere [→ **167**]. C'est l'endroit où je me preparois à voir de la subtilité à bon [p. 50] escient, comme certes il en seroit besoing pour prouver en mode et figure les pieces que j'ai mises devers le vent en mon premier escrit. Mais le compagnon a fait comme les basteleurs qui affichent et s'abillent sur l'eschaffaut[155] et puis se desrobent par derriere sans jouer, à quoi il ne peut respondre que ce sont traits de son maistre Gonin, et que cela n'excede point le decorum du personnage[156]. Aussi peu a il eu de honte d'apeller cy devant demonstration ce qui n'estoit pas seulement syllogisme dialecticien, pour à laquelle satisfaire, il devoit aux despens de tant de gentils esprits qui sont à Poictiers, relever une roide dispute sur les termes et figures. Mais il s'advise tout court que ces honnestes hommes, c'est à dire qui ne sçavent rien[157], en riroient à la taverne. N'oserois-je pour ce jugement de drosles lui monstrer que ce qu'il maintient estre dit « κατὰ παντός » ne se peut deffendre de ces[j] termes : « ὃ ἂν ᾖ[k] μὴ ἐπὶ τινὸς μὲν, τινὸς δὲ μή, μηδὲ ποτὲ μὲν ποτὲ δὲ μή[158]. » Quand j'aurai affaire à un autre goust d'honnestes hommes, nous deviserons si ce *de omni* est posterioristique *et subjecti universitate et temporis perpetuitate*[159].

155 *Eschaffaut* : scène.

156 Jeu sur le nom de Gouin et sur celui de « Maistre Gonin », un personnage de prestidigitateur.

157 Critique du refus de paraître trop savant, préconisé par Castiglione, et souvent dénoncé par Aubigné. *Cf. Printemps, Préface*, v. 175-204, et surtout Corr. p. 578, où le « brave gentilhomme » qui se veut sans aucun savoir ne serait « qu'un sot, et un marault ». Ici, c'est le mépris de Boulenger pour la rigueur logique, qu'il taxe de pédantisme, qui est visé.

158 Aristote, *Seconds analytiques*, I, 4, 73a28 (définition du κατὰ παντός) : : « ce qui n'est attribué à quelque cas de ce sujet à l'exclusion de quelque autre, ni attribué à un certain moment à l'exclusion de tel autre » (trad. Tricot, p. 22).

159 Terminologie logique. La proposition κατὰ παντός, *de omni*, universelle, requiert l'universalité du sujet et du prédicat, et l'universalité temporelle : le prédicat doit toujours être inhérent au sujet. Le syllogisme prioristique est fondé sur un sujet universel, le syllogisme postérioristique (décalque du latin *posterioristicum*) requiert la perpétuité.

Il dit que son assumption n'est pas petition [p. 51] de principe pour ce qu'il l'a prouvée autresfois : quand une seule de ses preuves sur ce point se trouvera *constare ex iis quae* πρῶτα ἄμεσα, καὶ γνωριμώτερα ἐστι[160], ou par principes qui constent entre nous, je me condamneray lors, ou quand en argumentation suivie le terme aura esté concedé[161].

Il dit après que j'ay couché ses argumens à ma poste. S'ils n'estoient point imprimez, il s'inscriroit en faux, mais son imprimeur luy est trop obeissant, et principalement aux choses personelles et hors la dispute, ausquelles il ne pourra un jour s'excuser de chollere comme pourroit Boulanger.

Je laisse cela pour dire que l'impudence de cette accusation demeure en veue avec d'autres faussetez, comme quand il dit que j'advouë que s. Pierre a presché à Romme **[→ 165]**. S'il vouloit dire que j'eusse voulu reduire en argument une miserable piece arboree en tous ces livres, et prise de Prosper, *Roma caput mundi, etc.*, je proteste que cerchant le 4ᵉ argument qu'il avoit promis en son premier escrit, et n'y trouvant que cela, je l'ai mis en avant. Mais non pour argument, bien pour une fadeze, laquelle je ne saurois à quel usage apliquer sinon que le siege de Romme a deux des marques [p. 52] que Boulanger demandoit à son Antechrist, assavoir les puissantes armees, et vouloir tenir entre ses mains la religion pour se faire adorer, comme il est traitté en la 3ᵉ et 15ᵉ marques. Par ainsi il me fera achever ce chap. par cet argument :

> *La ville qui se servira des armes et du manteau de religion pour tyrannizer tout le monde, est le siege de l'Antechrist.*
>
> *Rome est la ville qui se sert des armes et du manteau de religion pour tyrannizer tout le monde.*
>
> *Donc Rome est le siege de l'Antechrist.*

La proposition est fondee sur les 3ᵉ et 15ᵉ marques de Boulanger, l'assumption, sur le texte qu'il a fait imprimer quatre fois en un an. Voilà ce que j'en puis tirer. Il faut passer à la troisiesme partie de son livre.

---

160 « Se trouvera être de celles qui sont premières, immédiates et plus notoires. » *Seconds analytiques*, 71b : « καὶ πρώτων καὶ ἀμέσων καὶ γνωριμωτέρων : » la démonstration, le syllogisme scientifique, doit partir « de prémisses qui soient vraies, premières, immédiates » (trad. Tricot, p. 8).

161 Quand j'aurai admis (*concédé*) la majeure du syllogisme après qu'elle aura été rigoureusement démontrée.

Chap. 19

On ne sçauroit dire en quelle partie nostre homme est plus expert, ou à defendre ses argumens, ou à impugner ceux de son adversaire. C'est encor où il a parfaitement demonstré qu'il n'a tache aucune de ceste [p. 53] pedanterie logicalle. Sur la mineur du premier sillogisme, au lieu de respondre au terme « institué sans la parole de Dieu », il dit qu'il a combatu par l'authorité des Peres **[→ 167]**, *et haec perpetua principii petitio*[162] : il a mieux aimé laisser ses termes et leur conclusion en leur force, que de faire ce qu'il apelle pedante. Bellarmin ou Stapleton[163] eussent monstré en cet endroit leur suffisance par un elenche[164] sur les causes, cettui ci est trop honnest' homme.

Au second, il préche au lieu de disputer. Mais il n'attaque ny la methode ny la matiere.

Au troisiesme, il nie que ceux qui ont mesme commandement aient mesme charge, comme si le commandement n'estoit pas cause effectrice de la charge en ceux qui n'estoient point preferables les uns aux autres par qualitez naturelles. Il aime mieux parler par exemple, qui est un des asyles pour les fugitifs de la raison, et compare l'estat du roy, duquel l'exemple sera analogie de Jesus, à ses apostres, non d'un apostre à ses pareils **[→ 168]**. Il ne veut qu'un cavalier comme lui sache les analogies.

Au 5e, il ne veut pas qu'il y ait de difference notable entre general et particulier. Nous attendrons de lui quelques preceptes nouveaux pour lui faire [p. 54] *cohaerere contradictori*a.

Il nie les assomptions du 5e et 6e qui sont syllabe pour syllabe le texte de Cyprian.

Quant à sa distinction de « dominer », alleguee sur le 7e **[→ 169]**, s'il veut priver monsieur le pape de la domination qu'il specifie, il peut bien jetter son froc aux orties, ayant ainsi blasphemé contre les saincts decrets. *De consuetu. c. pri.* : « *Papa superioratum habet in imperium, et vacante imperio, imperatori succedit*[165]. Le pape a superiorité sur l'empire, tellement que l'empire vaquant, il succede à l'empereur. » *Item. De re.*

---

162 « Et voilà la pétition de principe perpétuelle ».

163 John Stapleton, Anglais qui s'est exilé pour rester catholique, professeur à Louvain, auteur de nombreux ouvrages de controverse.

164 *Suffisance* : compétence. *Elenche* : ἔλεγχος, *elenchus* : réfutation.

165 *Clémentines*, II, Tit. XI, *De sententia et re judicata*, Col. 1061, *Corporis juris canonici*, *op. cit.*, II, col. 1061. Le *titulus* correspond à la citation suivante.

judica. c. Pastora in clementi : « *Papa potest transferre imperium de gente in gentem*[166]. Le pape peut transferer l'empire d'une nation, à une autre nation. » Et plus exprès[167] *De re. judica.* c. 2 : « *Papa habet utriusque potestatis temporalis et spiritualis Monarchiam*[168]. Le pape a la monarchie de l'une et de l'autre puissance, assavoir la temporelle et la spirituelle. » C'est trop, et n'y a que trop d'autres authorités.

En la proposition du 8e, ainsi qu'au 5e il n'a pas trouvé de preuve par l'incompatibilité des contradictoires, à ce coup il ne trouve point de necessité en l'oposition de termes qui *pugnant ex diametro*, comme « muable » et « non muable », veu que de toutes [p. 55] oppositions de qualitez, la negative est la plus expresse.

Le 9e syllogisme est accordé, mais, dit-il, ne conclud rien contre la primauté du pape **[→ 169]**. Son office est de prouver la mutabilité, qui est le terme moien en l'assumption du 8e. Cela s'apelle *in nostra transire castra*[169].

Chap. 20

Je ne demande au lecteur auquel la passion n'aura pas osté tout le jugement sinon qu'il juge si les alleguations que j'ay apportées des docteurs peuvent toutes s'en aller en fumée d'allegories, si l'adversaire, qui a establi leurs opinions pour principes, les peut maintenant recuser,

166 Nous n'avons pas retrouvé la formule dans le droit canon, mais elle figure dans le conflit entre Philippe le Bel et Boniface VIII. Elle est citée par l'auteur du *De Romani Pontificis authoritate erga reges* qui affirme que même les officiers du roi ont reconnu « *quod Papa potest transferre Imperium [...], vel aliter aut Imperium, vel Regnum est transferendum de gente in gentem propter aliquod crimen spirituale...* » (*Oecumenica Cathedrae Apostolicae authoritatis, ex occasione quatuor Cleri Gallicani propositionum anno M.DC.XXCII. in Parisiensi ecclesiastico conventu editarum*, 1689, p. 114).

167 *Exprès* : explicite.

168 Les trois citations sont déjà données par Hotman dans son *Brutum Fulmen Papae Sixti V adversus Henricum serenissimum regem Navarrae...*, s.l., 1585, p. 87. Elles ont été reprises par Lubbert. Elles renvoient aux Décrétales, partie du *Corpus*, I, Tit., I, Tit. VI, « *De electione et electi potestate* », 17, « *Glossa prima* », où il est dit que le fameux pape Sylvestre a décerné « *in ipsa urbe utriusque potestatis monarchiam romanis pontificibus* » (*Corporis juris canonici, op. cit.* col. 902). Le *De translatione imperii romani a Graecis* [Byzance] *ad Francos* de Bellarmin (Anvers, Ex officina Christophori Plantini, 1589) soutient que le pape est supérieur à l'empereur et qu'il peut transférer l'empire si nécessaire. Voir Motta, *Roberto Bellarmino, Teologia e potere, op. cit.* p. 135 *sq.*

169 Passer dans notre camp.

si leurs doutes et contrarietez et mesmes leurs protestations de n'escrire pas en juges mais en jugeables, ne sont pas raisons suffisantes pour nous tenir à cet usage. C'est qu'il y a en eux beaucoup de saines doctrines qui rendent leurs noms et leurs saincts labeurs honorables à la posterité, mais leurs taches nous permettent de ne cercher principes ni fondement qu'aux livres qu'eux mesmes ont voulu estre seuls canoniques. Voilà pour le premier poinct.

Au second, voie le [p. 56] lecteur qui aura tant soit peu de savoir comment cet argolet (car je lui cerche des qualitez les plus eslognees du pedante qu'il m'est possible) a defendu ses pauvres argumens qu'il a laissez pied à terre, et s'en est fuy[170]. C'estoit là qu'il falloit attacher sa jument au buisson, et ne les laisser ainsi deffaire.

Pour le tiers, il a dit quelques injures aux miens, mais en courant, et a laissé tout mon traitté en sa force, et cette-là sera la seconde cause pour laquelle je fay fin de mesler les propos sacrez de theologie avec les passions, sans lesquelles il est difficile de respondre à ses effronteries. Je sçay qu'il repliquera plus amplement et plus hardiment sur la protestation que je fay de ne traitter plus de matieres sainctes avec lui, et cette clauze ne lui sera pas fascheuse, il trouvera peut estre ailleurs quelqu'un de sa portee en matiere d'injures, ausquelles je ne feray plus qu'un mot de discrette remonstrance, ayant essayé que *Bacchae Bacchanti si voles adversarier, ex insana insaniorem facies*[171]. [p. 57]

Advertissement à Boulanger.

C'est imprudence à celui qui forge des calomnies quand il ne les rend pour le moins vraisemblables. Telles bavarderies que la tiene [→**MG 113v°**]ont esté cause que le gentilhomme duquel tu blasphemes a fait une preuve de son extraction aussi exacte qu'il la faut quand on a pour juges ses corrivaux[172]. Je ne veux pas l'inserer ici pour deux

170 L'*argolet*, arquebusier à cheval utilisé pour les escarmouches et les reconnaissances, est le type du soldat lâche et pillard. La correspondance comparera les arguments d'un catholique à des « argolets » qui ne sont propres qu'à « courir la poule » (p. 530, *cf.* p. 541).

171 Plaute, *Amphytrion*, v. 703-704. Plaute écrit « *velis* » et non « *voles* » : « Essaie de contrarier une Bacchante en pleine bacchanale : tu rendras sa fureur forcenée. »

172 Allusion aux preuves de noblesse qu'Aubigné a produites pour son mariage avec Suzanne de Lezay, voir *Sa vie* p. 126-127.

raisons. L'une, qu'il l'a sceu qui a voulu en ce pais. L'autre, qu'il n'a que faire d'apologie en cet endroit. Tu pourrois dire que celui duquel on doute n'est pas assez noble, mais je dy qu'il l'a fait cognoistre à ses ennemis, et que celui ne l'est pas assez qui ne le peut faire croire qu'à ses amis. S'il y a des personnes du nom que tu dis pauvres et de basse condition venus de mesme pied[173], des plus grands arbres quelques branches trainent à terre. Mais aussi, s'ils ne sont rien à ceux à qui ils semblent de nom[174], tu as attaqué plusieurs bonnes maisons d'Anjou[175] et de Poictou, avec lesquelles l'offensé a de pareil le nom et les armes. On le cognoist assez modeste pour ne pas rejetter la pauvreté des uns, et assez eslevé [p. 58] d'honneur et de courage pour n'affecter plus qu'il ne faut la splendeur des autres. C'est là où tu as tiré de dragee[176]. Au moins devois tu respecter ce genereux baron qui fit si bravement à la charge d'Ozance, et abandonna sa vie pour sauver vostre general. C'est de là, d'où tu dois craindre le chastiment. Car pour celuy que tu as voulu offencer, quand on lui porta ton livret en un village pres de Loches s'en allant en cour, j'ay sceu qu'aiant leu tes injures, il ne dit que ces parolles : « Cet homme a esté mis en grand cholere, et toutesfois il fait du bien à ceux qu'il croit ses ennemis, car il me donne des oncles, et mon pere ny ma mere n'eurent jamais de freres. » Et se prit à rire. Nous avons sceu depuis par le partage de son pere[177], qu'il estoit sans freres. Voilà ton impudence pour ce point.

D'ailleurs tu reproches la pædanterie à un que tu n'auses nommer. Tu faicts bien, car nul ne l'auseroit croire, mais si la chose estoit plus vieille et plus esloignée, tu eusses emporté ton mors. De toutes ces choses, tu es aussi peu creu comme de ce que tu ventes d'avoir regenté neuf ans aux jesuites, et mesmes en une premiere[178], ne sçachant pas les elemens de la dialectique, et nous [p. 59] cognoissons que les jesuites font profession de se servir de doctes. Je te veus encor' admonester que il y a bien un plus honeste nom pour ton frere, pour toy, et pour ceux

173 De même extraction.

174 Si ces personnes ne sont rien à celles dont elles semblent porter le nom…

175 Aubigné prétend en effet être lié aux Aubigné d'Anjou. *Sa vie*, p. 126-127.

176 *Dragee* : petit plomb, donc sans précision.

177 *Partage* : héritage.

178 Une classe de première, la dernière année d'études. Boulenger affirme seulement, dans la réplique publiée par La Blachière (*DFE*, p. 67) qu'il a été élève « huict ou neuf ans » chez les jésuites.

qui t'ont apris à gaigner ton pain, que « pædante » : laisse les apeller ainsi aux soldatz ignorans, et considere l'infime condition où tu es reduit, qui ne puis faire croire en te ventant la qualité de « pædante » t'estre deuë, et ne puis, miserable, t'aproprier pour honneur ce que tu veux, et ne puis l'attribuer à autrui pour infamie. Tu regardes *idque oculis emissiciis* où j'ay mis les recriminations[179]. Boulanger, il n'y en a point, encor qu'on m'ait envoié de Poictiers un discours de ta gentille jeunesse, pleine d'estranges peccadilles, et autorizé[180] de contracts. Entr'autres, pour te prouver que le nom ne fait pas la parenté, il y a un memoire d'un qui fut fouetté en ce païs, et qui a depuis usé son aage en la principale ville de Provence, où il a esté fort habille bourreau trante ans. Cet honnest'homme s'appelloit Auguste Boulenger[181], tu en pourras sçavoir la verité par ton eschollier de Provence, et je ne veux pas m'enquerir s'il estoit ton parent. Il y a encores des folies et choses pires que folies, mais ce papier honoré de paroles sacrees, ne doit rien souffrir contre la pudicité et la nature.

179 *Oculis...* Plaute, *Aulularia*, v. 40 (« avec des yeux fureteurs »). Je corrige « *emissitiis* ». *Recriminations* : au sens juridique, « contre-accusations ».

180 *Autorizé* : confirmé, prouvé.

181 Voir *PP*, p. 350.

EXAMEN DES DISPUTES
Logicalles de l'Escholier

Chap. I

Encore faut il un mot de leçon à cest escolier, auquel je ne veux pas rendre tant de desdaing comme il fait semblant de m'en prester, car il a un joly commancement, et n'est inferieur à son maistre qu'en injures. Mais avecq' le temps Boulanger le pourra façonner à cette perfection jesuitique. Je ne diray que cela à sa preface. Pour l'estat de la question je me tien à ses termes, je ne veux rien adjouster à ce que j'ay dit cy dessus sur ce qui est de la monarchie. Ce que j'ay à traiter, c'est un examen de ses belles et doctes reprehensions.

La premier est que je devois dire *consequence* et non *consequences* **[→ 174]**. Cette premiere correction sur une *s* merite une *s* bien longue et un sifflement de maistre ès artz, car puisque je di en ce lieu mesmes qu'il ne [p. 2] failloit point argumenter pour tirer une consequence facillement concedée, pourquoy veut il deux arguments, là où il n'en est besoin d'un seul ? La seconde morsure a aussi bonne grace, et pour les raisons dittes. De plus les propositions sont appellees par tous bons logiciens *antecedents*, et la conclusion qui en est tirée par necessité syllogisticque est nommée *consequence*, et cela n'empesche aussi que le mot de *consequence* ne se puisse usurper pour toute la structure du syllogisme, comme le mot *syllogisme*, qui proprement denote la conclusion, est pris pour la conclusion et les premisses ensemble συνεκδοχικῶς[182]. Il dit après, que conceder la consequence n'est pas conceder que les propositions sont vraies, mais seulement que le syllogisme est bon quant à la forme**[→ 174]**. Je respon que la consequence peut estre ditte bonne *ratione formae et ratione materiae*[183] tout ensemble, et que celui qui considere des syllogismes en matiere et en forme comme j'ay fait, disant qu'il concede la consequence, l'entend de l'une et de l'autre consequence, et de matiere et de forme, veu qu'il les examine toutes deux. Si je proposois les preceptes de

182 « Par synecdoque ».
183 Sur la forme et sur le fond.

logique à part, et considerois [p. 3] la forme seule, je pourrois dire « je concede la consequence », que toutesfois je ne concederois pas la verité des propositions, mais il n'en est pas de mesme en la pratique, où il y a matiere et forme. On me blasmera d'avoir tant employé de paroles à destruire ce qui tomboit de soi-mesme, mais encores est il permis de jetter quelque motte aux chiens qui abbayent en vain. Certes j'avois cuidé que ce jeune homme aiant entrepris de couvrir la honte de son maistre, nous donneroit quelques subtilitez logicalles, cette pauvre entrée m'en oste l'esperance, cerchons s'il y a quelque chose de mieux.

Chap. 2

Nostre homme parle de faire le *magister magistrorum in logicis*, que son magister me die quel besoin il est de conceder, nier, ny distinguer où la matiere est concedee [→ 174]. Et outre cela, que veut-il faire à un sylogisme qui a le terme moien pour attribué en la majeur et en la mineur, et la conclusion affirmative ? Se trovera il petit grimaud d'une seconde[184] qui voulust faire une conclusion affirmante en la [p. 4] seconde figure[185] ? Le disciple doit fouetter le maistre pour la peine qu'il a prise à changer l'Eglise de place en l'assumption : mais il a une petite ambition malicieuse contre son maistre, duquel il a descouvert l'ignorance en la couvrant, voyez lecteur comment cette piece est couchee dans le premier livre de Boulanger adressé à l'evesque de Poictiers, imprimé par François le Page ; tout au commencement de sa lettre, voyez après en ma dix-septiéme page, en la neufiéme de l'escholier, et que là on juge qui[1] dit faux. Après l'escholier en son onziéme page s'escarmouche sur le mot de « demande[186] ». Que son maistre et lui relisent les *Analitiques* et le huitiesme des *Topiques*, il apprendra que c'est que *questio*, *suppositio*, car icy, *agitur de iis quae ex praeteritis et concessis expostulantur*[187]. À prouver l'aristocratie dont il parle, pour y respondre je n'aurais qu'à transcrire le livre de Sybrandus Lubertus nouvellement imprimé, où ils verront cette matiere menee à sa perfection, je prie le lecteur d'y cercher la verité de

184 D'une classe de seconde.
185 Les syllogismes de la deuxième figure ont une majeure universelle négative, et ne peuvent avoir qu'une conclusion négative.
186 Responce aux arguments, p. 11.
187 « Il s'agit de préalables déjà concédés. »

cette matiere, je desire qu'il cognoisse que c'est là où j'ai pris la pluspart de mes preuves[188]. En la treziesme et [p. 5] quatorziesme page [→ **175-176**], l'escollier dit que puis qu'on n'a rien respondu à son syllogisme, et que Michau confesse qu'il n'a rien à dire sur celui qui suit, qu'il a gagné donc premierement, qu'il y a un monarque en l'Eglise et que ce monarque est visible, mais il a corrompu les mots et le sens, car je dy que j'ai fort peu à dire pour ruiner le suivant, qui signifie que je le pouvois ruiner en peu de mots, mais c'est la coustume des sophistes de corrompre les mots d'autrui et chanter le triomphe encor' qu'ils aient le pied sur la gorge.

CHAP. 3

En la 14e et 15e pages [→ **175-176**] nostre escolier se monstre escollier ou avoir besoin de l'estre pour savoir ce qui s'ensuit, c'est que quelque necessité qu'il y ait en la matiere de la proposition, pour en tirer une consequence necessaire, il y faut mettre le signe d'universalité, ou a tout le moins le terme modal, comme pour exemple, l'homme est animal, l'homme est necessairement animal. De la premiere, combien que necessaire en matiere, on n'en peut rien tirer d'universel, de la seconde, fort bien, [p. 6] et non pas toutes fois explicitement. Mais de celle de Boulanger[189], où est le terme « doit » qui n'est pas equivallent à « necessaire », on n'en peut conclure universellement, comme resve ce pretandu logicien. Autrement, de celles cy, « l'homme doit cognoistre Jesus Christ », « l'homme doit obeir à la volonté de Dieu », j'en pourrais tirer des consequenses universelles et necessaires. Et pour entrer de fievre en chaud mal, il se montre puis après mauvais logicien, disant : « Si les Eglises particulieres sont visibles, pourquoi non l'universelle qui n'est autre chose que les particulieres ensemble [→ **176**][190] ? » C'est tout autant comme s'il disoit : « Tous les individus sont visibles, comme

188 Le chapitre II du *De Papa Romano* de Lubbert veut démontrer que le gouvernement de l'Église est aristocratique, et non monarchique.

189 Voir *RAA* p. 14.

190 Le raisonnement est déjà chez Francisco de Torres, *Defensio locorum S. Scripturae, de Ecclesia catholica et ejus pastore episcopo romano, B. Petri, principis apostolorum, successore. Lib. I. [-II.] adversus nugatorias cavillationes Antonii Sadeelis* [Antoine de Chandieu], *lutherani*, Coloniae Agrippinae, apud haeredes A. Birckmanni, 1580, p. 67 : « *Omnes Ecclesiae sunt visibiles, omnes Ecclesiae sunt una ecclesia catholica, una igitur Ecclesia Catholica est visibilis.* »

Jean, Pierre, Socrates, *etc.* Ergo l'espece est visible. » D'où s'ensuivroit que l'universel seroit aussi particulier. Mais quel besoin estoit il de transcrire les commantaires du Cardinal Jesuite Tolet sur les categoroumenes[191] pour exposer les diverses sortes d'universel, lesqueles j'entendz un peu, Dieu mercy ? Page 17, il dit que j'ai pensé par ignorance que l'Eglise estoit universelle *in praedicando* [→ 177]. Je respon qu'il est un ignorant lui mesme, et que si on veut prandre l'Eglise universelle comme une collecte de toutes les eglises [p. 7] particulieres comme fait le disciple du Boulanger, en tant que cette collecte ne se fait que *mentis operatione*, il faut qu'elle ait quelque affinité avec ce qu'on apelle *universale praedicando*[192]. Combien qu'à proprement parler l'Eglise *neque habeat rationem generis, neque totius physici*[193]. Elle est neanmoins *quodammodo* καθόλου[194], et ainsi par consequent invisible, ce que confesse le Jesuite Turianus, meilleur logicien que le Boulanger, car en sa dispute *De Ecclesia, contra Sadeelem*, il parle ainsi : « *Damus Ecclesiam quam deffinimus esse καθόλου, et ut est καθόλου extra mentem non esse, ac proinde non esse sic visibilem*[195]. » Il y a plus, car ce fin logicien confond l'Eglise universelle avec l'Eglise militante[196], et par là confond aussi l'estat de la question selon qu'il la pose lui-mesme au frontispice de son livre, et dit que tous les membres de l'Eglise universelle sont visibles, ce qui est faux, car les saints bienheureux ne sont pas visibles qui neantmoins sont membres de l'Eglise universelle. *De hac quaestione, an Ecclesia habeat rationem generis vel totius, et quomodo sit universale quid, consulenda est prolixa disputatio Sadeelis adversus*

191 Francisco de Toledo, jésuite espagnol, cardinal en 1593. Il a travaillé au rapprochement entre Henri IV et le pape. Il est l'auteur, entre autres, d'une *Introductio in Dialecticam Aristotelis, authore Francisco Toledo,… cui Porphyrii Quinque voces et Aristotelis Praedicamenta [Severino Boetio interprete] sunt adjecta*, Lugduni, apud M. Jovium, 1568. C'est ce livre qu'Agrippa d'Aubigné a reconnu, alors que Boulenger ne l'a pas nommé. *Categoroumenes* : décalque des κατηγορούμενα d'Aristote (prédicables).

192 *Mentis operatione :* par une opération intellectuelle ; *universale…* en parlant de manière universelle.

193 Ne relève ni du genre (une abstraction) ni d'une réalité physique. Voir la suite, sur l'*ens rationis*.

194 « Universellement ». *Cf.* Aristote, *Seconds Analytiques*, 1, 4 (73b25).

195 Francisco de Torres, *Defensio locorum S. Scripturae*, *op. cit.*, p. 60. « Nous concédons que l'Église que nous définissons est καθόλου, et comme elle est καθόλου elle n'existe pas hors de l'esprit, et par conséquent n'est pas visible. » L'auteur fait tout de suite après un *distinguo* qu'Aubigné ne mentionne pas.

196 L'Église militante, dans le temps, est distinguée de l'Église triomphante, recueillie aux cieux.

Turrianum, in responsione ad repetita sophismata, [p. 8] *et in summa totius disputationis*[197]. Et puis il appelle les universels *in praedicando* « Chimeres » [→ 177] : il est de grosse humeur, il n'entendra jamais la nature de l'*ens rationis*[198], pag. 19 et ailleurs. C'est un miserable sophiste qui ne sçait mordre que les mots. « Argument (dit-il) n'est que un seul terme, il n'a donc pas de majeure », mais il ignore qu'en françois on dit communément « argument », pour « argumentation », et je le prends comme le Boece[199], meilleur logicien que Boulanger, sçavoir est, en tant que « *fidem facere potest dubitationi, quod non fit* (dit-il en son commentaire sur les *Topiques* de Ciceron) *nisi sit oratione prolatum, et propositionem contextione*[m] *dispositum*[200] », et quand l'argument est ainsi disposé, il peut avoir une majeure. L'escolier excuse son maistre d'avoir usé des mots desquels il me reprend, parce, dit il, qu'il est rhetoricien. Qu'il excuse ainsi tous ceux qui ont escrit de la dialectique et lise Zabarella, qui est mon precepteur, particulierement en tout le traicté *De quarta figura*, de laquelle nous dirons un mot à propos[201], il verra nommer les sylogismes *arguments* à tous propos, comme : « *Ad*

197 « Sur cette question, si l'Église relève du genre ou de la totalité, et sur la nature de son universalité, il faut consulter la longue dispute de Saadel [Chandieu] contre Turrianus [Torres], dans sa réponse aux sophismes répétés, et dans le résumé de toute la dispute. » Cette phrase n'est pas une citation de Boulenger ou de Torrès. C'est une affirmation.

198 Boulenger confondrait une idée artificielle avec un être de raison. L'*ens rationis* est une notion scolastique distinguée de l'*ens naturae*. *Cf.* le commentaire de Thomas d'Aquin à la *Métaphysique* d'Aristote : « Le logicien considère les réalités en tant qu'elles sont *in ratione* ; et c'est pourquoi il considère les substances en tant que, selon que les saisit l'intelligence, elles sont sous-jacentes à l'intention d'universalité. [...] Mais le philosophe de la philosophie première considère les réalités selon qu'elles sont des êtres » (cité par Marie-Dominique Philippe, « Originalité de "*l'ens rationis*" dans la philosophie de saint Thomas », *Angelicum*, 1975, Vol. 52, N° 1 (1975), p. 92-93). M.-D. Philippe insiste sur le fait que l'*ens rationis* est *découvert* par l'intelligence. Thomas emploie *adinvenire* (sur la complexité du terme, voir *ibid.* p. 93-95). L'*ens naturae* existe dans la réalité, l'*ens rationis* dans l'esprit qui le produit. L'être de raison a été parfois assimilé à l'être de fiction, à la chimère. Voir Marie-Luce Demonet, « Les êtres de raison, ou les modes d'être de la littérature », *Res et Verba in der Renaissance*, 1998, Wolfenbüttel, Allemagne. p. 177-195. halshs-00264305, consulté le 11/12/2021.

199 Précédé par l'article, Boèce devient le titre d'un manuel.

200 Boèce, *Commentaria in Ciceronis Topica* (CPL 0888) – LLT-A liber 1, commentarius ad par. 7 - 8, p. 278 : « *Argumentum vero, nisi sit oratione prolatum et propositionum contextione dispositum, fidem facere dubitationi non poterit* – L'argument, s'il n'est pas énoncé dans le discours et inséré dans un agencement de propositions, ne peut pas lever un doute. »

201 *Cf. infra* p. 260-261 : la quatrième figure est aussi appelée figure de Galien.

secundum argumentum neganda est minor, ad tertium argumentum neganda est [p. 9] *major » Et ejusmodi sexcenta*[202].

Voilà un chastiment necessaire pour l'escholier, lequel dit en la page 20 et 2 [→ **178**] qu'il faut que le chef ait mesme qualité que les membres. Mais les fideles ne font pas un corps en tant qu'ils sont hommes mais bien en tant que fidelles et esleuz, qui sont qualitez invisibles. Il faut que ce pauvre aprenne à distinguer un corps misticq d'avec un naturel[203]. Quant à ce qui est dit de *visible qualité*, il faillait pour en juger rapporter la mineur tout ainsi qu'elle est couchee en la response. Et sçavoir aussi ce qui se passa verbalement entre les disputans, où il fut dit que « *quando alterum de altero praedicatur ut de subjecto, quaecunque dicuntur de eo quod praedicatur, dicuntur etiam de subjecto*[204]. » Et fut dit que si « visible » en cette proposition se rapporte à « qualité », et « membre », à « visible », que « membre » se raporte à « qualité », ce qui seroit absurde, car on sçait bien que « membre » ne peut compatir en ceste cathegorie, et puis c'est mal à propos faire tomber « visible » en sa cathegorie[205] que de dire : « Les membres sont qualitez visibles », au lieu de dire : « Les membres sont visibles », et tout ce qu'a allegué là dessus l'escolier ne peut deffendre cette improprieté. En la page 28, il nie [p. 10] que l'assomption du syllogisme du Boulenger soit petition de principe [→ **181**]. Mais quand Dieu lui aura fait la grace d'entendre le chap. 7 du 1. livre des *Prieurez Analyt.* d'Aristote, il trouvera que la petition de principe ne se fait pas seulement (comme il pense ignoramment) quand on apporte pour preuve ce qui est en question, mais aussi quand on

202 « "Au second argument, la mineure doit être niée, au troisième argument la majeure doit être niée." Et ainsi six cents fois. » Les deux premières propositions sont empruntées aux *Opera logica* de Giacopo Zabarella (Venetiis, apud Paulum Mejetum, 1578, p. 87), la troisième est un commentaire de l'écrivain.

203 D'abord utilisée pour l'eucharistie, la notion de *corps mystique* a été employée pour l'Église à partir des grands scolastiques. À la fin du Moyen Âge, certains envisagent même l'hypothèse d'un corps sans autre tête que le Christ, ce sera celle du protestantisme (Henri de Lubac, *Corpus mysticum, l'eucharistie et l'Église au Moyen Âge*, Paris, Aubier, 1949, p. 116-135).

204 Emprunté à la traduction par Boèce des *Catégories* d'Aristote, 3 (CPL 0882 e (A) – LLT-A, lib. 1, col. 175). « Quand une chose est attribuée à une autre comme à son sujet, tout ce qui affirmé du prédicat devra aussi être affirmé du sujet » (trad. Tricot du grec, p. 4).

205 *Compatir* : appartenir à. Sens tiré de *compatir avec*, ou *ensemble* : « Demeurer ensemble en même sujet sans se détruire l'un l'autre. L'eau et le vin se peuvent mesler et *compatir* ensemble » (Furetière). La part (*membre*) ne peut être une *qualité*, et il est aberrant de considérer les membres comme des *qualités visibles*.

preuve l'incertain par ce qui est autant ou plus incertain[206]. Or il est autant incertain que Jesus Christ ait donné le souverain gouvernement à Pierre, comme il est incertain que Pierre est monarque en l'Eglise. Ce qui est en question, pour parler proprement, c'est une mesme chose en divers mots. Et par consequent petition de principe, en la premiere et principalle façon par lui recogneuë.

Chap. 4

Nous sortons des disputes verballes pour disputer sur l'escrit de Jule Cæsar, où il ne peut plus rien desadvouër. Son escolier commance ainsi **[→ 181]** : « Le premier des quatriesmes syllogismes… » Si j'avois parlé ainsi, vous voiriez une belle declamation de village qu'il [p. 11] feroit contre moy, qui, comme dit un bon Romain en Tacite, « *factorum innocens, de dictis arguor*[207] ». Tesmoin qu'il ne me peut souffrir les libertez de la langue françoise, en laquelle « particulier », et « singulier » n'ont pas les loix de la latine, « singulier » s'y prend souvent pour « rare et excellent », et « particulier » pour un individu. Non, nostre langue n'est pas encores à l'inquisition et n'est pas preste de subir toutes les loix de la romanie[208]. Mais nous verrons bien une plus grande ignorance françoise sur la fin. Il emploie les pages 31, 32 et trente trois à deffendre son syllogisme **[→ 182]**, lequel j'ai dit estre *ex puris particularibus* et par consequent non concluant. D'autant, dit il, que c'est un syllogisme expositoire[209]. Mais on peut dire de lui ce que dit le poëte : « *Dum vitant stulti vitia in contraria currunt*[210]. » Car pensant eviter un mal il est tombé en un plus grand. Premierement le syllogisme expositoire nommé par Aristote ἔκθεσις[211n] n'est pas tenu par lui pour vrai syllogisme, comme aussi ne

206 *Prieurez* est une variante graphique de *Prieures Analytiques* (*Priora analytica*). Voir *Premiers analytiques*, II, 16, p. 283.

207 Citation imprécise de Tacite, *Annales*, IV, 34, 2. Un personnage accusé d'avoir écrit contre l'empire déclare « *verba mea, patres conscripti, arguuntur : adeo factorum innocens sum* », « Ce sont mes paroles, pères conscrits, qu'on incrimine, tant mes actes sont innocents ! » (trad. Wuilleumier, Paris, Belles Lettres, 1975, p. 32).

208 Sur la défense de la liberté du français, voir *Tragiques*, p. 259-260.

209 Voir *RAC* p. 32.

210 Horace, *Satire* II, v. 23. « Les sots, lorsqu'ils évitent des vices, courent aux excès contraires. »

211 L'ecthèse « consiste à mettre en lumière, à l'aide d'un nom spécial […], une partie d'une notion, dont une autre notion est affirmée ou niée » (note de J. Tricot aux *Premiers analytiques*, p. 8).

l'est il pas, d'autant que toute la consideration d'icelui deppend des sens. Le syllogisme au contraire de ce qu'Aristote nomme διάνοια, qui est l'agitation de l'entendement, qui fait que le syllogisme qu'on [p. 12] appelle expositoire ne conclud qu'identité de sujet, en faisant le plus souvant en la conclusion une predication accidentaire[212], *praeter ordinem*, comme enseigne le jesuite Tollet : le laict est blanc, le laict est, donc quelque blanc est, qui est predication accidentaire. Mais pour venir au point et pour faire toucher au doit l'ignorance de ce pauvre prestre, toute ἔκθεσις se fait en la troisième figure, mais ce syllogisme de Boulenger,

Sainct Pierre est pasteur des ouailles,
Les apostres sont ouailles,
Donc sainct Pierre est pasteur des Apostres,

En quelle figure est-il ? Selon la disposition des termes, il est en la seconde[213], et pour comble d'ignorance, conclud affirmativement contre les reigles particulieres de la seconde figure, tellement que ce ne peut estre un syllogisme expositoire, car il faudroit qu'il procedast° ainsi :

S. Pierre est pasteur des ouailles,
S. Pierre est apostre,
Donc quelque apostre est pasteur des ouailles.
Et è converso[214].

Je croi qu'il trouvera que ce syllogisme n'est pas semblable au sien, et par consequent qu'il [p. 3] n'entend pas cette logique secrette laquelle il se voulait mesler de m'enseigner. Quant au syllogisme qu'il dit se pouvoir faire de pures particulieres en toutes figures, on lui nie qu'ils puissent avoir necessité illative[215], et s'il en fait avec argumens ou moiens singuliers[216], il fera tousjours des predications mal propres ès modes indirects et en la figure de Galien[217]. Qu'il en face tant qu'il voudra,

212 *Accidentaire* : non nécessaire. La phrase n'est pas construite et reste inintelligible.

213 Dans les deux modes de la seconde figure, *Cesare* et *Celarent*, le terme moyen est prédicat dans la majeure et la mineure. Il faudrait admettre ici que « ouailles » est le terme moyen.

214 Et inversement.

215 *Illative* : déductive. Décalque du latin *illativus.*

216 *Cf. RAA* p. 30.

217 Sur les modes indirects, voir *Premiers analytiques*, I, 7. Ils ont été classés à partir du XVe siècle dans une quatrième figure, dite de Galien (note de J. Tricot, *ibid.* p. 39), mais de nombreux

il se monstrera indirect et contre nature. Mais cela ne sert à rien, veu qu'il a resvé que le syllogisme du Boulenger estoit expositoire, ce que nous avons monstré estre faux.

On verra aux pag. 44, 45, 46, 47 [→ **186-187**], quelle peine il y a à deffendre une fausseté. Il dit que je n'ai pris que la moitié de l'argument et que j'ai voulu oublier « la grace de ne faillir point ». Puis qu'il n'a eu autre moien de s'opposer à ma preuve, il faut qu'il maintienne qu'il n'y a eu que S. Pierre qui ait eu la grace de ne faillir point, et l'esprit de Dieu, comme preparant une antidote à l'erreur qu'il a veu venir, remarque cette faute[218]. Et qu'ainsi soit, qu'il se defface de ces mots[219] : « εἶδον ὅτι οὐκ ὀρθοποδοῦσιν πρὸς τὴν ἀλήθειαν τοῦ εὐαγγελίου[220], Voiant donc qu'il ne cheminoit droit selon la verité de l'Evangile », pour voir s'il pourra prouver [p. 14] qu'il n'y a point de peché en ce fait. Et faut notter (ce qui pourra servir ailleurs) que la vieille glose à ces mots « *restiti ei* » adjouste « *tanquam par*[221] ». Il est bon de notter ce que dit Thomas d'Aquin, *Ad. Galat.* chap. 2 : « *Dixi Cephae id est Petro, coram omnibus, quia simulatio illa in periculum omnium erat*[222]. Je dy à Cephas devant tous, que cette simulation estoit conjointe avec le peril de tous. » Après, de dire que les autres apostres pouvoient faillir, cela est faux, car la grace de ne faillir point leur estoit commune avec Pierre. Sur cela, Thomas d'Aquin, *Galat.* 2 : « *Dicendum quod post gratiam spiritus sancti nullo modo peccaverunt mortaliter Apostoli, et hoc bonum habuerunt per potentiam divinam quae eos confirmaverat. Psalmista*[223] *: ego confirmavi columnas*

---

commentateurs comme Pacius la rejettent en la considérant comme une forme indirecte de la première figure. *Institutiones logicae*, VIII, 7 (Franekereae, Excudebat Uldericus Balck, 1615, f° 23 r°) : « *quarta Galeni figura nihil aliud est quam prima indirecte concludens.* »

218 Prépare la citation qui suit : l'esprit de Dieu qui inspire Saint Paul prémunit contre l'erreur de croire que seul Saint Pierre…

219 Et pour preuve, qu'il se débrouille avec ces mots…

220 Galates, 2, 14. « Je vis qu'ils ne marchaient pas droit selon la vérité de l'Évangile. »

221 *Restiti ei* vient de Galates, 2, 11 : « *Cum autem venisset Cephas Antiochiam, in faciem ei restiti, quia reprehensibilis erat* » « Mais lorsque Cephas [Pierre] vint à Antioche, je me suis opposé à lui ouvertement, car il s'était mis dans son tort » (trad. œcuménique). Aubigné suit Thomas d'Aquin, *Super Epistolam ad Galatas*, cap. 2, l. 3 : « *Quod vero dicitur in Glossa : restiti ei tamquam par* », « Mais la Glose dit : Je me suis opposé à lui comme à mon égal. » En effet, la Glose ordinaire ajoute « *tamquam par* » en interligne. Bien sûr, Aubigné ne donne pas la fin de la phrase de l'Aquinate : « … *dicendum est quod apostolus fuit pro Petro in executione auctoritatis, non in auctoritate regiminis.* » « Il faut entendre que l'apôtre fut égal à Pierre dans l'exercice de l'autorité, mais non dans l'autorité de gouvernement. »

222 *Ibid.*

223 Psaume 74, 4.

jus, etc. Peccaverunt tamen venialiter, et hoc fuit ex fragilitate humana. Il faut dire qu'après la grace du S. Esprit, les apostres n'ont aucunement peché mortellement, et ont eu ce don par la puissance divine qui les avoit confirmez, mais ils ont toutesfois peché veniellement, et ce à cause de la fragilité humaine[224]. » Jusques à la page 63 il se jette encores sur cette badinerie à laquelle son maistre l'a engagé, j'en ai dit cy dessus. [p. 15]

Chap. 5

Ce n'est pas sauter du coq à l'asne [→ **192**], voulans nous servir de l'authorité des Peres, traicter de la valleur de leurs authoritez. L'escholier donc en dit une chose notable et malaisée à accorder, c'est qu'ils se sont contrariez, mais toutefois que leurs opinions ne doivent estre reputees pour erreurs. Mais comment de deux contraires se peut-il faire que l'une ne soit fausse ? D'autant (dit-il) que lors qu'ils ont escrit, il n'y avoit aucune obligation de l'Eglise de tenir plustost un party que l'autre. Il dit que c'estoient points problematiques, obscurs, douteux, et de leur temps indecis par l'Eglise. Si l'auctorité du pape estoit lors problematique, obscure, douteuse et indecise, par quelle nouvelle decision de nouvelle Eglise ce probleme est il passé en maxime, cette obscurité esclarcie, et ce doutte vuidé ? « Ils n'ont point erré (dites vous) aux points où ils ont esté bien d'accord. » Je le croy, là où on est d'accord au bien, il ne peut avoir d'erreur. Juge le lecteur de la pauvreté du discours de cet aprentif, et de ses exclamations que je ne [p. 16] sçaurois contrefaire, car sans mentir, pour prononcer, « ineptes ! ô pires qu'ineptes ! ô vous plus que pires ineptes[→ **195**] ! », il faut estre en la chaire de capharderie et eslargir le froc avec les 2 mains pour gaigner les doubles des vieilles[225].

En la page 76 [→ **196**], ce pauvre garçon veut defendre son maistre pour n'avoir pas couché religieusement le passage du dernier de s. Jean. Mette le lecteur d'un costé le Nouveau Testament, de l'autre le livre de Boulenger, et voie qui a dit vrai, et voie aussi si les passages alleguez sont propres à la dispute. Je ne veux autres fleurs, et ne formerai point de dementis comme fait ce jeune homme, cela est bon pour les

224 Une partie de la citation n'est pas traduite : « *Psalmista, ego confirmavi jus, etc.* »

225 Pour récolter les pièces des vieilles. Stéréotype du prêcheur à gros effets histrionesques faisant la quête.

querelles des goinfres[226] et non pour un pauvre simple aveugle, qui n'a rien qu'un baston : cecy est une dispute, et non pas une querelle. En la page 80 **[→ 197]**, il dit que nostre Seigneur ne bailla onc la charge de paistre ses brebis, sinon après la resurrection : lise le lecteur s. Matthieu chap. 10, s. Marc chap. 6, s. Luc chap. 9, là il verra quelles furent les mandemans et charges donnees aux apostres. Après en la page 87 **[→ 200]** (car je n'aime pas les repetitions aiant satisfait aux autres points), il veut faire le fin et se couppe : « Si ce que [p. 17] Pierre a receu (dit-il) est une amende, ce n'est pas une charge, si c'est une charge, ce n'est pas une amende. » Si ces choses sont incompatibles, les Peres que l'escholier vouloit tantost estre alleguez hors de propos, monstrent que c'est une amende : que deviendra ce que les papistes en veulent tirer la charge de l'Eglise universelle[227] ? Voilà comment nostre escholier s'est desbauché.

Chap. 6

Mais il fait bien plus grande faute en la pa. 92 et 93 **[→ 201]**. Pensant parer aux coups de S. Cyprien, il se met en danger des coups du chapitre : « Tous evesques (dit il) ont pareille puissance de confirmer et conferer les ordres sacrez, et mesme jurisdiction interieure de remettre les pechez par penitence. » Si tous les evesques sont egaux en la jurisdiction de remettre les pechez, pourquoi n'ont peu les evesques de France recevoir un roi penitent en la paix de leur Eglise[228] ? C'est ainsi que vous ignorez, M. l'escholier, qu'il y a force cas qui sont reservez à vostre evesque des evesques, et certaines remissions des pechez par [p. 18] penitence qui ne dependent que de lui : lisez *Decreta. Gregorii*[229] l. V, *De sententia excommunicationis*, tit. 39 : « *Caeterum, si ex odio scholares, vel seculares clerici se percusserint, pro sua absollutione debent ad Apostolicam sedem*

226 *Goinfre*, qui ne signifie pas que « gros mangeur » mais a le sens plus large de« banqueteur » (« *a notable good fellow, an excellent companion,* » Cotgrave), est ici pris au sens d'ivrogne.

227 Il faut suppléer : « tirer en faveur de… ».

228 Le Pape n'a donné l'absolution pontificale à Henri IV que le 17 septembre 1595, alors que la majorité des évêques de France s'était rangée derrière le roi. Ce point avait été développé par les Ligueurs pour contester l'absolution d'Henri IV par l'archevêque de Bourges. Voir Cromé, *Dialogue d'entre le maheustre et le manant*, éd. Ascoli, Droz, 1977, p. 67-68.

229 Il s'agit de Grégoire IX.

venire[230]. » Cap. pr[231]. C'est-à-dire : « Au reste, si par haine les escoliers ou les clers seculiers se sont entrefrapez, ils doivent pour en avoir absolution venir au siege apostolique. » Item : « *Officialis vero pro injectione manuum in clericum, non potest sine mandato Romani Pontificis absollutionis beneficium promereri.* » Cap. 3. C'est-à-dire : « Pour avoir jetté les mains sur un clerc, un official ne peut conferer le benefice d'absollution sans le commandement du pape de Rome. » Item voiez *sext. decret. lib. I De major. et obed. tit. 17. Cap. Unicum. Item text. Decret. lib. 5 De pœnit. et remiss. tit. 10, cap. 2 et sexcenta ejuscemodi* qui convainquent nostre apprentif de huguenotrie[232]. Je lui conseille de poursuivre sa pointe, aussi bien en aura il la discipline[233], et qu'il se deffande par ce qu'a dit des evesques s. Aug. lib. 4. *De Baptism. Contra. donatis.* : « *Neque enim quisquam nostrum, Episcopum se esse Episcoporum constituit aut tyrannico terrore ad obsequendi necessitatem collegas suos adigit*[p234]. » C'est à [p. 19] dire : « Car nul de nous n'a entrepris de se dire evesque des evesques, et n'a astraint ses compagnons à la necessité d'obeir par une terreur tyrannique. »

Chap. 7

La distinction que fait l'escholier en la page 96 **[→ 202]** est tout plain gaillarde : « L'Eglise (dit-il) n'est pas bastie sur s. Pierre comme homme. » Si le lecteur gouste cette absurdité, qu'il cognoisse que jamais aucune theologie n'a enseigné qu'il y eust deux natures à considerer en s. Pierre. Ce sont blasphemes tous nouveaux. Toutesfois son successeur[235] a bien voulu faire recognoistre ces deux natures en luy, *In proemio clementinarum. Vide de Papi. et in glossa* : « *Papa, id est, admirabilis, ab interjectione, Papae ! Item papa stupor mundi.* » Puis après : « *Nec Deus es, nec homo, quasi neuter es inter utrumque*[236]. » *In Gloss. 6. Dec. li. I, cap. 17* :

230 *Decretalium Gregorii Papae IX compilatio* (Liber extra) – LLT-A, liber 5, titulus 39, cap. 1, p. 890.

231 *Cap. pr* : Chapitre premier.

232 *Huguenotterie* est donné par Cotgrave.

233 *Discipline* : fouet.

234 *De baptismo* (CPL 0332) – LLT-A, lib. : 2, cap. : 2, par. : 3, pag. : 177, linea : 18.

235 Le pape, qui se prétend successeur de saint Pierre.

236 *Vide de Papi.* doit être une abréviation : « voir *Des papes…* ». La citation est une glose du prologue des *Clémentines*, recueil de droit canon publié sur l'ordre du pape Clément V. La glose porte sur le mot *Papa* (*Liber sextus Decretalium de Bonifacii Pape VIII, Clementis Pape*

« *In hac parte Papa non est homo, sed dei vicarius*[237]. » Item : « *Papa, id est, Pater patrum, et Episcopus episcoporum*[238]. » Aussi mal à propos est la distinction du premier et second fondement : j'ay leu avecq' pitié toute la response à ce huictiesme [20] chap., là où il semble que ce jeune homme deffend à regret toutes ces pauvretez, sans invention, sans subtilité, et certes je l'excuse pour la difficulté qu'il y a de couvrir les contrarietez des Peres. Je prie le lecteur après avoir leu tout ceci voir encores mon premier escrit, et mettre la main sur la conscience pour sentir si mes premieres raisons ne sont pas demeurées en leur vigueur.

Chap. 8

Voicy où le compagnon aiguise ses dens, et les a tant aiguisées qu'elles sont ebrechées aisement. Le premier syllo. est tel :

> *Nulle monarchie hierarchique instituée sans la parole de Dieu n'est legitime.*
> *La monarchie hierarchique du pape est instituée sans la parole de Dieu.*
> *Ergo la monarchie hierarchique du pape n'est pas legitime.*

Il a dit avec trois pages d'exclamations que deux negatives valent une affirmation **[→ 205]** : cette cause demanderait son renvoi à une 3e classe du college de Gelassis[239]. Certes quand j'ai veu cette misere, j'ai eu grand regret [p. 21] d'avoir respondu jusques là. En quel austere Montaigu[240] a vescu ce pauvre garçon qui ne sçait pas parler françois et ignore que de toutes les langues que nous oions, la seule latine affirme par deux

---

V Constitutiones..., Venetiis, apud Socios Aquilae Renovantis, 1605, p. 7) : « *id est, admirabilis. Et dicitur a Papae, quod est interjectio admirantis, et vere admirabilis : quia vices Deus in terris gerit. Inde dixit ille Anglicus in poetria nova : Papa stupor mundi [...]. Nec deus est, nec homo, quasi neuter es[t] inter utrumque.* » « C'est-à-dire stupéfiant. Le mot vient de *papae*, une interjection de stupeur. Car le pape est vraiment stupéfiant puisque, vice-dieu, il gouverne les terres. C'est pourquoi celui qu'on a appelé Anglicus [Geoffrey de Vinsauf] dit dans sa *Poetria nova* : Pape, merveille du monde, [...] il n'est ni dieu, ni homme : ni l'un ni l'autre, il est entre l'un et l'autre. » *Cf. Sancy* I, I.

237 Glose au sixième livre des *Décrétales*, chap. I, p. 90.

238 « Pape, c'est-à-dire le père des pères, et l'évêque des évêques. » La seule formulation proche que nous ayons trouvée est de Jean Beleth (théologien du XIIe siècle : « *Et dominus quidem papa, id est Pater patrum vel custos patrum...* » (*Patrologie latine*, vol. 202, col. 28).

239 La formation en collège pouvait aller jusqu'à huit ans : les premières années étaient consacrées à l'apprentissage du latin.

240 Collège parisien taxé d'obscurantisme autoritaire par les humanistes.

negatives. Les autres comme la grecque, l'espagnole, l'italienne et la françoise, *magis negant*. L'Escriture parle ainsi en françois : s. Luc chap. 10. v. 22 : « Nul ne sçait qui est le Fils. » S. Jean cha. 5. v. 19 : « Le Fils ne peut rien faire de soi-mesme. » Chap. 6. ver. 44 : « Nul ne peut venir à moy, si *etc.* » Et mille tels propos, lesquels estans pris pour affirmations, pervertiroient les paroles du Fils de Dieu. Mais pource qu'il recuse ce tesmoin, qu'il lise son maistre Jule Cæsar et il le verra parler ainsi. Mais mieux, qu'il se lise soymesme, il trouvera en la 14e page du livre auquel je respon : « qu'il[s] ne concluent rien de necessaire. » Cela signifierait en latin tout le contraire, et advoueroit que je conclu quelque chose. P. 41 : « il ne vous a rien apris » : à son compte, il confesserait qu'il m'a apris quelque chose. Pag. 78 : « Ces dires des Peres qu'alleguez, ne sont nullement à propos de nostre different » : ils seroient en latin fort à propos. Si ces preuves ne suffisoient, j'en donnerois davantage, cependant le lecteur verra que mon [p. 22] adversaire n'a rien mordu en la structure de mes neuf arguments, sinon cette loquution. Mais (bon Dieu) avec quel fast, et quantité de paroles triumphantes, et par quatre reprises, desquelles le discours mis ensemble empliroit une fueille entiere. C'estoit pour emplir le papier, et d'autant qu'il n'avoit à dire sur ces matieres qu'une perpetuelle distinction inutile, ou nier les choses jà prouvées. Lise le lecteur sur quelles raisons il nie la mineur du premier argument, et il verra prescher et non disputer. Il failloit cercher en la parole de Dieu quelque institution de l'un de ces deux mots ou « monarchie », ou « hierarchie » : mais point de nouvelles de cela.

Le second syllogisme m'est accordé :

> *Tous ceux à qui Jesus Christ a donné la puissance de deslier, remettre ou retenir les pechez, ceux-là ont receu les clefs du royaume des cieux.*
>
> *Tous les apostres ont receu de Jesus Christ la charge de deslier, remettre, ou retenir les pechés.*
>
> *Ergo tous les apostres ont reçeu les clefs du royaume des cieux.*

Au tiers qui est tel :

> *Tous ceux, à qui il est dit, « Paissez la bergerie et enseignés toutes gens », ceux-là ont pareille charge.*

Or il est dit à tous les apostres, « paissez les [p. 23] brebis, et enseignez toutes gens. »

Ergo tous les apostres ont pareille charge.

Il ne nie que la majeur, et pour se desmesler dit que « toutes gens », c'est à dire « tout le reste du monde, hors-mis les apostres » [→ **207**]. Mais « la bergerie comprend toutes gens, et encores les apostres, et toutes gens ne comprenent pas la bergerie entiere, comme une partie ne comprend pas le tout, mais le tout comprend bien la partie. » Ces quatre dernieres lignes sont mot pour mot du style de l'escolier. Je prie le lecteur de les lire trois fois, car ce discours est gaillard, comme voulant que « la bergerie » soit un tout dont « toutes gens » soit la partie. Quoy ! y avoit il en ceste bergerie autres animaux que des gens ? et si il n'y avoit que des hommes et des nations, qui a-il par delà le tout ? Apres il faut à son conte que le Turc soit de la bergerie : car il[q] est compris en toutes gens, et toutes gens compris en la bergerie. Voie le lecteur quelles absurditez se tirent de là.

Au quatriesme qui est tel :

Nulle charge generale à tous les apostres, n'est la charge de sainct Pierre seul.

La charge des clefs et de paistre est generale à tous les apostres.

Ergo, la charge des clefs et de paistre n'est [p. 24] point à sainct Pierre seul.

Apres avoir fait une desgainee de sa premiere ignorance, il distingue la mineur[241], laquelle il avoit accordee absolument en accordant le second syll [→ **208**]. Pour vous faire voir la solidité de ceste distinction, devinez que c'est qu'une souveraineté *secundum quid* et vous souvenez que le suject de cette souveraineté est l'Eglise universelle, accordez le titre de souveraineté sur une universalité et le *secundum quid* ensemble[242].

Pour le cinquiéme qui est tel :

---

241 *Distingue la mineur* : fait une distinction sur la mineure. Cet emploi de *distinguer* semble inhabituel.

242 Le *secundum quid* est un paralogisme consistant à reprendre au sens absolu une expression employée sous un certain aspect (Aristote, *Réfutations sophistiques*, 167a) : un Indien noir avec des dents blanches est dit à tort « blanc et non-blanc » (trad. Tricot p. 16). Ce type d'énonciation est incompatible avec la notion de souveraineté universelle.

Tous ceux qui sont douez de pareille societé d'honneur et de puissance sont pareils,
Tous les apostres sont douez de pareille societé d'honneur et de puissance,
Donc tous les apostres sont pareils.

L'explicateur veut que cette puissance soit seulement sur la partie qu'il a appellee « toutes gens », et non sur ce tout qu'il nomme « la bergerie », et quand cela se pourroit souffrir, ceste partie et societé d'honneur et la difference de l'un[243], comment peuvent elles *coherere* ? Après, la palinodie qu'il fait chanter à S. Ciprian confirme la contradiction de laquelle nous avons tant disputé. Cette mesme distinction de partie est distinguée en la mineur de ce 6e :

En nulle compagnie de pareils il n'y a point [p. 25] de Monarque,
La troupe des Apostres est de pareils,
Donc en la compagnie des Apostres, etc.

J'ai respondu à Gouyn plus qu'il n'estoit besoin là dessus. Voye le lecteur sans redire[244]. Le VII est tel :

Ceux qui ne dominent point ne sont point monarques.
Les apostres ne dominent point.
Donc les apostres ne sont point monarques.

Je prie le lecteur d'estre severe juge de cete « irresolution contradictoire », et qui c'est de l'escol. ou de moi qui se contredit, mesmement sur la distinction qu'il a fait de dominer comme les rois ou de manier les clefs de l'Eglise. Car gouverner l'Eglise en aristocratie se peut distinguer d'avec la domination des rois, mais estre monarque, non. Là dessus l'escolier dit que les rois commandent à leurs sujets comme à des serfs et esclaves, mais qu'il ne va pas ainsi de la hierarchie du pape. Respondent les bons François quelle differance ils ont senti au gouvernement de leur prince naturel ou à celui de ceux qui les avoient esmeus pour le pape[245].

243 La *différence* que le catholique réserve pour Saint Pierre.
244 *Sans redire* : « sans que j'aie à me répéter. »
245 Vise les Ligueurs, et notamment le gouvernement des Seize à Paris. *Bon François* est une expression ciblée : depuis le sacre, les partisans d'Henri IV, catholiques et calvinistes, se disent *bons François*, par opposition aux ligueurs accusés d'être au service de Rome ou

Respondent encor ceux qui ont esprouvé le doux joug de l'inquisition, j'ai aussi traitté de cela ci devant. [p. 26] Mais pour satisfaire à toutes les parties, voions ce qu'il dit contre le VIII :

Nul homme muable n'a peu estre fondement de l'Eglise immuable.
S. Pierre a esté homme muable.
Ergo s. Pierre n'a peu estre fonde.

Ici le compagnon fait une distinction de « muable en la foy » et « muable en charité » **[→ 211-212]**[246]. Juge tout lecteur judicieux si s. Pierre eut la foy foible, ou la charité. La peur le fit faillir, non la haine envers son maistre. Ce fut faute d'asseurance aux promesses de Je. Chr., non faute de dilection[247] envers son sauveur, car comme cette foi dont il s'estoit vanté auparavant donna tesmoignage de sa mutation ou diminution en son reniment, ainsi sa charité parut vive en ses larmes. Ce qu'il allegue de s. Paul fait contre lui : « On croit de cœur à justice, mais de bouche on fait confession à salut[248]. » Et de quoy, confession ? Sinon de cette foy, qui lors est changée ou diminuée quand elle n'a pas la force de s'exprimer par la confession. Quant à la promesse de Christ, il y a difference entre « deffaillir », ou « changer ». En voilà assez pour contenter ceux qui veulent voir la verité de la mineur de ce syll., prouvee entierement par ce dernier, lequel l'escolier a accordé : [p. 27]

Quiconque a peché et s'est repenty, a changé en pechant et en se repentant.
Pierre a peché et s'est repenty.
Donc Pierre a changé.

---

de l'Espagne. Jean Boucher argumente longuement pour rejeter l'accusation de *mauvais François*, démystifier ce que recouvre *bon François*, et définir « ce que c'est [pour lui] d'estre bon François » (*Sermons de la simulee conversion et nullité de la pretendue absolution de Henry de Bourbon*, jouxte la copie imprimee à Paris chez G. Chaudiere, 1594, p. 580 *sq.*). Encore une fois, l'adversaire théologique est transformé en ennemi du roi et de la nation.

246 Le distinguo de « l'escolier » procède de la distinction scolastique entre foi informe (connaissance de Dieu) et foi formée dans la charité (Thomas d'Aquin, *Somme Théologique*, II, 2, Question 4, art. 3 et 4). Distinction violemment rejetée par Calvin, *Institution*, III, 2, 8-9.

247 *Dilection*, décalque du latin *dilectio*, charité, le mot latin qui traduit *agapè* dans le Nouveau Testament.

248 Romains, 10, 10, cité par « l'escolier » p. 125. *Cf.* Calvin, *loc. cit.* éd. J.-D. Benoit, Paris, Vrin, 1960, p. 24.

Chap. 9

Pour advertissement, consolation et conseil à l'escholier M.[249]

Voilà, M. mon amy, comment ces dents que vous aviez si bien aiguisées [→ **205**] ont voulu mordre sur du marbre. La plaie est aux dents, le marbre est entier. Recevez ce mot de consolation, et un autre de conseil. Vous avez receu quelque desplaisir en voiant destruire vos mauvaises raisons, et reprendre avec raison vos reprehensions. Consollez vous en ce que vostre maistre a encor plus mal fait que vous, et aussi est plus rudement traitté que vous, si bien que vous demeurés[r] χρίστου τοῦ διδασκάλού[250]. Apres, vous estes excusable, et pouvez dire que vous ferez mieux en une bonne cause. Et quant aux fautes qui vous sont arrivées pour l'ignorance de la langue françoise, dittes que vous avez fait cette faute exprès, par despit qu'il n'y avoit rien à reprendre en la methode de mes neuf arguments, et que, comme disoit le chancelier de Birague quand le docteur de Saintes demeura muet au milieu [p. 28] d'une invective contre les huguenots, « *Bisogna sempre dir' al manco qualque coeoneria*[251] ». Ou bien excusez vous sur la nourriture des jesuites, lesquels en vous ostant le cœur d'un François, vous en ont aussi osté la langue[252]. Mon conseil est que vous vous mettiez à defendre la verité. S'il ne se peut, si vous avez presté un serment irrevocable à l'Ant., traittez une matiere

249 L'initiale désigne-t-elle une personne précise ?

250 L'expression figure dans le commentaire d'André de Césarée sur l'Apocalypse, qui parle de « ἀκακίαν χρίστου τοῦ διδασκάλού » (« l'innocence de Christ précepteur », *Patrologie grecque*, 106, col. 685). L'écolier doit encore recevoir l'enseignement du Christ.

251 Le Chancelier Birague avait réputation d'ignorance : un « asne italien » (*Tragiques*, II, v. 558) ou « milanois » (L'Estoile, *Registre-Journal*, I, p. 184). Claude de Saintes a polémiqué avec les calvinistes au moment du Colloque de Poissy, puis en 1566 (*Examen doctrinae Calvinianae et Bezae*, suivi de nombreux échanges). Le citer n'est pas innocent : il a été arrêté en 1591 à la prise de Louviers, et ses positions ligueuses, les justifications du « tyrannicide » qu'il aurait écrites, lui ont valu une condamnation à mort, ensuite commuée, mais il est mort peu de temps après en prison. Son personnage profile donc encore une fois le spectre de la Ligue derrière Boulenger. Voir Marco Penzi, « L'histoire tragique et mémorable de Claude de Sainctes évêque d'Évreux », *Les Cahiers du Centre de Recherches Historiques* [En ligne], 44 | 2009 (mis en ligne le 25 novembre 2011, consulté le 14 décembre 2021. URL : http://journals.openedition.org/ccrh/3522 ; DOI : https://doi.org/10.4000/ccrh.3522). Ici, il doit s'agir d'un épisode du Colloque de Poissy. L'italien de la phrase est incertain : on attendrait *al meno* plutôt qu'*al manco.* « Il faut toujours dire au moins une connerie. »

252 Les dangers de l'éducation (*nourriture*) jésuite seront dénoncés par Pasquier comme par les protestants.

serieuse serieusement. Dites des choses qui pressent et non des paroles vaines, tenez vous serré dans les loix de la logique, laquelle *saltem a limine salutasti, et primoribus labiis*[s] *degustati*[253], et lors on vous tiendra digne de response. Que si vous prenez Boulanger pour precepteur en injures, vous serez comme lui mis au rang de ceux ausquels il ne faut[t] plus de paroles. Vous pourez dire que je me suis bien en quelque endroit laissé emporter, et cela est *adversarii contagio*[254]. Surtout gardez vous de ces piaffes de villages, comme en 7 ou 8 endroits de vostre li. vous chantez de grands triomphes, où le lecteur avisé ne voit que la honte pour vous. Il est vrai que la cause de l'Antechr. est si ruinee, qu'il y a quelque vaine gloire à estre batu en la defendant. Triomphez donc comme Terentius Varro triompha vaincu, « *quod de salute Antichristi non desperaveris*[255]. »

---

253 Deux adages d'Érasme consécutifs et proches de sens : « *A limine salutare* », saluer du seuil, et « *Primoribus labiis degustare* », goûter du bout des lèvres (*Adagia*, I, IX, 91 et 92).

254 Par la contagion de l'adversaire.

255 Malgré la défaite subie à Cannes, Terentius Varro fut accueilli avec les honneurs à Rome, « *quod de salute Respublicae non desperasset* », « parce qu'il n'avait pas désespéré du salut de la république », Tite-Live, XXII, LXI, 15. La citation est mise à la deuxième personne. Elle sera réutilisée dans la *Harangue* écrite pour Constant à l'occasion de l'inhumation de René de Rohan en 1599 (*PP*, p. 555).

VARIANTES

Nous donnons ici les leçons originales que nous avons corrigées.

LA RESPONCE DE MICHAU L'AVEUGLE, p. 91

a « voye ».
b « fut ».
c « monstre ».
d « 25 ».
e « 26 ».
f « 27 ».
g « 28 ».
h « 39 ».
i « 40 ».
j « 41 ».
k « 34 ».
l « 35 ».
m « acquises ».

RESPONCE DE MATTHIEU GOUYN, SERVITEUR DE M. JULE CAESAR BULENGER, p. 129

a « ses ».
b « omailles ».
c « Πάντες ἂν ὁμολογήσκειεν ».
d « κίνδυνος ἦ πάντα ».
e « ἐντὶ ».
f « touche ».
g « Τοσοῦτο ».
h « ce que ».

i « Quand ».
j « 55 ».
k « 49 ».
l « ses ».
m « ses ».
n « fungimus ».
o « qu'il aye ».

RESPONCE AUX ARGUMENTS CORNUS DU SECRETAIRE DE MICHAU L'AVEUGLE, p. 171

a « *de meilleur* ».
b « la refutant, ».
c « porte ».
d « il l'expose ».
e « fait ».
f « *Caetarent, Dabii* ».
g « Dacii ».
h « quaun ».
i « ses ».
j « sophistique ».
k « partant ».
l « d'icelle ».
m « qu'il ».
n « tout&qu'ils ».
o « mesme ».
p « leur ».
q « vous ».
r « de leur costé, de belles : »
s « 106 ».
t « dernier ».
u « qu'ilz ».

REPLIQUE DE MICHAU L'AVEUGLE, p. 213

a Correction de l'Errata pour « ὑποδεγμα ».
b Correction de l'Errata pour « *hachorah* ».
c « maintiens, fause ».

d « siege, sur ». Il ne s'agit pas des cruautés commises sur Hellebrand. Le lecteur de ce livre verra, dans la partie sur Hellebrand et ses successeurs…

e Chrysostome est en italiques, alors que ce n'est pas le cas chez Lubbert. L'italique pourrait laisser penser que la citation de Chrysostome est enchâssée dans celle de Jérôme, ce qui n'est pas le cas.

f « 13 ».

g « Dont ».

h « question // plus frequente, ».

i « l'eze ».

j « ses ».

k Le mot manque.

l « qu'il ».

m « contexione ».

n « εκθεσις ».

o « precedast ».

p « adegit ».

q « Bergie : car s'il ».

r « demeures ».

s « labris ».

t « fait ».

RÉFÉRENCES BIBLIOGRAPHIQUES

MANUSCRITS

Archives nationales de France, Chambre des Requêtes, année 1602, cote X/3b, 74.

Bibliothèque de Genève, Archives Tronchin, papiers Agrippa d'Aubigné.

Bibliothèque Nationale de France, Collection de Brienne, 220-226 « Assemblées générales politiques de ceux de la Religion prétendue réformée » tenues en France. (1572-1625). 220 I. Années 1572-1597. Fr 7191.

OUVRAGES ANTÉRIEURS À 1800

ANISIO, Giano, *Sententiae, Catonis Disticha moralia*, 1581.

ARISTOTE, *Organon*, trad. J. Tricot, Paris, Vrin, 1989, 4 vol.

AVENTINUS, Johannès, *Annalium Boiorum libri septem*, Excusum Ingolstadii per Alexandrum et Samuelem Weissenhornios fratres Germanos, 1554.

BALE, John, *Les Vies des evesques et des papes de Rome, depuis la dispersion des disciples de Jésus-Christ, jusques au temps de Paul Quatrieme, qui à présent règne tyranniquement en l'Eglise*, Genève, Conrad Badius, 1561.

BAUDIER, Dominique, *Dominici Baudii poematum nova editio, Lugduni Batavorum*, Ex officina Thomae Basson, 1607.

BELLARMIN, Robert, *Disputationum Roberto Bellarmini [...] de controversiis christianae fidei adversus hujus temporis haereticos...*, Lyon, Jean Pillehotte, 1610, 4 vol.

BEZE, Théodore de, *Le Passavant*, Édition critique, Introduction, Traduction et Commentaire par Jeltine Lambertha Regina Ledegang-Keegstra, Brill, Leiden-Boston, 2004.

La Bible qui est toute la saincte Escriture, contenant le vieil et nouveau Testament, Genève, François Perrin, 1567.

La Bible qui est toute la saincte Escriture du vieil et du nouveau Testament, Genève, 1588.

La Bible, trad. œcuménique, Paris, Cerf, 2012.

BIONDO, Flavio, *De Roma instaurata libri tres*, Venetiis, 1510.

BOUCHER, Jean, *Sermons de la simulee conversion et nullité de la pretendue absolution de Henry de Bourbon*, jouxte la copie imprimee à Paris chez G. Chaudiere, 1594.

BOULENGER, Jules César, *Iulii Caesaris Bulengeri Iulio dunensis Joci*, Paris, 1581.

BULLINGER, Heinrich, *A confutation of the Popes Bull which was published more then two yeres agoe against Elizabeth the most gracious Queene of England*, Londres, John Day, 1572.

CALVIN, Jean, *Institution de la religion chrétienne*, éd. Jean-Daniel Benoît, Paris, Vrin, 1957-1963.

CAMUS, Jean-Pierre, *Homelies panegyriques de s. Ignace de Loyola*, Lyon, Jacques Gaudion, 1623.

CHEMNITZ, Martin, *Examen concilium Tridentini* (1565-1573), Berolini, Sumptibus Gust. Schlawitz, 1861.

CHRYSOSTOME, Jean, *Sancti Patris nostri Joannis Chrysostomi... Explanationes in novum testamentum*, Paris, Apud C. Morellum, 1636.

CODICCILUS, Petr, *Praecepta dialectices*, s.l., Typis mandabat Georgius Jacobides Daczicenus, 1590.

COLLAZIO, Pietro Apollonio, *Excidii Ierosolymitani libri IIII*, Anvers, Apud Christophorum Plantinum, 1586.

Concilia generalia ecclesiae catholicae Pauli V pont. max. auctoritate edita, graece et latine, Rome, Ex typographia Vaticana, 1608.

Corporis juris canonici..., *Decretales*, éd. Boehmer, Halae Magdeburgae, Impensis Orphanotophei, 1747.

CROME, François, *Dialogue d'entre le maheustre et le manant*, éd. Peter M. Ascoli, Genève, Droz, 1977.

DU LORENS, Jacques, *Les satyres*, Paris, Antoine de Sommaville, 1646.

DUPLESSIS-MORNAY, Charlotte, *Les Mémoires de Madame de Mornay*, édition critique par Nadine Kuperty-Tsur, Paris, Champion (« TLR » 2), 2010.

ÉPIPHANE, *Panarion*, édit. Jürgen Dummer, Berlin, Walter de Gruyter, II, 1980.

ESTIENNE, Robert, *Dictionarium latinogallicum*, Paris, Robert Estienne, 1546.

FONSECA, Pedro da, *Institutionum dialecticatum libri octo*, Coloniae, apud Maternum Cholinum, 1586.

HENRI IV, *Recueil des lettres missives d'Henri IV*, éd. Jules Berger de Xivrey, IV, 1593-1598, Paris, Imprimerie nationale, 1848.

HERMANT, Godefroy, *La vie de St Athanase*, Paris, Antoine Dezallier, 1679.

HILAIRE DE POITIERS, *Sur Matthieu*, éd. J. Doignon, Paris, Sources chrétiennes, 1979.

HILAIRE DE POITIERS, *Contra Arianos, vel Auxentium Mediolanensem, Lucubrationes*, Bâle, Per Eusebium Episcopium et Nicolai fratris haeredes, 1570.

HILAIRE DE POITIERS, *Contra Arianos vel Auxentium Meliodalensemi, Opera*, Veronae, apud Jacobum Vallarsium et Petrum Antonium Bernum, 1730.

HIPPOLYTI (Pseudo-), *Hippolyti Romani quae feruntur omnia graece*, éd. Paul Antoine de Lagarde, Lipsiae, Teubner, Londres, Williams et Norgate, 1858.

HOTMAN, François, *Brutum Fulmen Papae Sixti V adversus Henricum serenissimum regem Navarrae...*, s.l., 1585.

JOURDAN, Adrien, *Histoire de France*, Paris, Sebastien Mabre-Cramoisy, 1679.

KIRCHNER, Hermann, *Centuria anagrammatismorum prima*, Francfort, Apud Johannis Wecheli Viduam, 1594.

La Puce de Madame Des-Roches, Paris, Pour Abel l'Angelier, 1583.

L'ESTOILE, Pierre de, *Journal du règne de Henri IV*, éd. Marie Houllemare, III, Genève, Droz, 2016.

Liber sextus Decretalium de Bonifacii Pape VIII, Clementis Pape V Constitutiones..., Venetiis, apud Socios Aquilae Renovantis, 1605.

LUBBERT, Sibrand, *De Papa Romano Libri Decem*, Franeker Franekerae Radaeus, 1594.

LURBE, Gabriel de, *Chronique bourdeloise*, Bordeaux, Simon Millanges, 1594.

Memoires de la Ligue, Amsterdam, 1758.

MARCELLO, Cristoforo, *Sacrarum cerimoniarum [...] libri tres*, Romae, Typis Valerii Dorici, 1560.

MONTAIGNE, Michel de, *Les Essais*, éd. E. Naya et al., Paris, Gallimard, Folio, 2009.

MORNAY, Philippe de, *Reponse pour le Traité de l'Eglise escrit par Philippe de Mornay*, s.l., Gabriel Cartier, 1595.

MORNAY, Philippe de, *Traicté de l'Eglise*, La Rochelle, P. Haultin, 1581.

MORNAY, Philippe de, *Traicté de l'Eglise*, Genève, Jean le Preux, 1599.

Oecumenica Cathedrae Apostolicae authoritatis, ex occasione quatuor Cleri Gallicani propositionum anno M.DC.XXCII. in Parisiensi ecclesiastico conventu editarum, 1689.

PACE, Giulio, *Institutiones logicae*, Franekereae, Excudebat Uldericus Balck, 1615.

PASQUIER, Étienne, *Catéchisme des Jésuites*, éd. Claude Sutto, Sherbrooke (Québec), 1982.

Patrologiae Cursus Completus, Series Latina, éd. Jacques-Paul Migne, Paris, 1844-1855.

Patrologiae Cursus Completus, Series Graeca, éd. Jacques-Paul Migne, Paris, 1857-1866.

PETRARQUE, Francesco, *Canzoniere*, éd. G. Savoca, Paris, Belles Lettres, 2009.

Philippiques contre les bulles, et autres pratiques de la faction d'Espagne, Tours, Jamet Mettayer, 1592.

PHOTIUS, *Phōtiu Patriarchu Konstantinupoleōs Nomokanon*, Athēnēsin, Chartophylakos, 1852.

Plaidoye des gens du Roy faict en Parlement en pleine audience, Paris, Jehan Musar, 1593.

RABELAIS, François, *Œuvres complètes*, éd. M. Huchon, Paris, Gallimard, 1994.

RICHEOME, Louis, *La verité defendue pour la religion catholique en la cause des Jesuites*, Toulouse, pour la vefve de Jacques Colomiez, 1595.

RIVET, André, *Le Catholique orthodoxe opposé au catholique papiste en IV traitez*, Saumur, Thomas Portau, 1616.

RONSARD, Pierre de, *Œuvres complètes*, éd. Céard, Ménager, Simonin, Paris, Gallimard, 1994.

STOBEE, Jean, *Johannis Stobaei sententiae ex thesauris Graecorum delectae*, [Tiguri, Apud Christophorum Frosch.], 1559.

TACITE, *Annales*, éd. trad. Wuilleumier, Paris, Belles Lettres, 1975.

TERTULLIEN, *Opera Tertulliani et Arnobii quotquot ab interitu vindicari summorum virorum industria potuerunt…*, Paris, apud Guilielmum Julianum, 1580.

THEVET, André, *Pourtraits et vies des hommes illustres*, Paris, Par la vefve I. Kervert et Guillaume Chaudiere, 1584.

TOLEDO, Francisco de, *In sacrosanctum Joannis Evangelium Commentarii*, Lyon, Ex officina junctarum, 1589.

TOLEDO, Francisco de, *In librum Porphyrii, De quinque universalibus*, Quaestio I (*Fr. Toleti, societatis Jesu, Commentaria […] in universam Aristotelis logicam*, Lyon, Apud Claudium Morillon, 1608.

TORRES, Francisco de, *Defensio locorum S. Scripturae, de Ecclesia catholica et ejus pastore episcopo romano, B. Petri, principis apostolorum, successore. Lib. I. [-II.] adversus nugatorias cavillationes Antonii Sadeelis, lutherani*, Coloniae Agrippinae, apud haeredes A. Birckmanni, 1580.

VERVILLE, Béroalde de, *Le Moyen de parvenir*, éd. M. Renaud, Paris, Gallimard, 2006.

VIRGILE, *Pub. Virgilii Maronis […] Uniuersum poema. Cum absoluta Seruii Mauri Honorati grammatici, et Iodoci Badii Ascensii interpretatione*, Venetiis, Apud Bartholomaeum Caesanum, 1552.

ZABARELLA, Giacomo, *Tabulae logicae*, Patavii, Apud Paulum Meietum, 1583.

ZABARELLA, Giacomo, *Opera logica*, Venise, Ad Paulum Mejetum, 1586.

RÉFÉRENCES BIBLIOGRAPHIQUES
Ouvrages postérieurs à 1800

ARMOGATHE, Jean-Robert, « Petite histoire de l'Antéchrit en Occident », *Commentaire*, 2005/2, 110, p. 313-324 (https://www.cairn.info/revue-commentaire-2005-2-page-313.htm, consulté le 1/03/2022).

BANDERIER, Gilles, « Documents sur Simon Goulart (II) », *Humanistica Lovaniensia*, 2003, Vol. 52, p. 159-178 (https://www.jstor.org/stable/23974206, consulté le 4/01/2022).

BRUNEL, Jean, *Un poitevin poète, humaniste et soldat à l'époque des guerres de religion, Nicolas Rapin (1539-1608)*, Paris, Classiques Garnier, 2002.

CONGEDO, Federica, « Il *Constitutum Constantini* e l'autografo di Antonio Galateo », *Novità e tradizione in Antonio Galateo.* édit. Paolo Viti, Lecce, Milella, 2017, p. 181-218.

DAUSSY, Hugues, « Au cœur des négociations pour l'édit de Nantes : Le rôle de Philippe Duplessis-Mornay », *Bulletin de La Société de l'Histoire Du Protestantisme Français (1903-2015)*, vol. 144, Librairie Droz, 1998, p. 215 (http://www.jstor.org/stable/43498922., consulté le 18/03/2022).

DELUMEAU, Jean, *Mille ans de bonheur*, Paris, Fayard, 1995.

DESGRAVES, Louis, *Répertoire des ouvrages de controverse entre catholiques et protestants en France (1598-1685)*, Genève, Droz, Paris, Champion, 1984-1985.

FANLO, Jean-Raymond, « Les controverses parisiennes d'Agrippa d'Aubigné. Ses récits, et ce qu'on peut en croire », http://www.agrippadaubigne.org/controverses.html, consulté le 1/11/2021.

FATIO, Olivier, *Méthode et théologie, Lambert Daneau et les débuts de la scolastique réformée*, Genéve, Droz, 1976.

GAMBIER, Paul, « Un pasteur de l'église réformée de La Châtaigneraye, George Thomson, Écossais », *Revue du Bas-Poitou*, 1950, 3e livraison, p. 171-181.

GELAN, Henri, « Le synode provincial du Haut et bas Poitou tenu à Saint-Maixent le 28 avril 1593 », *Bulletin de la Société de l'Histoire du Protestantisme Français*, 1911, p. 48-60.

KANTOROWICZ, Ernst, « La souveraineté de l'artiste. Note sur quelques maximes juridiques et les théories de l'art à la Renaissance », *Mourir pour la patrie et autres textes*, Paris, PUF, 1984.

KAPPLER, Émile, *Les conférences théologiques entre catholiques et protestants en France au XVIIe siècle*, Paris, Honoré Champion, 2011.

LA BOURALIÈRE, Augustin de, *L'imprimerie et la librairie à Poitiers pendant le XVIe siècle*, Poitiers, E. Marche, 1900.

LEGRAND, Marie-Dominique, « Michel de L'Hospital dans l'*Histoire universelle* », *Autour de l'*Histoire universelle *d'Agrippa d'Aubigné*, G. Schrenck édit., Genève, Droz, 2006, p. 239-255.

Les antijésuites : Discours, figures et lieux de l'antijésuitisme à l'époque moderne, Pierre-Antoine Fabre et Catherine Marie édit., Rennes, Presses universitaires de Rennes, 2010. Disponible sur Internet : http://books.openedition.org/pur/110420, consulté le 15 février 2022.

LÉVESQUE, Louis, *Anciennes églises de Saint-Maixent : paroisses, abbayes, couvents et monastères, chapelles, fondations pieuses et charitables, écoles*, Saint-Maixent, imprimerie C. Reversé, 1895.

LUBAC, Henri de, *Corpus mysticum, l'eucharistie et l'Église au Moyen Âge*, Paris, Aubier, 1949.

MERLE, Louis, *L'étrange beau-père de Louis XIV, Constant d'Aubigné, père de Madame de Maintenon*, Paris, Beauchesne, Fontenay-le-Comte, Lussaud, 1971.

MOTTA, Franco, *Roberto Bellarmino, Teologia e potere nella Controriforma*, Milan, Gruppo24Ore, 2014.

NATIVEL, Colette, « Le *De pictura, plastice et statuaria* du père Jules César Boulenger, S.J. », *Acta conventus neo-latini abulensis*, Binghamton / New York, 2000, p. 473-480.

PENZI, Marco, « L'histoire tragique et mémorable de Claude de Sainctes évêque d'Évreux », *Les Cahiers du Centre de Recherches Historiques* [En ligne], 44 | 2009, mis en ligne le 25 novembre 2011, consulté le 14 décembre 2021. URL : http://journals.openedition.org/ccrh/3522 ; DOI : https://doi.org/10.4000/ccrh.3522.

PHILIPPE, Marie-Dominique, « Originalité de "l'ens rationis" dans la philosophie de saint Thomas », *Angelicum*, 1975, Vol. 52, N° 1 (1975), p. 92-93. p. 91-124.

PITTON, Jean-Paul, « Consulter l'histoire de l'académie », http://archives.ville-saumur.fr/_depot_amsaumur/_depot_arko/articles/795/chapitre-1-une-place-forte-intellectuelle-1601-1621_doc.pdf.

POLMAN, Pontien, *L'élément historique dans la controverse religieuse du* XVIe *siècle*, Gembloux, impr. J. Duculot, 1932.

POPKIN, Richard, *Histoire du scepticisme. De la fin du Moyen Âge à l'aube du* XIXe *siècle*, Marseille, Agone, 2019.

SCHRENCK, Gilbert, « Les origines d'Agrippa d'Aubigné », *Bulletin de la Société de l'Histoire du Protestantisme Français*, 1983, n° 129, p. 489-518.

SCHMITZ, Benoît, « Le pouvoir du pape sur les royaumes : la controverse imprimée entre catholiques romains et catholiques gallicans à propos des bulles de 1585, 1589 et 1591 », dans *Hétérodoxies croisées. Catholicismes pluriels entre France et Italie,* XVIe-XVIIe *siècles* [en ligne]. Rome : Publications de l'École française de Rome, 2015 (généré le 13 mars 2022). Disponible sur Internet : <http://books.openedition.org/efr/2841>.

SURGET, Éric, « La prise de Niort par Agrippa d'Aubigné : 27-28 décembre 1588 », *Albineana*, 1990, 2, p. 35-54.

VASOLI, Cesare, *La dialettica e la retorica dell'Umanesimo : Invenzione e metodo nella cultura del XV e XVI secolo*, Milan, Feltrinelli, 1968.

WACKENHEIM, Charles, « Écriture et Tradition depuis le concile de Trente : histoire d'un faux problème », *Revue des Sciences Religieuses*, tome 55, fascicule 4, 1981, p. 174-187 (https://www.persee.fr/doc/rscir_0035-2217_1981_num_55_4_2926, consulté le 6/01/2022).

WASHBURN, Christian D., « St. Robert Bellarmine on the Authoritative Interpretation of Sacred Scripture », *Gregorianum*, 94, No. 1 (2013), p. 55-77.

DICTIONNAIRES

DMF, Dictionnaire du Moyen Français, http://zeus.atilf.fr/dmf/.

Dictionnaires des 16e et 17e siècles, Classiques Garnier Numérique :

- ESTIENNE, Robert, *Dictionaire Francoislatin*, Paris, 1540.
- NICOT, Jean, *Thrésor de la langue françoyse, tant ancienne que moderne*, Paris, D. Douceur, 1606.
- COTGRAVE, Randle, *A Dictionarie of the french and english tongues*, Londres, A. Islip, 1611.
- MÉNAGE, Gilles, *Les Origines de la langue françoise*, 1650.
- RICHELET, Pierre, *Dictionnaire françois*, Genève, 1680.
- FURETIÈRE, Antoine, *Dictionnaire Universel*, 1690.
- [Ac.] *Le Dictionnaire de l'Académie françoise*, 1694…

LITTRÉ, Émile, *Dictionnaire de la langue française*, Paris, 1873-1877, et son *Supplément*, site lexilogos.

INDEX DES MOTS ET EXPRESSIONS EXPLIQUÉS

Le numéro de page renvoie à l'emplacement de la note.

INDEX DES NOMS PROPRES CITÉS DANS LE TEXTE

Nous donnons l'orthographe usuelle puis, éventuellement, les graphies du texte entre parenthèses. Les italiques signalent les passages où un personnage est évoqué sans être explicitement nommé. Se reporter aux notes.

INDEX DES AUTEURS ANCIENS CITÉS DANS LES NOTES ET LE COMMENTAIRE

INDEX DES PASSAGES BIBLIQUES CITÉS

L'ordre des livres est celui de la Bible de Genève.

La numérotation catholique des Psaumes est en romains, la numérotation calviniste en italiques.

ANCIEN TESTAMENT

LIVRES APOCRYPHES

NOUVEAU TESTAMENT

TABLE DES MATIÈRES

IMPRIM'VERT®

Achevé d'imprimer par Corlet,
Condé-en-Normandie (Calvados),
en Mai 2023
N° d'impression : 180772 - dépôt légal : Mai 2023
Imprimé en France